FOKUS
BIOLOGIE

Cornelsen

Herausgeber: Thomas Armbruster, Konstanz

Autorinnen und Autoren: Thomas Armbruster, Konstanz; Sabine Hanke, Staufen i. Br.; Nicole Hörenberg, Stuttgart; Monika Scherer, Angelbachtal; Ann-Cathrin Theil-Schiebel, Mössingen; Monika Waible-Pons Marti, Stuttgart

Julia Budde, Meerbusch; Dr. Brigitte Engelhardt, Bonn; Birgit Giffhorn, Sickte; Holger Hinxlage, Cloppenburg; Yvonne Meinecke, Hannover; Markus Schönke, Südergellersen; Jutta Schulz, Guderhandviertel

Redaktion: Judith Bartels, Andrea Weber

Beraterin: Svenja Sabine Steinmetz, Eislingen

Illustration und Grafik: Christine Faltermayr, Starnberg; Robert Fontner-Forget; Jörg Mair, München; Karin Mall, Berlin; Gregor Mecklenburg, Pinneberg; Bernhard Peter, Pattensen, newVISION.de; Markus Ruchter, Düsseldorf; ww-visuell Werner Wildermuth, Würzburg; www.biologiegrafik.de

Gesamtgestaltung und technische Umsetzung: EYES-OPEN, Berlin

www.cornelsen.de

Begleitmaterialien zum Lehrwerk für Lehrerinnen und Lehrer	
Lösungen und Hilfekärtchen:	978-3-06-013618-6
Kopiervorlagen Teil 3:	978-3-06-013637-7
E-Book:	978-3-06-013650-6
Begleitmaterial auf USB-Stick mit Unterrichtsmanager und E-Book auf Scook:	978-3-06-012684-2

Dieses Werk enthält Vorschläge und Anleitungen für Untersuchungen und Experimente. Vor jedem Experiment sind mögliche Gefahrenquellen zu besprechen. Beim Experimentieren sind die Richtlinien zur Sicherheit im Unterricht einzuhalten.

Soweit in diesem Lehrwerk Personen fotografisch abgebildet sind und ihnen von der Redaktion fiktive Namen, Berufe, Dialoge und Ähnliches zugeordnet oder diese Personen in bestimmte Kontexte gesetzt werden, dienen diese Zuordnungen und Darstellungen ausschließlich der Veranschaulichung und dem besseren Verständnis des Inhalts.

1. Auflage, 1. Druck 2018

Alle Drucke dieser Auflage sind inhaltlich unverändert und können im Unterricht nebeneinander verwendet werden.

Druck und Bindung: Mohn Media Mohndruck, Gütersloh

ISBN 978-3-06-013615-5

FOKUS
BIOLOGIE 9/10

BADEN-WÜRTTEMBERG

Cornelsen

Inhalt

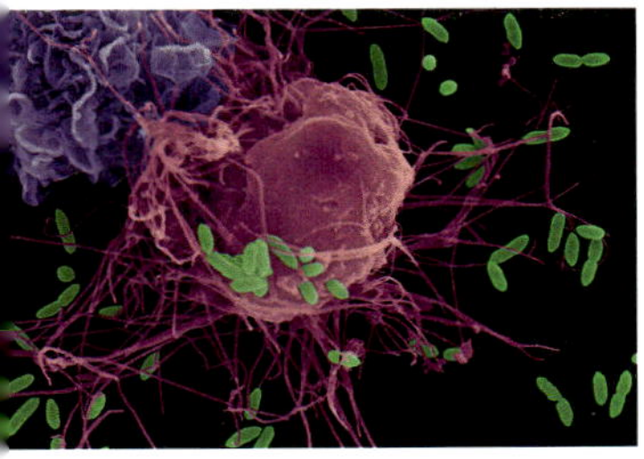

Zusatzangebot zur Erweiterung und Vertiefung des Unterrichts

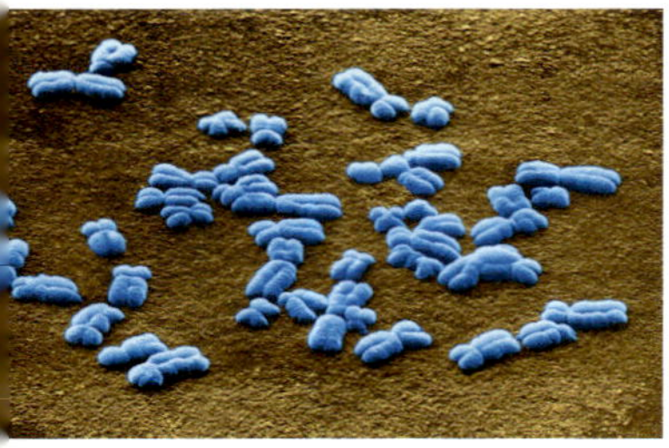

GENETIK 178

Liebe Schülerin, lieber Schüler, die folgenden Seitentypen findest du in diesem Buch.

EINSTIEGSSEITE

Der kurze Text beschreibt das Thema des Kapitels. Die Bilder geben einen ersten Eindruck, worum es geht, und wollen dich neugierig machen.

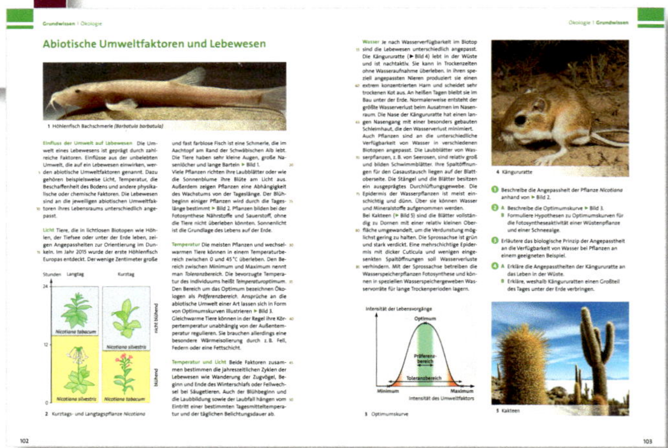

GRUNDWISSEN

Hier werden die Inhalte zu einem Thema vermittelt und wichtige Fachbegriffe erklärt. Mithilfe der Aufgaben kannst du überprüfen, ob du die Inhalte verstanden hast.

ZUSAMMENFASSUNG

Mithilfe der biologischen Prinzipien werden die Inhalte des Kapitels zusammengefasst. Sie helfen dir, die Informationen zu ordnen und Zusammenhänge herzustellen.

TESTE DICH!

Mit diesen Aufgaben kannst du testen, ob du alles verstanden hast und das erworbene Wissen anwenden kannst. Die Lösungen zu diesen Aufgaben stehen im Anhang des Buches.

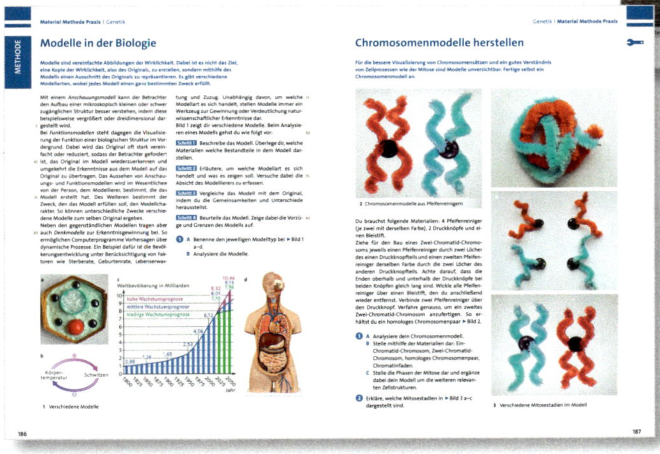

MATERIAL METHODE PRAXIS (MMP)

Die Methodenseiten führen dich Schritt für Schritt in wichtige Arbeitsweisen ein. Auf den anderen MMP-Seiten wendest du Arbeitsweisen an oder du bearbeitest Aufgaben mithilfe verschiedener Materialien.

STRUKTUR UND FUNKTION

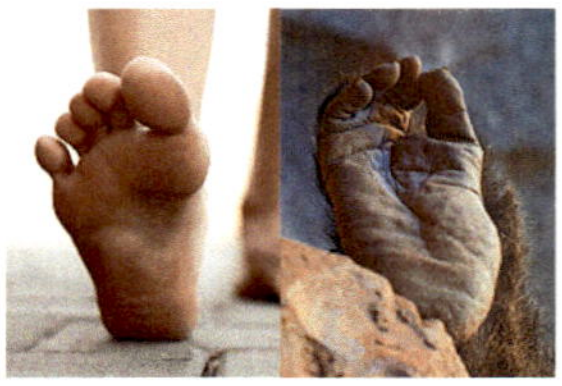

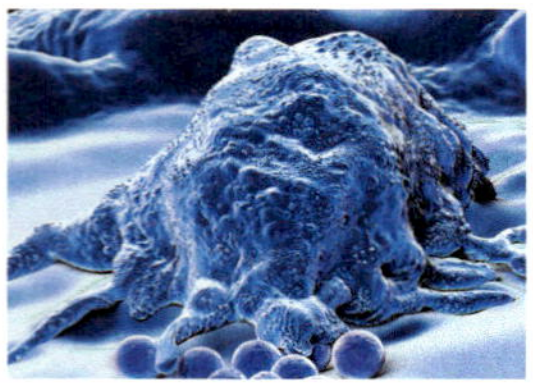

Der Bau (Struktur) der Organe, Gewebe, Zellen und Moleküle von Lebewesen hängt eng mit deren Aufgabe (Funktion) zusammen. Beispiele für solche Struktur-Funktions-Beziehungen sind das Schlüssel-Schloss-Prinzip, das Gegenspielerprinzip und das Prinzip der Oberflächenvergrößerung.

STOFF- UND ENERGIEUMWANDLUNG

Lebewesen nehmen Stoffe auf, wandeln sie um und scheiden andere Stoffe aus. So gewinnen sie Energie für ihre Lebensvorgänge oder Baustoffe zum Aufbau ihres Körpers. In einem Ökosystem gibt es für unterschiedliche Stoffe Recyclingzyklen.

ANGEPASSTHEIT

Lebewesen sind so gebaut, dass sie in ihrem Ökosystem gut zurechtkommen. Man sagt, sie sind an ihren Lebensraum und ihre Lebensweise angepasst.

Biologische Prinzipien

STEUERUNG UND REGELUNG

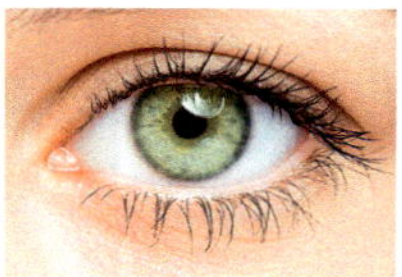

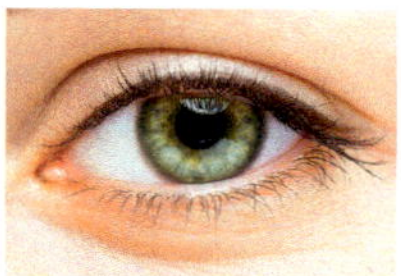

Lebewesen können die Bedingungen in ihrem Körper durch Regelung innerhalb bestimmter Grenzen stabil halten. Sie können aber auch auf veränderte Umweltbedingungen reagieren.

EVOLUTION

Die heute lebenden Organismen haben sich in langen Zeiträumen aus Vorfahren (Stammformen) entwickelt. Verwandte Lebewesen zeigen ähnliche Merkmale.

KOMPARTIMENTIERUNG

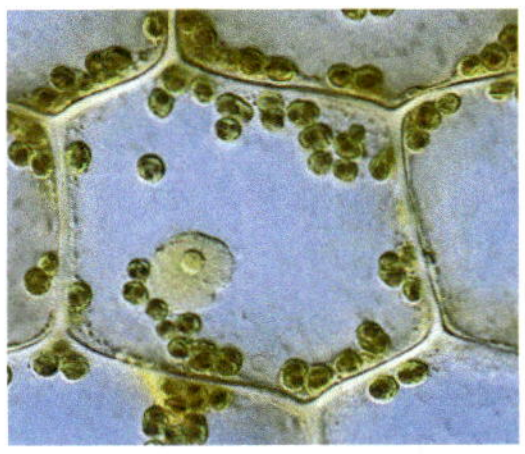

Jedes Lebewesen besteht aus mehreren Teilen (Kompartimenten), z. B. Organen, Geweben, Zellen und Zellorganellen. Diese sind voneinander abgegrenzt und erfüllen ganz bestimmte Aufgaben. Die Kompartimente stehen untereinander in enger Wechselwirkung. Auch Ökosysteme bestehen aus Kompartimenten, die eng miteinander verzahnt sind.

INFORMATION UND KOMMUNIKATION

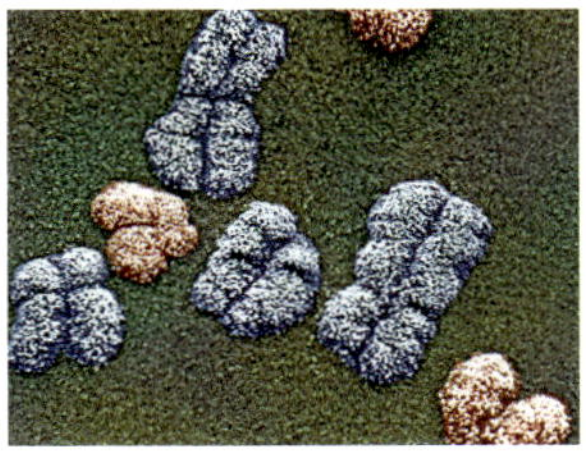

Lebewesen nehmen Informationen (Reize) aus der Umwelt auf, verarbeiten diese und reagieren. Die Zellen eines Organismus stehen in Kontakt miteinander, ebenso Organismen untereinander. Die Chromosomen sind wichtige Informationsspeicher. Über die Vererbung wird generationenübergreifend kommuniziert.

Die Biologie beschäftigt sich mit Lebewesen. Diese zeigen eine unglaubliche Vielfalt in ihrem Aussehen und ihren Lebenserscheinungen. Menschen, Tiere, Pflanzen, Pilze und Bakterien sind auf den ersten Blick sehr unterschiedlich, besitzen aber Kennzeichen, die allen Lebewesen gemeinsam sind. Die biologischen Prinzipien können helfen, die Vielfalt an Informationen über Lebewesen übersichtlich zu ordnen und Zusammenhänge herzustellen.

VARIABILITÄT

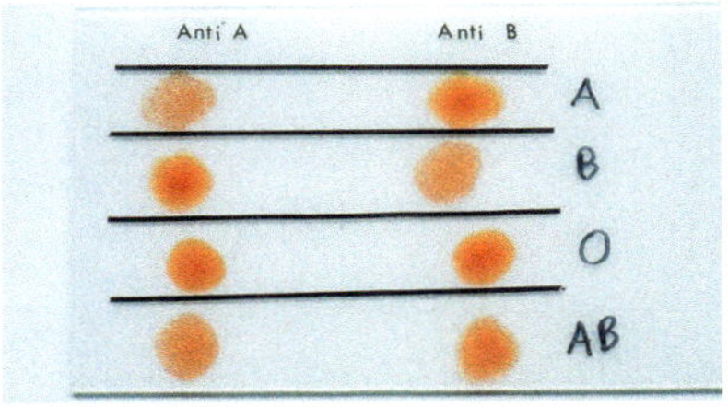

Lebewesen verschiedener Arten unterscheiden sich in markanten Merkmalen auf allen Systemebenen (Organe, Gewebe, Zellen, Moleküle). Jedoch auch die Nachkommen derselben Eltern zeigen viele abweichend ausgeprägte Merkmale. Diese Verschiedenheit nennt man Variabilität.

REPRODUKTION UND ENTWICKLUNG

Lebewesen erzeugen Nachkommen. Man unterscheidet geschlechtliche und ungeschlechtliche Fortpflanzung. Meist wachsen und entwickeln sich die Nachkommen, bevor sie sich erneut fortpflanzen können.

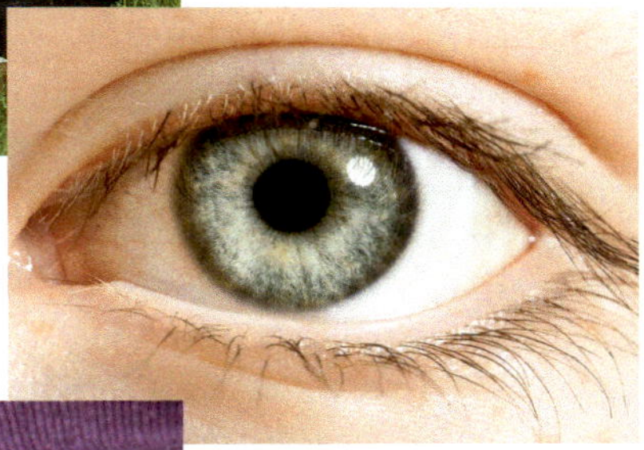

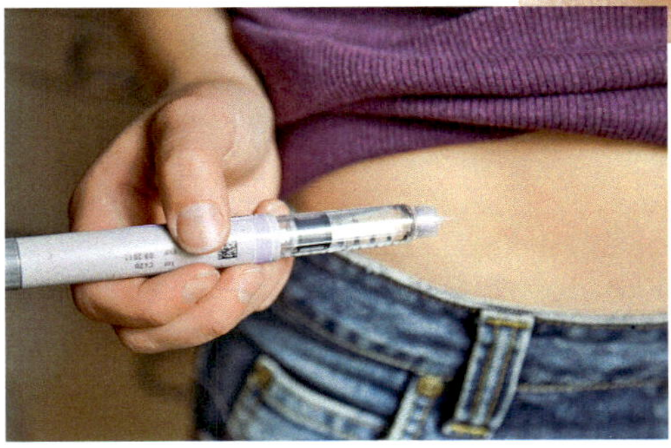

Informations-systeme

Informationen werden in unserem Körper über Nervenzellen und Hormone, körpereigene Botenstoffe, übertragen. Unsere Sinnesorgane nehmen Informationen aus der Umwelt auf und senden elektrische Signale über Nerven weiter. So vermitteln sie uns einen Eindruck von der Umgebung. Hormone werden in unterschiedlichen Drüsen gebildet und mit dem Blut im ganzen Körper verteilt. Störungen in einem der Informationssysteme können den Körper beeinträchtigen.

Nerven- und Hormonsystem

Informationssysteme Unabhängig davon, ob der Körper wach und aktiv ist oder ob er schläft, ständig müssen in ihm alle Lebensvorgänge gesteuert und reguliert werden. Dazu gehören sich schnell verändernde Abläufe wie Bewegungen, aber auch längerfristige Prozesse wie Wachstum. Um diese Vorgänge zu steuern, existieren beim Menschen und vielen Tieren zwei Informationssysteme, das Nerven- und das Hormonsystem ▶ Bild 1. Sie sind jeweils auf verschiedene Funktionen spezialisiert, arbeiten aber auch zusammen. Das zentrale Steuerungsorgan beider Systeme ist das Gehirn.

Nervensystem Für die Koordination von Muskelbewegungen, z. B. um mit den Fingern nach etwas greifen zu können, ist ein schneller Informationsfluss nötig. Im Nervensystem werden Signale mit bis zu 120 m/s weitergeleitet und ermöglichen so rasche Aktionen und Reaktionen. Diese Signale sind nur kurzfristig wirksam und müssen für eine länger andauernde Handlung wie das Festhalten eines Gegenstands ständig neu erzeugt und aktiv weitergeleitet werden. Dadurch ist der Energiebedarf im Nervensystem sehr hoch.

Hormonsystem Die Muskeln in den Fingern werden zugleich auch vom Hormonsystem beeinflusst. Um einen Muskel zum Wachstum anzuregen, bedarf es einer längerfristigen Wirkung. Diese wird von *Hormonen* ausgelöst. Dabei handelt es sich um körpereigene Moleküle, die als Botenstoffe wirken. Hormone werden in Drüsen gebildet und im Körper nur langsam befördert, die Geschwindigkeit liegt bei etwa 0,5 m/s. Zudem entfalten Hormone ihre Wirkung an den Zielzellen mit Verzögerung. Durch die Nutzung des Blutkreislaufsystems für den Hormontransport muss allerdings nur wenig Energie aufgewendet werden.

1 **A** Vergleiche das Nerven- und das Hormonsystem in einer Tabelle. Nutze hierfür auch ▶ Bild 1.
B Nenne Vor- und Nachteile beider Informationssysteme.
C Erläutere, weshalb Nervenzellen besonders viele Mitochondrien enthalten.

2 Begründe, weshalb es vorteilhaft ist, dass die Bewegung eines Muskels im Finger und dessen Wachstum von den beiden unterschiedlichen Informationssystemen beeinflusst werden.

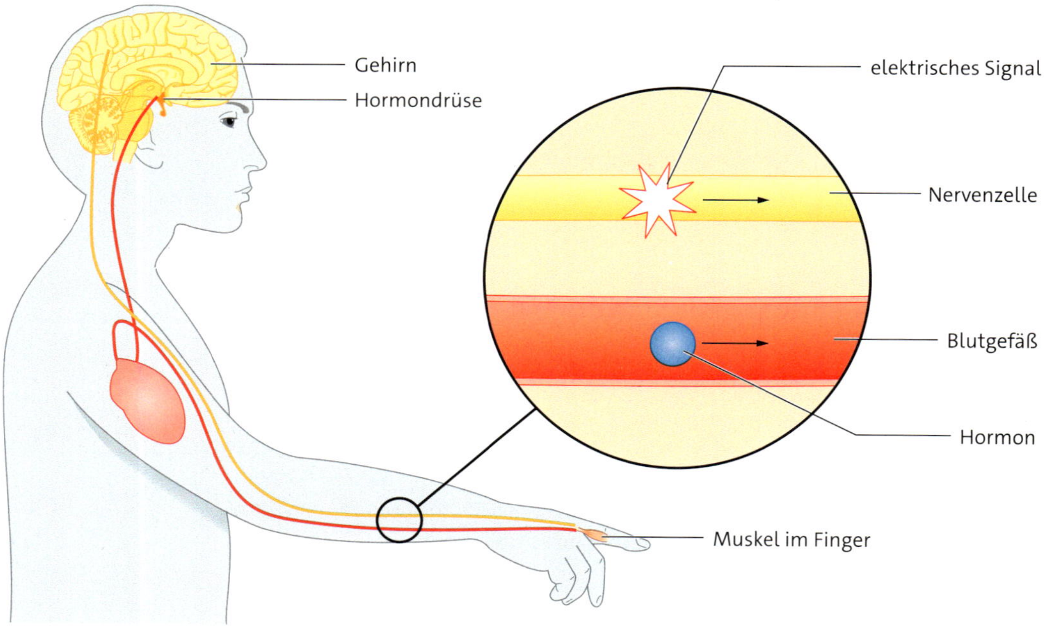

1 Einflüsse von Nerven- und Hormonsystem auf einen Fingermuskel

Das Nervensystem – ein Informationssystem

Bau des Nervensystems In den Sinnesorganen nehmen Sinneszellen Reize auf und wandeln sie in elektrische Signale um. Diese Signale werden über sensorische Nerven an das Gehirn weitergeleitet, wo sie wahrgenommen und verarbeitet werden können. Das Gehirn steuert die Vorgänge im Körper wiederum über elektrische Signale, die es über motorische Nerven an Muskel- und Drüsenzellen sendet.
Da die meisten elektrischen Signale über das Rückenmark zum Gehirn oder von ihm weg gelangen, bezeichnet man Rückenmark und Gehirn als *zentrales Nervensystem (ZNS)*. Alle außerhalb des ZNS gelegenen Nerven sowie Sinneszellen fasst man zum *peripheren Nervensystem (PNS)* zusammen ▶ Bild 2.

Gehirn Der Hirnstamm ist mit dem Rückenmark verbunden und steuert lebenswichtige Funktionen wie die Atmung und den Herzschlag. Die Hauptaufgabe des Kleinhirns ist die Koordination von Bewegungen. Das Zwischenhirn ist das Bindeglied zwischen Nerven- und Hormonsystem und regelt unter anderem den Schlaf-Wach-Rhythmus. Außerdem leitet es die Signale der sensorischen Nerven an das Großhirn weiter. Dort finden die Wahrnehmung und Verknüpfung der Sinneseindrücke und unser Denken statt. Das Großhirn steuert zudem unser bewusstes Handeln.

Reflexe Neben bewussten Handlungen können im Nervensystem auch *Reflexe* ausgelöst werden: Das sind schnelle, unwillkürliche Reaktionen auf bestimmte Reize, ohne dass Verarbeitungsprozesse im Großhirn stattfinden. Fasst man z. B. mit der Hand auf eine heiße Herdplatte, wird ein elektrisches Signal von sensorischen Nervenzellen an das Rückenmark geleitet. Dort löst es direkt ein weiteres elektrisches Signal aus, das vom Rückenmark zum Beugemuskel im Oberarm gesendet wird. Der Muskel zieht sich zusammen, der Unterarm schnellt nach oben und zieht die Hand von der Herdplatte ▶ Bild 3.

1 Definiere:
A zentrales und peripheres Nervensystem
B motorische und sensorische Nerven

2 Erkläre den Vorteil des relativ großen Großhirns des Menschen und den des relativ großen Kleinhirns von Vögeln.

3 Begründe, weshalb es vorteilhaft ist, dass bei einem Reflex keine Verarbeitung im Großhirn stattfindet.

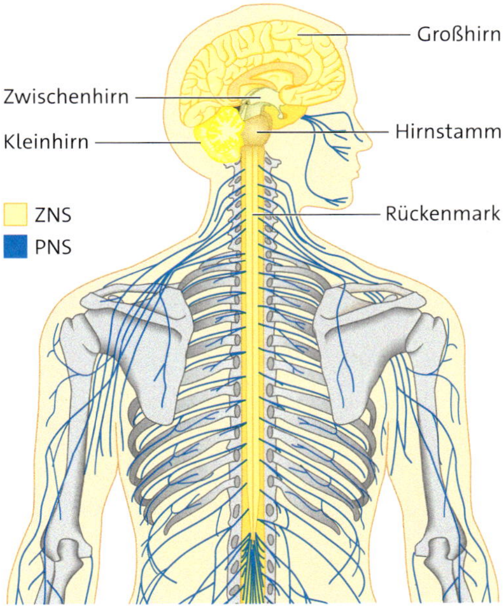

2 Zentrales und peripheres Nervensystem

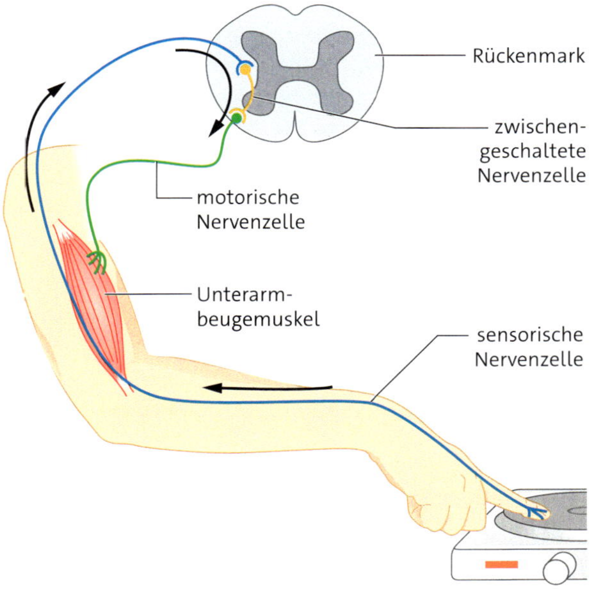

3 Rückziehreflex

Nervenzellen – Aufbau und Funktion

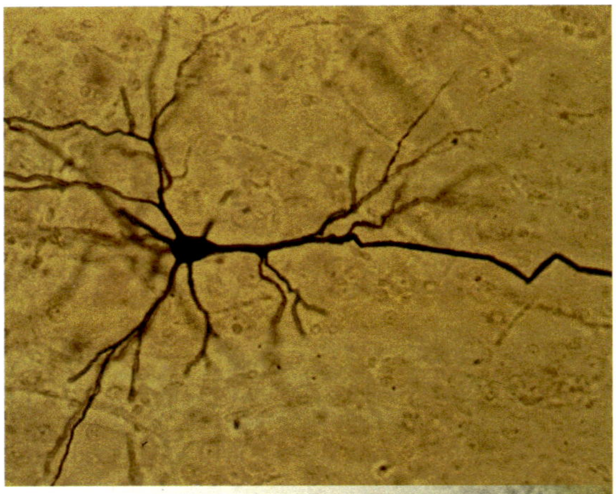

1 Nervenzelle unter dem Lichtmikroskop

Aufbau An Nervenzellen (▶ Bild 1) kann man den Zusammenhang zwischen Struktur und Funktion besonders gut erkennen: Der Zellkörper (▶ Bild 2) enthält den Zellkern und alle weiteren Zellorganellen einer tierlichen Zelle. Er trägt viele stark verzweigte Fortsätze, die *Dendriten*. Zellkörper und Dendriten stehen mit vielen anderen Nervenzellen in Kontakt, von denen sie Informationen aufnehmen.
Die aufgenommenen Informationen werden durch einen besonders langen Fortsatz der Nervenzelle, das *Axon*, weitergeleitet. Es kann über 1 m lang sein. Hüllzellen umschließen das Axon, sodass es nur an den Lücken zwischen ihnen mit der Umgebung in Verbindung steht. Diese regelmäßig angeordneten Lücken nennt man Schnürringe.
Am Ende verzweigt sich das Axon mehrfach. Die verdickten Endigungen werden als *Endknöpfchen* bezeichnet. Sie stehen mit nachgeschalteten Zellen in Kontakt, an die sie die Informationen weitergeben. Das können weitere Nervenzellen sein sowie Muskel- oder Drüsenzellen. Muskelfasern ziehen sich als Reaktion zusammen, Drüsenzellen schütten Stoffe aus.

Informationsleitung Informationen werden in Nervenzellen in Form von elektrischen Signalen entlang des Axons mit bis zu 120 m/s weitergeleitet. Die Axone liegen in den meisten Fällen nicht einzeln vor, sondern mehrere davon sind zu einem Nerv gebündelt.

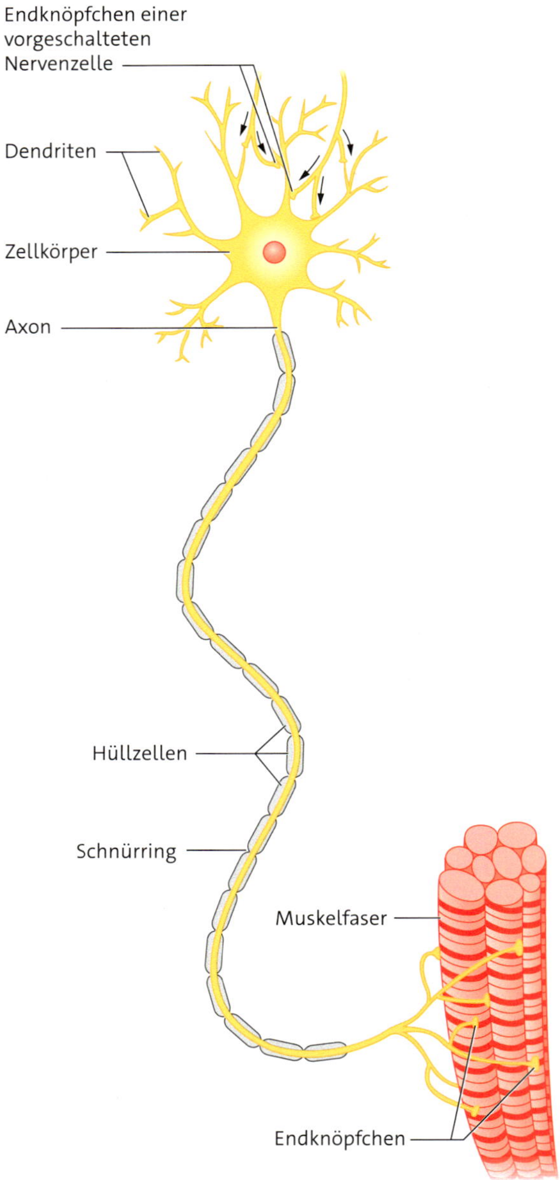

2 Nervenzelle schematisch

1. Stelle die Aufgaben der Bestandteile einer Nervenzelle in einer Tabelle dar.
2. Erläutere am Beispiel der Nervenzelle den Zusammenhang von Struktur und Funktion.
3. Bestimme die maximale Geschwindigkeit der Informationsleitung durch eine Nervenzelle in Kilometern pro Stunde.

Die Sinne des Menschen

Sinne und Sinnesorgane Unser Körper verfügt über Sinne, die es uns ermöglichen, die Informationen aus der Umwelt aufzunehmen. Diese Informationen nennt man Reize. Jeder Sinn reagiert auf einen zu ihm passenden Reiz, man spricht von einem *adäquaten Reiz*.
Der Sehsinn ist bei uns besonders stark ausgeprägt, der Mensch wird aus diesem Grund auch als „Augentier“ bezeichnet. Es gibt aber weitaus mehr wahrzunehmen: Um zu beurteilen, ob ein Apfel reif ist, müssen mehrere Sinne zusammenarbeiten. Neben dem Lichtreiz, der zu den Sinneszellen im Auge gelangt, erreichen Geruchsstoffe die Nase. Mit der Zunge registrieren wir Geschmacksstoffe. Organe, die Sinneszellen enthalten, nennt man *Sinnesorgane*.

Reiz und Reaktion *Sinneszellen* sind Signalwandler, sie nehmen die adäquaten Reize auf und wandeln sie in elektrische Signale um ▶ Bild 3. Diese werden durch Nervenzellen von den Sinnesorganen zu unserem Gehirn weitergeleitet, wo die Sinneseindrücke zusammengetragen und verarbeitet werden. Im Gehirn findet die eigentliche *Wahrnehmung* statt.
Wie der Körper auf einen Reiz reagiert, hängt von der Gesamtheit aller Eindrücke und Erfahrungen ab. So kann der Reifegrad eines Apfels nur festgestellt werden, wenn schon Erfahrungen mit Äpfeln vorhanden sind. Je nachdem, ob wir den Apfel als reif wahrnehmen oder nicht, essen wir weiter oder legen die Frucht wieder weg. Dafür sendet das Gehirn Signale an die Muskeln in Kopf und Hand, die als *Erfolgsorgane* diese Reaktion ausführen.
In manchen Fällen kann ein Reiz auch ohne Wahrnehmung im Gehirn eine Reaktion auslösen. So schnellt reflexartig der Unterschenkel nach vorne, wenn wir beim Gehen mit dem Fuß irgendwo hängen bleiben. Durch diese schnelle Reaktion kann ein Sturz verhindert werden.

Die Vielfalt der Sinne Neben den „klassischen“ fünf Sinnen *Sehen, Hören, Riechen, Schmecken* und *Fühlen* besitzen wir weitere Sinne für eine Vielzahl an Reizen. Hierzu zählen z. B. Temperatursinn, Gleichgewichtssinn und Schmerzsinn.
Einige Sinne können „trainiert“ und dadurch noch leistungsfähiger werden. Blinde lernen mit dem Tastsinn ihrer Finger, die Blindenschrift zu lesen. Außerdem ist ihr Gehör häufig besonders gut ausgebildet.

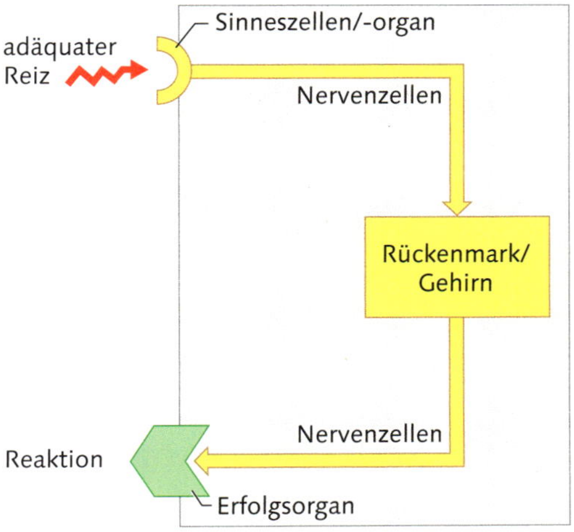

3 Reiz-Reaktions-Schema

1. Nenne unsere Sinnesorgane und die dazugehörigen Sinne und Reize. Erstelle eine Tabelle wie unten.

Sinnesorgan	Sinn	Adäquater Reiz

2. Elisa steht wartend an einer roten Ampel. Als diese grün wird, geht sie los. Erläutere das Reiz-Reaktions-Schema an diesem Beispiel.

3. Beschreibe deine Wahrnehmung, wenn du wie in ▶ Bild 4 auf einer Waldlichtung stündest:
   A mit offenen Augen
   B mit geschlossenen Augen

4. Erläutere, inwieweit Menschen ohne Geschmackssinn beeinträchtigt sind.

4 Blick auf eine Waldlichtung

Das Auge

Unsere Augen befinden sich an der höchsten Stelle unseres Körpers, dem Kopf. Der Mensch besitzt zwei nach vorne gerichtete Augen.

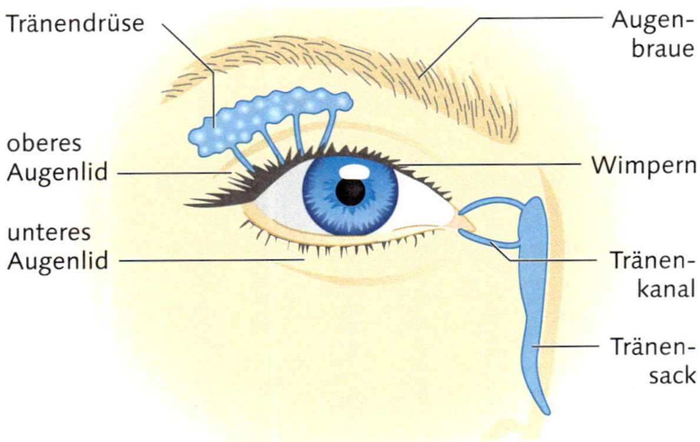

1 Schutzeinrichtungen des Auges

Schutzeinrichtungen Der Großteil des Auges befindet sich gut geschützt in einer knöchernen Höhle im Schädel. Besondere Schutzeinrichtungen bewahren das empfindliche Auge vor Verletzungen ▶ Bild 1.
Besonders auffallend sind die Augenlider, Augenbrauen und Wimpern. Während die Augenbrauen verhindern, dass Flüssigkeiten wie Regenwasser oder Schweiß von oben in die Augen laufen, halten die Wimpern Insekten und Staub ab. Sobald Fremdkörper die Oberfläche des Augapfels berühren oder auch nur die Berührung, z. B. durch einen Ast, bevorsteht, blinzelt man unwillkürlich. Die Augenlider werden geschlossen, die Augen werden von den Lidern verdeckt und somit geschützt.
Jeder hatte schon einmal ein Sandkorn oder ein kleines Insekt im Auge und musste feststellen, dass das Auge zu tränen beginnt. Die Tränenflüssigkeit hat zum einen die Funktion, kleinere Fremdkörper auszuwaschen. Zum anderen verhindert sie aber auch, dass Krankheitserreger ins Auge gelangen. Zusätzlich befeuchtet sie das Auge und ermöglicht so das problemlose Öffnen und Schließen des Augenlids. Die Innenwände der Lider werden von der Bindehaut bedeckt. Die Bindehaut ist eine Schleimhaut und dient der Abwehr von Erregern und Fremdkörpern. Sie verhindert auch, dass Fremdkörper hinter den Augapfel rutschen.

Der Aufbau des Auges Von außen ist nur ein kleiner Teil des Augapfels zu erkennen ▶ Bild 2. Der Augapfel kann durch Muskeln in alle Richtungen bewegt werden. So können Gegenstände innerhalb eines kleinen Bereichs ohne Drehung des Kopfs verfolgt werden. Zum *Augapfel* zählen die weiße Lederhaut, die Hornhaut und die Iris, in deren Mitte sich die *Pupille* befindet. Diese ist als kleine schwarze Öffnung erkennbar. Die *Iris* wird auch Regenbogenhaut genannt und kann unterschiedlich gefärbt sein.

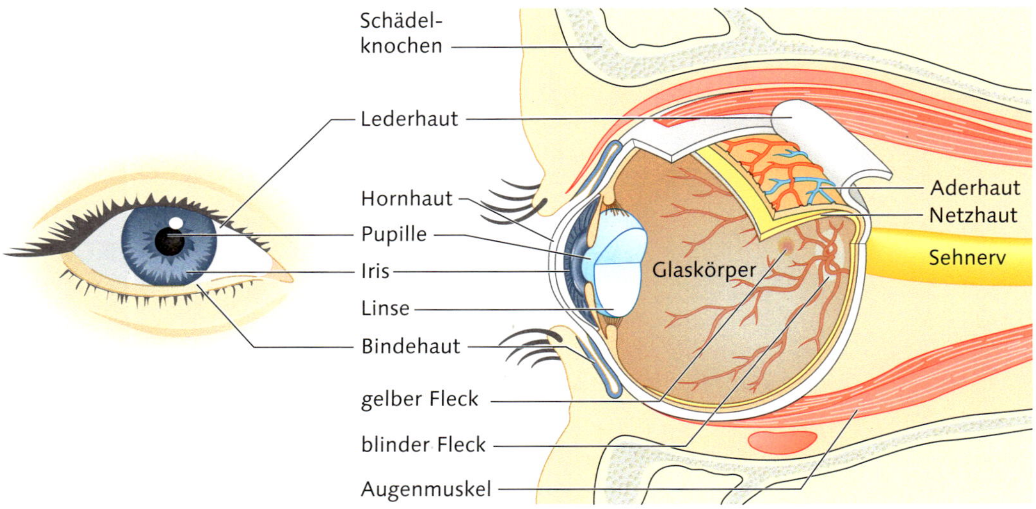

2 Das Auge von vorn (links) und im Längsschnitt (rechts)

Die *Hornhaut*, die *Linse* und der dahinterliegende *Glaskörper* sind durchlässig für Licht und ermöglichen, dass Licht auf die Netzhaut fällt. In der *Netzhaut* befinden sich die *Lichtsinneszellen*. Sie wandeln Lichtreize in elektrische Signale um, die dann über die Nervenzellen des *Sehnervs* an das Gehirn weitergeleitet werden. Die äußerste Schicht der Netzhaut, die *Pigmentschicht*, besteht aus Pigmentzellen. Sie sind reich an schwarzem Farbstoff und verhindern, dass das auf die Netzhaut fallende Licht reflektiert und die Sicht dadurch unscharf wird. Zwischen der zähen *Lederhaut*, welche dem Schutz des Augapfels dient, und der Netzhaut befindet sich die *Aderhaut*, die das Auge mit Sauerstoff und Nährstoffen versorgt.

Regelung des Lichteinfalls in das Auge Da die Lichtverhältnisse sehr stark schwanken können, ist es wichtig, dass das Auge auf unterschiedliche Helligkeiten reagieren kann. Durch die Iris wird der Lichteinfall in das Auge und somit die Beleuchtungsstärke auf der Netzhaut reguliert. Die Iris besitzt Muskeln, deren Spannung verändert werden kann, wodurch die Größe der Pupille variiert. Bei weit geöffneter Pupille (▶ Bild 3) gelangt mehr Licht auf die Netzhaut als bei einer kleinen Pupillenöffnung. Diese Anpassung des Auges an unterschiedliche Helligkeitswerte nennt man *Adaptation*. Eine optimale Beleuchtung der Netzhaut ist wichtig, um einerseits genügend Licht zum Sehen zu haben und andererseits ein Geblendetsein oder eine Schädigung der Netzhaut durch zu viel Licht zu vermeiden.

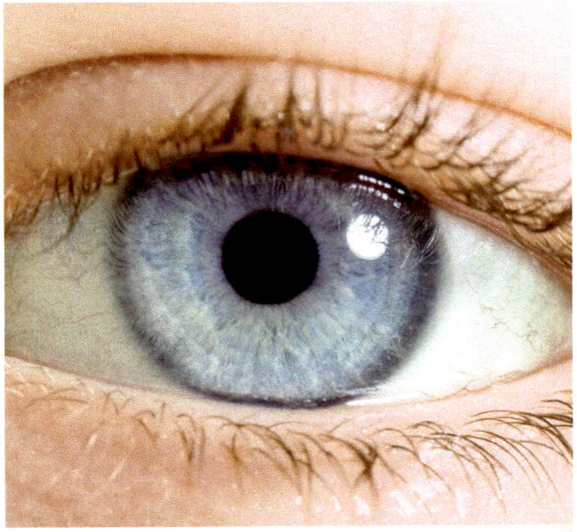

3 Durch die Iris wird die Pupillengröße reguliert.

Sehen mit zwei Augen Dadurch, dass unsere Augen nach vorne gerichtet sind, wird ein Großteil der Umgebung von beiden Augen aus leicht unterschiedlichen Blickrichtungen erfasst. Dies ermöglicht *räumliches Sehen* und erleichtert beispielweise das Abschätzen von Entfernungen. Außerdem verbessert es das Sehen bei schwierigen Sichtverhältnissen, z.B. in einer Menschenmenge. Die Augenmuskeln sorgen dafür, dass beide Augen stets in dieselbe Richtung schauen.

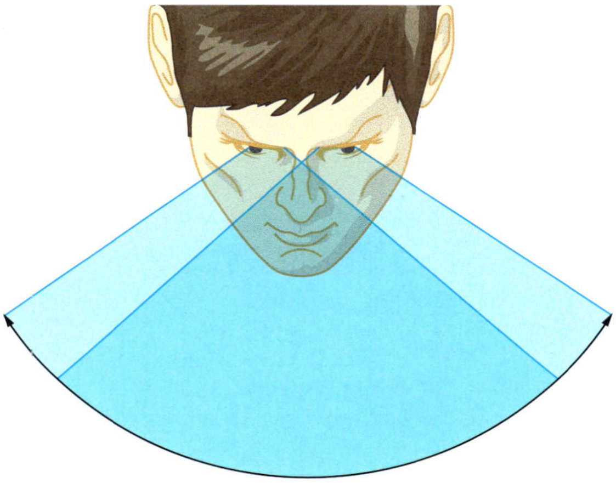

4 Gesichtsfeld des Menschen: von einem und beiden Augen erfasster Bereich

1 Nenne die Schutzeinrichtungen des Auges und ihre Funktionen.

2 Stelle in einem Fließschema den Weg des Lichts durch das Auge dar.

3 **A** Setze dich mit einer Versuchsperson an einen Tisch gegenüber. Bitte sie für ca. 30 s die Augen zu schließen und dann wieder aufzumachen. Achte beim Öffnen der Augen auf die Pupillen und protokolliere die Beobachtungen. Leuchte vorsichtig von unten oder von der Seite mit einer Taschenlampe in ein Auge und beobachte weiter.
B Erkläre die Beobachtungen.
C Der Augenarzt tröpfelt vor der Untersuchung eine Flüssigkeit auf den vorderen Augapfel. Dadurch bleibt die Pupille für längere Zeit erweitert. Erkläre, warum man nach einer solchen Behandlung eine Brille mit getönten Gläsern tragen sollte, bis die Wirkung der Flüssigkeit nachlässt.

4 Die Augen der meisten Säugetiere liegen an der Seite des Kopfs und sind nach außen gerichtet. Erläutere Vor- und Nachteile.

Modell zur Funktion des Auges

Modelle erleichtern oft das Verständnis von komplizierten Sachverhalten. Du kannst die Funktion der Linse mit einem selbst gebauten Modell genauer untersuchen.

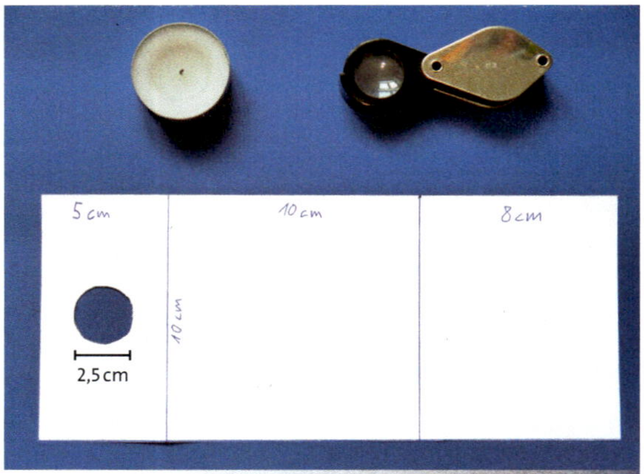

1 Augenmodell: Material und Maße

2 Aufbau des Augenmodells

Bau eines einfachen Augenmodells

Baue mithilfe von ▶ Bild 1 und der Anleitung ein eigenes Augenmodell. Mit deinem Modell kannst du Funktionen des menschlichen Auges selbst untersuchen.

Material: weißes, dickes Papier oder Karton (DIN A4), Teelicht, kleine Lupe

Durchführung:
Schneide das Papier zu wie in ▶ Bild 1 gezeigt. Falte es entlang der eingezeichneten Linien und baue alles so auf wie in ▶ Bild 2 dargestellt.

Funktion der Linse

Stelle das Teelicht vor die Öffnung.

1 Beschreibe deine Beobachtungen.

Positioniere zusätzlich eine kleine Lupe direkt hinter der Öffnung. Achte beim Aufbau darauf, dass die Kerzenflamme, die Öffnung und die Lupe die gleiche Höhe haben.

2 Beschreibe deine Beobachtungen. Verändere den Abstand der Kerze vor der Öffnung. Beobachte.

3 **A** Vergleiche das Modell mit dem menschlichen Auge, indem du den einzelnen Gegenständen Strukturen im Auge zuordnest.
B Erkläre, inwieweit sich Modell und Auge in ihren Eigenschaften unterscheiden.

Camera obscura

LEONARDO DA VINCI (1452–1519) erkannte, dass unser Auge ähnlich wie die Camera obscura funktioniert. Als Camera obscura (lat. *obscur:* dunkel) wurde früher ein Raum benannt, der völlig abgedunkelt war. Durch ein kleines Loch fiel Licht in ihn hinein. So wurde ein Abbild der Außenwelt auf der dem Loch gegenüberliegenden Wand erzeugt ▶ Bild 3.

4 **A** Erkläre, weshalb das Abbild sowohl bei der Camera obscura als auch bei den Modellversuchen auf dem Kopf steht.
B Bewerte, ob das Bild auf der Netzhaut des Auges auch auf dem Kopf steht.

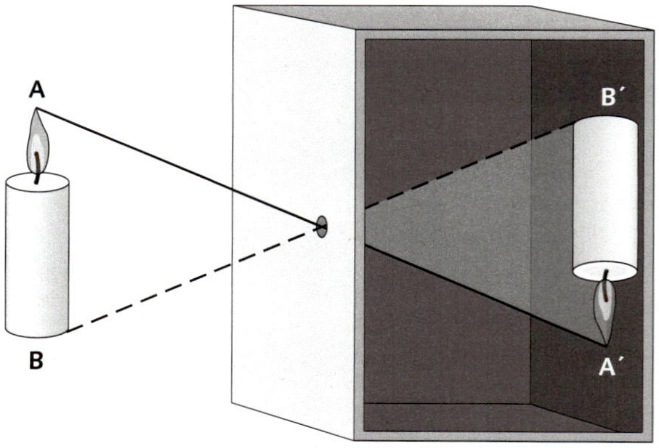

3 Camera obscura

Schutz des Auges

Das Auge ist anfällig für Schädigungen von außen. Körpereigene Schutzeinrichtungen und zusätzliche Schutzmaßnahmen sollen Verletzungen der Augen verhindern.

Körpereigene Schutzeinrichtungen

Trage mit einer Pipette oder dem Finger bei deinem Sitznachbarn einzelne Wassertropfen auf die Stirn und unter den Augenbrauen auf, sodass sie herunterfließen ▶ Bild 4. Sei dabei besonders vorsichtig, um seine Augen nicht zu verletzen.

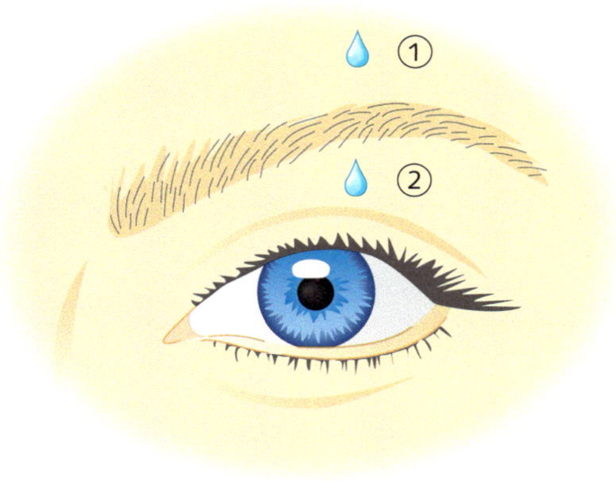

4 Auftragen von Wassertropfen aufs Gesicht

1 **A** Beschreibe, wodurch verhindert wird, dass Flüssigkeit ins Auge gelangt.
B Nenne alltägliche Gefährdungen für das Auge von außen.

Laborschutzbrille

Betrachte eine Korrekturbrille und eine Laborschutzbrille ▶ Bild 6. Setze beide Brillen nacheinander auf und lass deinen Sitznachbarn jeweils aus 20 cm Entfernung von vorn, von der Seite und von unten mit einer leeren Spritzflasche deine Augen anpusten.

2 **A** Stelle die Unterschiede im Bau beider Brillen tabellarisch dar.

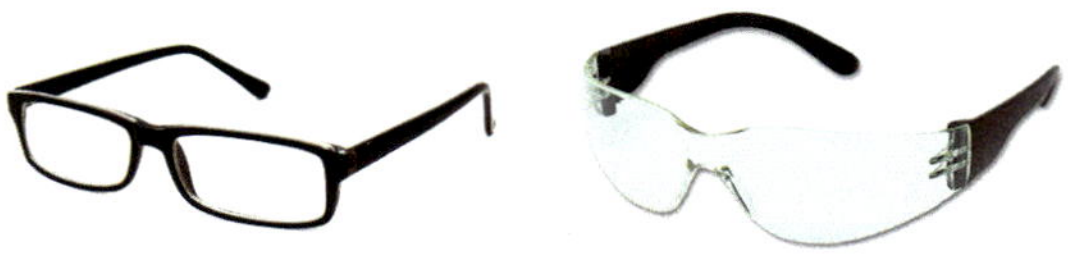

6 Korrekturbrille und Laborschutzbrille

B Vergleiche deine Empfindungen beim Pusteversuch mit der Korrektur- und der Laborschutzbrille aus den verschiedenen Richtungen.
C Bewerte, ob das Tragen einer Korrekturbrille statt einer Laborschutzbrille bei Versuchen mit Chemikalien ausreicht.

Sonnenbrille

Sonnenbrillen sollen das Auge vor zu hoher Lichteinstrahlung schützen, indem sie nur einen Teil des sichtbaren Lichts durchlassen. So verhindert die Tönung der Brille ein Geblendetwerden bei großer Helligkeit. Sie darf die Sicht jedoch nicht zu stark einschränken. Aber auch der nicht sichtbare Teil des Lichts kann dem Auge gefährlich werden: UV-Strahlung schadet beispielsweise der Netzhaut. Brillen können unabhängig von ihrem Tönungsgrad auch einen UV-Filter besitzen, also für UV-Strahlung nur eingeschränkt durchlässig sein.

3 **A** Begründe, welche der Brillen aus der Tabelle (▶ Bild 5) fürs Fahrradfahren an einem sonnigen Tag und welche für eine Schneewanderung an einem sonnigen Tag im Gebirge geeignet ist.
B Erkläre, weshalb bei starkem Sonnenlicht das Tragen einer getönten Brille ohne UV-Filter für das Auge gefährlicher ist als das Tragen keiner Brille. (*Tipp:* Berücksichtige die Adaptation durch die Pupille.)

Brille Nr.	**1**	**2**	**3**	**4**
Tönungsgrad	hell	mittel	dunkel	dunkel
Durchlässigkeit für sichtbares Licht	80 %	30 %	5 %	5 %
Durchlässigkeit für UV-Strahlung	30 %	0 %	10 %	0 %

5 Eigenschaften verschiedener Sonnenbrillen

Aufbau der Netzhaut

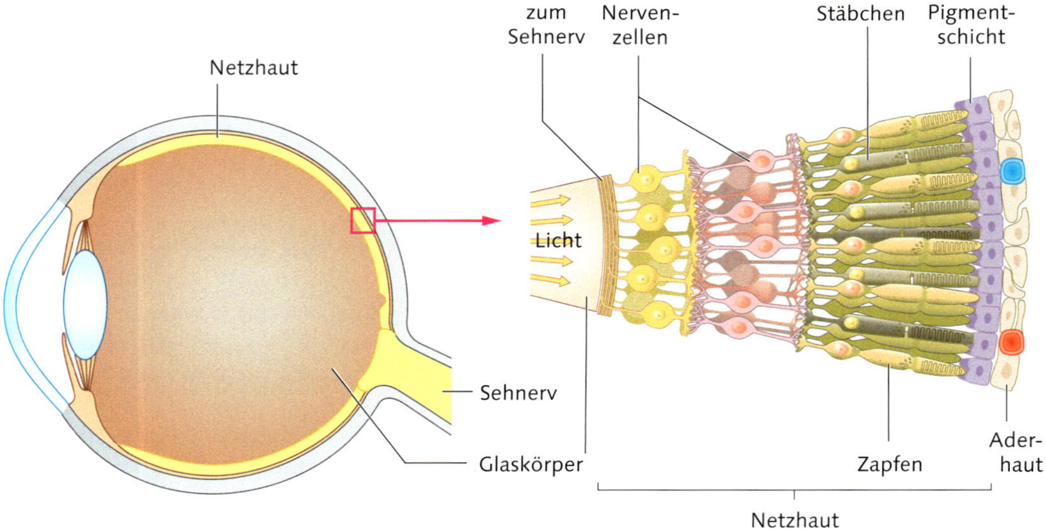

1 Schichten der Netzhaut

Netzhaut Die Netzhaut besteht aus Lichtsinneszellen, die sich auf der Pigmentschicht befinden, und zwei Nervenzellschichten ▶ Bild 1. Einfallendes Licht durchdringt zunächst die Nervenzellschichten, ehe es auf die dahinterliegenden Lichtsinneszellen trifft. In der Netzhaut gibt es zwei verschiedene Typen von Lichtsinneszellen: die Stäbchen und die Zapfen. Beide sind in der Lage, Lichtreize in Signale umzuwandeln und diese an die Nervenzellen zu senden. Die Fortsätze aller innen liegenden Nervenzellen bilden zusammen den Sehnerv und führen in das Gehirn, wo aus allen eingehenden Signalen von Stäbchen und Zapfen beider Augen der Seheindruck entsteht. Stäbchen und Zapfen unterscheiden sich hinsichtlich ihres Aufbaus und der Verteilung in der Netzhaut.

Verteilung der Lichtsinneszellen Der überwiegende Teil der ca. 6 Millionen Zapfen befindet sich im *gelben Fleck*. Dies ist der Bereich auf der Netzhaut, an dem wir am schärfsten sehen. Die Zapfen stehen hier besonders dicht zusammen. Jeder Zapfen im gelben Fleck sendet ein eigenes Signal direkt über den Sehnerv zum Gehirn. Dadurch werden die Informationen vieler einzelner Bildpunkte weitergeleitet und wir sehen besonders scharf. Die Blickrichtung beider Augen wird automatisch immer so eingestellt, dass das Bild des betrachteten Gegenstands auf den gelben Fleck fällt.
Außerhalb des gelben Flecks befinden sich hauptsächlich Stäbchen. Insgesamt sind es ca. 125 Millionen. Sie sind über die gesamte Netzhaut verteilt, allerdings wird ihre Anzahl immer geringer, je weiter der Bereich vom gelben Fleck entfernt liegt. Die Stäbchen geben ihre Signale nicht einzeln über den Sehnerv an das Gehirn weiter. Vielmehr fassen die ableitenden Nervenzellen die Informationen mehrerer Stäbchen zusammen. Mehrere schwache Signale werden so zu einem stärkeren Signal gebündelt und zum Gehirn weitergeleitet. Darum kann man auch bei geringer Lichtstärke etwas wahrnehmen. An der Stelle, wo der Sehnerv das Auge verlässt, dem *blinden Fleck*, sind keinerlei Lichtsinneszellen vorhanden. Lichtreize können dort nicht umgewandelt werden.

Eigenschaften der Stäbchen und Zapfen Beide Typen von Lichtsinneszellen senden elektrische Signale aus, wenn sie durch Licht gereizt werden. Die etwas dünneren und längeren Stäbchen reagieren besonders empfindlich und ermöglichen das Sehen bei schwachen Lichtverhältnissen, z. B. bei Dämmerung oder bei Nacht. Sie ermöglichen keinen Farbeindruck.
Die Zapfen ermöglichen das Farbensehen, wo-

bei einige Zapfen besonders stark bei rotem Licht und andere stärker bei blauem oder grünem Licht reagieren. Ist der Reiz jedoch zu schwach, so senden die Zapfen keine Signale an das Gehirn weiter.

Im Gehirn entsteht aus allen eingehenden Signalen von Stäbchen und Zapfen die Sehwahrnehmung.

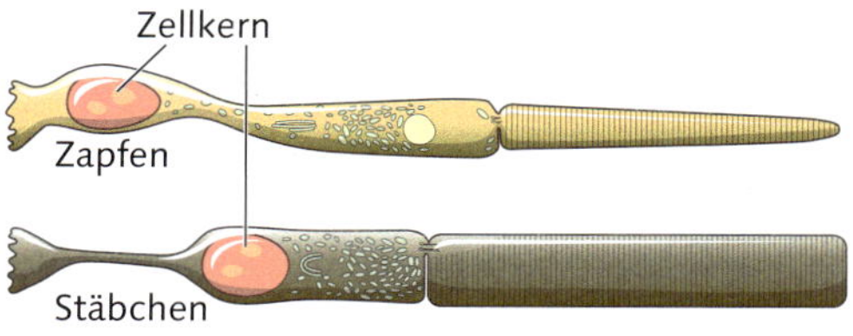

2 Lichtsinneszellen: Stäbchen und Zapfen

Zerfall des Sehfarbstoffs Die Lichtsinneszellen enthalten Sehfarbstoffe, die empfindlich auf Lichtreize reagieren. Durch Licht zerfällt ein Teil der vorhandenen Sehfarbstoffe und es wird ein Signal an die Nervenzellen gesendet ▶ Bild 3. Aus den Zerfallsprodukten recycelt der Körper neue Sehfarbstoffe, was einige Minuten dauert. Das Signal ans Gehirn wird schwächer. Lichtsinneszellen, die längere Zeit nicht angeregt wurden, besitzen einen großen Vorrat an Sehfarbstoff.

Damit der Sehfarbstoff aufgebaut werden kann, benötigt der Körper aus der Nahrung ausreichend Vitamin A.

Farbensehen Werden alle Zapfentypen gleichermaßen durch weißes Licht angeregt, geben sie alle ein gleich starkes Signal an das Gehirn weiter und es entsteht der Seheindruck Weiß ▶ Bild 4. Sind die Zapfen nicht angeregt, interpretiert das Gehirn den Seheindruck Schwarz. Werden nur der grüne und rote Zapfentyp angeregt, entsteht der Seheindruck Gelb, da der Farbeindruck im Gehirn aus dem Signal der roten und grünen Zapfen gebildet wird. So ist es möglich, dass durch unterschiedlich starke Reizung der drei verschiedenen Zapfentypen unzählige Farben wahrgenommen werden können. Man nennt dies additive Farbmischung.

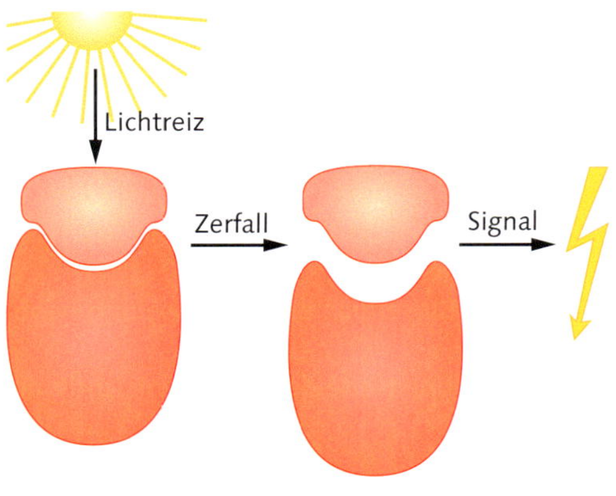

3 Zerfall des Sehfarbstoffs

Erkrankungen oder Schäden an der Netzhaut Es gibt zahlreiche Erkrankungen, die die Funktion der Netzhaut einschränken oder gar zur Erblindung führen können. Im Alter oder als Folge der Zuckerkrankheit (Diabetes) kann sich die Netzhaut von der Pigmentschicht ablösen. Die Netzhautzellen werden dann nicht mehr ausreichend mit Blut, Sauerstoff und Nährstoffen versorgt und können absterben.

4 Additive Farbmischung

1 **A** Beschreibe den Weg des Lichts und den der Signale durch die Netzhaut.
B Vergleiche Stäbchen und Zapfen in einer Tabelle.

2 Erkläre, wie das Sprichwort „Nachts sind alle Katzen grau“ gemeint ist.

3 Nimm Stellung zu der Aussage, dass man besonders gut sehen kann, wenn man viele Möhren isst, die unter anderem Vitamin A enthalten.

4 Schaut man genau in dem Moment in eine Kamera, wenn der Blitz ausgelöst wird, so kann man für einen kurzen Zeitraum nicht gut sehen. Man hat den Eindruck, einen dunklen Fleck im Sichtbereich zu haben. Erkläre diese Beobachtung und weshalb nach kurzer Zeit wieder normal gesehen werden kann.

Untersuchung eines Schweineauges

Das Schweineauge stimmt in Aufbau und Größe mit einem menschlichen Auge überein. Dies macht es zu einem sehr guten Untersuchungsobjekt. Beim Sezieren eines Auges können der genaue Aufbau und die Funktion einzelner Bestandteile untersucht werden.

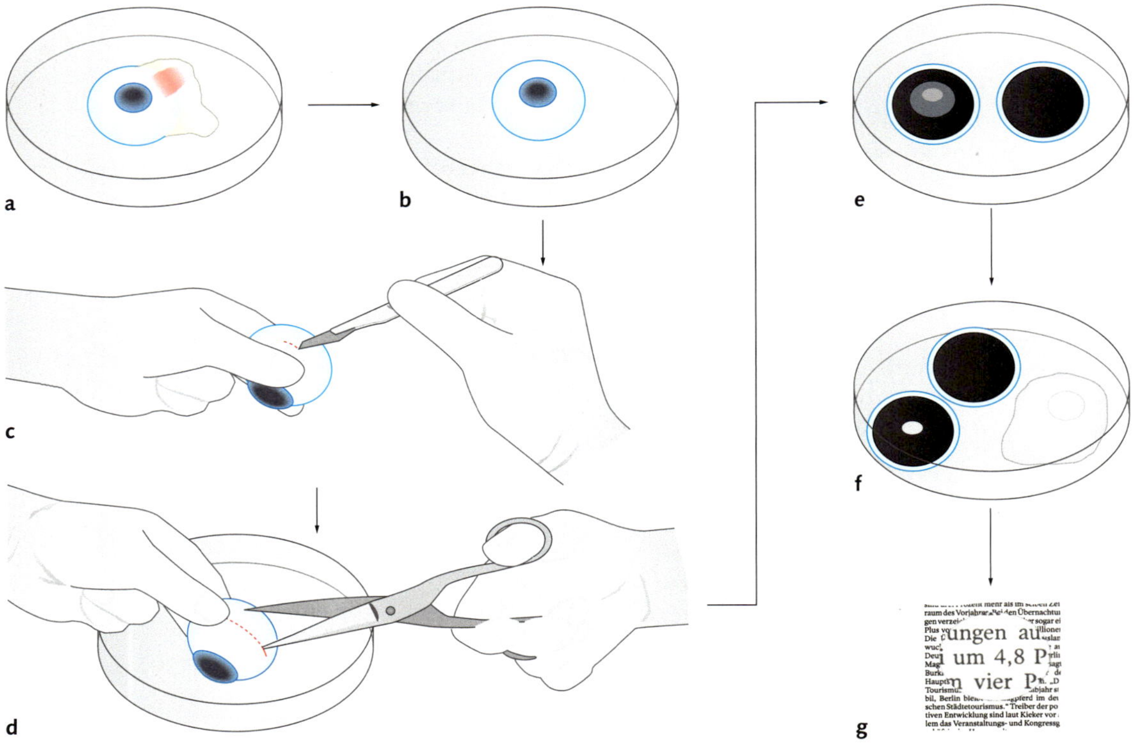

1 Untersuchungsschritte

Material: Schweineauge, Präparier- oder Petrischale, Schere, Skalpell, Pinzette, Einweghandschuhe, Papiertücher, Zeitungspapier

Durchführung:

1. Betrachte zunächst das Auge wie in ▶ Bild 1a von außen und identifiziere die einzelnen Strukturen. Gut zu erkennen sind der Sehnerv, die Lederhaut, die Hornhaut und teilweise die Ansätze der Augenmuskeln. Des Weiteren sind Fettgewebe und Bindegewebe erkennbar.
2. Entferne das Fett- und Muskelgewebe sauber mit der Schere ▶ Bild 1b.
3. Nimm das Auge so wie in ▶ Bild 1c gezeigt in die Hand.
4. Schneide mit dem Skalpell ein kleines Loch in die Lederhaut. Sei hierbei sehr vorsichtig! Halbiere anschließend mit der Schere, wie in ▶ Bild 1d gezeigt, das Auge vorsichtig in eine vordere und hintere Augenhälfte. Achte hierbei darauf, dass der Inhalt nicht herausquillt, sondern nach Möglichkeit in der vorderen Augenhälfte bleibt ▶ Bild 1e.
5. Nimm die inneren Bestandteile des Auges heraus und betrachte sie ▶ Bild 1f.

1 Beschreibe die Beschaffenheit des Glaskörpers.

6. Befreie die Linse von Resten des Glaskörpers und lege sie auf ein Stück Zeitungspapier, wie in ▶ Bild 1g zu sehen ist. Untersuche ihre optische Eigenschaft näher.
7. Drücke vorsichtig seitlich auf die Linse und beobachte.
8. Ziehe von der Innenseite des Auges vorsichtig die Netzhaut ab.

2 Beschreibe das Aussehen der Netzhaut.

Experimente mit den eigenen Augen

Mit einfachen Experimenten kannst du einige Eigenschaften des Auges untersuchen. Mithilfe der Informationen im Grundwissen und der Materialien auf dieser Seite kannst du die Effekte erklären.

2 Versuch zum blinden Fleck – Wo ist die Rose?

Blinder Fleck

Lege das Buch mit ca. 50 cm Abstand vor dich auf den Tisch. Halte dein linkes Auge mit der linken Hand zu und schaue mit deinem rechten Auge auf die Pupille in ▶ Bild 2. Bewege anschließend deinen Kopf langsam auf das Buch zu, wobei du immer auf die Pupille schauen musst.

1 **A** Beschreibe deine Beobachtungen, während du deinen Kopf immer weiter in Richtung Buch bewegst.
B Erkläre deine Beobachtungen und weshalb im Alltag der blinde Fleck beim Sehen nicht bemerkt wird.

Nachbilder I

Halte dir ein Auge zu und schaue mit dem anderen für ca. 15 s auf das Kreuz der schwarzen Lampe ▶ Bild 3. Anschließend musst du schnell auf das Kreuz daneben schauen. Du wirst sehen, wie dir plötzlich „ein Licht aufgeht".

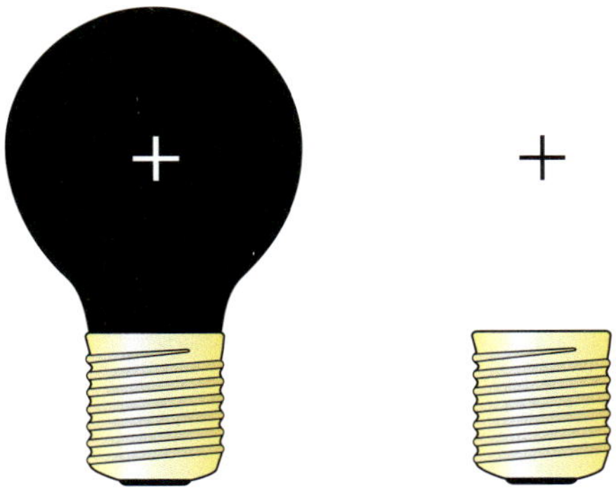

3 Licht aus – Licht an

2 **A** Beschreibe deine Beobachtungen.
B Erkläre die gemachte Beobachtung mithilfe der Informationen zum Zerfall des Sehfarbstoffs.

Nachbilder II

Bei diesem Versuch musst du mit einem Auge für ca. 15 s in die Mitte des grünen Vierecks schauen ▶ Bild 4. Versuche, währenddessen nicht zu blinzeln. Schaue anschließend auf den weißen Kasten daneben.

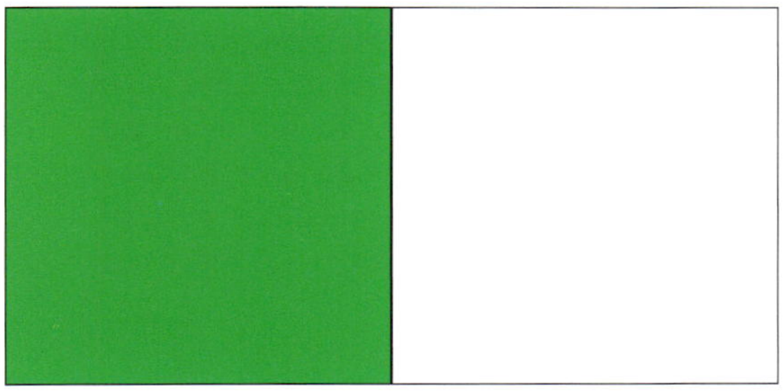

4 Farbenwechsel?

3 **A** Beschreibe deine Beobachtung.
B Deute deine Beobachtung. Nutze die Informationen zur additiven Farbmischung auf der Grundwissensseite.

Du kannst den Versuch auch mit andersfarbigen Kärtchen durchführen. Schneide hierzu einfach aus einem farbigen Papier eine beliebige Form aus und führe den Versuch wie oben beschrieben durch. Besonders interessant ist die Versuchsdurchführung mit den Farben Blau, Gelb oder Rot.

Sehen in Nah und Fern – Akkommodation

Wir können normalerweise sowohl im Nahbereich als auch bis zu einer gewissen Distanz in der Ferne scharf sehen. In Nähe und Ferne gleichzeitig ist dies jedoch nicht möglich ▶ Bild 1.

Funktion der Linse Die Hornhaut, die Linse und der Glaskörper beeinflussen die einfallenden Lichtstrahlen, bevor sie auf die Netzhaut treffen: Die Lichtstrahlen werden gebrochen. Bei der Linse handelt es sich um eine Sammellinse, die die Lichtstrahlen bündelt. Sie ist verformbar, wodurch sich ihr Brennpunkt und damit ihre Brechkraft verändern. Je kugeliger sie ist, desto stärker werden die Lichtstrahlen gebrochen.
Die Abbildung eines Gegenstandspunkts durch eine Linse lässt sich vereinfacht wie in ▶ Bild 2 konstruieren. Der Parallelstrahl verläuft parallel zur optischen Achse bis zur Linse, wird gebrochen und führt durch den Brennpunkt. Der Mittelpunktstrahl verläuft ungebrochen durch den Linsenmittelpunkt. Beide Strahlen schneiden sich im Bildpunkt. Liegt der Bildpunkt auf der Netzhaut, wird er scharf gesehen.

Akkommodation Den Vorgang, bei dem sich die Linse verformt und somit das Sehen in der Nähe oder Ferne ermöglicht, bezeichnet man als *Akkommodation*. Die elastische Linse ist an Linsenbändern aufgehängt, die mit dem ringförmigen *Ziliarmuskel* verbunden sind. Ist dieser entspannt, werden die Linsenbänder gestrafft und die Linse wird flach gezogen. Die Brechkraft

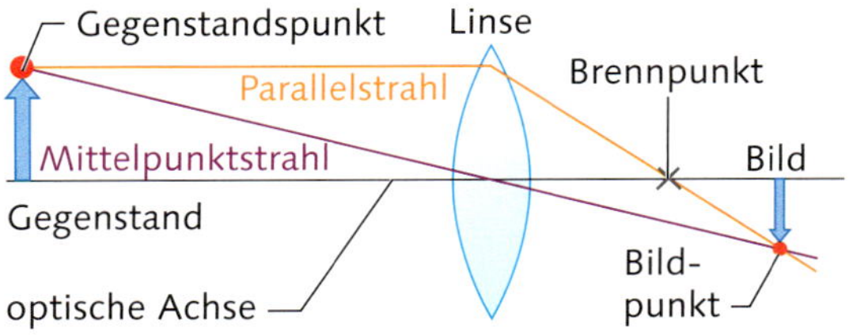

2 Abbildung eines Gegenstandspunkts

der Linse ist gering und man sieht in der Ferne scharf (Fernakkommodation) ▶ Bild 1. Zieht sich der Muskel dagegen zusammen, verringert sich sein Zug auf die Linsenbänder. Diese werden entspannt und die Linse nimmt eine kugelige Form an. Die Lichtstrahlen werden nun stärker gebrochen und so werden Gegenstände in der Nähe scharf gesehen (Nahakkommodation).
Allerdings ist die Verformbarkeit der Linse beschränkt. Wir können nicht beliebig nahe oder ferne Objekte scharf sehen. Ab einem bestimmten Punkt in der Nähe ist die Linse maximal abgekugelt und nicht mehr in der Lage, die Lichtstrahlen ausreichend stark zu brechen, das Bild ist unscharf. Die Entfernung, in der nahe Objekte gerade noch scharf abgebildet werden können, nennt man *Nahpunkt*.

1 Stelle den Vorgang der Nahakkommodation in einem Fließschema dar, ausgehend von einer flachen Linse.

2 Erkläre, weshalb die Fernakkommodation auch als Ruhestellung bezeichnet wird.

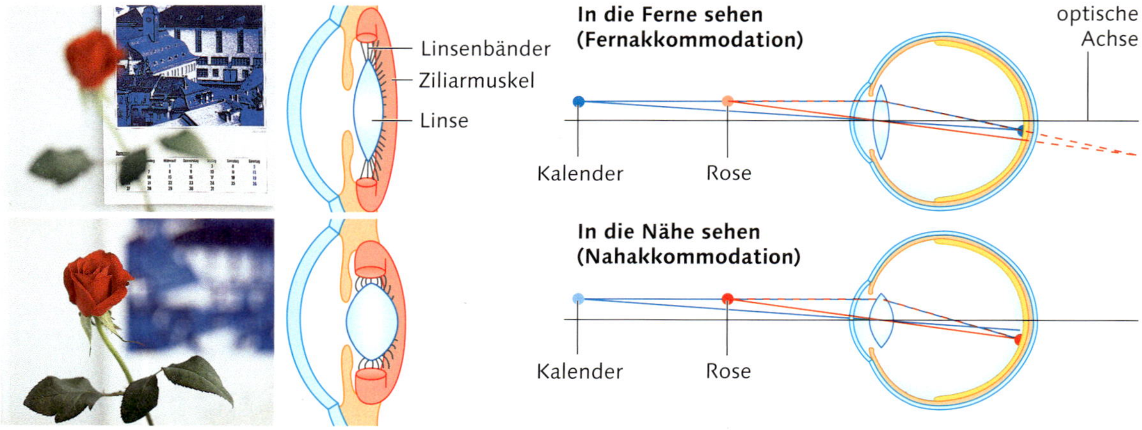

1 Fern- und Nahakkommodation

Fehlsichtigkeiten und Sehschwächen

Fehlsichtigkeit Die Eigenschaft, Gegenstände nur in der Nähe scharf sehen zu können, bezeichnet man als *Kurzsichtigkeit*. In der Ferne sieht ein Kurzsichtiger unscharf. Können dagegen nur Gegenstände mit größerem Abstand scharf gesehen werden, so spricht man von *Weitsichtigkeit*. Ursachen können die Form des Augapfels sein oder aber die veränderten Eigenschaften der Linse, wie sie im Alter auftreten können. Beide Formen der Fehlsichtigkeit können mit Sehhilfen, also Brillen oder Kontaktlinsen, korrigiert werden.

Linsentypen Bei Sehhilfen unterscheidet man grundsätzlich zwischen zwei Typen von Linsen, den Sammellinsen und den Zerstreuungslinsen ▶ Bild 3.
Bei den *Sammellinsen* werden die Lichtstrahlen stärker gebündelt. Der Optiker spricht von Plusgläsern. Bei den *Zerstreuungslinsen* werden die Lichtstrahlen stärker gestreut. Man bezeichnet sie als Minusgläser. Auch Kontaktlinsen können beide Eigenschaften besitzen.

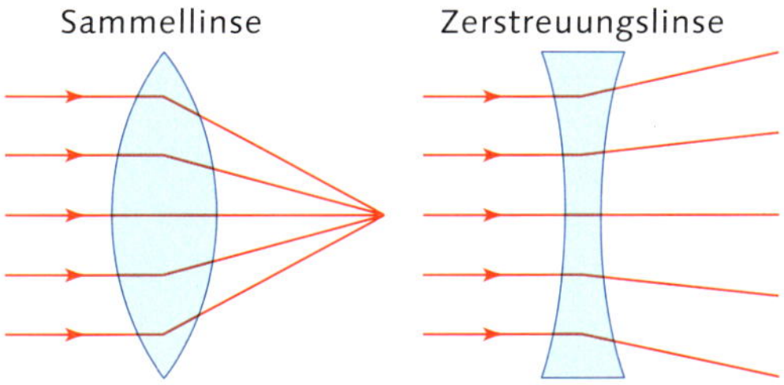

3 Linsentypen

Die richtige Korrekturlinse Wenn das Auge eines Kurzsichtigen fernakkommodiert ist, bricht die Augenlinse das Licht zu stark und entfernte Gegenstände werden unscharf abgebildet, weil die Bildpunkte nicht auf der Netzhaut liegen. Bei einer Brille muss ein Linsentyp eingesetzt werden, der zu einer geringeren Brechung führt, der Optiker setzt Minusgläser ein.
Genau andersherum ist es bei der Weitsichtigkeit. Beim Sehen in der Nähe ist die Brechkraft der Linse nicht ausreichend. Dies kann an einem zu kurzen Augapfel liegen oder daran, dass die Augenlinse im Alter an Elastizität verliert und dadurch beim Sehen in der Nähe nicht mehr die ausreichend kugelige Form annimmt. Hier müssen Plusgläser eingesetzt werden.

Farbsehschwäche Fast jeder zehnte Junge oder Mann leidet an der Rot-Grün-Sehschwäche. Bei Frauen tritt sie deutlich seltener auf, hier ist nur etwa jede 200. Frau betroffen. Die Sehschwäche ist meist angeboren und bisher gibt es noch keine Behandlungsmöglichkeit. Ursache kann das Fehlen eines bestimmten Zapfentyps sein oder dessen Fehlfunktion. Auch wenn das Farbensehen beeinträchtigt ist (▶ Bild 4), können die meisten Menschen mit dieser Sehschwäche ohne besondere Einschränkungen ihren Alltag bewältigen. Eine völlige Farbenblindheit ist dagegen sehr selten (Häufigkeit 1 : 100 000).

4 Dasselbe Bild von Normalsichtigem (oben) und Person mit Rot-Grün-Sehschwäche (unten) gesehen

1 **A** Manche Personen benötigen nur zum Lesen eine Brille. Bewerte, ob sie unter Kurz- oder Weitsichtigkeit leiden.
B Erkläre, welcher Linsentyp in eine Lesebrille eingesetzt werden muss.

2 Beschreibe Herausforderungen, die an Menschen mit Rot-Grün-Sehschwäche im Alltag gestellt werden.

3 Manche Farbenblinde besitzen gar keine funktionsfähigen Zapfen. Erkläre, warum sie am Tag weniger scharf sehen als Normalsichtige.

Fehlsichtigkeiten und ihre Korrektur

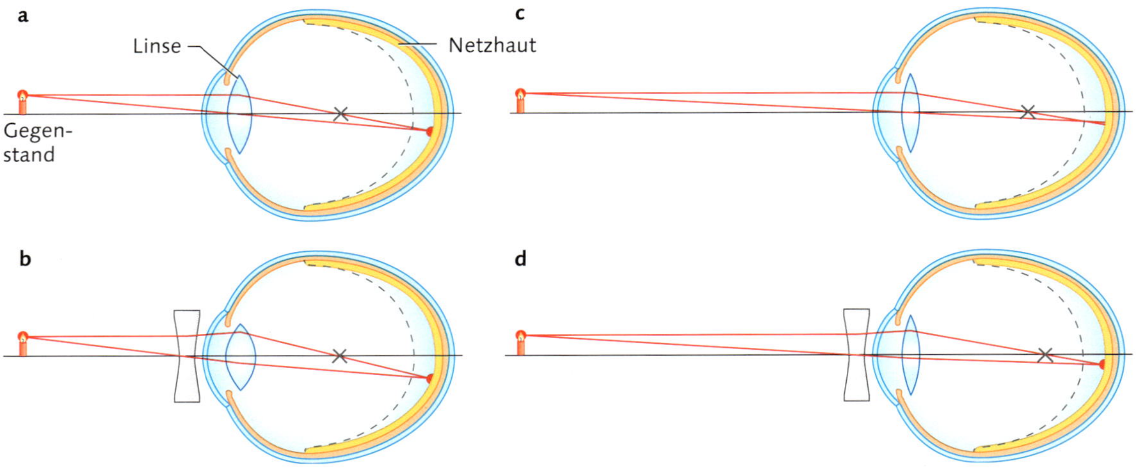

1 Oben: unkorrigierte, unten: mit Zerstreuungslinse korrigierte Sicht eines Kurzsichtigen; links: Gegenstand in der Nähe, rechts: Gegenstand in der Ferne

Kurzsichtigkeit

Der häufigste Grund für Kurzsichtigkeit ist ein zu langer Augapfel, die Brechkraft der Linse ist dann zu hoch. Zur Korrektur wird eine Zerstreuungslinse verwendet.

1 **A** Beschreibe Linsenform und Seheindruck (scharf/unscharf) bei der unkorrigierten Sicht eines Kurzsichtigen ▶ Bild 1a und c. Vergleiche mit der Sicht eines Normalsichtigen ▶ Bild 1 auf S. 28.

B Erkläre, weshalb das scharfe Sehen nur in die Nähe auch ohne Brille funktioniert ▶ Bild 1a.

C Begründe, warum eine Zerstreuungslinse beim Sehen hilft ▶ Bild 1b und d.

D Erläutere, warum ein Augentraining, das den Ziliarmuskel stärkt, Kurzsichtigkeit nicht beheben kann.

Weitsichtigkeit

Der Weitsichtigkeit liegt ein zu kurzer Augapfel zugrunde oder, im Fall der Altersweitsichtigkeit, die fehlende Elastizität der Linse. Diese verhindert das Annehmen einer ausreichend kugeligen Form beim Sehen in die Nähe. Die zu schwache Brechkraft der Linse kann dann durch eine Sammellinse ausgeglichen werden.

2 **A** Beschreibe die unkorrigierte und die korrigierte Sicht bei einem zu kurzen Augapfel.

B Begründe, weshalb bei Altersweitsichtigkeit eine Lesebrille genügt, die nur für die Sicht in die Nähe aufgesetzt wird.

C Erkläre, weshalb ein Kurzsichtiger, der zugleich an Altersweitsichtigkeit leidet, in die Ferne trotzdem nur unscharf sieht.

Grauer Star

Wenn sich die Linse stark trübt, spricht man vom Grauen Star ▶ Bild 2. Die Linse kann dann operativ entfernt und durch eine Kunstlinse ersetzt werden.

3 **A** Erkläre, warum man mit einer trüben Linse nur schlecht oder gar nichts mehr sehen kann.

B Bewerte, ob ein Patient nach einer Operation des Grauen Stars ohne Einsatz einer Kunstlinse kurz- oder weitsichtig ist.

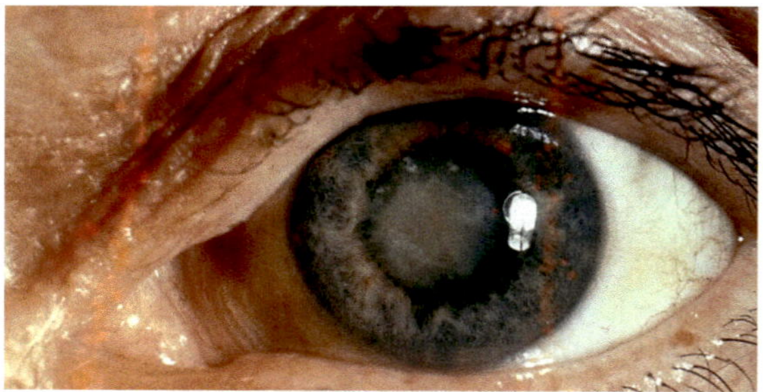

2 Auge mit Grauem Star

Räumliches Sehen

Unsere Augen sind beide nach vorn gerichtet und ermöglichen so das räumliche Sehen. Durch das räumliche Sehen können wir Gegenstände gezielt greifen und uns sicher bewegen. Probiere selbst, wie gut du mit einem und mit zwei Augen sehen kannst.

Gesichtsfeldbestimmung

Mit dem folgenden Versuch kannst du den Bereich, den du mit beiden Augen siehst, also dein Gesichtsfeld, bestimmen.

Material: Karton DIN A2, farbige Stifte

Durchführung:
Schneide den Karton wie in ▶ Bild 3 gezeigt aus, setze dich an den Tisch und halte dir die Pappe in Augenhöhe vor das Gesicht. Halte zunächst ein Auge zu. Ein Mitschüler führt nun einen Stift, von einer Seite kommend, am Rand der Pappe entlang. In dem Moment, wenn du den Stift siehst, sage Stopp. Dein Mitschüler markiert diese Stelle auf der Pappe. Der Stift wird dann weiter am Rand fortbewegt. Signalisiere, wenn du ihn nicht mehr siehst. Auch dieser Punkt wird auf dem Karton markiert. Verbinde nun die Punkte mit der Markierung für das Auge. Das Gleiche wird für das zweite Auge wiederholt.

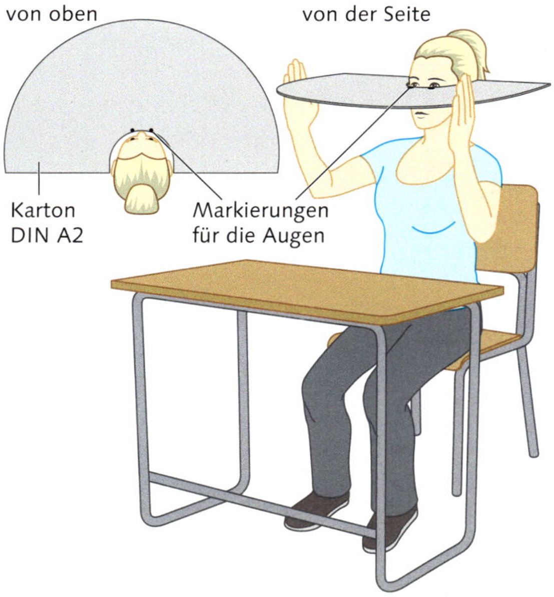

3 Gesichtsfeldbestimmung

1 Bestimme und beschrifte die Bereiche, die jeweils mit nur einem Auge gesehen wurden, und den Bereich, der mit beiden gesehen wurde.

Einäugiges Sehen

Dieser Versuch zeigt den Unterschied zwischen einäugigem und beidäugigem Sehen.

Material: 2 gleich große Stifte

Durchführung:
Stelle dich einem Partner gegenüber, der dir 2 Stifte im Abstand von ca. 50 cm vor deine Augen hält.
Schließe jetzt beide Augen. Dein Partner verschiebt nun einen der Stifte um 3 cm nach vorn oder hinten. Die Stifte müssen dabei immer auf der gleichen Höhe sein.
Öffne nun ein Auge und entscheide, welcher der Stifte vorn und welcher weiter hinten ist.

2 **A** Führe den Versuch mit unterschiedlichen Abständen aus. Überprüfe zwischendurch deine Beobachtungen, wenn beide Augen geöffnet sind.
B Notiere deine Beobachtungen.
C Erkläre den Nachteil des Sehens mit nur einem Auge.

Sehen mit beiden Augen

Betrachte einen Gegenstand zunächst nur mit dem linken und dann mit dem rechten Auge und anschließend mit beiden Augen.

3 **A** Beschreibe die Beobachtung.
B Erkläre die Vorteile des Sehens mit beiden Augen.

4 Würfel, mit linkem und mit rechtem Auge gesehen

Sinnesorgan Ohr

Das Ohr ist unser aktivstes Sinnesorgan. Egal, ob wir schlafen oder wach sind – stets nehmen wir die Umwelt mit offenen Ohren wahr. Das Gehör hat eine besondere Bedeutung für die Kommunikation, denn durch das Hören erlernen wir das Sprechen. Wir nehmen unterschiedliche Töne wahr und unterscheiden Lautstärke, Richtung und Entfernung von Geräuschquellen. Deshalb ist das Gehör wichtig für die räumliche Orientierung. Außerdem befinden sich im Ohr der *Lage- und Drehsinn*, mit dem wir Drehbewegungen des Körpers wahrnehmen und die Stellung des Kopfs kontrollieren. Das Ohr besteht aus Außen-, Mittel- und Innenohr ▶ Bild 1.

Außenohr Das *Außenohr* mit Ohrmuschel und Gehörgang dient als Schalltrichter. Von einer Schallquelle ausgehende Schallwellen werden von der Ohrmuschel aufgenommen und über den Gehörgang an das Mittelohr weitergeleitet. Talgdrüsen in der Haut des Gehörgangs und Ohrschmalzdrüsen sondern klebriges Ohrenschmalz ab. Dieses schützt den Gehörgang vor dem Eindringen von Wasser und reinigt ihn von Schmutz- und Staubpartikeln. Außerdem wirkt es antibakteriell, tötet also Bakterien ab, die ins Außenohr eingedrungen sind.

Mittelohr Das *Mittelohr* umfasst das Trommelfell, die luftgefüllte Paukenhöhle mit den *Gehörknöchelchen Hammer, Amboss* und *Steigbügel* sowie die *eustachische Röhre*. Es übernimmt eine wichtige Funktion für die Weiterleitung und Verstärkung von Schallsignalen. Durch die eintreffenden Schallwellen beginnt das Trommelfell zu schwingen. Diese Schwingungen werden über die gelenkig miteinander verbundenen Gehörknöchelchen auf das ovale Fenster übertragen. Hierbei handelt es sich um eine Membran, die das Mittelohr vom Innenohr trennt. Die Fläche des ovalen Fensters ist viel kleiner als die des Trommelfells. Bei der Übertragung vom Trommelfell auf das ovale Fenster wird das Schallsignal daher verstärkt.
Die eustachische Röhre verbindet das Mittelohr mit dem Nasen- und Rachenraum. Sie dient der Belüftung und dem Druckausgleich. Beim Fliegen oder Tauchen verändert sich der Luftdruck innerhalb kurzer Zeit. Dies führt dazu, dass in der Paukenhöhle ein anderer Druck herrscht als außen. Dann kann das Trommelfell nicht mehr schwingen und die Hörfähigkeit ist eingeschränkt. Beim Gähnen oder Schlucken öffnet sich die eustachische Röhre und ein Druckausgleich kann erfolgen.

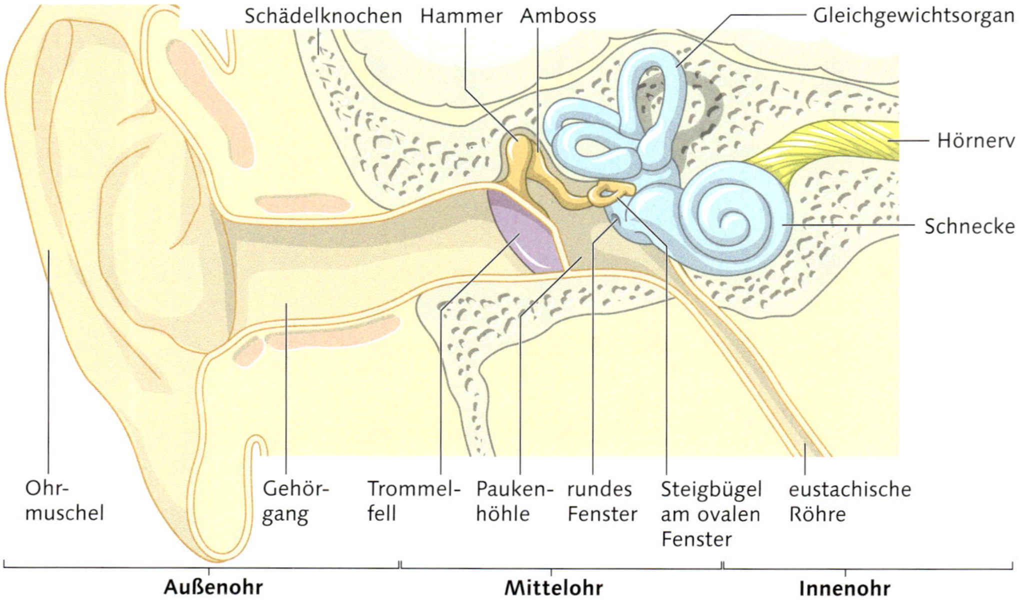

1 Ohr des Menschen

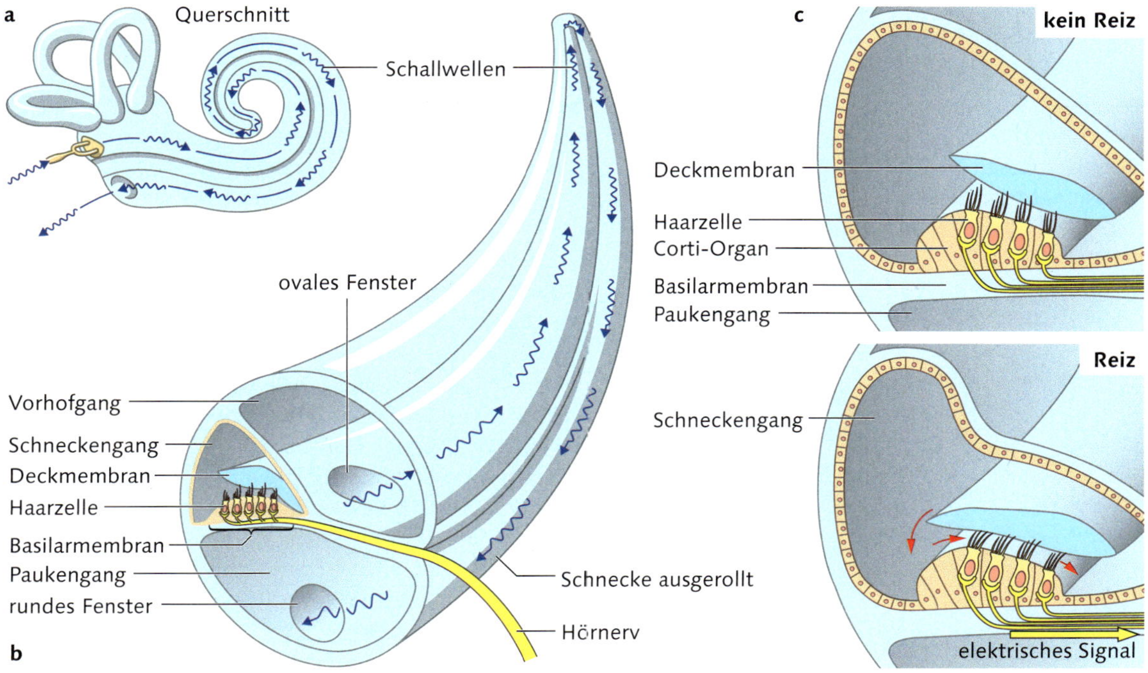

2 Bau des Innenohrs: Schnecke (a), Schnecke ausgerollt (b), Schneckengang mit Corti-Organ (c)

Innenohr Das flüssigkeitsgefüllte *Innenohr* besteht aus dem Vorhof, den drei Bogengängen und der Schnecke. Während der Gleichgewichtssinn in den Bogengängen liegt, ist der Gehörsinn in der Schnecke angesiedelt.

Die *Schnecke* besteht aus drei mit Flüssigkeit gefüllten und durch Membranen voneinander getrennten Räumen ▶ Bild 2. In der Mitte liegt der Schneckengang, darüber der Vorhofgang und darunter der Paukengang. Alle drei Gänge sind wie ein Schneckenhaus aufgewunden. Der Vorhofgang beginnt am ovalen Fenster und reicht bis zur Schneckenspitze. Dort geht er in den Paukengang über, der im runden Fenster endet.

Der Boden des Schneckengangs wird von der Basilarmembran gebildet. Hier befindet sich das eigentliche Hörorgan, das Corti-Organ, mit rund 25000 Haarzellen, den *Hörsinneszellen* ▶ Bild 2. Die Hörsinneszellen werden von einer Deckmembran überdeckt. Wenn im Mittelohr der Steigbügel die Membran des ovalen Fensters nach innen drückt, gerät die Flüssigkeit in der Schnecke in Schwingungen, eine Druckwelle entsteht. Die Hörsinneszellen stoßen aufgrund der Schwingungen gegen die Deckmembran und werden gereizt. Es entsteht ein elektrisches Signal, das über den Hörnerv an das Gehirn weitergeleitet wird. Erst dort entsteht der Höreindruck. Über das runde Fenster wird der restliche Druck wieder ins Mittelohr abgegeben.

Richtungshören Das Hören mit zwei Ohren ermöglicht es, die Position einer Schallquelle auszumachen. Trifft der Schall zeitgleich in beiden Ohren ein, so läuft das Signal von beiden Ohren gleichzeitig auf das Gehirn zu. Es wird erkannt, dass das Geräusch direkt von vorn oder direkt von hinten kommt. Erreicht der Schall ein Ohr früher als das andere, so gelangen die Signale beider Ohren zeitversetzt ins Gehirn. Je größer die Zeitdifferenz der gesendeten Signale ist, desto weiter ist die Schallquelle zu einer Seite verschoben.

1. Stelle in einer Tabelle die Bestandteile des Ohrs und ihre jeweilige Funktion dar.
2. Im Flugzeug verteilen Flugbegleiter Kaugummis an Fluggäste. Erkläre den Grund.
3. Auch mit verbundenen Augen kann man hören, aus welcher Richtung ein Geräusch kommt. Erkläre.
4. Ärzte warnen davor, die Ohren mit Wattestäbchen zu reinigen. Begründe.

Gleichgewichtsorgan

Bei jeder Bewegung des Körpers wird das Gleichgewichtsorgan im Innenohr gereizt. Es besteht aus den Lagesinnesorganen und dem Drehsinnesorgan ▶ Bild 1.

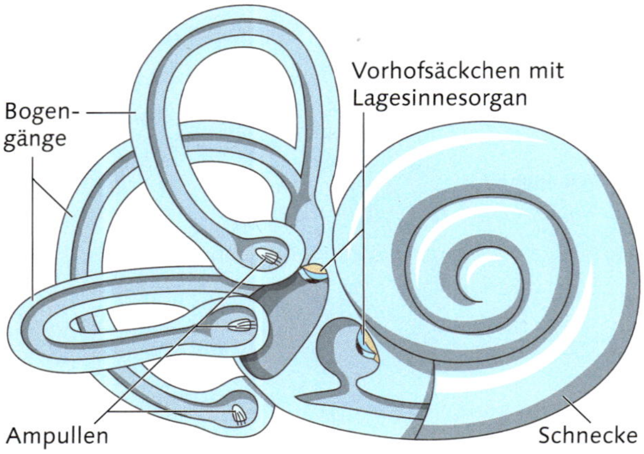

1 Lage- und Drehsinnesorgan

Lagesinnesorgan Das *Lagesinnesorgan* besteht aus zwei flüssigkeitsgefüllten Vorhofsäckchen. Sie enthalten Haarzellen, die jeweils eine größere Anzahl von feinen Sinneshärchen tragen. Diese sind von einer Gallertkappe umhüllt, in die zahlreiche kleine Kalkkristalle eingebettet sind ▶ Bild 2.

Bewegen wir unseren Kopf nach rechts, so verrutschen die Kalkkristalle ebenfalls nach rechts. Dadurch biegen sich die Sinneshärchen in die gleiche Richtung. Sie werden gereizt und es entsteht ein elektrisches Signal, das über Nervenzellen an das Gehirn weitergeleitet wird. Hier treffen auch elektrische Signale des anderen Lagesinnesorgans ein. Aus beiden Informationen wird die Lage des Kopfs errechnet.

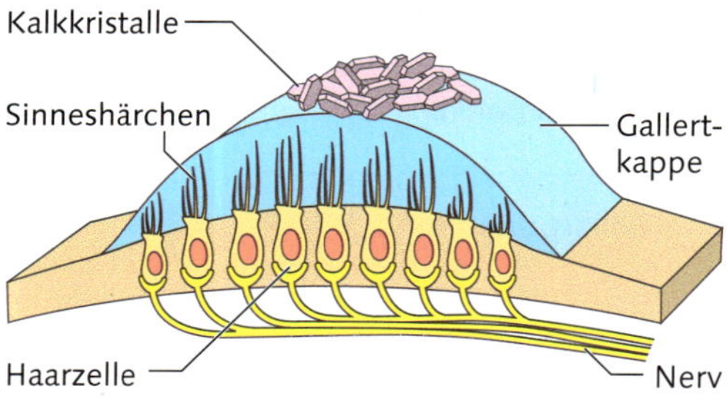

2 Querschnitt durch ein Lagesinnesorgan

Drehsinnesorgan Das *Drehsinnesorgan* besteht aus drei mit Flüssigkeit gefüllten Bogengängen. Einer der Bogengänge liegt waagerecht, die beiden anderen stehen senkrecht in einem Winkel von 90° dazu ▶ Bild 1. So können wir Drehungen um die Längsachse sowie Bewegungen zur Seite, nach vorn oder nach hinten wahrnehmen. Jeder Bogengang besitzt eine Erweiterung, die *Ampulle*, in der sich Haarzellen befinden, deren Sinneshärchen in eine Gallertkappe ragen ▶ Bild 3. Bei einer Drehung des Kopfs bewegt sich die träge Flüssigkeit im Bogengang nicht so schnell wie der Kopf. Deshalb wird die Gallertkappe entgegen der Bewegungsrichtung ausgelenkt und die Sinneshärchen werden gereizt. Die entstehenden elektrischen Signale werden zum Gehirn geleitet und dort als Drehbewegung wahrgenommen.

Wird die Drehbewegung fortgesetzt, so bewegt sich die Flüssigkeit so schnell wie der Körper. Der Druck auf die Gallertkappe verringert sich, sodass dem Gehirn keine Kreisbewegung mehr gemeldet wird. Stoppt die Drehbewegung plötzlich, strömt die Flüssigkeit aufgrund ihrer verzögerten Reaktion weiter. Die Gallertkappe wird in die der Drehbewegung entgegengesetzte Richtung ausgelenkt. Eine falsche Information über die Richtung der Bewegung wird ans Gehirn gesendet: Wir empfinden Drehschwindel.

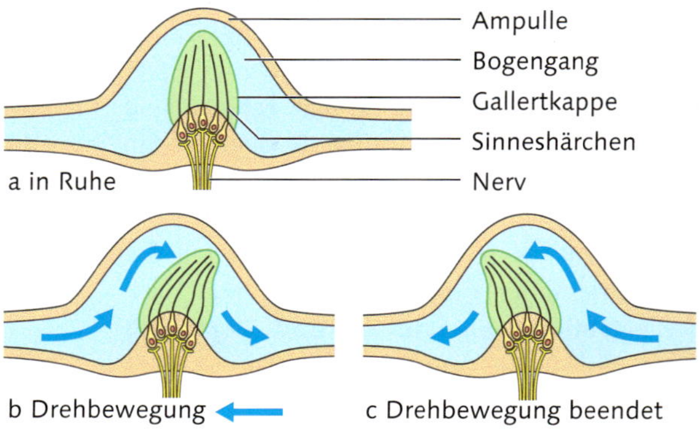

3 Längsschnitt durch eine Ampulle

1 Vergleiche Bau und Funktion von Lage- und Drehsinnesorgan.

2 Zeichne das Lagesinnesorgan (▶ Bild 2) bei nach links geneigtem Kopf.

Schall, Tonhöhe und Lautstärke

Was ist Schall? Schall wird durch schwingende Körper erzeugt. Wird eine Schallquelle, z. B. eine Gitarrensaite, angeschlagen, so werden die Luftteilchen vor der nach vorn schwingenden Saite zusammengedrückt. Hier entsteht ein Bereich mit höherem Luftdruck. Schwingt die Saite zurück, werden die Luftteilchen auseinandergezogen, der Luftdruck ist in diesem Bereich geringer ▶ Bild 5. Die entstehenden Luftdruckschwankungen breiten sich als Schallwellen im Raum aus und treffen auf unsere Ohren.

Tonhöhe und Lautstärke Ob wir Schall wahrnehmen, ist abhängig von der Tonhöhe und der Lautstärke. Je schneller eine Schallquelle schwingt, je höher also die Frequenz der Schwingung ist, desto höher klingt der Ton. Die Frequenz wird in der Einheit Hertz (Hz) gemessen. Dabei bedeutet 1 Hertz eine Schwingung pro Sekunde. Der Hörbereich eines jungen Menschen liegt bei Frequenzen zwischen 20 und 20 000 Hz. Mit zunehmendem Alter nimmt die Empfindlichkeit des Ohrs für hohe Frequenzen ab.

Die Lautstärke wird durch die Größe der Luftdruckschwankung bestimmt, also durch die Amplitude der Schwingung. Je größer die Amplitude der Schwingungen, desto stärker vibriert die Basilarmembran und desto lauter wird der Ton wahrgenommen. Die Lautstärke wird in der Einheit Dezibel (dB) angegeben.

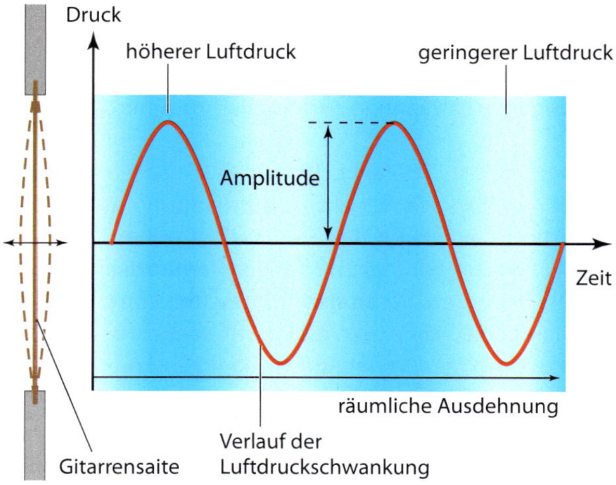

5 Schallwellen, Lautstärke und Tonhöhe

1 Zeichne die Kurve aus ▶ Bild 5 in dein Heft. Skizziere im Diagramm den Verlauf der Luftdruckschwankung, wenn man eine Gitarrensaite stark anschlägt.

2 Modellversuche wie der Tamburinversuch veranschaulichen, wie Schall sich ausbreitet.
- **A** Beschreibe den Versuch aus ▶ Bild 4.
- **B** Nimm ein Tamburin und halte es vor eine brennende Kerze. Schlage es kräftig an.
- **C** Erkläre deine Beobachtungen.

3 Schall wird in verschiedenen Medien unterschiedlich gut übertragen ▶ Bild 7. Erkläre die Unterschiede in der Tabelle mit dem Teilchenmodell ▶ Bild 6.

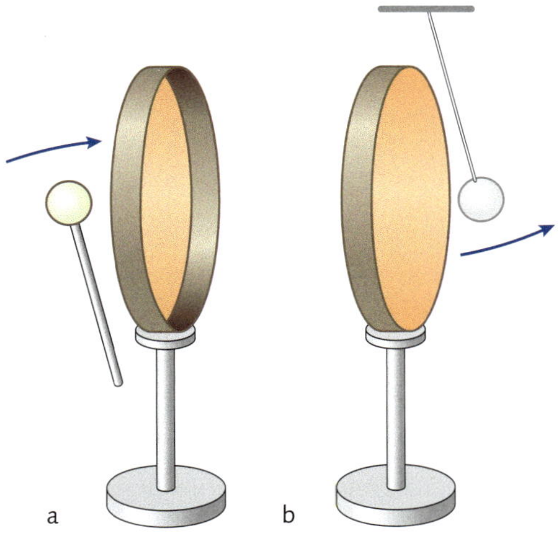

4 Modellversuch zur Weiterleitung des Schalls

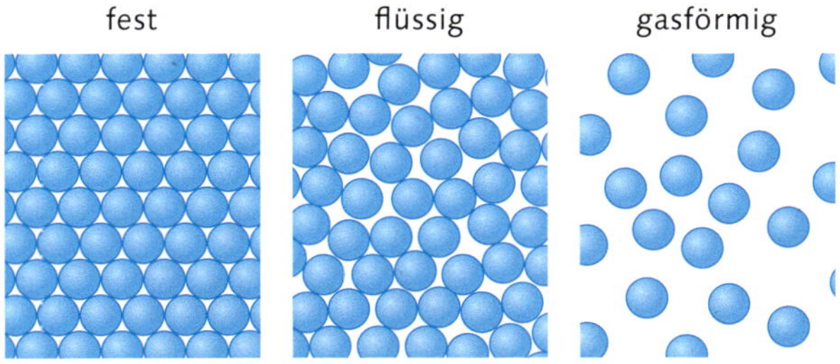

6 Teilchenmodell zum Bau der Stoffe

Medium	Luft	Wasser	Buchenholz	Stahl	Vakuum
	343	1484	3300	5000	0

7 Schallgeschwindigkeiten bei 20 °C in m/s

Schäden des Gehörs

Unser Gehör kann durch lang andauernden Lärm oder durch einmalige sehr laute Schallereignisse bleibend geschädigt werden. Im schlimmsten Fall kann es zur Taubheit kommen.

Trommelfellriss Bei sehr lauten Geräuschen (z. B. Knall, Explosionen) kann durch die hohe Luftdruckschwankung das Trommelfell reißen. Dies kann Schwerhörigkeit oder den Verlust des Gehörs bedeuten. Wenn das Trommelfell stark geschädigt ist, kann der Riss nicht mehr zuwachsen, kleinere Verletzungen dagegen können wieder heilen.

Mittelohrentzündung Verschiedene Krankheitserreger, die meist durch die eustachische Röhre ins Mittelohr gelangen, können dort eine schmerzhafte Entzündung auslösen. Da die Schleimhäute der Paukenhöhle während einer solchen Mittelohrentzündung angeschwollen sind, kommt es zu Hörstörungen. Durch den hohen Druck im Mittelohr ist auch ein Trommelfelldurchbruch möglich. Ist die Erkrankung vorbei, kehrt das normale Hörvermögen im Allgemeinen wieder zurück.

Innenohrschäden Häufig lässt die Hörleistung im Alter nach. Neben Gründen wie Durchblutungsstörungen kann diese Schwerhörigkeit auch durch langjährige Schallbelastung ausgelöst werden. Doch nicht nur im Alter sind solche Schädigungen möglich, auch regelmäßiger Lärm in jungen Jahren verringert das Hörvermögen. Bei starker Schalleinwirkung werden die empfindlichen Hörsinneszellen zerstört ▶ Bild 1. Somit kann kein Signal mehr gebildet werden. Das hat zur Folge, dass man einige Töne nicht mehr so gut oder gar nicht mehr hören kann. Solche Hörschäden sind nicht rückgängig zu machen, da die geschädigten Hörsinneszellen nicht nachwachsen. Ein Hörgerät kann die Geräuschwahrnehmung bei Schwerhörigkeit verbessern, den Hörschaden aber nicht heilen. Deshalb sollte man vor allem beim Musikhören mit Kopfhörern auf eine nicht zu hohe Lautstärke achten. In lauter Umgebung, z. B. bei Musikkonzerten, sollte ein Hörschutz getragen werden ▶ Bild 2.

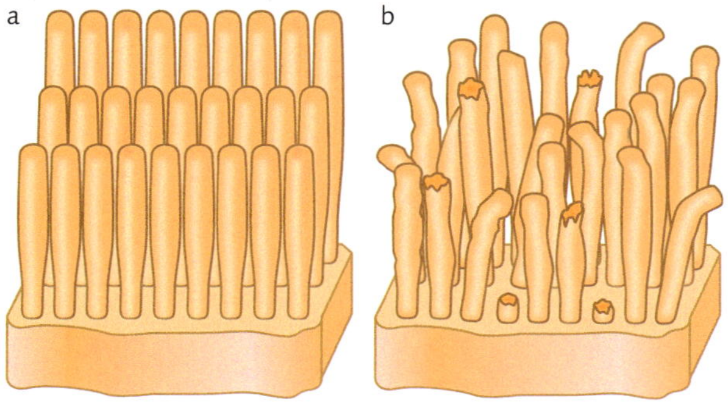

1 Intakte (links) und geschädigte (rechts) Hörsinneszelle

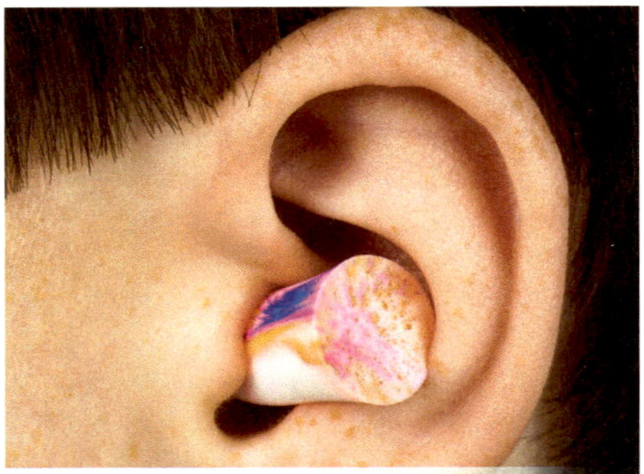
2 Hörschutz muss nicht auffällig sein.

Tinnitus Nimmt jemand Geräusche wahr, für die es keine äußere Schallquelle gibt, bezeichnet man das als Tinnitus. Die Betroffenen hören auf einem oder beiden Ohren Geräusche wie Pfeifen, Rauschen oder Klopfen. Die Ursachen dafür können vielfältig sein. Häufig tritt Tinnitus auch zusammen mit anderen Hörschäden auf. Diese Beschwerden können durch verschiedene Therapien gelindert werden, eine vollständige Heilung ist jedoch häufig schwierig.

1. Nenne weitere Beispiele für Lärmbelastung in der Freizeit.
2. Erkläre, weshalb ein gerissenes Trommelfell zu Taubheit führen kann.
3. Beschreibe anhand von ▶ Bild 1 die Auswirkungen von Lärm auf die Hörsinneszellen.
4. Bei Schwerhörigkeit wurden vor Erfindung der Hörgeräte trichterförmige Hörrohre verwendet. Beschreibe, wie diese Geräte den Hörvorgang unterstützen können.

Lärmbelastung beurteilen

Als Lärm werden nicht nur laute, sondern alle als unangenehm empfundenen Geräusche bezeichnet. Neben Hörschäden kann Lärm auch Erkrankungen des Herz-Kreislauf-Systems und der Psyche verursachen.

Lautstärkemessungen

Ermittle die Lautstärke verschiedener Geräusche jeweils direkt neben der Schallquelle und in 0,5 m, 1 m, 2 m und 4 m Abstand.

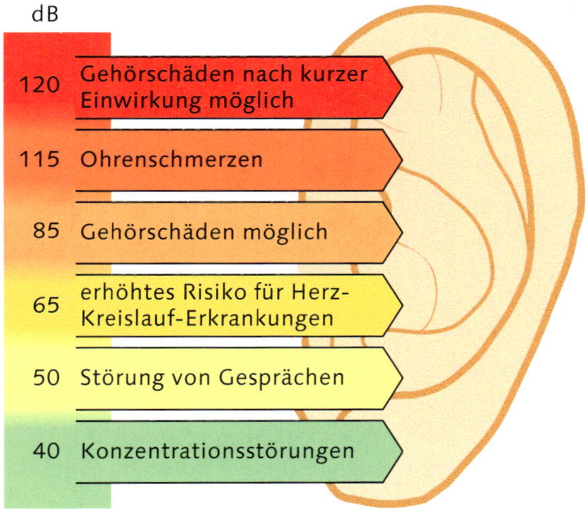

3 Schäden durch Lärm

1 **A** Stelle die Ergebnisse in einer Tabelle dar.
B Beurteile die Lärmbelastung mithilfe von ▶ Bild 3.
C Nenne Möglichkeiten, Lärmbelastungen zu verringern.
D Beschreibe, wie der Abstand zur Schallquelle das Messergebnis beeinflusst.

Lärm und Konzentration

Schreibe die Zahlen 10–99 durcheinander in eine Tabelle mit 10 Spalten und 9 Zeilen, sodass jede Zahl einmal vorkommt ▶ Bild 4. Erstelle vier Tabellen und tausche sie mit einem Versuchspartner aus.
Für jede Tabelle hast du 1 min Zeit. Markiere alle Zahlen, deren erste Ziffer gerade und deren zweite Ziffer ungerade ist. Führe den Versuch unter vier verschiedenen Geräuschbedingungen durch: ohne Zusatzgeräusche (eventuell mit Hörschutz), bei offenem Fenster, bei Musik und bei einer Nachrichtensendung.
Das Ergebnis wird für jede Tabelle einzeln ermittelt: Für jede richtig angekreuzte Zahl wird ein Punkt vergeben, für jede falsch angekreuzte ein Punkt abgezogen.

42	64	14	27	75	44	31	90	19	53
93	33	60	51	98	56	68	45	62	26
16	74	37	92	22	39	48	12	70	78
58	23	80	55	85	25	73	54	35	83
86	49	72	17	61	91	13	67	88	40
34	65	28	84	30	52	99	36	18	77
81	11	97	46	66	94	32	82	59	96
20	76	43	38	87	21	41	63	89	15
50	29	57	95	10	79	71	24	47	69

4 Beispiel für eine Tabelle mit den Zahlen 10–99

2 **A** Vergleiche mit deinen Mitschülern: Wer hat unter welchen Versuchsbedingungen am besten bzw. am schlechtesten abgeschnitten?
B Nenne mögliche Erklärungen für die Unterschiede zwischen verschiedenen Personen.
C Fasse zusammen, was die Versuchsergebnisse über Lärm aussagen.

Verkehrslärm

Der Verkehrslärm in einer Straße wurde mit einem Messgerät aufgezeichnet ▶ Bild 5.

3 **A** Beschreibe den Verlauf der Lautstärke.
B Gib den Maximal- und Minimalwert im dargestellten Zeitraum an und schätze den Mittelwert.
C Beurteile die Lärmbelastung für die Anwohner. Nimm ▶ Bild 3 zu Hilfe.

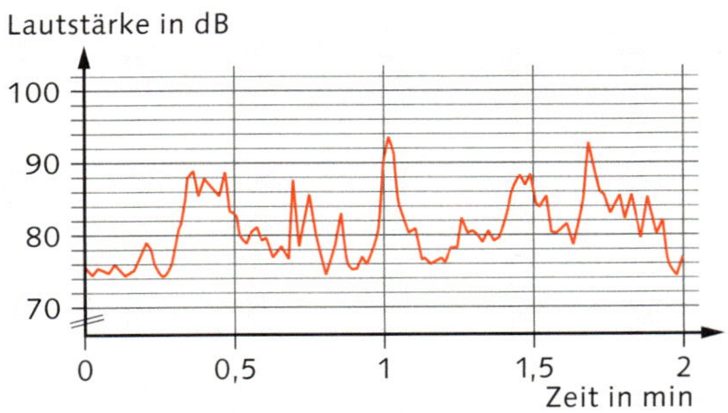

5 Ergebnis der Lautstärkemessung an einer Straße

Informationssystem Hormone

Botenstoffe Der menschliche Körper besitzt mehrere Hormondrüsen ▶ Bild 1. Diese befinden sich an verschiedenen Stellen des Körpers und produzieren spezielle Botenstoffe, die Hormone. Die meisten Hormondrüsen geben die gebildeten Hormone in das Transportsystem Blut ab. Auf diesem Weg werden die Hormone mit vergleichsweise geringer Geschwindigkeit im gesamten Körper verteilt und erreichen jede einzelne Zelle.

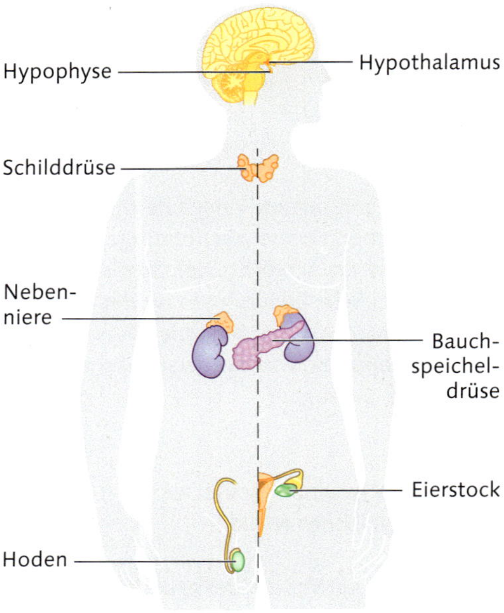

1 Hormondrüsen des Menschen

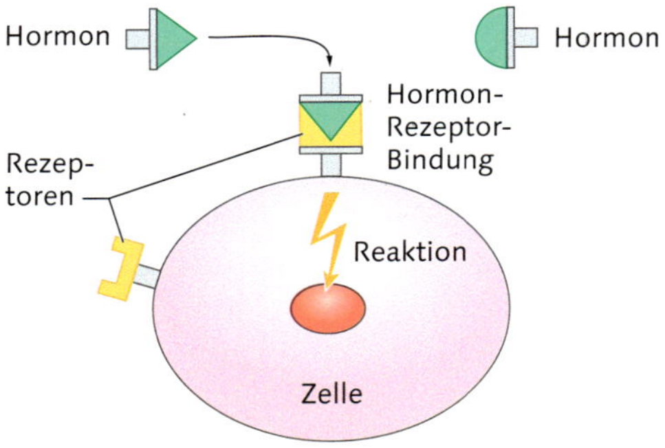

2 Spezifische Hormonbindung an einem Rezeptor

Hormone wirken spezifisch Hormone sind bereits in sehr geringen Konzentrationen wirksam. Jedes Hormon weist eine eigene räumliche Struktur auf. Es löst nur bei bestimmten Zellen und Geweben seine Wirkung aus. Die jeweiligen Zellen werden als *Zielzellen* bezeichnet. Diese Zellen besitzen *Rezeptoren*. Das sind Bindungsstellen, die aufgrund ihrer Struktur spezifisch für ein bestimmtes Hormon sind. Hormon und Rezeptor passen zusammen wie Schlüssel und Schloss. Die Passgenauigkeit des Hormons auf einen spezifischen Rezeptor ist ein Beispiel für das *Schlüssel-Schloss-Prinzip*.
Nur wenn ein Hormon zu einem Rezeptor passt und bindet, kommt es zu der jeweiligen Wirkung in der Zelle ▶ Bild 2. Fehlt ein passender Rezeptor, so findet keine Bindung statt und in der Zelle wird keine Wirkung ausgelöst ▶ Bild 3. Eine Zelle kann Rezeptoren für mehrere Hormone besitzen. Ein Hormon kann bei verschiedenen Zellen unterschiedliche Wirkungen haben. So bewirken die in den Keimdrüsen (Eierstöcken und Hoden) gebildeten Geschlechtshormone in den Zielzellen verschiedener Organe unter anderem die Ausprägung der sekundären Geschlechtsmerkmale.

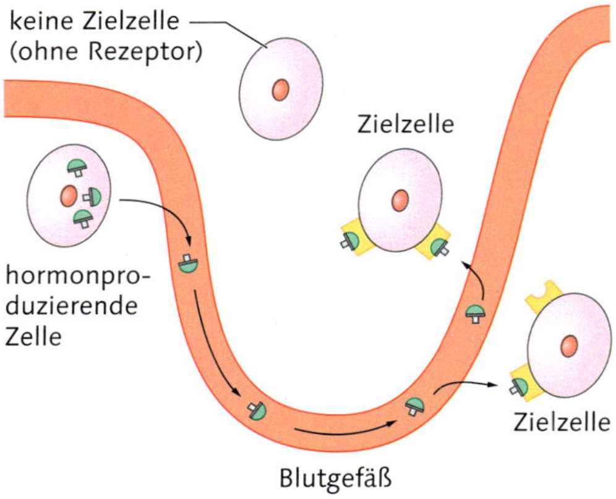

3 Hormontransport über das Blut zu einer Zielzelle

1 **A** Beschreibe den Weg eines in den Keimdrüsen gebildeten Hormons zu einem seiner Wirkungsorte.
B Erkläre, wie in der Zielzelle eine Wirkung ausgelöst wird ▶ Bilder 2 und 3.

2 Vergleiche das Schlüssel-Schloss-Prinzip bei Hormonen mit dem der Antigen-Antikörper-Reaktion.

Forschungen zum Hormonsystem

In der Anfangszeit der Hormonforschung hat man mit Tierversuchen die Funktion verschiedener Hormondrüsen geprüft, indem man sie operativ entfernte. Vollziehe einige der Experimente hier nach.

	Gruppe 1	Gruppe 2	Gruppe 3
Aussehen der Junghähne			
Veränderung	keine	Entfernung der Hoden (Kastration)	Entfernung der Hoden und Einpflanzung im Bauchraum
Aussehen der erwachsenen Hähne			
begattet Hennen Kampflust Krähen	ja ja normal	nein nein schwach, selten	ja ja normal

4 Experiment von BERTHOLD (1849)

Kastrationsexperiment bei Hähnen

ARNOLD A. BERTHOLD führte 1849 ein Experiment an jungen Hähnen durch, bei denen ein Teil von ihnen kastriert wurde ▶ Bild 4. Kastrierte Hähne werden Kapaune genannt. BERTHOLD beobachtete, wie sich die Tiere der drei Versuchsgruppen entwickelten, und beschrieb deren Aussehen und Verhalten.

1 **A** Formuliere Hypothesen für das BERTHOLD-Experiment.
B Werte das Experiment aus.

2 Beurteile, ob sich die Tiere der Versuchsgruppe 3 fortpflanzen konnten.

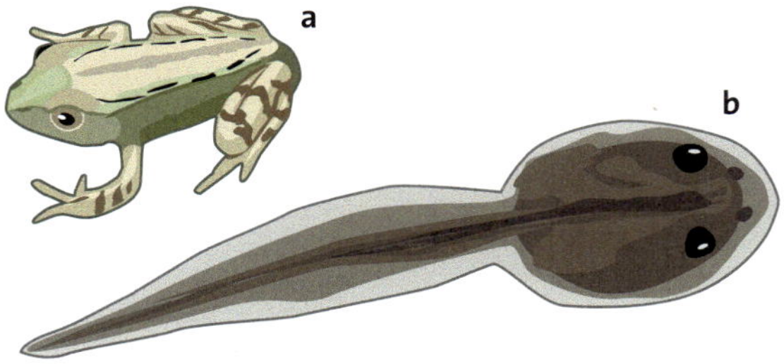

5 Entwicklung von Fröschen mit (a) und ohne Schilddrüse (b), jeweils gleich alte Tiere

Historische Hormonforschung

Experiment 1:
Entfernte man bei Hunden die Hypophyse, verkümmerten deren Schilddrüsen.

Experiment 2:
Injizierte man Ratten ohne Hypophyse und mit verkümmerter Schilddrüse einen Extrakt, der aus Hypophysengewebe hergestellt wurde, bildete sich die Schilddrüse wieder normal aus.

Experiment 3:
Entfernte man bei Kaninchen die Schilddrüse, vergrößerte sich daraufhin die Hypophyse.

3 Werte die drei historischen Experimente aus.

4 Bei Amphibien regeln die Schilddrüsenhormone die Metamorphose.
A Erläutere das Amphibienexperiment und dessen Ergebnis ▶ Bild 5.
B Beschreibe, durch welche Maßnahmen eine Metamorphose der abgebildeten Kaulquappe bewirkt werden könnte.

Regulation des Blutzuckerspiegels

1 Jugendliche beim Sport

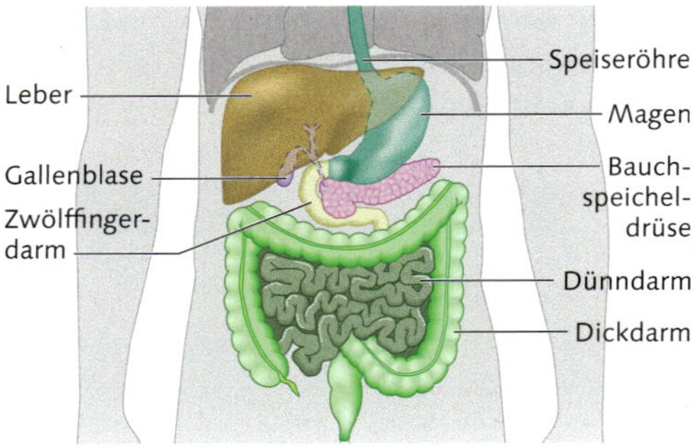

3 Lage der Bauchspeicheldrüse

Blutzucker und Energie Unser Energiebedarf erhöht sich bei körperlicher Aktivität, z. B. beim Sport. Die Muskelzellen brauchen dann vermehrt Glucose. Darum ist es bei Ausdauersportarten wichtig, während des Wettkampfs Nahrung zu sich zu nehmen. Neben den Muskeln benötigt auch das Gehirn viel Energie. Durch kohlenhydratreiche Nahrung gelangt bei der Verdauung Glucose in unser Blut. Das Blut transportiert die Glucose durch den gesamten Körper. Die Konzentration von Glucose, die im Blut enthalten ist, wird als Blutzuckerspiegel bezeichnet. Er liegt bei gesunden Menschen bei etwa 80–100 mg/100 ml Blut. Der Blutzuckerspiegel schwankt im Verlauf des Tages ▶ Bild 2. Seine Höhe hängt stark von der Zusammensetzung und Menge der aufgenommenen Nahrung sowie von der körperlichen Aktivität ab.

Bedeutung des Blutzuckerspiegels Wenn der Blutzuckerspiegel unter einen bestimmten Wert sinkt, zeigen sich Konzentrationsstörungen, Schwindel und körperliche Schwäche. Der Körper gesunder Menschen ist normalerweise in der Lage, den Blutzuckerspiegel zu regulieren und damit relativ konstant in einem Sollbereich zu halten. Dazu bestimmt der Körper fortlaufend die Blutzuckerkonzentration. Veränderungen werden so registriert und der Körper kann darauf reagieren.

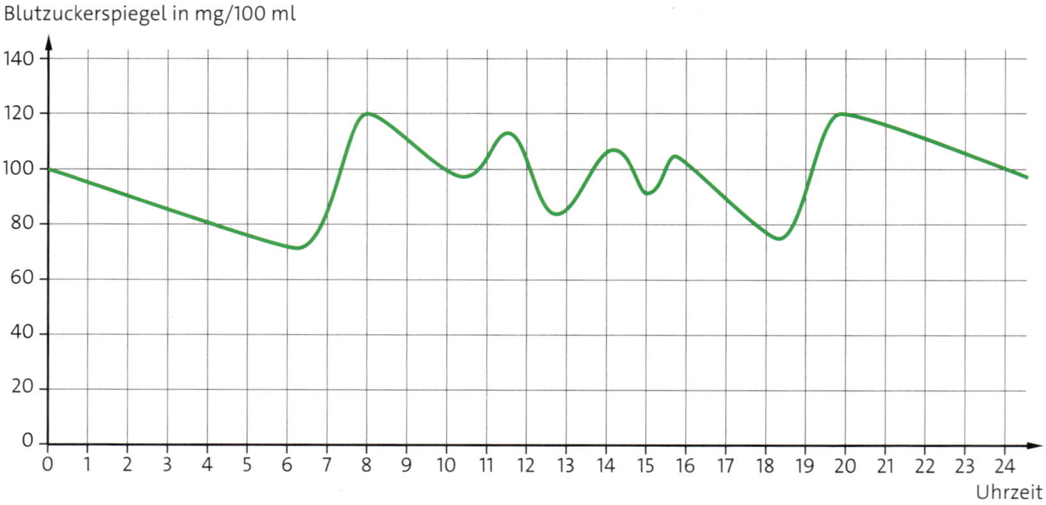

2 Blutzuckerspiegel im Tagesverlauf

Bauchspeicheldrüse Spezialisierte Zellen der Bauchspeicheldrüse und des Gehirns messen ständig den Blutzuckerspiegel. Liegt er nicht im Sollbereich zwischen 80 und 100 mg Glucose pro 100 ml Blut, wie vom Gehirn vorgegeben, schüttet die Bauchspeicheldrüse vermehrt eines der beiden Hormone Insulin oder Glucagon aus. Zusammen regulieren sie den Blutzuckerspiegel.

Die *Bauchspeicheldrüse* ist eine ca. 15 cm lange Drüse, die im hinteren Oberbauch liegt ▶ Bild 3. Neben Hormonen produziert sie einen Großteil der Verdauungsenzyme, die in den Zwölffingerdarm abgegeben werden.

Insulin Ist der Blutzuckerspiegel nach dem Verzehr kohlenhydratreicher Nahrung erhöht, produzieren spezielle Zellen der Bauchspeicheldrüse das Hormon *Insulin* und geben es ins Blut ab. Insulin bindet an Rezeptoren auf Körperzellen, die daraufhin Glucose aus dem Blut aufnehmen können. Dadurch sinkt der Blutzuckerspiegel. In den Leber- und Muskelzellen kann die aufgenommene Glucose in *Glykogen* umgewandelt und zwischengespeichert werden. Glykogen ist ein Vielfachzucker, der aus Glucose aufgebaut ist.

Glucagon Sinkt der Blutzuckerspiegel beispielsweise während des Sports unter den Wert von 80 mg Glucose pro 100 ml Blut, produziert die Bauchspeicheldrüse vermehrt das Hormon *Glucagon* und gibt es ins Blut ab. Zielzellen, die das Glucagonsignal über ihre Rezeptoren registrieren, aktivieren ihre Glykogenspeicher. Leberzellen geben die aus dem Glykogen gewonnene Glucose ins Blut ab. Der Blutzuckerspiegel steigt daraufhin. Die Muskelzellen nutzen die Glucose aus dem Glykogenvorrat ausschließlich selbst.

Gegenspieler Insulin und Glucagon werden als Gegenspieler bezeichnet. Sie wirken beide auf den Blutzuckerspiegel, jedoch mit entgegengesetzter Wirkung. Das Zusammenspiel der Blutzuckermessung, der Hormone Insulin und Glucagon sowie der Aufnahme und Abgabe von Glucose in die Körperzellen und das Blut kann mit einem Modell erklärt werden ▶ Bild 4.

1 Ein erwachsener Mensch hat ein Blutvolumen von etwa 5 bis 6 Litern. Berechne bei einem Blutzuckerspiegel von ca. 100 mg/100 ml die insgesamt gelöste Menge an Glucose im Blut.

2 **A** Beschreibe den Verlauf des Blutzuckerspiegels in ▶ Bild 2.
B Stelle Hypothesen zu den Schwankungen des Blutzuckerspiegels im Diagramm auf.

3 Beschreibe die Funktionen der Hormone Insulin und Glucagon.

4 Erläutere die Blutzuckerregulation mit dem in ▶ Bild 4 dargestellten Modell.

5 Erkläre, weshalb der Blutzuckerspiegel auch bei längerer sportlicher Belastung einen gewissen Wert nicht unterschreitet.

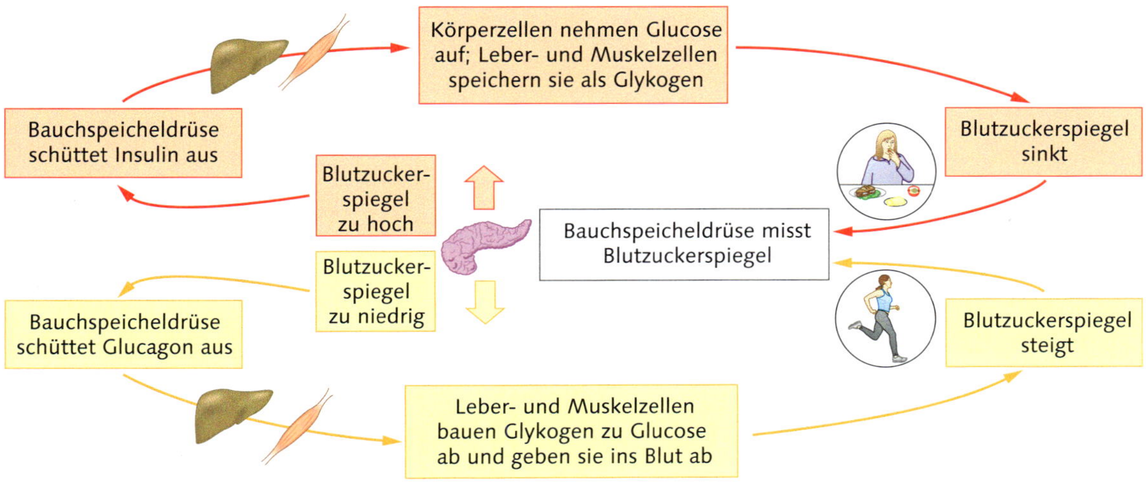

4 Modell zur Regulation des Blutzuckerspiegels

Diabetes mellitus – Zuckerkrankheit

Erhöhter Blutzuckerspiegel Im Jahr 2017 waren 425 Millionen Menschen weltweit an Diabetes erkrankt. In Deutschland waren es ca. 7 Millionen, womit etwa jede 11. Person betroffen war ▶ Bild 2. Männer und Frauen sind in etwa gleich häufig erkrankt. Man geht davon aus, dass die Zahl der Diabetespatienten in den nächsten Jahren weiter ansteigen wird.

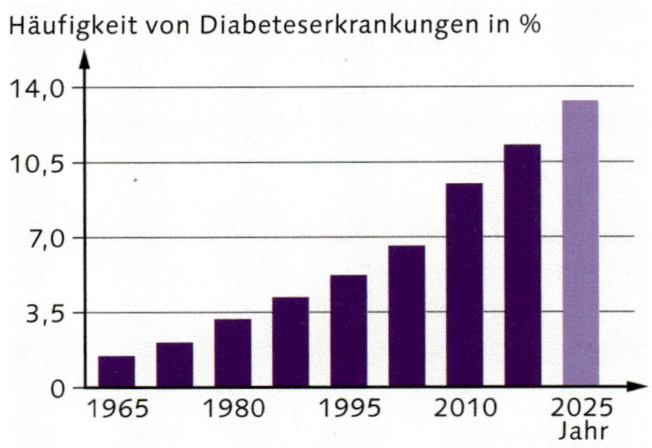

2 Prozentuale Häufigkeit von Diabeteserkrankungen in Deutschland

Hinter dem Namen *Diabetes mellitus* verbergen sich mehrere Stoffwechselkrankheiten, deren Gemeinsamkeit ein zu hoher Blutzuckerspiegel ist. Der Name Diabetes kommt aus dem Griechischen und bedeutet „honigsüßer Durchfluss“. Gemeint ist der bei Diabetikern erhöhte Zuckergehalt im Urin. Darum wurde früher auch von Zuckerkrankheit gesprochen.

Von Diabetes spricht man bei einem Blutzuckerspiegel von über 126 mg/100 ml im nüchternen Zustand, also ohne zuvor gegessen zu haben. Die Symptome sind vielfältig und reichen von häufigem Harndrang über starken Durst, Müdigkeit bis hin zu Übelkeit und Erbrechen.

Diabetes Typ I Etwa 400 000 Deutsche leiden unter dem Diabetes Typ I. Das eigene Immunsystem bekämpft bei den Betroffenen die insulinproduzierenden Zellen der Bauchspeicheldrüse. Diese werden nach und nach zerstört. Die Insulinproduktion nimmt ab. Die Körperzellen können die Glucose aus dem Blut nicht mehr aufnehmen und der Blutzuckerspiegel ist dauerhaft erhöht. Personen mit dem Diabetes Typ I erkranken meistens bereits als Kinder oder Jugendliche. Die Krankheit ist nicht heilbar. Daher müssen die Betroffenen ihr gesamtes Leben lang Insulin spritzen.

Die genauen Ursachen für den Diabetes Typ I sind noch nicht geklärt. Häufig sind jedoch bereits die Eltern von der Krankheit betroffen.

Diabetes Typ II Über 90 % der Diabetiker in Deutschland zählen zu den Diabetikern vom Typ II. Im Gegensatz zum Diabetes Typ I mangelt es den Betroffenen zunächst nicht an Insulin. Die Zielzellen zeigen jedoch eine geringere Empfindlichkeit gegenüber dem Hormon Insulin. Dies führt zu einer verminderten Aufnahme von Glucose in die Zellen. Obwohl genug Insulin gebildet wird, bleibt Glucose im Blut und der Blutzuckerspiegel ist dauerhaft erhöht. Im wei-

Laura8

Ich habe, seit ich mich erinnern kann, Diabetes vom Typ I. Für Fremde hört sich das immer schlimm an, aber ich finde das mittlerweile ganz normal. Morgens nach dem Aufwachen messe ich meinen Blutzuckerwert und spritze mir vor dem Frühstück eine bestimmte Menge Insulin. Im Lauf des Tages messe ich regelmäßig alle 3–4 Stunden und spritze je nach Bedarf erneut Insulin.

Mia123

Hallo Laura!
Danke für deine Nachricht, ich habe von Freunden gehört, die total Schwierigkeiten mit ihrem Blutzucker haben.

Laura8

Hi, natürlich gibt es auch Tage, da klappt das nicht so gut. Schwierigkeiten mit dem Blutzuckerspiegel habe ich z. B. beim Sportunterricht oder wenn wir Arbeiten schreiben. Aber auch da gibt es kleine „Tricks“, wie man sich helfen kann. So habe ich z. B. gelernt, bei Klassenarbeiten immer ein Packung Traubenzucker mitzunehmen.

1 Diabetes-Chatforum

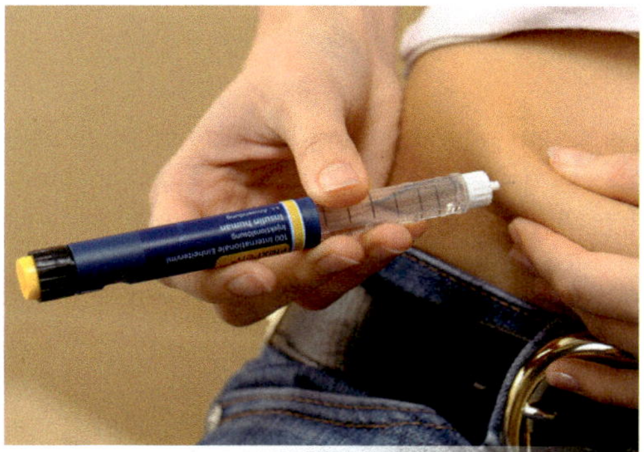

4 Injektionspen für Insulin

teren Verlauf fährt der Körper die Insulinproduktion immer weiter zurück und Insulin muss gespritzt werden.

Übergewicht, falsche Ernährung und Bewegungsmangel sind vermutlich die Hauptursachen für Diabetes Typ II ▶ Bild 3. Der häufige Konsum von stark zuckerhaltigen Lebensmitteln bewirkt einen starken Anstieg des Blutzuckerspiegels und damit eine hohe Insulinausschüttung. Dauerhaft führt diese hohe Insulinbelastung zu einer Unempfindlichkeit der Zielzellen gegenüber dem Hormon.

Früher wurde Diabetes Typ II auch als Alterszucker oder Altersdiabetes bezeichnet, da die Erkrankung erst bei älteren Menschen auftrat. Inzwischen steigt die Anzahl junger Menschen, sogar von Kindern und Jugendlichen, die an dieser Form des Diabetes erkranken, deutlich an. Es handelt sich um eine schleichende Erkrankung, was auch die hohe Zahl noch nicht erkannter Diabetes-II-Fälle erklärt. Man schätzt, dass allein in Deutschland Diabetes Typ II bei 4 Millionen Personen noch unentdeckt ist.

Diabetes Typ II lässt sich recht gut behandeln. Häufig reicht es bereits aus, die Ernährung umzustellen und sich viel zu bewegen. Zusätzlich können Tabletten verordnet werden, die günstig auf den Kohlenhydratstoffwechsel einwirken. So kann die Insulintherapie hinausgezögert werden.

Folgekrankheiten und Therapie Bei beiden Diabetestypen fördern die dauerhaft erhöhten Blutzuckerwerte die Entstehung von Arteriosklerose. Dabei bilden sich Ablagerungen in den Blutgefäßen. Diese verengen sich und der Blutfluss ist verringert. Folgen hiervon können Herzinfarkt, Schlaganfall, Nierenschäden und unterschiedliche Formen von Nervenschäden sein. Insulin ist ein Protein und kann nicht in Form von Tabletten oder Säften eingenommen werden, da die Magensäure es zerstören würde. Insulin wird daher mithilfe einer Spritze oder einem Injektionspen in der zuvor berechneten Menge gespritzt ▶ Bild 4.

1. Vergleiche die beiden Typen des Diabetes in einer Tabelle.
2. Erläutere den Einfluss der Ernährung auf den Blutzuckerspiegel und unterscheide dabei zwischen Diabetikern und Nichtdiabetikern.
3. Formuliere Hypothesen zu den Ursachen der verminderten Insulinempfindlichkeit beim Diabetes Typ II.
4. Erkläre, weshalb Diabetiker mehrmals am Tag den Blutzuckerwert bestimmen müssen ▶ Bild 5.
5. Diabetiker können heute ein weitgehend normales Leben führen. Begründe anhand des Forumeintrags in ▶ Bild 1.

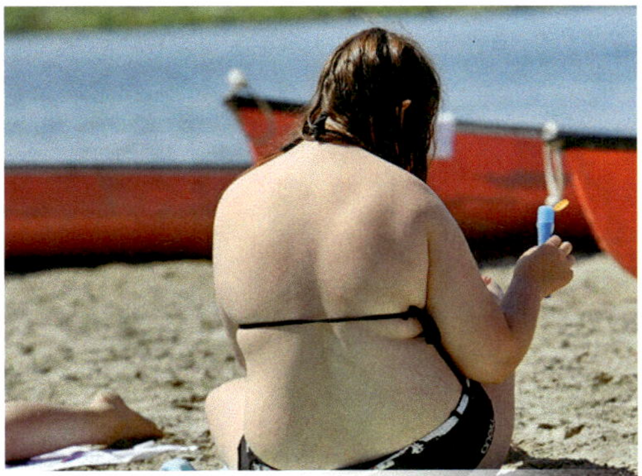

3 Übergewicht und Bewegungsmangel sind auslösende Faktoren für Diabetes Typ II.

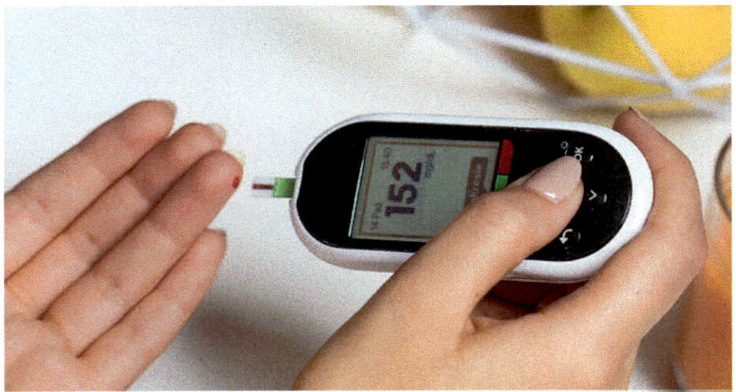

5 Blutzuckermessung: Für die Messung genügt ein kleiner Blutstropfen, der mithilfe eines Teststreifens in ein Messgerät eingeführt wird. Dieses bestimmt dann automatisch den Blutzuckerwert.

METHODE

Diagramme auswerten

Diagramme stellen zahlenmäßige Zusammenhänge übersichtlich dar. Es ist jedoch wichtig, dass du bei der Auswertung sorgfältig vorgehst, da du sonst eventuell falsche Rückschlüsse ziehen oder aber Sachverhalte übersehen kannst.

Schritt 1 Allgemeine Angaben zum Diagramm

Nenne den Titel, den Diagrammtyp und die Achsenbeschriftung und beschreibe die wesentlichen Zusammenhänge.

Beispiel: Das Säulendiagramm mit dem Titel „Häufigkeit von Diabetes bei Männern und Frauen" (▶ Bild 1) stellt die Häufigkeit von Diabetes bei Personen verschiedener Altersgruppen dar. Es wird zwischen Männern und Frauen unterschieden. Die Ergebnisse stammen aus dem Jahr 2009.

Schritt 2 Beschreibung des Diagramms

Beschreibe die Entwicklung der im Diagramm dargestellten Daten und nenne Auffälligkeiten.

In den ersten drei Altersgruppen von 18 bis 49 Jahren ist die Häufigkeit von Diabetes vergleichsweise gering und liegt bei unter 5 %. Ab einem Alter von 50 Jahren steigt die Diabeteshäufigkeit stark an und liegt bei den 60- bis 69-Jährigen mit fast 15 % bereits dreimal höher als bei den Altersgruppen unter 50 Jahren. Bei der Altersgruppe über 70 Jahre liegt die Häufigkeit bei über 22 %. Weiterhin fällt auf, dass Frauen der ersten beiden Altersgruppen häufiger an Diabetes erkrankt sind als Männer. In den Altersgruppen zwischen 40 und 70 Jahren sind dagegen mehr Männer betroffen. Diese Unterschiede sind bei Personen ab 70 Jahren nicht mehr zu erkennen.

Schritt 3 Erklärungsansätze finden und prüfen

Ziehe Schlussfolgerungen aus dem Diagramm, die als Erklärung geeignet sind.

Die deutliche Zunahme der Diabeteshäufigkeit liegt vermutlich daran, dass mit steigendem Alter die Wahrscheinlichkeit für Diabetes Typ II zunimmt. Die körpereigene Insulinproduktion wird geringer und kann nach einigen Jahren sogar ganz versiegen. Bei den Frauen in den ersten beiden Altersgruppen kann die erhöhte Diabeteshäufigkeit mit dem Schwangerschaftsdiabetes erklärt werden.

1 **A** Werte das Diagramm in ▶ Bild 2 aus. Beachte dabei auch die veränderte Ernährungsweise und das Freizeitverhalten, das bei vielen Jugendlichen beobachtet wird.

B Stelle Hypothesen über die Entwicklung der Diabeteshäufigkeit ab dem Jahr 2040 auf.

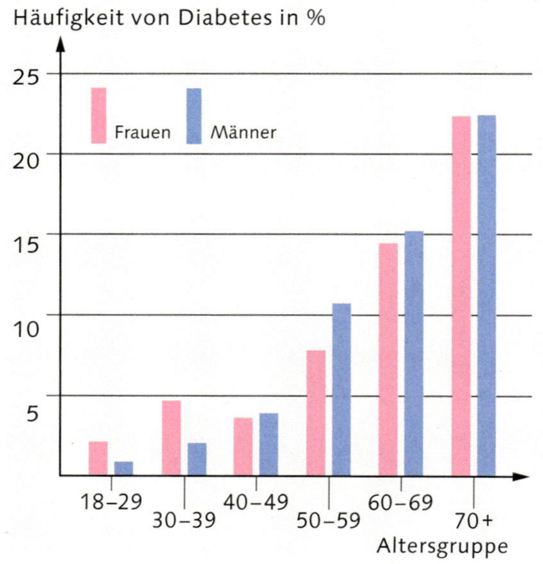

1 Häufigkeit von Diabetes bei Männern und Frauen in verschiedenen Altersgruppen (Angaben aus 2009)

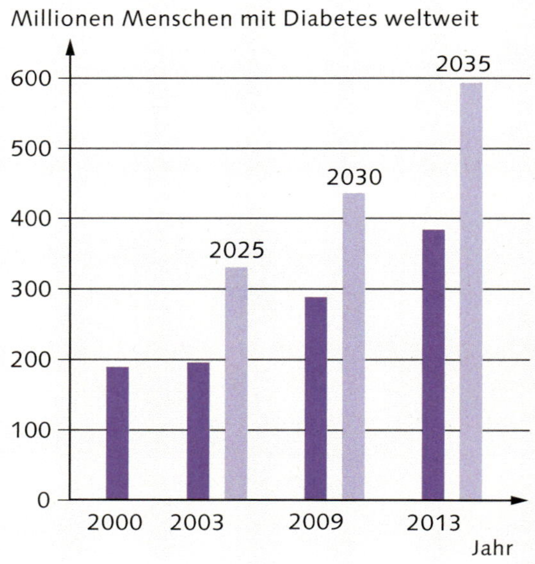

2 Entwicklung von Diabeteserkrankungen weltweit (2000–2013 sowie Prognose)

Hierarchien des Hormonsystems

Regelzentren des Körpers Die Produktion von Hormonen in den Hormondrüsen des menschlichen Körpers wird reguliert und hängt von mehreren Faktoren ab. Der etwa fünfcentstückgroße *Hypothalamus* (▶ Bild 3) im Zwischenhirn ist das wichtigste Regelzentrum des Körpers. Er stellt die Schnittstelle zwischen Nervensystem und Hormonsystem dar und steuert über die Hormondrüsen zahlreiche wichtige Körperfunktionen wie Körpertemperatur, Wasserhaushalt und Blutkreislauf. Am Hypothalamus hängt tropfenförmig die kirschkerngroße *Hypophyse*. Beide Strukturen arbeiten bei der Steuerung der Körperfunktionen eng zusammen.

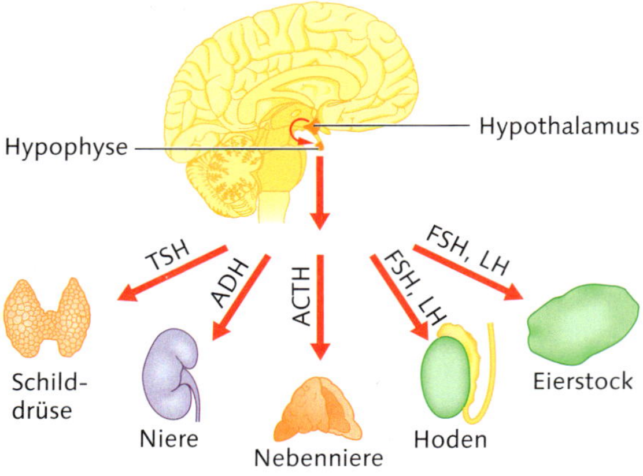

3 Regulation der Hormondrüsen

Regulation der Hormondrüsen Signale aus dem Körper und der Umwelt, z. B. eine Temperaturveränderung, werden im Gehirn ausgewertet. Auf ein solches Signal hin schüttet der Hypothalamus Freisetzungshormone (*Releasing Hormones:* RH) oder hemmende Hormone (*Inhibiting Hormones:* IH) aus. RH oder IH beeinflussen als Regulationshormone in der Hypophyse die Ausschüttung anderer Hormone. Diese werden in das Blut abgegeben und so im Körper verteilt. Bis auf wenige Ausnahmen wirken die von der Hypophyse gebildeten Hormone auf untergeordnete Hormondrüsen. Diese bilden wiederum Hormone, die auf ein Zielgewebe einwirken. Mit den Regulationshormonen wird sichergestellt, dass nicht zu viel oder zu wenig Hormon von den einzelnen Hormondrüsen produziert wird.

Beispiel Regulation der Schilddrüse Faktoren wie Stress oder Kälte sind Signale für den Hypothalamus, das Hormon TRH (Thyreotropin-Releasing Hormon) auszuschütten. Dieses Freisetzungshormon stimuliert die Hypophyse, das Hormon TSH (Thyreoidea-stimulierendes Hormon) auszuschütten. TSH wiederum veranlasst die Schilddrüse (Thyreoidea) zur Ausschüttung von Thyroxin. Die Schilddrüse steht also unter dem Einfluss übergeordneter Hormondrüsen, man bezeichnet diesen Zusammenhang als Hierarchie der Hormondrüsen. Das von der Schilddrüse gebildete Thyroxin wird in das Blut abgegeben und gelangt so in den gesamten Körper und somit auch wieder in das Gehirn. Neben seinen Auswirkungen auf den Stoffwechsel beeinflusst es auch die Aktivität des Hypothalamus und der Hypophyse, indem sie diese verringert. Ist die Konzentration des Thyroxins im Blut sehr hoch, so findet eine zunehmende Hemmung der Hormonausschüttung durch diese übergeordneten Hormondrüsen statt. Diesen Vorgang der Regulation bezeichnet man als *negative Rückkopplung* ▶ Bild 4.

1 **A** Beschreibe die Prozesse, die ablaufen müssen, damit die Schilddrüse das Hormon Thyroxin bildet.
B Erkläre, wie durch die negative Rückkopplung eine Überproduktion von Thyroxin verhindert wird ▶ Bild 4.

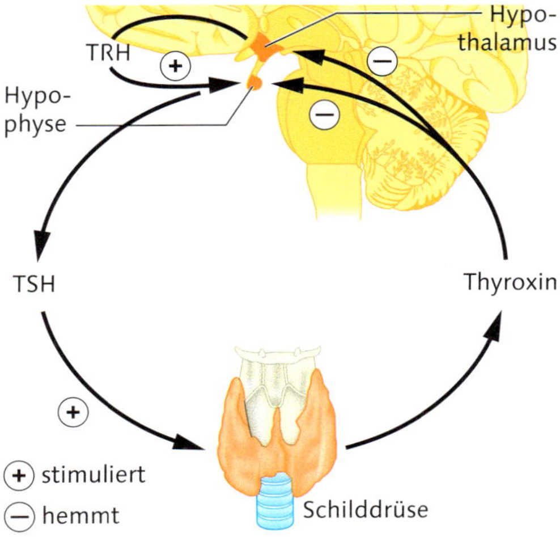

4 Durch negative Rückkopplung wird die TSH-Bildung reguliert.

Sexualhormone

Pubertät Beim Erwachsenwerden verändert sich der menschliche Körper nicht nur durch Wachstum und Gewichtszunahme. In der Pubertät gelangt er zur Geschlechtsreife. Bei Mädchen setzt die erste Menstruation ein und Jungen haben ihren ersten Spermienerguss. Wann die Pubertät beginnt, kann sehr unterschiedlich sein. Sie wird durch ein komplexes Zusammenspiel verschiedener Hormone ausgelöst.

Sexualhormone Das Gehirn gibt das follikelstimulierende Hormon (FSH) und das luteinisierende Hormon (LH) ab ▶ Bild 1. Dieses Signal löst die Produktion von Sexualhormonen aus. *Sexualhormone* sind die Hormone, die in den Eierstöcken der Frau und den Hoden des Mannes gebildet werden. Während der Pubertät erhöht sich die Konzentration der Sexualhormone deutlich. Sie bewirken eine vollständige Ausprägung der Geschlechtsmerkmale.

Östrogene Östrogene sind diejenigen Sexualhormone, die den größten Beitrag zur körperlichen und psychischen Entwicklung der Frau leisten. Östrogene regen das Wachstum der Scham- und Achselbehaarung der Frau an und fördern die Entwicklung der Brüste und den Aufbau der Milchdrüsen. Sie bewirken eine Verbreiterung des Beckens der Frau und sind an der Steuerung des Menstruationszyklus beteiligt. Außerdem sind sie bei beiden Geschlechtern am Knochenaufbau und Fettstoffwechsel beteiligt und sorgen für die Elastizität der Haut.

Testosteron Die ab der Pubertät erhöhte Konzentration von Testosteron im Blut bei Jungen bewirkt die Entwicklung von Penis, Prostata und Hoden. Sie bedingt die tiefere Stimme und löst den Bartwuchs und das Wachstum der weiteren geschlechtsspezifischen Körperbehaarung aus. Testosteron beeinflusst die Erektion und bei Mann und Frau die Lust auf Sex. Außerdem ist es bei beiden Geschlechtern am Muskelwachstum und der Fettverteilung im Körper beteiligt und fördert das Knochenwachstum.

1. Erkläre, was Sexualhormone sind.
2. Ordne den Sexualhormonen in einer Tabelle ihre Bildungsorte, Wirkungsorte und Wirkungen zu.
3. Auch in den Eierstöcken der Mädchen werden kleine Mengen Testosteron und in den Hoden der Jungen kleine Mengen Östrogene gebildet.
   A Beschreibe die Wirkung von Testosteron im weiblichen Körper.
   B Beschreibe, was die Östrogene im männlichen Körper auslösen.

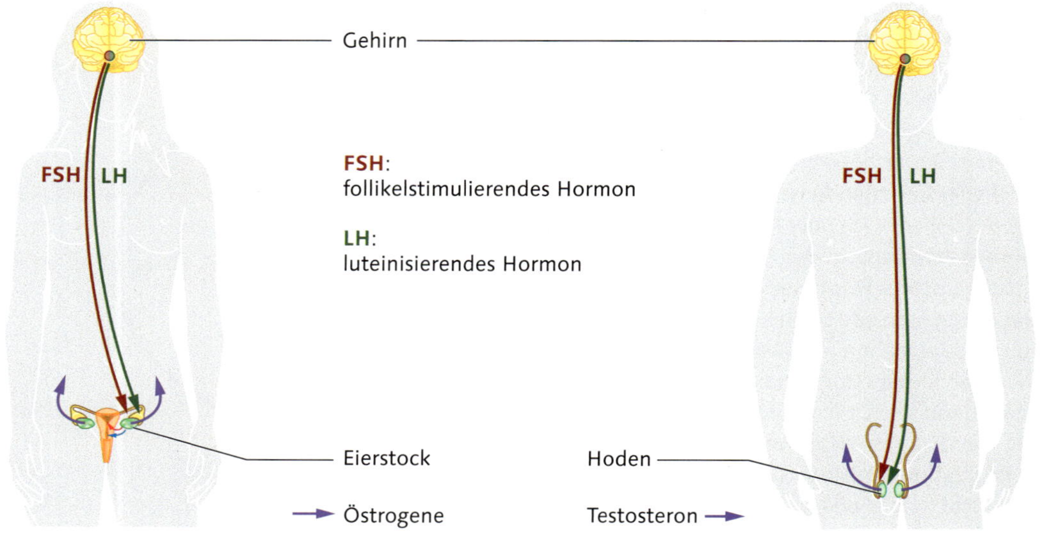

1 Sexualhormone

Testosteron als Dopingmittel

Das Sexualhormon Testosteron fördert bei Frauen und Männern gleichermaßen den Muskelaufbau und die Muskelkraft. Testosteron und ähnliche chemische Stoffe werden allgemein als Anabolika bezeichnet und im Sport als Dopingmittel eingesetzt. Dabei hat sich gezeigt, dass eine Überdosierung starke Nebenwirkungen auf den Körper hat.

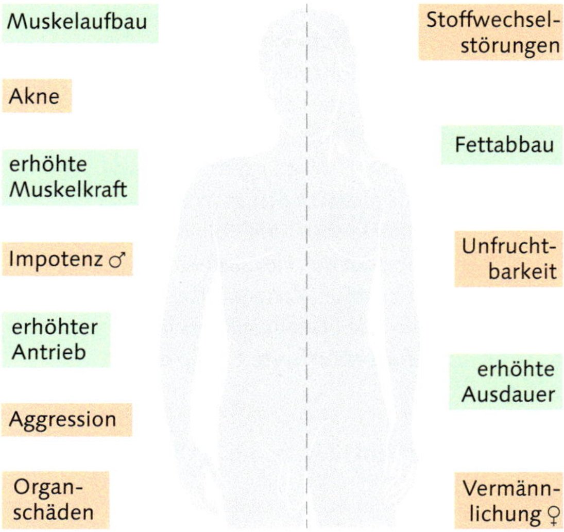

2 Einige Wirkungen von Testosteron bzw. Anabolika

1 **A** Erkläre mithilfe von ▶ Bild 2, weshalb Testosteron als Dopingmittel im Sport eingesetzt wird.
B Begründe, weshalb auch im Frauensport die Einnahme von Testosteron weit verbreitet ist.

2 **A** Nenne die Gründe, weshalb Michael das Fitnessstudio besucht ▶ Bild 3.
B Beurteile, ob die Bedenken von Michael hinsichtlich der Nebenwirkungen der Anabolika begründet sind.

3 **A** Erkläre die Spätfolgen der Anabolikaeinnahme bei DDR-Sportlerinnen ▶ Bild 4.
B Auch heute wird noch mit Anabolika gedopt. Bewerte dies vor dem Hintergrund der beschriebenen Dopingprogramme in der DDR.

Ich achte auf meinen Körper, Fitness und sportliches Aussehen sind für mich wichtig. Das muss jeder selber wissen, aber ich fühle mich eben gut, wenn ich mich im Spiegel ansehe und feststelle, dass meine Muskeln im Bereich des Oberkörpers gut zu sehen sind. Einen „Sixpack" findet jeder cool! Natürlich ist es auch nett, wenn dir die Leute im Schwimmbad hinterhersehen.
Im Studio trainiere ich seit zwei Jahren. Aber in zwei Jahren bekommt man niemals so eine Figur, wie ich jetzt habe. Als ich das erste Mal gefragt wurde, ob ich ein paar Hilfsmittel ausprobieren wolle, war ich skeptisch, weil ich Angst vor möglichen Nebenwirkungen hatte. Ich wollte nicht illegal dopen. Da aber die Einnahme von Anabolika nicht grundsätzlich verboten ist und ich keinen Wettkampfsport mache, fand ich das okay und habe es ausprobiert. Mit dem Aussehen meines Körpers bin ich mittlerweile zufrieden. Jedoch habe ich in letzter Zeit verstärkt Probleme mit Pickeln. Ich frage mich, ob dies eine Nebenwirkung des Anabolikapräparats sein könnte und ob es noch weitere Nebenwirkungen gibt.

3 Bericht von Michael, Fitnessstudiobesucher

Medaillen durch Anabolika

In der DDR gab es umfangreiche Dopingprogramme, bei denen Sportlern und Sportlerinnen Dopingmittel verabreicht wurden. In einigen Sportarten wurden auch Minderjährige gedopt, ohne dass die beteiligten Athleten es wussten. Besonders stark waren die Schwimmerinnen betroffen. Es gibt Beweise, dass alle Schwimmerinnen der DDR-Nationalmannschaft ab dem 14. Lebensjahr gedopt wurden. Den Sportlerinnen wurden die Pillen als Vitamintabletten beschrieben, die sie unter Aufsicht zu sich nehmen mussten. In erster Linie wurden Anabolika eingesetzt, die unter anderem zu einem verstärkten Muskelaufbau führten. Unter den starken Folgen des Dopings leiden zahlreiche frühere Leistungssportler und -sportlerinnen noch heute. Dazu gehören verstärkte Körperbehaarung, Störung der Fruchtbarkeit, Stimmvertiefung, verschiedene Stoffwechselstörungen sowie Herz- und Leberschäden. Mittlerweile wurden über 200 DDR-Doping-Opfer von der Bundesrepublik offiziell anerkannt. Die Dunkelziffer soll deutlich höher sein.

4 Dopingpraktiken in der DDR

Der weibliche Zyklus

Weiblicher Zyklus Die Prozesse der Eizellreifung, des Wachstums der Gebärmutterschleimhaut sowie der Menstruation oder Regelblutung laufen im Körper der Frau in einem regelmäßigen Rhythmus ab. Dieser *Menstruationszyklus*, der auf eine mögliche Schwangerschaft vorbereitet, dauert etwa 28 Tage und wird von verschiedenen Hormonen gesteuert ▶ Bild 1.

Gebärmutterschleimhaut und Menstruation Während des Menstruationszyklus baut sich die Gebärmutterschleimhaut auf. Sofern es nicht zur Befruchtung einer Eizelle gekommen ist, wird die Gebärmutterschleimhaut abgestoßen. Sie wird dann zusammen mit einer kleinen Menge Blut ausgeschieden. Der Beginn dieser Regelblutung oder *Menstruation* markiert den ersten Tag des Menstruationszyklus.

Beteiligte Hormone Die Konzentrationsverhältnisse verschiedener Hormone des Gehirns und der Eierstöcke regeln den Menstruationszyklus. Bei Frauen sind bereits von Geburt an alle Eizellen angelegt. Die unreifen Eizellen sind von einem schützenden Eibläschen, dem *Follikel*, umgeben. Das Hormon FSH sorgt zu Beginn des Zyklus dafür, dass ein Follikel wächst und die Eizelle darin heranreift. Gleichzeitig regt FSH den Eierstock zur Bildung von Östrogenen an ▶ Bild 1. Die steigende Östrogenkonzentration sorgt dafür, dass die Gebärmutterschleimhaut wächst, besser durchblutet wird und ausreichend Nährstoffe enthält. Um den 14. Tag des Zyklus schüttet das Gehirn vermehrt LH aus. Durch dessen erhöhte Konzentration kommt es zum *Eisprung*, das heißt, die reife Eizelle verlässt den Follikel und gelangt zum Eileiter. Hier kann sie befruchtet werden. Nach dem Eisprung bleibt die Eizelle für etwa 24 Stunden befruchtungsfähig. Aus den Resten des Follikels entsteht der Gelbkörper, der das Hormon Progesteron freisetzt. Eine hohe Konzentration von Progesteron erhält die Gebärmutterschleimhaut, damit sich eine befruchtete Eizelle einnisten kann.

1. Beschreibe die Funktion der am Zyklus beteiligten Hormone.
2. Erläutere, warum die Hormone des Menstruationszyklus einem Regelkreis unterliegen.
3. Spermien sind bis zu 5 Tage lebensfähig. Bestimme die fruchtbaren Tage im Menstruationszyklus.

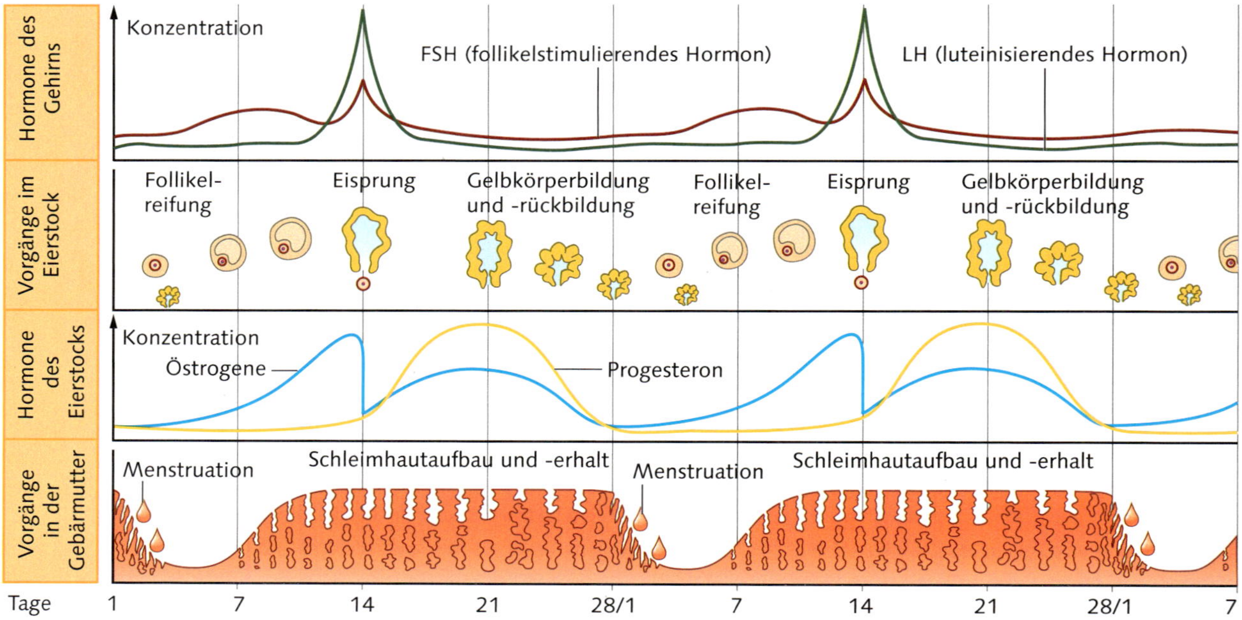

1 Menstruationszyklus

Erforschung des weiblichen Zyklus

Bis die Wirkung der weiblichen Sexualhormone komplett verstanden wurde, war es ein langer Weg. Viele Experimente waren nötig, um das Zusammenwirken von Hypophysenhormonen und Sexualhormonen nachzuvollziehen. Mit den dargestellten Experimenten kannst du deine Kenntnisse der Hormonwirkung überprüfen.

Die Forschungen zur Wirkung dieser Hormone begannen gegen Ende des 19. Jahrhunderts und mündeten in der Entwicklung von Hormonpräparaten wie der Anti-Baby-Pille. Folgende Experimente wurden an Säugetieren durchgeführt ▶ Bild 3.

1 **A** Ordne die Befunde (▶ Bild 3, A–D) den passenden Experimenten 1–4 zu.
B Erläutere die Befunde. Nimm die Informationen der Grundwissensseite zu Hilfe.

2 **A** Ordne den Ziffern in ▶ Bild 2 die Hormone des weiblichen Zyklus zu.
B Beschreibe das Regelkreisschema, das die Steuerung und Regelung des weiblichen Zyklus darstellt.
C Prüfe, welche der Hormone sich als Verhütungsmittel einsetzen ließen.

3 Stelle Hypothesen auf, wo man eingreifen könnte, um ein hormonelles Verhütungsmittel zu entwickeln.

Experiment	
1	Entfernung der Hypophyse
2	Entfernung der Hypophyse und nachträgliche Injektion von FSH
3	Entfernung der Hypophyse und nachträgliche Injektion von LH
4	Entfernung der Hypophyse; danach zuerst die Injektion von FSH und später LH
Befund	
A	Follikelwachstum, Eisprung, Gelbkörperbildung, Östradiol und Progesteron im Blut nachweisbar
B	keine Follikelbildung und kein Östradiol im Blut nachweisbar
C	Follikelbildung, Östradiol im Blut nachweisbar, jedoch kein Eisprung
D	keine Follikelbildung, keine Menstruation und keine Geschlechtshormone im Blut nachweisbar

3 Experimente 1–4 sowie Befunde A–D

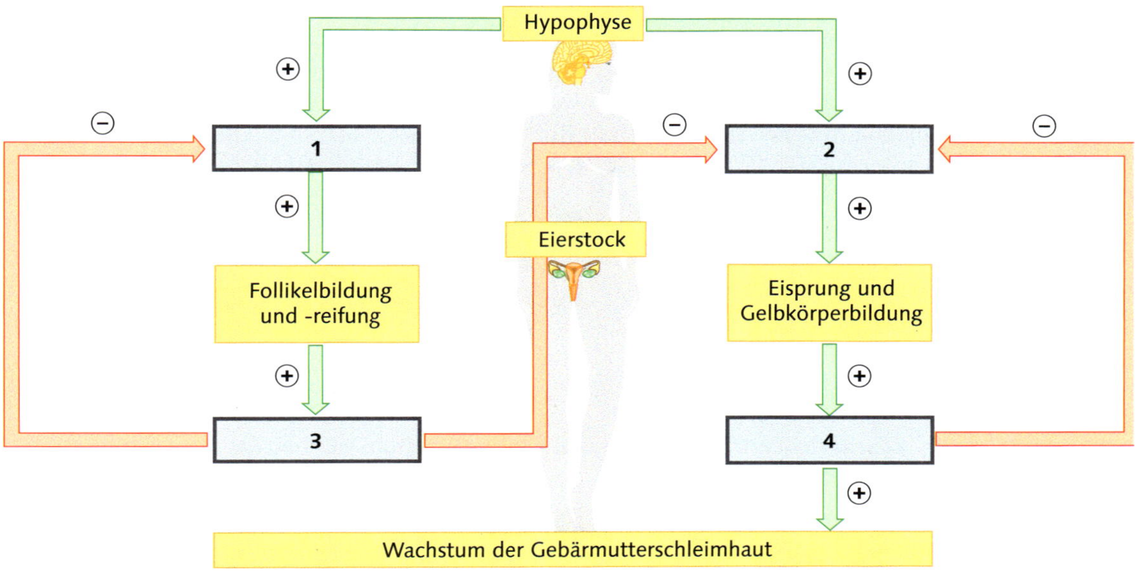

2 Steuerung und Regelung des weiblichen Zyklus

Methoden der Empfängnisverhütung

1 Verliebtes Paar

Verliebtsein Schmetterlinge im Bauch, Herzklopfen, Arm in Arm durch die Stadt gehen, Lust aufeinander haben – Menschen, die verliebt sind, wollen viel Zeit miteinander verbringen, sich nahe sein und Zärtlichkeiten austauschen ▶ Bild 1.
Dabei kann der Wunsch entstehen, miteinander zu schlafen. In dieser Situation sind beide Partner für die Verhütung einer Schwangerschaft zuständig und sollten auch darüber sprechen.

Empfängnisverhütung Es gibt unterschiedliche Methoden, eine ungewollte Schwangerschaft zu vermeiden. Mechanische Verhütungsmittel verhindern das Eindringen der Spermien in die Gebärmutter. Chemische Verhütungsmittel enthalten Spermien abtötende Substanzen. Sie werden oft in Verbindung mit mechanischen Verhütungsmitteln verwendet. Die Pille ist ein häufig angewandtes hormonelles Verhütungsmittel. Sie muss sehr gewissenhaft und regelmäßig von der Frau eingenommen werden. Die Hormone greifen in die Regulation der Hormonkonzentration im Körper der Frau ein.
Das ideale Verhütungsmittel für Jugendliche ist das Kondom. Es schützt bei richtiger Anwendung nicht nur vor ungewollter Schwangerschaft, sondern auch vor sexuell übertragbaren Krankheiten.

Pearl-Index Um die Sicherheit einer Verhütungsmethode zu beurteilen, wird der *Pearl-Index* verwendet. Er gibt an, wie viele Frauen von 100 Paaren, die ein Jahr lang mit einer bestimmten Methode verhütet haben, trotzdem schwanger werden. Je niedriger der Wert, desto sicherer ist das Verhütungsmittel.

Ungeeignete Methode Der Coitus interruptus, also das Herausziehen des Penis aus der Scheide vor dem Spermienerguss, ist keine Verhütungsmethode. Zum einen kann der Partner zu erregt sein, um den Penis rechtzeitig zurückzuziehen. Zum anderen tritt bereits vor dem Spermienerguss eine Flüssigkeit an der Penisspitze aus, die Spermienzellen enthalten kann. Diese können dann in die Scheide und die Eileiter der Frau gelangen und dort bis zu 5 Tage überleben. Deshalb kann ein Geschlechtsverkehr auch vor dem Eisprung der Frau zu einer Befruchtung führen, obwohl sich die Eizelle zum Zeitpunkt des Geschlechtsverkehrs noch nicht im Eileiter befindet.

Familienplanung Mit der Temperaturmethode können Frauen den Zeitpunkt ihres Eisprungs ermitteln. Dazu misst die Frau täglich zur selben Zeit nach dem Aufwachen ihre Körpertemperatur. Etwa einen Tag nach dem Eisprung steigt die Körpertemperatur um 0,4–0,6 °C. Diese Methode eignet sich zur Bestimmung der fruchtbaren Tage einer Frau und dient der natürlichen Familienplanung bei einem Kinderwunsch. Als Verhütungsmethode ist die Temperaturmethode für Menschen ohne Kinderwunsch nicht geeignet, weil die Körpertemperatur und der Zeitpunkt des Eisprungs von äußeren Faktoren beeinflusst werden können.

1. Nenne unter Bezug auf die Tabelle (▶ Bild 2) mechanische, chemische und hormonelle Verhütungsmittel.
2. Erkläre, warum eine Schwangerschaft mit der Pille nicht sicher verhindert werden kann, wenn die Frau während der Einnahme unter Durchfall oder Erbrechen leidet.
3. Begründe, warum Pille und Kondom beliebte Verhütungsmittel sind.
4. Beurteile die Eignung verschiedener Verhütungsmittel für Jugendliche. Nutze dazu die Informationen in der Tabelle ▶ Bild 2.

Verhütungsmittel	Wirkungsweise	Vorteil	Nachteil	Pearl-Index
Pille verschreibungspflichtig, orale Einnahme 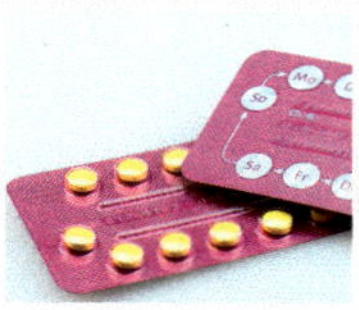	Weibliche Sexualhormone verhindern bei regelmäßiger Einnahme den Eisprung und die Einnistung einer befruchteten Eizelle; sie machen den Schleim in der Scheide zäher, sodass Spermien nicht in die Gebärmutter und die Eileiter vordringen können.	Blutungen und Schmerzen bei der Periode schwächer, Hautprobleme (Akne) verbessern sich	Erbrechen, Durchfall und Medikamente (z. B. Antibiotika) beeinflussen die Wirksamkeit negativ; erhöhtes Thromboserisiko für Raucherinnen; Einnahme täglich zur gleichen Zeit, da sonst kein sicherer Verhütungsschutz; Nebenwirkungen: Spannungsgefühle in der Brust, Übelkeit, Zwischenblutungen, Stimmungsschwankungen, Gewichtszunahme, erhöhtes Risiko für Herz-Kreislauf-Erkrankungen	0,1–0,9
Kupferspirale wird vom Arzt in die Gebärmutter eingesetzt 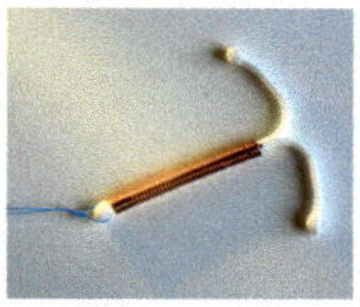	Kupfer lähmt Spermienzellen, kann diese abtöten; es stört Aufbau der Gebärmutterschleimhaut und verhindert Einnistung einer befruchteten Eizelle.	hält 3–10 Jahre	nicht geeignet für Mädchen unter 16 und Frauen, die noch nicht geboren haben; Nebenwirkungen: stärkere Blutungen, Schmerzen, Risiko von Eileiterentzündungen	0,5–2,7
Diaphragma (Scheidenpessar) 	schalenförmige Kappe aus Silikon, die den Eingang zur Gebärmutter bedeckt, sodass Spermien nicht in Gebärmutter und Eileiter vordringen können; muss zusammen mit Spermizid angewendet werden	muss 2 Stunden vor Geschlechtsverkehr eingesetzt werden	für Mädchen und Jungen gewöhnungsbedürftig, Einsetzen muss geübt werden	1–20
Spermizide (Scheidenzäpfchen, Schaumspray, Gel, Creme) 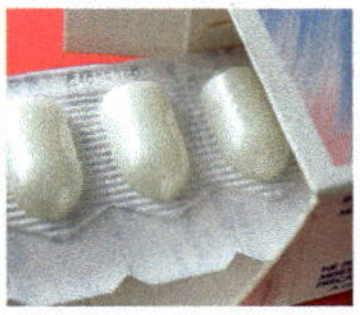	chemische Wirkstoffe, machen Spermienzellen befruchtungsunfähig oder unbeweglich	müssen 10 min vor Geschlechtsverkehr in Scheide eingeführt werden	relativ sicher nur in Verbindung mit Diaphragma; Nebenwirkungen: Jucken, Brennen in der Scheide oder am Penis; starkes Wärmegefühl in der Scheide	3–25
Kondom 	Gummihülle aus Latex oder Polyurethan, die über das steife Glied gerollt wird; Spermienflüssigkeit wird im Reservoir aufgefangen	keine Nebenwirkungen, fast überall erhältlich, Anwendung direkt vor dem Geschlechtsverkehr; schützt vor Schwangerschaft und vor sexuell übertragbaren Krankheiten	keine Anwendung mit fetthaltigen Gleitmitteln, Cremes, Gels, da Fett Kondome undicht werden lässt	0,2–4

2 Einige Verhütungsmittel

Stress

1 Klassenarbeit

2 Gefahrensituation im Straßenverkehr

Stress kennt jeder! Klassenarbeiten, Konflikte in der Familie oder Schule ... Situationen, die man als belastend empfindet, kennen wir alle ▶ Bild 1. Häufig ist dann unser Puls erhöht. Wir atmen schneller und können kaum ruhig bleiben. Die Hände zittern und wir schwitzen. Wir haben den Eindruck, hellwach und hoch konzentriert zu sein. Aber auch ein Angstgefühl kann dabei sein.
Reaktionen unseres Körpers zur Bewältigung belastender oder gefährlicher Situationen sowie die dadurch entstehende körperliche und geistige Belastung werden als *Stress* zusammengefasst. Die Ursachen hierfür werden als *Stressoren* bezeichnet. Viele Stressoren wirken aus der Umwelt auf uns ein. Stress kann man sich jedoch auch selbst bereiten, z. B. wenn man stets nur Bestleistungen von sich erwartet. Zudem wird oft nicht sauber zwischen den Ursachen, den Stressoren, und der Reaktion, dem Stress, unterschieden.

Lebensretter Stress In Gefahrensituationen kann Stress Leben retten, da man schneller und kraftvoller reagieren kann. So sieht und hört der Junge in ▶ Bild 2 das herannahende Auto. Diese Informationen werden von seinen Sinnesorganen ans Gehirn weitergeleitet ▶ Bild 3. Das Gehirn sendet daraufhin Signale an verschiedene Organe, die auf die Gefahrensituation reagieren sollen. Diese Reaktionen werden nicht nur von Nerven vermittelt.
Durch das Gehirn werden auch die Nebennieren aktiviert, die wie Mützen auf beiden Nieren sitzen ▶ Bild 3. Diese Hormondrüsen schütten daraufhin die Hormone *Adrenalin* und *Noradrenalin* in die Blutbahn aus. Sie wirken an zahlreichen Stellen des Körpers: Der Puls wird schneller und kräftiger. Die Atmung wird schneller und tiefer, da die Bronchien erweitert werden. In der Leber wird auf das Hormonsignal hin Glykogen in Glucose umgewandelt und ins Blut abgegeben. Die Blutgefäße, die Herz, Lunge, Gehirn und Skelettmuskeln versorgen, werden erweitert. Damit stehen dem Körper, z. B. den Muskeln und dem Gehirn, innerhalb kürzester Zeit mehr Sauerstoff und Glucose zur Verfügung. Er ist besonders leistungsfähig und kann auf die Gefahr reagieren. Mit kräftigen Sprüngen kann sich der Junge aus der Gefahrensituation retten. Der gestresste Autofahrer kann beispielsweise schneller und stärker bremsen.
Organe, die für die Reaktion nicht benötigt werden, werden gehemmt. So sind der Darm und die Haut weniger durchblutet, da deren Blutgefäße durch das Hormonsignal verengt werden.
Das Gehirn sowie die Hormone Adrenalin und Noradrenalin erhöhen die Leistungsfähigkeit des Organismus sehr kurzfristig. Damit kann der Körper auf eine Belastungssituation bestmöglich reagieren. Die Wirkungen klingen relativ rasch ab und der Körper erholt sich wieder. Dieses Phänomen wird daher als *Kurzzeitstress* bezeichnet.

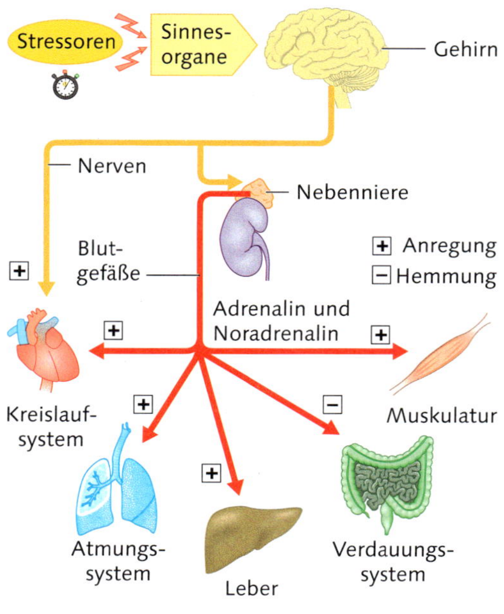

3 Kurzzeitstress

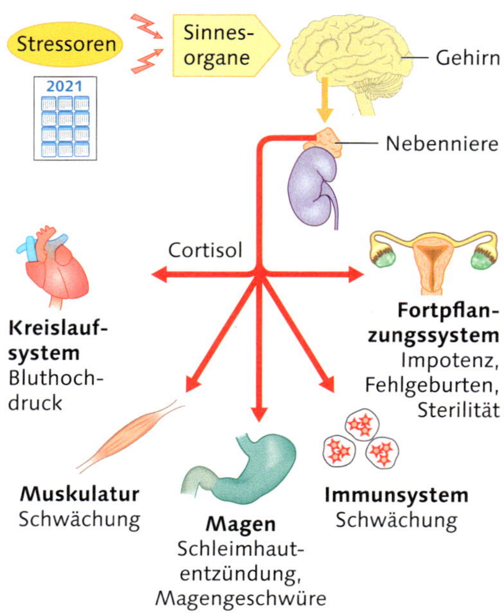

4 Langzeitstress

Stresswahrnehmung Positive Reaktionen des Körpers auf Belastungen, z. B. beim Wiedersehen einer geliebten Person oder die Anstrengung beim Lieblingssport, werden als *Eustress* bezeichnet. Negative Reaktionen auf Belastungen wie bei einem langfristigen Konflikt mit einem Freund nennt man *Disstress*. Umgangssprachlich wird der Begriff Stress häufig nur im Sinn von Disstress gebraucht.
Eustress und Disstress trennt häufig nur ein schmaler Grat. Stressoren werden individuell und je nach Situation unterschiedlich empfunden. Eustress bei einer Prüfung kann bewirken, dass man sich besser konzentrieren kann und das Gehirn besser durchblutet und mit Sauerstoff und Nährstoffen versorgt wird. Disstress kann auch dazu führen, dass man mit den feuchten, zittrigen Händen Probleme hat, leserlich zu schreiben, und verursacht das Gefühl, einen „leeren Kopf" zu haben.

Langzeitstress Wirken Stressoren über einen längeren Zeitraum auf den Körper ein, reagiert er anders als bei kurzfristiger Belastung. Langzeitstressoren können z. B. häufig zu kurzer oder unregelmäßiger Schlaf sein, aber auch Armut oder Verlust eines nahestehenden Menschen.
Das Gehirn bewirkt daraufhin, dass die Nebennieren das Hormon *Cortisol* freisetzen. Es entfaltet seine Wirkung nicht so unmittelbar wie andere Stresshormone. Cortisol löst zahlreiche Wirkungen im Körper aus ▶ Bild 4: Das Schmerzempfinden ist z. B. vermindert und Entzündungen werden gehemmt. So kann der Körper der Belastung länger standhalten. Cortisol wirkt länger anhaltend und führt auf die Dauer zu körperlicher und psychischer Erschöpfung.
Cortisol kann auch zu gesundheitlichen Schäden führen. So bewirkt es beispielsweise die Erhöhung des Blutdrucks in den Arterien, was wiederum das Risiko eines Herzinfarkts oder Schlaganfalls erhöht.
Die Reaktionen des Körpers auf Cortisol nennt man *Langzeitstress*. Auch auf häufig wiederkehrenden Kurzzeitstress wird vermehrt Cortisol freigesetzt. Die Folgen sind denen bei Langzeitstress vergleichbar. Man kann jedoch lernen, mit Stresssituationen besser umzugehen.

1. Vergleiche Kurz- und Langzeitstress mithilfe der ▶ Bilder 3 und 4. Erstelle eine Tabelle.
2. Viele Künstler und Sportler berichten über Lampenfieber vor einem Auftritt oder Wettkampf. Dieses Stressphänomen hat positive und negative Seiten. Erkläre.
3. Erkläre, weshalb bei Stress die Hauttemperatur sinkt.
4. Cortisol wird bei einigen Erkrankungen auch als Medikament eingesetzt. Nenne und erkläre mögliche Nebenwirkungen.

Phänomen Stress

Stress hat jeder schon einmal erlebt. Er gehört bis zu einem gewissen Maß zu unserem Leben. Mit einem Stresstest kannst du mehr über deine Stresssituation erfahren.

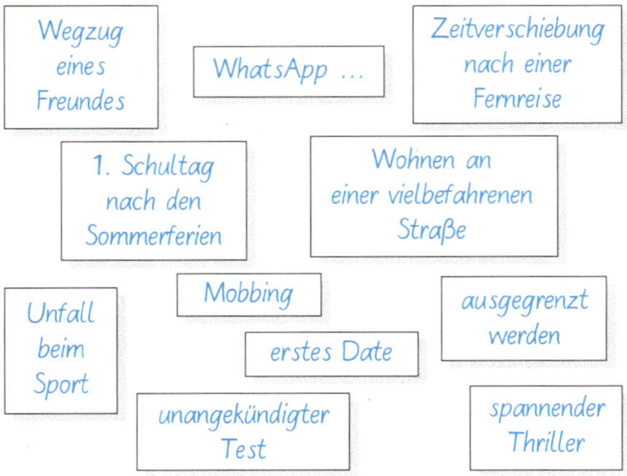

1 Beispiele für Stresssituationen

3 Im Hochseilgarten

1 Ordne die in den ► Bildern 1 und 3 dargestellten Situationen nach Eu- bzw. Disstress und Kurzzeit- bzw. Langzeitstress.

2 Bei einem Schüler wurden an einem Tag die Herzfrequenz und die Hauttemperatur erfasst. Die Werte wurden in einem Belastungsdiagramm dargestellt.
- **A** Beschreibe das Diagramm ► Bild 2.
- **B** Vergleiche die Normalbelastungsphasen.
- **C** Erkläre das Vergleichsergebnis.

3 Führe für dich den Stresstest durch ► Bild 4.

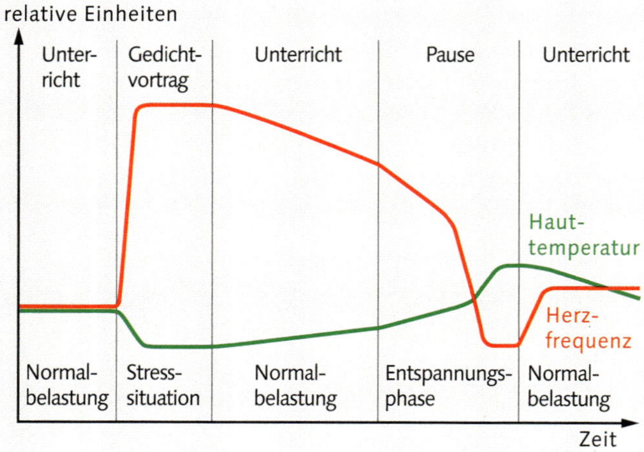

2 Belastungsdiagramm

Beantworte jede Frage mit nie (a), selten (b) oder häufig (c). Lege dazu eine Strichliste an.
Wie oft hattest du in den letzten zwei Wochen folgende Probleme?

1. Erschöpfung während des Tages
2. Gereiztheit, schlechte Laune
3. Ärger mit anderen
4. Übelkeit
5. Schwindel
6. Appetitlosigkeit
7. Kopfschmerzen
8. Bauchschmerzen
9. zu geschafft, um sich für Dinge aufzuraffen, die Spaß machen
10. Schlafprobleme

Auswertung: Berechne deine Gesamtpunktzahl und werte aus:

Antwort a = 1, Antwort b = 2, Antwort c = 3 Punkte

► Bis 11 Punkte: Du warst nicht besonders gestresst.

► 12–18 Punkte: Du warst ein bisschen gestresst. Nimmt der Stress zu oder dauert er länger an, dann solltest du etwas dagegen unternehmen.

► Ab 19 Punkte: In den letzten zwei Wochen warst du gestresst. Deine Gesundheit und Lebensqualität leiden darunter. Es ist wichtig, dass du etwas dagegen unternimmst. Hole dir bei einer Vertrauensperson Unterstützung. Hilfe findest du auch anonym und kostenlos unter der *Nummer gegen Kummer:* 116111.

4 Stresstest

Stress? Na und!

Stress kann uns helfen, bessere Leistungen zu erbingen. Aber zu viel Stress macht krank. Folgende Tipps können dir helfen, besser mit Stress klarzukommen.

Die Zeit im Griff
Oft müssen und möchten wir viele Dinge erledigen. Wenn du deine Verpflichtungen gut planst, hast du mehr Freizeit.

1. **Wichtiges zuerst!** Weniger Wichtiges kann warten oder muss abgesagt werden.
2. **Tages- und Wochenpläne** helfen, die Zeit sinnvoll einzuteilen. Wichtig ist, dass du die benötigten Zeiträume realistisch einschätzt und nicht zu eng planst. Berücksichtige Pausen und Zeitpuffer für Unvorhergesehenes. Lass Zeit ungeplant. Nimm deine Planung ernst.
3. **Im eigenen Takt** kommt man effektiver voran. Erledige z. B. Aufgaben, bei denen du intensiv nachdenken musst, dann, wenn du besonders wach und konzentriert bist. Lass dich nicht ablenken.
4. **Auszeiten und Belohnungen** für erledigte Aufgaben sind wichtig. Genieße deine freie Zeit! ☺

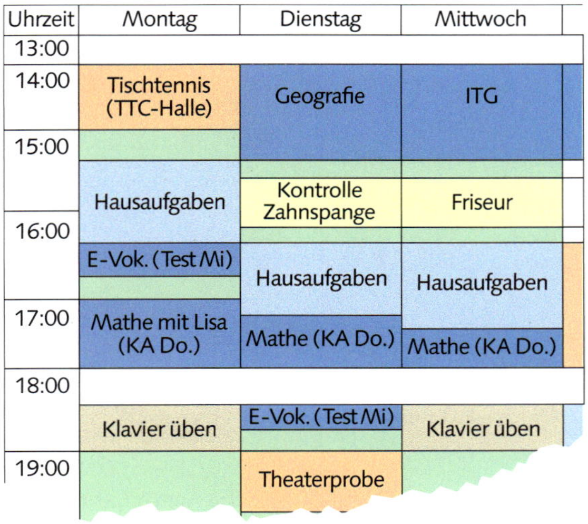

5 Wochenplan

Total entspannt!
Jeder entspannt anders: beim Sport, Lesen, Musikhören, mit dem Hund ...

Spezielle Entspannungsmethoden, z. B. Meditation, Yoga, autogenes Training, kannst du in Kursen oder mit Büchern oder Videos erlernen. Probiere einfach mal aus:

Ruhig atmen Atme langsam ein und zähle dabei bis 5. Atme nach einer kurzen Pause aus und zähle dabei auf 8. Wiederhole 5-mal. Durch die langsame, regelmäßige Atmung kommt dein Körper zur Ruhe.

Augenblick der Ruhe Reibe deine Hände, bis sie warm sind. Bedecke nun deine Augen so, dass möglichst wenig Licht einfällt. Warte 3 min und spüre die Wärme deiner Hände.

Muskelentspannung Spanne eine Hand 10 s kräftig zur Faust an. Entspanne dann die Hand wieder und vergleiche mit der anderen Hand (30 s). Wiederhole mit anderen Muskelgruppen, z. B. Oberarm, Gesichtsmuskeln.

Genuss entspannt ...

Materialien zum Riechen: Blumen, Kräuter, Früchte, Seife ...

- Wähle einen Gegenstand aus, der dir besonders angenehm ist.
- Schließe deine Augen.
- Versuche, dich ganz auf den Duft zu konzentrieren und den Gegenstand mit dem Geruchssinn zu erfahren.
- Vielleicht erinnerst du dich an schöne Situationen, die du mit dem Duft verbindest. Genieße die angenehmen Gefühle.
- Wenn du genug geschnuppert hast, verabschiede dich langsam vom Duft und öffne wieder die Augen.

1 Beschreibe, was dir hilft, wenn du Stress hast.

2 Nenne 5 unterschiedliche Möglichkeiten, mit einer Stresssituation deiner Wahl umzugehen.

3 Erstelle einen Wochenplan für die kommende Woche. Teste ihn.

4 Probiere mindestens zwei Entspannungstechniken aus.

Belohnung macht süchtig

1 Achterbahnfahrt

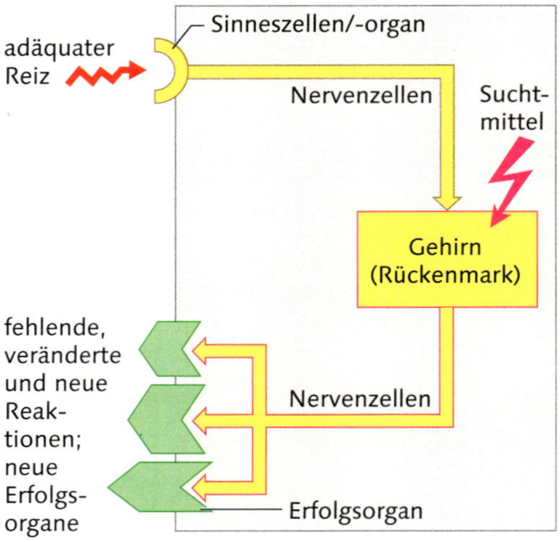

2 Reiz-Reaktions-Schema bei Sucht (vereinfacht)

Stress kann glücklich machen Eine Achterbahnfahrt ist ein extremes Erlebnis ▶ Bild 1. Nach der Fahrt berichten viele von einem tiefen, lang anhaltenden Glücks- und Zufriedenheitsgefühl. Die Angst davor ist vergessen.

Solch eine Fahrt ist ein massives Stressereignis für den Körper. Die Stresshormone, z. B. Adrenalin, führen zu gesteigerter körperlicher und geistiger Aktivität und Anspannung. Sie können aber auch die Ausschüttung von Botenstoffen bewirken, die uns glücklich machen und das Ereignis in einem positiven Licht sehen lassen.

Motivation Alle positiven Erlebnisse werden in einer besonderen Region unseres Gehirns, dem Belohnungszentrum, registriert. Es setzt daraufhin den Botenstoff *Dopamin* frei, der Zufriedenheit, Freude und Glücksgefühle auslöst. Je größer die Botenstoffmenge ist, desto intensiver sind die positiven Empfindungen.

Das Belohnungssystem wird durch zahlreiche Reize aktiviert: leckeres Essen, Sport, Musik oder auch Sex. Es wird jedoch auch aktiv, wenn man eine Stresssituation, z. B. einen Bungee-Jump oder ein Klaviervorspiel, hinter sich hat. So wird man angespornt, bestimmte Dinge – auch Dinge, die man nicht mag – immer wieder zu tun. Ein negatives, anstrengendes Ereignis wird durch die Belohnung und damit einhergehenden Glücksgefühle positiv bewertet und abgespeichert.

Sucht – Beeinflussung der Motivation Das Belohnungssystem kann beeinflusst werden, z. B. durch den Konsum von Alkohol, Nikotin oder anderen legalen oder illegalen Suchtmitteln wie Cannabis, Heroin oder Kokain. Der Effekt ist immer ähnlich. Es wird sehr viel mehr Dopamin als bei normalen positiven Erlebnissen ausgeschüttet. Das Belohnungsgefühl wird sehr viel intensiver. Dies hat Folgen: Das restliche Gehirn und damit auch der restliche Körper und die Psyche der Suchtmittelkonsumenten ordnen sich mit der Zeit dem veränderten Belohnungssystem unter. Das Gehirn verarbeitet Informationen über Reize anders als vorher ▶ Bild 2. Suchtmittel bewirken z. B., dass Reaktionen auf einen Reiz ausbleiben oder verstärkt werden. Auch neue, untypische Erfolgsorgane werden aktiviert. Die Veränderungen im Gehirn sind dauerhaft und haben lebenslange Folgen.

Experten bezeichnen die körperliche oder geistige Bindung an das Suchtmittel als *Gewöhnung*. Aus ihr kann eine *Abhängigkeit* oder *Sucht* entstehen ▶ Bild 3. Dieser Übergang ist meist fließend. Er verläuft bei verschiedenen Personen und Suchtmitteln unterschiedlich rasch.

Während zu Beginn häufig noch positive Empfindungen überwiegen, benötigen Abhängige im Lauf der Zeit immer stärkere Suchtmittelreize für ein zufriedenstellendes Wohlbefinden. Bleiben die Reize durch das Suchtmittel aus, reagiert das Nervensystem, vor allem das Gehirn,

Als süchtig gilt eine Person, bei der mindestens 3 Kriterien im letzten Jahr vorhanden waren:

1. Sie verspürt den starken Wunsch oder eine Art Zwang, das Suchtmittel zu konsumieren.
2. Sie kann Beginn, Ende und Menge des Suchtmittelkonsums schlecht oder gar nicht kontrollieren.
3. Bei Beendigung oder Reduktion des Konsums leidet sie unter körperlichen Entzugserscheinungen.
4. Sie muss die Menge des Suchtmittels steigern, um die ursprüngliche Wirkung einer niedrigeren Dosis zu erzielen (Toleranz).
5. Sie vernachlässigt zunehmend andere Interessen und Vergnügungen zugunsten des Suchtmittelkonsums. Der Zeitaufwand für den Konsum und für die Erholung nach dem Konsum werden stetig größer.
6. Sie konsumiert weiter, obwohl sie über die schädlichen Folgen Bescheid weiß.

3 Suchtdefinition der WHO

anders als bei nicht süchtigen Personen ▶ Bild 5. Dies hat Auswirkungen auf das Wohlbefinden und auf verschiedene Organe des Körpers. Die Personen leiden unter Entzugserscheinungen. Sucht ist eine Krankheit. Nur eine Fachperson kann sie eindeutig erkennen. Diese kann Süchtige zudem kompetent behandeln und auf dem schwierigen Weg aus der Sucht begleiten.

Ursachen und Bedingungen Es gibt keinen typischen Weg in eine Abhängigkeit. Es gibt jedoch Risikofaktoren, die die Entstehung einer Sucht begünstigen: geringes Selbstwertgefühl, ungünstiger Umgang mit Frust, geringe Konfliktfähigkeit, starke Leistungsorientierung, häufiger Disstress oder Langzeitstress, negative Zukunftsaussichten, falscher Freundeskreis, Verfügbarkeit des Suchtmittels, dessen gesellschaftliche Bewertung und Billigung ...

4 Spielsucht

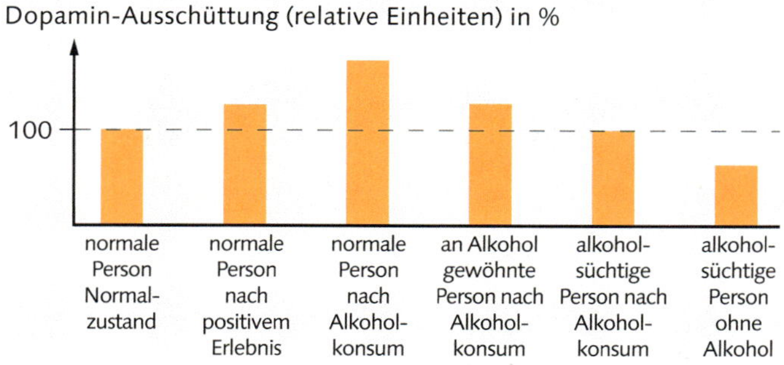

5 Dopamin-Ausschüttung bei unterschiedlichen Personen

Folgen einer Abhängigkeit Die Folgen sind individuell und können sehr unterschiedlich sein. Meist treten Probleme in allen Lebensbereichen auf. Süchtige sind oft körperlich beeinträchtigt, da die Suchtmittel Organe schädigen. Viele Süchtige haben soziale Probleme. Es kommt zu Konflikten mit Familie und Freunden. Verlieren sie ihre Arbeit, kommt finanzielle Not hinzu. Schwer abhängige Personen vernachlässigen sich häufig, leiden unter großen seelischen Problemen und sozialer Isolation. Meist leiden jedoch auch die Familie und Freunde des Abhängigen unter der Sucht.

1 Nenne Stresssituationen, die du mit einem Glücksgefühl verbindest.

2 **A** Beschreibe die Aufgabe von Dopamin im menschlichen Körper.
B Werte das Diagramm in ▶ Bild 5 aus.

3 Beschreibe die Entstehung von Sucht.

4 **A** Nenne Bedingungen, die die Entstehung einer Abhängigkeit begünstigen.
B Nenne Folgen einer Abhängigkeit.

5 Max verbringt fast jede freie Minute vor dem PC und spielt online mit anderen Gamern. Als Noah ihn ins Kino abholen möchte, lehnt er ab. Noah: „Mensch Max, du bist ja total spielsüchtig!" ▶ Bild 4.
A Bewerte die Situation.
B Formuliere Handlungsalternativen für Max und Noah.
C Alkoholiker sind stoffgebundene Süchtige. Nenne weitere Suchtmittel, die wie die Spielsucht nicht an einen chemischen Stoff gebunden sind.

Suchtmittel Alkohol

Ich heiße Anna und bin 18. Seit einigen Wochen gehe ich zu den „Anonymen Alkoholikern" und versuche, nichts mehr zu trinken. Das kostet viel Kraft. In die Sache reingerutscht bin ich ganz unspektakulär. Alkohol getrunken habe ich schon da und dort mal, aber nie viel. Dann fing Sarah aus meiner Clique an, uns herauszufordern. Wer kann mehr Bier trinken als sie? Auch die Jungs machten mit und ich merkte, dass ich viel trinken konnte, ohne völlig die Kontrolle zu verlieren. Die Jungs fanden das cool und ich genoss die Anerkennung. Um zu „trainieren" tranken wir immer öfter zum Bier noch einen Schnaps. Mein Freund Philipp fand das gar nicht gut, aber ich tat ihn als Weichei ab. Irgendwann hat er sich von mir getrennt. Das hat wehgetan, aber die Clique gab mir Halt und Sarah und ich waren die unangefochtenen „Drinking-Queens". Es war für uns irgendwann normal, täglich und auch tagsüber zu trinken. Wir hatten feste Treffpunkte und achteten drauf, dass niemand außerhalb der Clique was mitbekam. Dann starb völlig überraschend mein Vater. Das hat mich total aus der Bahn geworfen. Ich war ständig traurig, aber wenn ich was getrunken hatte, war es besser. Ich wollte für meine Mutter da sein, merkte aber, dass ich das nicht hinbekam. In der Schule wurde ich schlechter, konnte mich auf nichts mehr konzentrieren, erzählte dem Klassenlehrer aber nichts vom Tod meines Vaters – von der Trinkerei sowieso nicht. Ich fing an, neben unserem Treffpunkt-Trinken heimlich zu Hause weiterzumachen. Ich wollte irgendwie den Kopf freikriegen, alle schlechten Gefühle weghaben und wieder glücklich sein. Aber das hat nicht geklappt. Je weniger es klappte, umso mehr trank ich. Zum Glück hat mein Klassenlehrer was gemerkt. Er hat mich nach einem langen Gespräch zur Beratungslehrerin geschickt, die Verbindungen zur Suchtberatungsstelle hat. Dort bekam ich Hilfe bei den Anonymen Alkoholikern. Aber so schnell geht es nicht, vom Alkohol weg- und mit den Schuldgefühlen klarzukommen. Es ist ein anstrengender, schmerzhafter und vor allem langer Weg. Meine Clique und Sarah sehe ich inzwischen gar nicht mehr.

1 Bericht von Anna (18 Jahre)

Wirkungen Der Konsum von alkoholischen Getränken ist in unserer Gesellschaft etabliert. Alkohol wird vor allem über die Schleimhäute des Munds, Magens und Dünndarms in den Blutkreislauf aufgenommen und gelangt so zu jeder Körperzelle. Alkohol und andere Suchtmittel greifen in die natürlichen Abläufe des Körpers ein und verändern diese: Sie schädigen den Körper. Zwar werden Suchtmittel wie Alkohol im Körper abgebaut und ausgeschieden, aber ab einer bestimmten Menge gelingt dies nicht mehr. In den Körperzellen stört Alkohol wichtige Stoffwechselfunktionen und wirkt als Zellgift. Vor allem beeinflusst Alkohol die Nervenzellen des Gehirns. Die Informationen werden dann schneller, langsamer, gar nicht oder falsch übertragen. Dadurch entstehen zunächst ein Wohlgefühl, später Wahrnehmungsstörungen bis zur Bewusstlosigkeit. Wird immer wieder Alkohol konsumiert, werden die Organe anfällig für Krankheiten und können letzten Endes zerstört werden ▶ Bild 3.

Sucht und Abhängigkeit Alkohol beeinflusst das Belohnungszentrum im Gehirn durch die Ausschüttung von Dopamin. Dieser Botenstoff löst Belohnungsgefühle aus und verknüpft sie mit der Aufnahme von Alkohol. Möchte man das positive Gefühl wieder erleben, wird man erneut Alkohol trinken. So kann eine dauerhafte Bindung an das Suchtmittel entstehen.
Zwischen dem Alkoholgenuss, der Gewöhnung, der Gewohnheit mit regelmäßigem Konsum und der Abhängigkeit sind die Übergänge fließend. Süchtiges Verhalten lässt sich nicht nur auf eine Ursache zurückführen, sondern wird durch verschiedene Faktoren bedingt. Es spielen immer die Persönlichkeit des Einzelnen, die Umwelt und das Suchtmittel selbst eine Rolle ▶ Bild 2.

2 Suchtdreieck

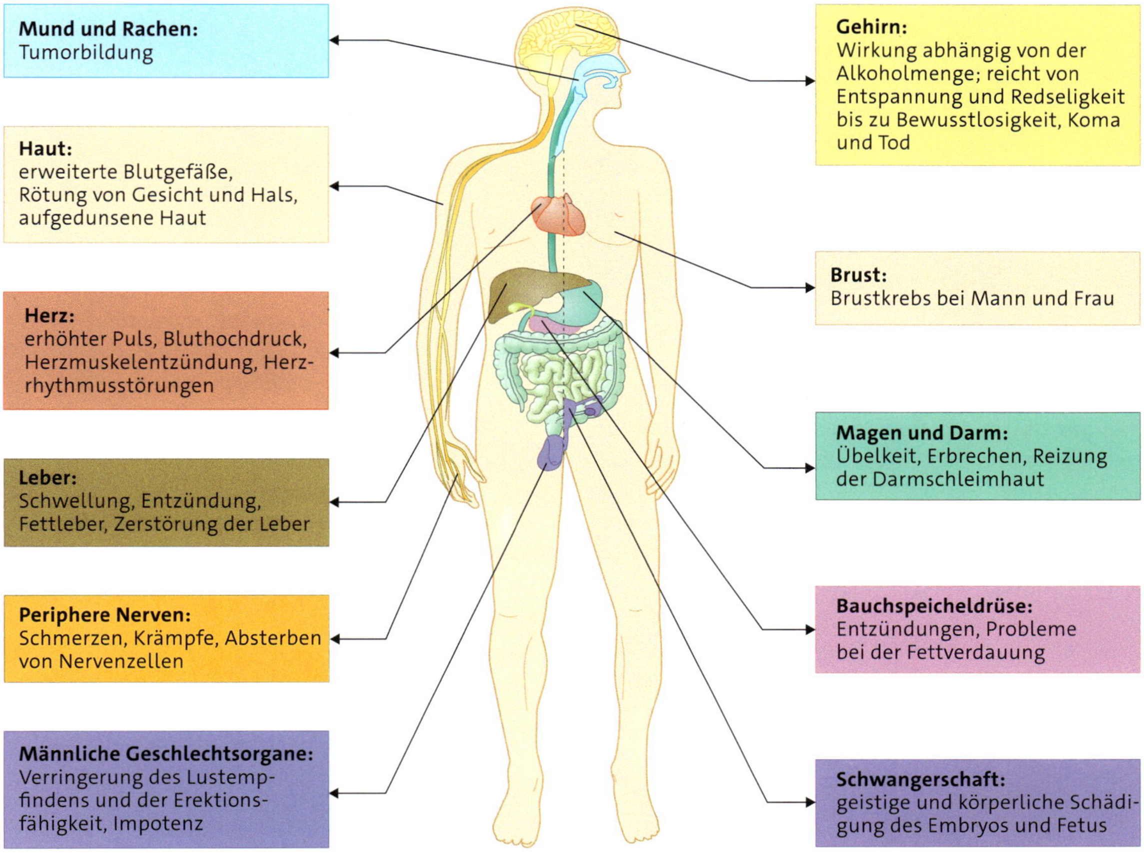

3 Auswirkungen von Alkohol auf den Körper

Alkoholkonsum Beim Konsum alkoholischer Getränke wird Alkohol ins Blut aufgenommen. Die Alkoholkonzentration im Blut wird in Promille (‰) angegeben. 1 Promille Alkohol entspricht 1 Gramm reinem Alkohol pro Kilogramm Blut. Bereits geringe Mengen von Alkohol sind schädlich, besonders für Jugendliche, da bis zum 20. Lebensjahr wichtige Umbau- und Entwicklungsprozesse im Gehirn und im ganzen Körper stattfinden.

Bei Frauen steigt die Alkoholkonzentration im Blut schneller als bei Männern, da sie weniger Körperflüssigkeit haben. Trinken beide die gleiche Menge Alkohol, haben sie trotzdem unterschiedlich viel Promille.

Pro Stunde baut der Körper etwa 0,1‰ Alkohol ab. Der Abbau lässt sich weder durch fettes Essen, Wassertrinken oder Schlafen beschleunigen. Zunehmend verzichten Menschen wegen seiner schädigenden Wirkung ganz auf den Konsum von Alkohol.

1 **A** Nenne weitere Faktoren, die das Suchtdreieck (▶ Bild 2) ergänzen können.
B Ordne den Feldern des Suchtdreiecks Beispiele aus Annas Erfahrungsbericht zu ▶ Bild 1.
C Nenne Zeitpunkte im Geschehen, an denen Anna anders hätte handeln können, und Handlungsalternativen.
D Begründe über die Dopamin-Ausschüttung in ▶ Bild 5, Seite 57, weshalb es Anna schwerfällt, vom Alkohol wegzukommen.

2 Wer Alkohol getrunken hat, sollte danach keinen Sport treiben. Begründe.

3 Stelle dir vor, deine beste Freundin / dein bester Freund oder deine Partnerin / dein Partner trinkt regelmäßig viel Alkohol. Beschreibe, wie dies eure Beziehung beeinflussen kann.

4 Suchtberatungsstellen helfen auch Jugendlichen in Problemsituationen. Organisiert einen Besuch mit der ganzen Klasse bei der nächstgelegenen Suchtberatungsstelle.

Cannabis

Um die Wirkung von Suchtmitteln wie Cannabis auf den Körper zu untersuchen, werden Ratten als Modellorganismus verwendet, da Experimente mit Menschen nicht zulässig sind. Studien haben gezeigt, dass Rückschlüsse zur Wirkung beim Menschen bedingt möglich sind. Werte zwei Experimente dazu aus.

In beiden Experimenten erhielten sowohl pubertäre als auch erwachsene Ratten je 25 Tage lang Cannabis. Die beiden Kontrollgruppen bekamen kein Cannabis.

Experiment zur Gedächtnisleistung

Bei diesem Test prüft man, ob sich Ratten an ein bekanntes Objekt erinnern. Je unbekannter ein Objekt, desto intensiver beschäftigt sich das Tier damit. Zeigt man dem Tier dasselbe Objekt erneut, sinkt das Erkundungsverhalten. Ausgewertet wurde die Zeit, in der sich die Ratten mit einem bereits bekannten Objekt beschäftigten.

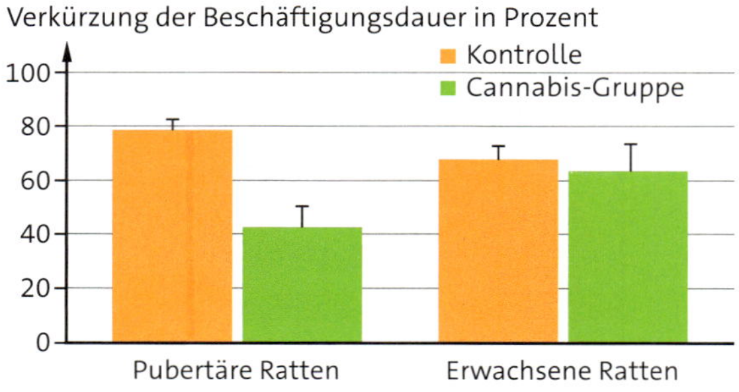

1 Reaktion bei zweiter Präsentation des Objekts

Experiment zur Motivation

Bei diesem Test bekommen die Ratten beim Drücken eines Hebels ein Futterkorn. Haben sie dies gelernt, müssen die Tiere nach 2 min für ein Futterkorn 2-mal den Hebel drücken, nach weiteren 2 min 4-mal, 6-mal usw. Es wird der Zeitpunkt ermittelt, zu dem das Tier aufgibt. Bei motivierten Tieren kommt er spät.

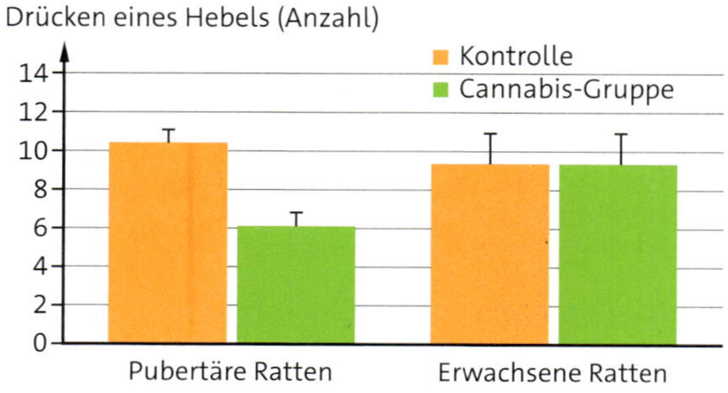

2 Motivation

1 **A** Werte die Diagramme (► Bilder 1 und 2) aus und formuliere eine Schlussfolgerung.
B Jugendliche, die Cannabis konsumieren, erbringen meist unzureichende Schulleistungen. Formuliere eine Hypothese zur Erklärung.

2 **A** Nenne Produkte, die aus der Nutzpflanze Hanf gewonnen werden können.
B Nenne die Teile der Hanfpflanze, aus denen Marihuana und Haschisch gewonnen werden.

Indischer Hanf

Cannabis ist der botanische Gattungsname für die Hanfpflanze *(Cannabis sativa)*. Sie ist eine Nutz- und Heilpflanze mit langer Tradition. In Europa spielte Hanf lange Zeit eine wichtige Rolle bei der Faser- und Ölproduktion. Manche Sorten enthalten THC (Tetrahydrocannabinol), einen Stoff, der Rauschzustände auslösen kann.

Suchtvorbeugung

Um einer Sucht vorzubeugen ist es wichtig, dass du nicht nur über das Suchtmittel, sondern auch über dich selbst und deine Gefühle Bescheid weißt.

Sich behaupten

In einem Rollenspiel soll ein Mitschüler oder eine Mitschülerin zum Rauchen überredet werden.

1 Bildet Gruppen von etwa 6 Personen, in denen folgende Rollen übernommen werden:

1. Sunny: Du möchtest nicht rauchen.
2. Du versuchst Sunny zu überreden, indem du ihn/sie kleinmachst, z. B. „Hast wohl Angst".
3. Du versuchst Sunny zu überreden, indem du Argumente für das Rauchen anführst, z. B. „Rauchen entspannt".
4. Du versuchst zu überreden, indem du Sunny vor den anderen schützt und in die Gruppe aufnimmst, z. B.: „Lasst ihn/sie doch in Ruhe!", „Wenn Sunny will, kann er/sie doch jederzeit mit uns allen zusammen rauchen."

Nach der Schule:

3 Beispiel für den Beginn eines Rollenspiels

A Führt das Rollenspiel aus ▶ Bild 3 fort.
B Diskutiert im Plenum, welchen Argumenten am schwersten zu widerstehen war.
C Nennt Strategien, mit denen Sunny seine/ihre Position behauptet hat. Ergänzt weitere Vorschläge.

Eine Mauer aus Gefühlen

Negative Gefühle wie Ärger oder Traurigkeit können verhindern, dass man auf andere zugeht oder andere an sich heranlässt. Man baut eine „Mauer" um sich herum.

4 Mauer aus Gefühlen

2 **A** Schreibt auf Kärtchen jeweils ein unangenehmes Gefühl.
B Sammelt alle Kärtchen verdeckt ein. Die Kärtchen werden einzeln aufgedeckt und als „Mauerstein" an die Tafel geheftet, sodass eine „Mauer aus Gefühlen" entsteht ▶ Bild 4.
C Beschreibt für jedes an die Tafel geheftete negative Gefühl eine Möglichkeit, es aufzulösen oder zu überwinden. Jeder Mauerstein mit „Lösung" darf aus der Mauer entfernt werden: Der Weg zu den anderen ist wieder frei.
D Nenne Faktoren, die für menschliches Glück und Zufriedenheit nötig sind.

Andere informieren

3 Plant eine Antisucht-Kampagne für eure Schule:
A gegen Alkohol (z. B. Informationstafeln, Anbieten alkoholfreier Drinks, Versuche mit der Rauschbrille)
B gegen das Rauchen (z. B. Informationstafeln, Lungenmodelle, Versuche)
C gegen weitere Drogen wie Cannabis (z. B. Informationstafeln, Einladung der Mitarbeiter der Suchtberatungsstelle)

Zusammenfassung

Information und Kommunikation

Die Zellen des menschlichen Körpers müssen für ihre Zusammenarbeit miteinander kommunizieren. Für diesen Informationsaustausch gibt es das Nerven- und das Hormonsystem.
Das Nervensystem nimmt mithilfe von Sinneszellen Reize aus der Umwelt und dem eigenen Körper auf. Die zu den Sinneszellen passenden, adäquaten Reize werden in den Sinnesorganen in elektrische Signale umgewandelt. Die Signale werden über Nervenzellen bis zum Gehirn weitergeleitet und dort verarbeitet. Daraufhin folgt eine Reaktion. Sie kann wiederum durch Nervensignale oder über die Ausschüttung von Hormonen ausgelöst werden.
Hormone sind Botenstoffe. Sie werden in Drüsenzellen gebildet und über das Blut im gesamten Körper verteilt. Die Stresshormone Adrenalin und Cortisol bewirken z. B. die Beschleunigung von Puls und Atmung und die Hemmung der Darmbewegung. So ist es für den Menschen möglich, in einer Gefahren- oder anderen Stresssituation bestmöglich zu reagieren.
Das biologische Prinzip *Information und Kommunikation* beschreibt diese Zusammenhänge.

Steuerung und Regelung

Unsere Augen können auf Veränderungen in der Umwelt reagieren. Die Akkommodation ist ein Regelungsvorgang. Betrachten wir eine Landschaft, ist der Ziliarmuskel im Auge entspannt, die Linsenbänder werden gestrafft und die Linse flach gezogen. So können ferne Objekte bis zu einer gewissen Entfernung scharf auf der Netzhaut abgebildet werden. Fliegt jedoch plötzlich ein Vogel direkt vor uns vorbei, kann das Auge sich blitzschnell auf Nahsicht einstellen. Durch die Anspannung des Ziliarmuskels entspannen sich die Linsenbänder und die Linse nimmt eine kugelige Form an ▶ Bild 1. Die erhöhte Brechkraft der Linse ermöglicht wiederum die scharfe Abbildung auf der Netzhaut.
Hormone wirken bei der Regulation von Stoffwechselprozessen mit. Die Regulation des Blutzuckerspiegels erfolgt durch Insulin und Glucagon. Ist der Blutzuckerspiegel zu hoch, wird Insulin ausgeschüttet und Glucose aus dem Blut aufgenommen. Glucagon bewirkt bei zu niedrigem Blutzuckerspiegel dessen Anstieg.
Diese Vorgänge werden im biologischen Prinzip *Steuerung und Regelung* zusammengefasst.

Struktur und Funktion

Hormone besitzen eine spezifische Struktur. Sie können nur an Zellen mit passendem Rezeptor, die Zielzellen, binden ▶ Bild 2. Hormon und Rezeptor passen zusammen wie Schlüssel und Schloss. Die Zielzellen reagieren auf das Hormonsignal in spezifischer Weise. Hormone wirken bereits in kleinen Mengen. Bei Diabetikern ist die Regelung des Blutzuckerspiegels dauerhaft gestört, da z. B. die Insulinrezeptoren der Zielzellen verändert sind. Das Insulinsignal kann nicht mehr registriert werden.
Die Bestandteile des Auges sind in ihrer Struktur an ihre Funktion angepasst. Ist die Akkommodation z. B. durch eine Verformung des Augapfels gestört, ist Fehlsichtigkeit die Folge. Sie kann durch Sehhilfen behoben werden.
Dies sind Beispiele für das biologische Prinzip *Struktur und Funktion*.

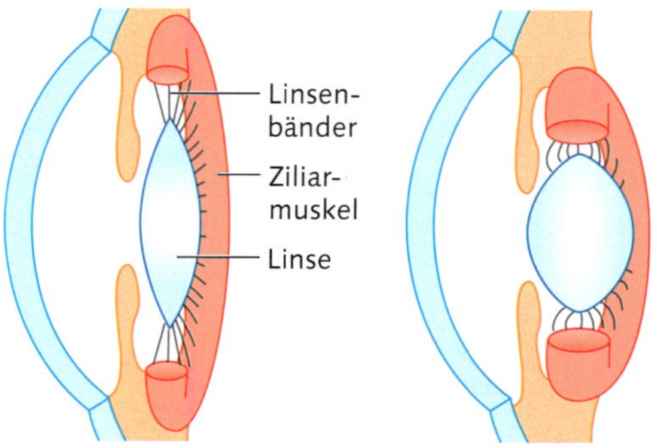

1 Akkommodation

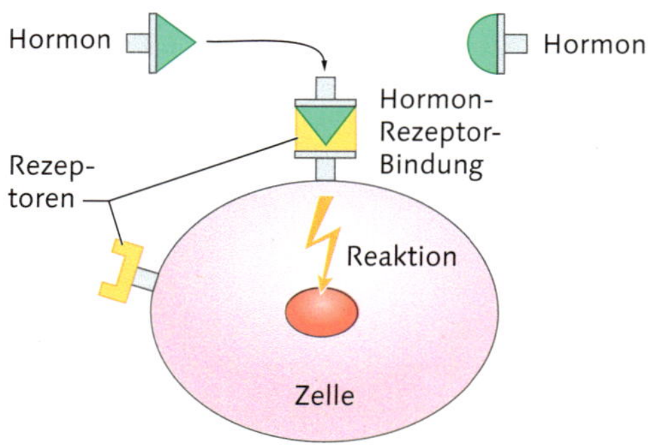

2 Spezifische Hormonbindung

Teste dich!

1 Erkläre folgende Begriffe: adäquater Reiz, Sinneszelle und Sinnesorgan.

2 Im Querschnitt durch das Auge (▶ Bild 3) fehlt ein wichtiger Bestandteil.
- **A** Benenne die Bestandteile 1–9 und gib ihre Funktion an.
- **B** Erläutere, weshalb ein Mensch mit solchen Augen an einer Fehlsichtigkeit leiden würde.
- **C** Begründe, ob eine Brille diese Fehlsichtigkeit korrigieren könnte.

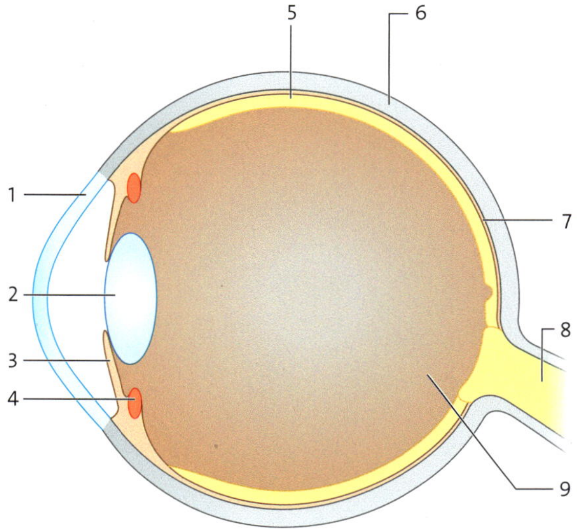

3 Querschnitt durch das Auge (unvollständig)

3 Personen, die unter Albinismus leiden, haben eine farblose Iris ▶ Bild 4. Sie sind sehr lichtempfindlich und ihr Sehvermögen ist eingeschränkt. Häufig tragen sie eine starke Sonnenbrille. Formuliere eine Hypothese für den Grund der hohen Lichtempfindlichkeit.

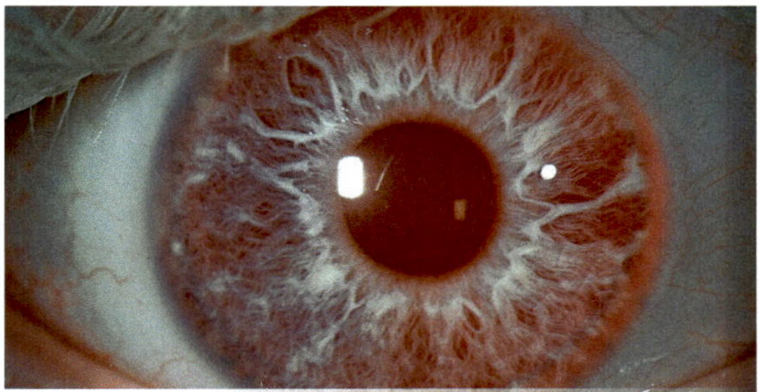

4 Auge einer Person mit Albinismus

4 Beschreibe die Informationsübertragung durch Hormone.

5 Bei einem Verdacht auf Diabetes wird als Diagnoseverfahren ein Glucosetoleranztest durchgeführt. Der Patient, der zuvor nichts gegessen hat, trinkt eine hoch konzentrierte Glucoselösung. Davor und danach wird in 30-minütigem Rhythmus der Blutzuckerspiegel bestimmt ▶ Bild 5.
- **A** Vergleiche die Testergebnisse der Personen A und B.
- **B** Werte das Testergebnis für beide aus.
- **C** Formuliere Hypothesen für die Konzentrationen von Insulin und Glucagon für die Personen A und B eine Stunde bzw. 4 Stunden nach der Glucoseaufnahme.

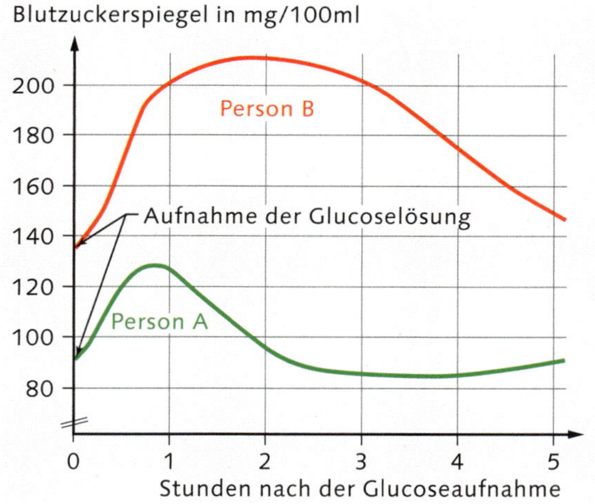

5 Glucosetoleranztest

6 Beim Überqueren einer Straße hört Jonas ein Auto heranrasen. Er macht schnell einen Sprung auf den Gehweg.
- **A** Erläutere das Reiz-Reaktions-Schema an diesem Beispiel.
- **B** Beschreibe, wie und mit welchen Folgen sich das Reiz-Reaktions-Schema eines Süchtigen davon unterscheidet.
- **C** Begründe, ob in dieser Situation Eustress oder Disstress vorliegt.
- **D** Erkläre, weshalb Stress lebensrettend sein kann.

▶ Die Lösungen zu den Aufgaben findest du im Anhang.

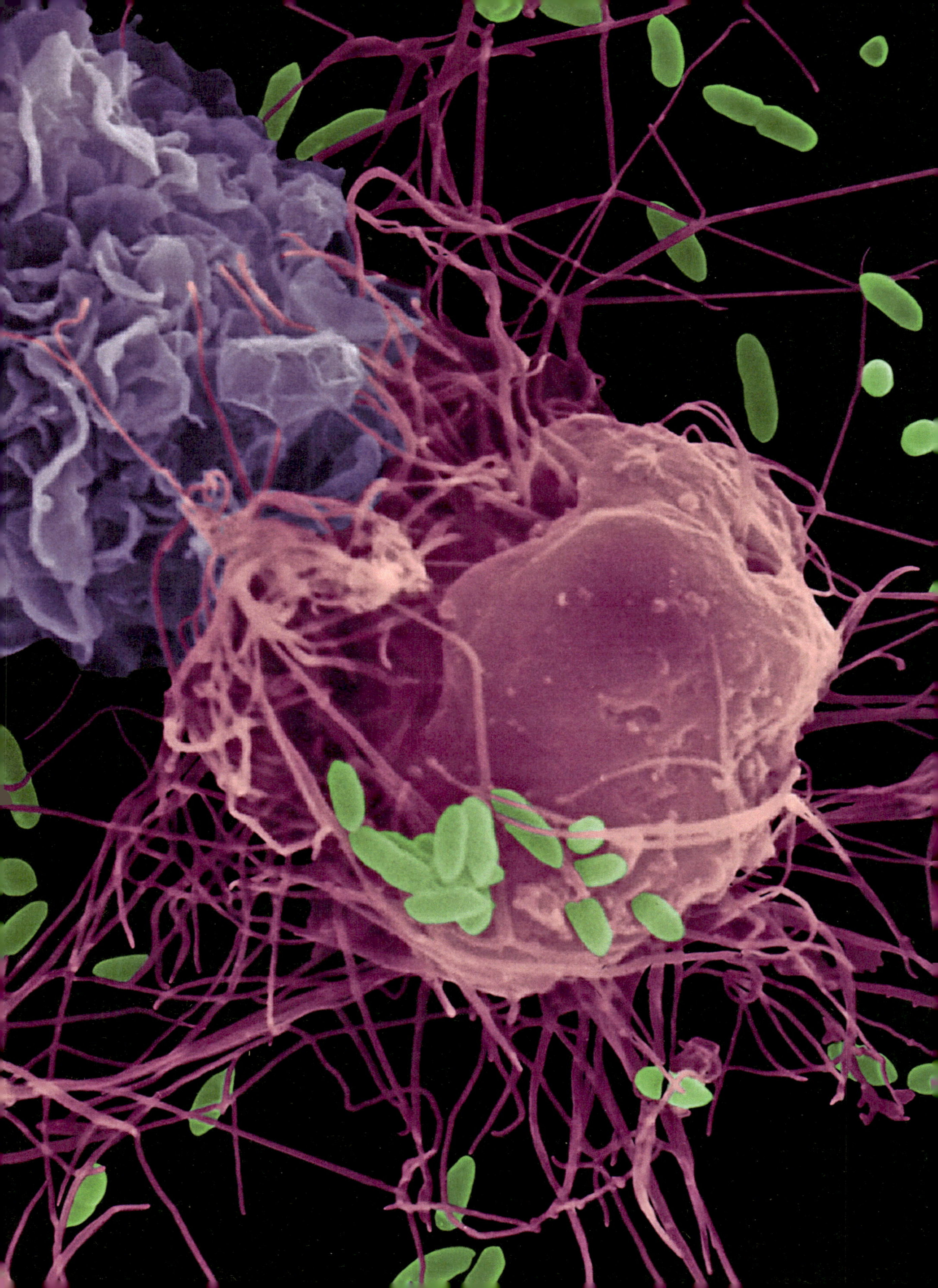

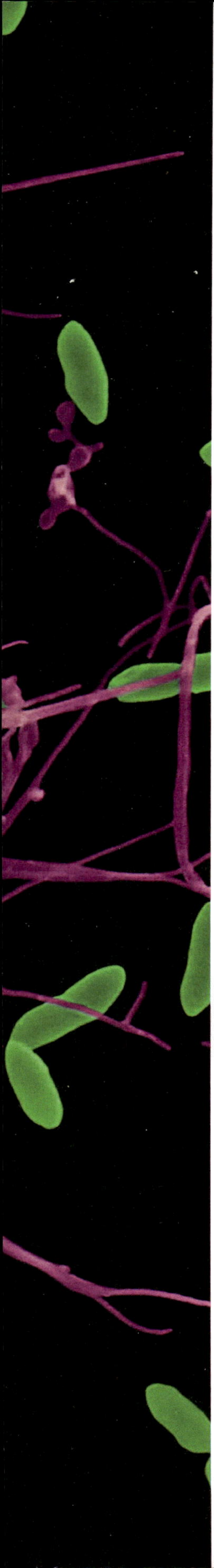

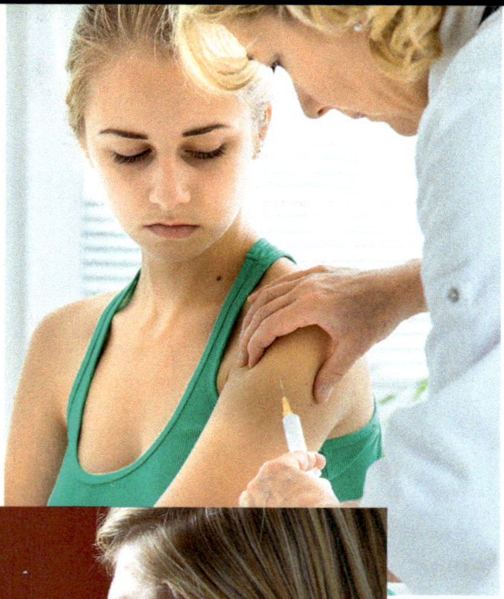

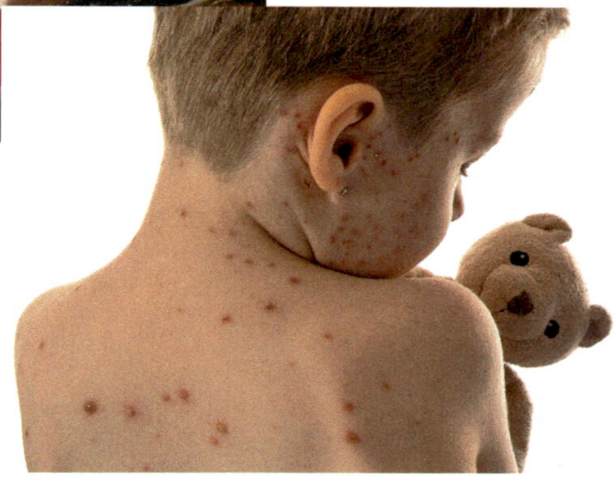

Immunsystem

Überall um uns herum sind Krankheitserreger. Dennoch werden wir nur manchmal krank. Unser Körper besitzt nämlich ein hervorragendes Abwehrsystem. Dieses Immunsystem ist ständig aktiv und schützt uns vor vielen Erregern. Schutzimpfungen können unser Immunsystem vorbereiten, bevor es mit einem bestimmten Erreger in Kontakt kommt. Mit Kondomen können wir uns vor sexuell übertragbaren Krankheiten schützen.

Zecken – eine Gefahr im Grünen?

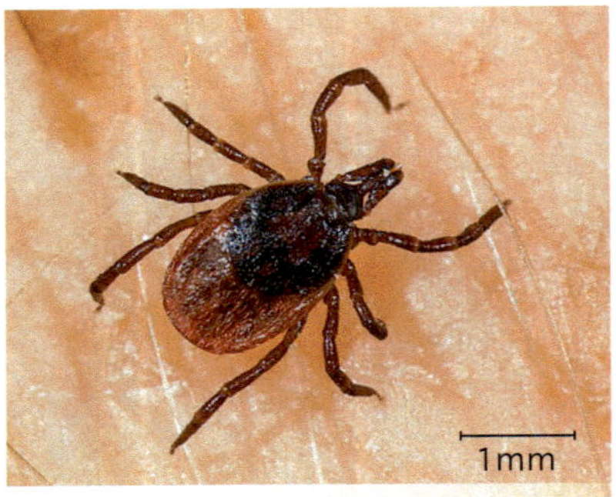

1 Adulte weibliche Zecke

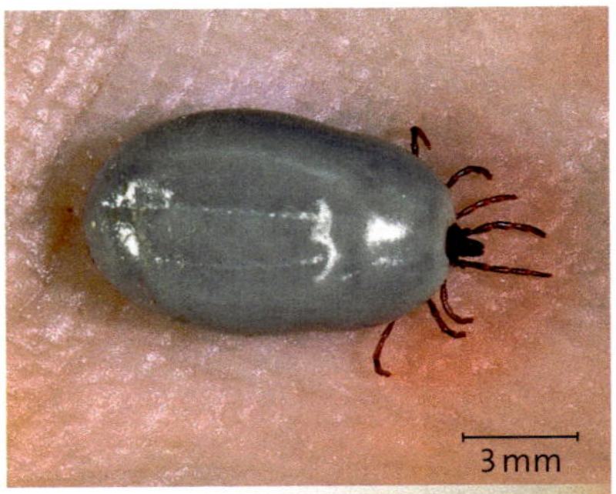

2 Vollgesaugte weibliche Zecke

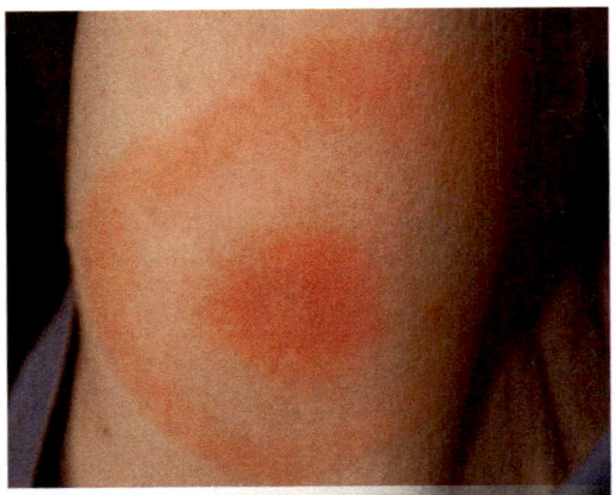
3 Wanderröte

Zecken als Krankheitsüberträger Die häufigste Zeckenart in Deutschland ist der Holzbock ▶ Bild 1. Er lebt in Gebüschen und Grasflächen und wird von Menschen oder Tieren beim Vorbeigehen abgestreift. Zecken sind bei Temperaturen ab 7 °C aktiv.

Am vorderen Beinpaar der Zecken sitzen Sinnesorgane und kräftige Klauen. Mit dem Geruchssinn nehmen sie mögliche Wirtstiere wahr, also die Tiere, auf und von denen sie leben. Mit den Klauen können sich Zecken an ihnen festhalten. Unerkannt bleiben sie mehrere Tage auf ihren Wirten. Am Kopf befindet sich der kompliziert gebaute Stechapparat. Damit bohren die Tiere eine Öffnung in die Haut ihres Wirts und saugen Blut. Die Widerhaken der Mundwerkzeuge verhindern ein leichtes Ablösen der Zecke. Zecken leben nur vorübergehend auf Säugetieren oder Vögeln. Mit einer Blutmahlzeit können Zecken lange überdauern ▶ Bild 2. Erwachsene Weibchen benötigen besonders viel Blut, um bis zu 2000 Eier bilden zu können.

Übertragung von Krankheitserregern Beim Blutsaugen können Erreger, z. B. Viren oder Bakterien, auf den Wirt übertragen werden. Die am häufigsten auftretenden Krankheiten sind die durch ein Virus verursachte Hirnhautentzündung FSME (Frühsommer-Meningoenzephalitis) und die durch Bakterien verursachte Borreliose. Bereits beim Eindringen des Stechapparats können die FSME-Viren durch den Speichel der Zecke ins Blut des Wirts gelangen. Die Borreliose-Erreger leben im Darm der Zecke und gelangen meist erst nach mehrstündigem Saugen in das Blut des Wirts.

Borreliose Borrelien sind für Wildtiere harmlose Bakterien. Der Körper des Menschen dagegen reagiert auf eine Borrelieninfektion mit den unterschiedlichsten Krankheitszeichen, den *Symptomen*. Nur bei sehr wenigen der infizierten Personen treten nach einigen Tagen erste Symptome auf: Um die Einstichstelle breitet sich kreisförmig eine Rötung aus, die Wanderröte ▶ Bild 3. Da die Bakterien in alle Organe einwandern können, lösen sie bei einem Teil der infizierten Personen nach einigen Monaten oder Jahren weitere Symptome wie Gelenkschmerzen, Hautveränderungen, Kopfschmerzen oder Erschöpfungszustände aus. Bei sofortiger Behandlung mit Antibiotika kann die Erkrankung geheilt werden. Da die Symptome häufig erst später auftreten, werden sie aber oft nicht mit einem Zeckenstich in Verbindung gebracht und nicht entsprechend behandelt.

FSME Zunächst kann es zu grippeartigen Beschwerden kommen. Bei manchen Betroffenen entzünden sich die Gehirnhäute oder das Gehirn selbst. Da es sich bei FSME um eine virale Erkrankung handelt, ist die Behandlung schwierig. Es gibt eine Schutzimpfung, die besonders Personen zu empfehlen ist, die in Risikogebieten leben und sich häufig im Freien aufhalten.

1. Ordne die Zecken begründet einer Tiergruppe zu ▶ Bild 1.
2. Beschreibe die Angepasstheiten der Zecken an ihre Lebensweise.
3. Nenne Maßnahmen, die einen Zeckenbefall verhindern oder verkürzen können.

Borreliose und FSME

Immer wieder werden die Menschen aufgefordert, sich bei Aufenthalten in der Natur vor Zeckenbissen zu schützen. Weshalb und wo Zecken besonders gefährlich sind, kannst du mit der Tabelle und der Karte herausfinden.

	Borreliose	FSME
Erreger	Bakterien	Viren
Vorkommen des Erregers in der Zecke	Darm	Speichel
Zeitpunkt des Eindringens der Erreger in den Wirt	nach mehrstündigem Blutsaugen	sofort beim Eindringen des Stechapparats
Anzahl der Erkrankten pro Jahr in Deutschland	80 000–100 000 (geschätzt)	220
Anteil der infizierten Zecken in Deutschland (regionale Unterschiede)	10–35 %	0,1–5 %
Antikörper im Blut nachweisbar?	ja, auch viele Jahre nach einer Infektion ohne Krankheitsausbruch	ja, auch wenn die Krankheit nicht ausbricht
Mögliche Erstsymptome	sich ringförmig vergrößernde Rötung um die Einstichstelle (Wanderröte)	Schwindel, Fieber, Kopfschmerzen, Abgeschlagenheit
Mögliche Spätsymptome	Gelenkschmerzen, Hautveränderungen, Kopfschmerzen, Schädigung des Gehirns	Gehirn- und Hirnhautentzündung, Schädigung des Nervensystems
Behandlung	Antibiotika	nur Linderung der Symptome
Vorbeugung durch Schutzimpfung	nicht möglich	möglich

4 Vergleich der Krankheiten Borreliose und FSME

1 Erkläre, weshalb das rasche Entfernen einer Zecke wichtig ist.

2 Erkläre, warum eine eindeutige Diagnose bei beiden Krankheiten so schwierig ist.

3 Formuliere eine Hypothese, weshalb Antibiotika nur bei Borreliose eingesetzt werden.

4 **A** Bewerte anhand der Karte (▶ Bild 5) das jeweilige Infektionsrisiko bei einer Wanderung im Schwarzwald oder in der Lüneburger Heide.
B Begründe sinnvolle Vorbeugungsmaßnahmen für die beiden Gebiete.

5 Bewerte die Wichtigkeit einer Schutzimpfung gegen FSME.

5 Deutschlandkarte mit Verbreitung von Borreliose und FSME

Bakterien – nicht nur Krankheitserreger

Bau und Eigenschaften von Bakterien Bakterien sind einzellige Lebewesen. Ihre Zellen sind 0,1 bis 5 µm groß. Ein Mikrometer entspricht einem tausendstel Millimeter. Bakterien können mit dem Lichtmikroskop betrachtet werden. Sie haben ganz unterschiedliche Formen ▶ Bild 1. Ihr Grundbauplan ist aber gleich ▶ Bild 2. Auf der Zellmembran liegt eine Zellwand auf. Das Innere der Bakterienzelle wird vom Zellplasma ausgefüllt. Hier finden die Stoffwechselvorgänge statt. Die Erbinformation der Bakterien ist nicht von einer Kernmembran umgeben, sondern liegt frei im Zellplasma. Manche Bakterien können sich mit Geißeln aktiv fortbewegen.
Bakterien vermehren sich durch Zellteilung. Dabei verdoppelt sich zunächst die Erbinformation. Dann schnürt sich das Bakterium ein, sodass zwei *Tochterzellen* entstehen. Diese wachsen heran und der Teilungsvorgang beginnt von Neuem. Bei optimalen Bedingungen können sich Bakterien etwa jede halbe Stunde teilen. Die nach vielen Teilungen entstandene Bakterienansammlung bezeichnet man als Bakterienkolonie.

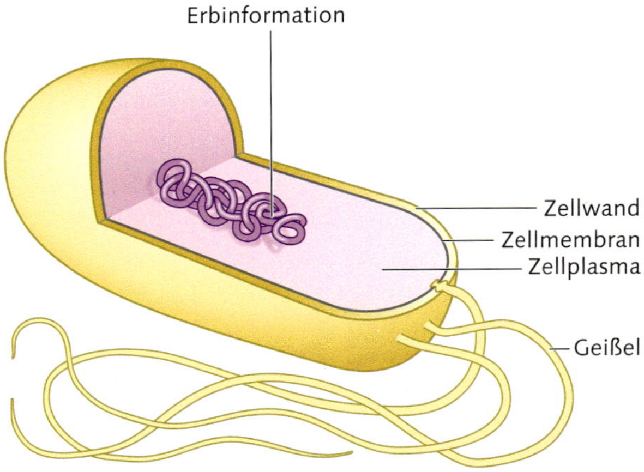

2 Grundbauplan eines Bakteriums

Nützliche Bakterien Bakterien sind allgegenwärtig. Die meisten sind für uns nützlich. Im Darm helfen Darmbakterien bei der Verdauung. Auf der Haut schützen sie vor Krankheitserregern. Im Boden zersetzen sie abgestorbene Lebewesen. Bei der Herstellung von Lebensmitteln wie Sauerkraut, Joghurt oder Käse nutzen wir Milchsäurebakterien. Auch bei der Medikamentenherstellung, in Kläranlagen und zur Zersetzung von Ölteppichen nach Schiffsunglücken werden Bakterien eingesetzt.

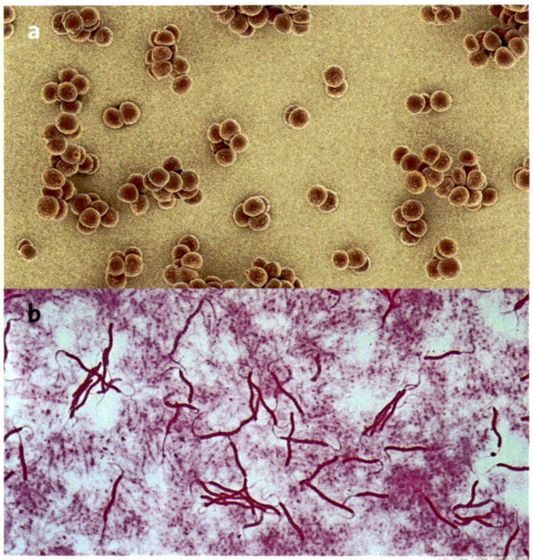

1 Verschiedene Bakterienformen: Kokken (a), Bazillen (b)

Schädliche Bakterien Nur ein kleiner Anteil der Bakterien ist schädlich. Sie können beispielsweise Nahrungsmittel verderben und dadurch Vergiftungen hervorrufen. Als Krankheitserreger setzen sie im Körper des Menschen Stoffwechselprodukte frei, die als Giftstoffe wirken. Von Bakterien ausgelöste Krankheiten sind z. B. Karies, Scharlach, Salmonellose, Tetanus und Borreliose.

1 Vergleiche die Bakterienzelle mit einer Tierzelle.

2 **A** Berechne ausgehend von einem einzigen Bakterium, wie viele Zellen bei optimalen Bedingungen nach 2, 4 und 6 Stunden vorhanden sind.
B Stelle deine Ergebnisse in einem geeigneten Diagramm dar.

3 Vergleiche Bakterien und Viren (▶ Seite 70) anhand folgender Kriterien: Bau, Größe, Vorhandensein von Erbinformation, Schädlichkeit, Nutzen, Zugehörigkeit zu Lebewesen. Lege dazu eine Tabelle an.

4 „Vor Bakterien muss man sich schützen." Nimm Stellung zu dieser Aussage.

Nachweis von Mikroorganismen

Bakterien kommen nahezu überall vor. Einzeln sind sie mit dem bloßen Auge nicht zu erkennen. Sie lassen sich kultivieren und wachsen dann zu sichtbaren Bakterienkolonien heran ▶ Bild 3. Weise selbst Mikroorganismen in deiner Umgebung nach.

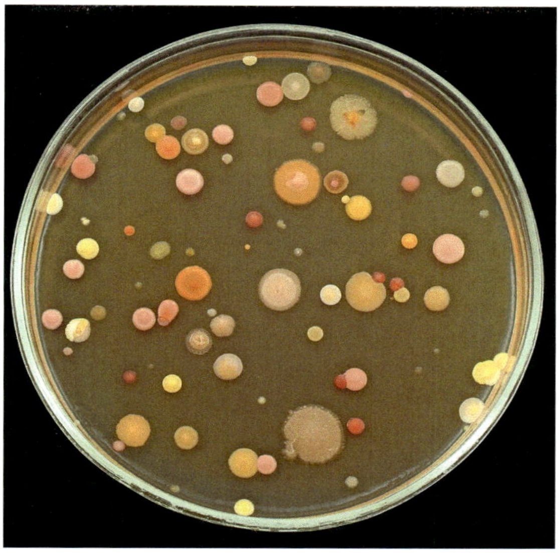

3 Kolonien von Bakterien und Pilzen in einer bebrüteten Petrischale

Mikroorganismen in der Luft

Untersuche die Anzahl der Mikroorganismen in der Luft an unterschiedlichen Standorten, z. B. Klassenzimmer, Schulhof, Mensa.

Material: Petrischalen mit Nährboden (drei je Untersuchungsstandort), Klebeband, Folienstift, Brutschrank

Durchführung:
1. Beschrifte den Boden der Petrischale am Rand mit Standort und Dauer der Öffnung.
2. Öffne die Schalen eines Standorts gleichzeitig und schließe sie nach 15, 30 bzw. 45 min.
3. Verschließe die Petrischalen mit Klebeband dauerhaft.
4. Bebrüte die Petrischalen 48 h bei ca. 30 °C.

Mikroorganismen auf Alltagsgegenständen

Untersuche die Anzahl der Mikroorganismen auf Alltagsgegenständen, z. B. Münze, Türgriff, PC-Maus.

Material: Petrischalen mit Nährboden (eine je Untersuchungsgegenstand), Klebeband, Folienstift, Brutschrank

Sicherheitshinweise:
1. Entnimm aus hygienischen Gründen keine Proben an Orten wie Toilette, Abfalltonne usw.
2. Eine Kultivierung von Körpersekreten, z. B. Speichel, ist nicht gestattet.
3. Alle Petrischalen sind vor dem Bebrüten z. B. mit Klebeband dauerhaft zu verschließen. Sie dürfen nicht mehr geöffnet werden.
4. Reinige nach dem Arbeiten die Arbeitsgeräte gründlich und wasche dir die Hände mit Seife.

Durchführung:
1. Beschrifte den Boden der Petrischale am Rand mit dem Namen des Untersuchungsgegenstands.
2. Öffne die Petrischale kurz und drücke den Gegenstand vorsichtig auf den Nährboden.
3. Verfahre wie in den Schritten 3 und 4 beim Experiment „Mikroorganismen in der Luft“.

1 Fertige Skizzen der bebrüteten Petrischalen an.

2 Werte die bebrüteten Petrischalen der beiden Experimente aus:
- **A** Beschreibe die Farbe, Form und Anzahl der gleich aussehenden Kolonien.
- **B** Vergleiche die Anzahl der entstandenen Kolonien der verschiedenen Ansätze bei beiden Experimenten.

Überprüfung der Handhygiene

3 Plane und führe ein Experiment zur Überprüfung der Handhygiene durch. Bestimme dazu die Anzahl der Mikroorganismen auf deinen Händen vor und nach kurzem Händewaschen, nach gründlichem Händewaschen (30 s) und nach Desinfizieren (30 s).
- **A** Protokolliere dein Experiment zur Handhygiene.
- **B** Werte die bebrüteten Petrischalen deines Experiments aus.
- **C** Formuliere Ratschläge zu einer sinnvollen Handhygiene im Alltag.

Viren – bedeutende Krankheitserreger

Bau und Eigenschaften von Viren Für zahlreiche Infektionskrankheiten sind Viren verantwortlich, z. B. für Masern, Windpocken, Grippe und Tollwut. Viren sind winzig, ihr Durchmesser beträgt zwischen 20 und 400 nm. Ein Nanometer ist ein millionstel Millimeter. Man kann Viren nicht unter dem Lichtmikroskop, sondern nur unter dem Elektronenmikroskop erkennen und hat sie deshalb erst später als Bakterien entdeckt. Ihr Bau ist sehr einfach und bei den verschiedenen Vertretern ähnlich: In einer Proteinhülle befindet sich die Erbinformation der Viren ▶ Bild 2. Auf der Oberfläche findet man ganz spezielle räumliche Strukturen, in denen sich die verschiedenen Viren unterscheiden. Viren haben keinen eigenen Stoffwechsel, sie bewegen sich nicht aktiv und haben keine eigenständige Fortpflanzung. Ebenso sind sie nicht aus Zellen aufgebaut. Daher zählt man Viren nicht zu den Lebewesen.

Vermehrung von Viren Für ihre Vermehrung sind Viren auf lebende Zellen angewiesen ▶ Bild 1. Jeder Virustyp benötigt ganz bestimmte Zellen für seine Vermehrung, die *Wirtszellen*. So nutzt das Grippevirus die Schleimhautzellen z. B. der Nase als Wirtszellen. Viren können Bakterien-, Pilz-, Pflanzen- oder Tierzellen befallen. Dabei injizieren sie ihre Erbinformation in die Zellen oder dringen vollständig in sie ein. Die Strukturen an der Oberfläche der Viren helfen beim Anheften oder Eindringen.

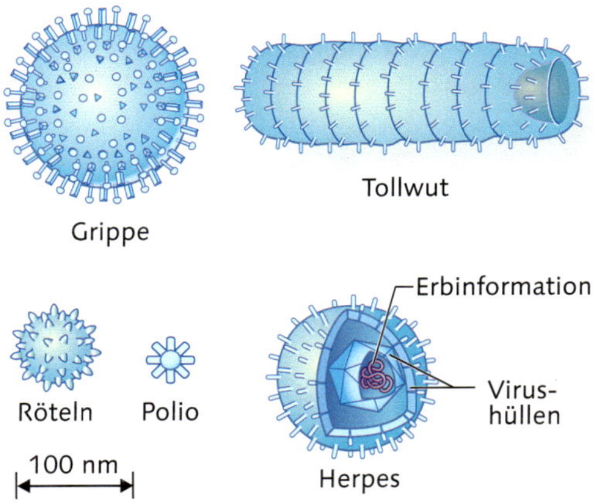

2 Verschiedene Formen von Viren

Mithilfe seiner Erbinformation übernimmt das Virus die Steuerung der Wirtszelle. Daraufhin produziert diese die Bestandteile des Virus und setzt daraus neue Viren zusammen. So entstehen in jeder befallenen Zelle viele Tausend Viren. Wenn die Viren freigesetzt werden, geht die Wirtszelle meist zugrunde. Die neuen Viren können nun weitere Zellen befallen und sich weiter vermehren.

1. Nenne typische Eigenschaften von Viren.
2. Beschreibe die Vermehrung von Viren ▶ Bild 1.
3. Bei Viren spricht man auch von „geborgtem Leben“. Erkläre.

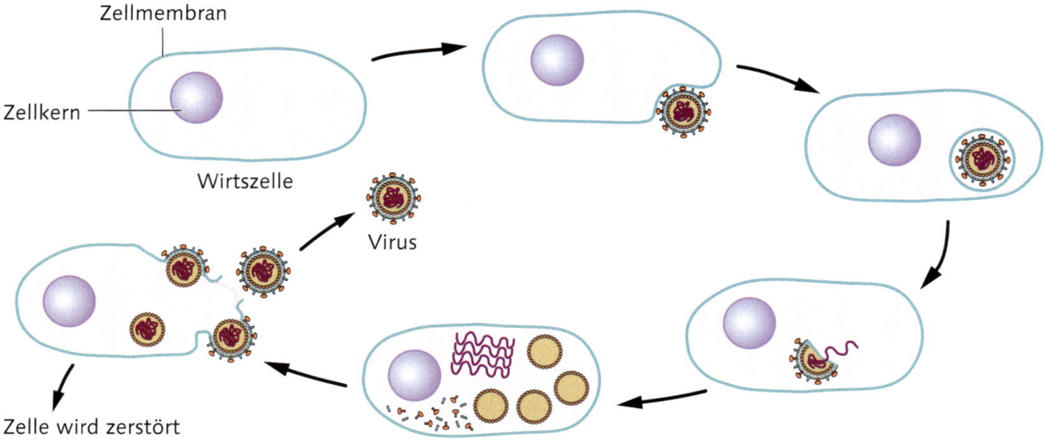

1 Vermehrung von Viren

Internetrecherche

Für Referate und Hausaufgaben recherchierst du hin und wieder im Internet, um an Informationen zu kommen. Dabei helfen dir Suchmaschinen, mit denen du die Fülle an Quellen filtern kannst. Wie du bei einer Internetrecherche vorgehst, erfährst du hier.

Schritt 1 Quellen suchen

Es gibt viele Suchmaschinen im Internet ▶ Bild 3. Metasuchmaschinen wie Metager leiten die Anfrage an mehrere andere Suchmaschinen weiter und bereiten die gefundenen Ergebnisse auf. Es ist hilfreich, eine genaue Fragestellung zu kennen. Mit einer erweiterten Suche oder der Angabe von mehreren Suchwörtern kann man die Auswahl filtern. Bei vielen Suchmaschinen helfen Operatoren ▶ Bild 4, um die Suche zu verfeinern. Die Reihenfolge der Suchergebnisse kann nicht mit der Relevanz gleichgesetzt werden.

Schritt 2 Quellen beurteilen

Brauchbare Quellen müssen vertrauenswürdig sein, damit der Inhalt mit hoher Wahrscheinlichkeit sachlich richtig ist. Wissenschaftliche Seiten zeigen vermutlich gesicherte Inhalte. Bei anderen Seiten muss man damit rechnen, dass Sachverhalte einseitig dargestellt oder Produkte beworben werden. Fehlt ein Impressum, sollte man die Seite nicht verwenden. Auf Wikipedia darf jeder Artikel veröffentlichen oder ergänzen. Obwohl die Seiten geprüft werden, sind Fehler nicht auszuschließen. Daher muss man die Inhalte der verwendeten Seiten vergleichen und beurteilen, ob sie wirklich für die eigene Fragestellung relevant und richtig sind.

Schritt 3 Informationen verarbeiten und dokumentieren

Das Urheberrecht des Verfassers muss auch bei Internetseiten gewahrt werden. Daher müssen Zitate immer kenntlich gemacht werden. Die Quelle muss in einem Quellenverzeichnis angegeben werden, aus dem der Verfasser und die genaue Internetadresse hervorgehen. Das Abrufdatum der Internetseite ist dabei sehr wichtig, da die Inhalte im Internet schnell verändert werden. Bei Bildern verhält es sich genauso. Die Bilder aus dem Internet dürfen nicht einfach verwendet werden.

3 Verschiedene Suchmaschinen

Operator	Funktion	Beispiel
„“	Exakten Ausdruck finden	„Masernerkrankung in Deutschland“
+	Beide Wörter müssen vorkommen	Masern + Kinderkrankheiten
ODER	Mindestens eines der Wörter muss vorkommen	Masern ODER Mumps
–	Dieses Wort darf nicht vorkommen	Masern –Epidemie
* oder **	Platzhalter für unbekannte Wörter oder Zeichen	Peni*illin
~	Auch Synonyme suchen	~ Krankheitserreger
title:	Das Wort muss im Titel der Internetseite auftauchen	title: Masern
allintitle:	Alle Wörter müssen im Titel der Seite auftauchen	allintitle: Masern Kinderkrankheit
filetype:	Nur bestimmte Dateiformate sollen gesucht werden, z. B. pdf, docx	Masern filetype: pdf

4 Einige Operatoren für die Internetsuche mit Google

1 **A** Informiere dich mithilfe der Methode Internetrecherche über eine der folgenden Krankheiten: Windpocken, Masern, Tollwut, Vogelgrippe, Pest, Botulismus, Salmonellen. Verwende verschiedene Quellen. Protokolliere deine Vorgehensweise.

B Erstelle einen Kurzvortrag.

Infektionskrankheiten

Krank ist jeder einmal Die Krankheitszeichen, die Symptome, sind vielfältig und für jede Erkrankung typisch. Menschen mit einer Erkältung fühlen sich z. B. häufig matt und kraftlos, haben Kopf- und Gliederschmerzen und die Körpertemperatur ist erhöht ▶ Bild 2. Die Nasen- und Rachenschleimhäute sind entzündet, also gerötet und geschwollen. Hinzu kommen Husten, Heiserkeit, vermehrte Schleimbildung, Schluckbeschwerden usw. Solch eine Erkältung, häufig auch als „grippaler Infekt" bezeichnet, ist in der Regel nach wenigen Tagen überstanden. Der Körper hat sich erfolgreich gewehrt.

Die meisten Erkältungen treten im Winter auf. Meist erfolgt die Ansteckung über die Hände, auf die beim Berühren von Türklinken, Telefonhörern, Computertastaturen oder beim Händeschütteln Erreger übertragen werden.

Infektionskrankheiten Zu den häufigsten Erkrankungen zählen die Infektionskrankheiten wie Erkältungen. Sie werden von Krankheitserregern ausgelöst, z. B. von Bakterien, Pilzen oder Viren, aber auch durch Würmer, Läuse und Einzeller. Unter einer *Infektion* versteht man das Übertragen eines Erregers auf den Körper und dessen Eindringen. Dort vermehrt er sich. Die bedeutendsten Infektionswege sind:

1. Tröpfcheninfektion: Die Krankheitserreger werden mit der Luft eingeatmet.
2. Schmierinfektion: Beim Anfassen von Gegenständen, auf deren Oberfläche sich die Krankheitserreger befinden, werden diese übertragen. Die Erreger gelangen dann durch unbewusste Berührung von Nase, Mund oder Augen über die Schleimhäute in den Körper. Ein Sonderfall ist der Verzehr von mit Erregern belasteten Nahrungsmitteln.
3. Infektion über den Austausch von Körperflüssigkeiten
4. Infektion über das Blut durch Zecken und blutsaugende Insekten

Zahlreiche Barrieren verhindern bereits das Eindringen von Krankheitserregern ▶ Bild 1. Auf der Haut, im Mund-Rachen-Raum und Darm leben zudem harmlose Bakterien, sodass sich krank machende Bakterien nicht so leicht ansiedeln.

Verlauf einer Infektionskrankheit In den meisten Fällen bemerkt man die Infektion selbst nicht ▶ Bild 2. Selbst noch einige Zeit danach fühlt man sich noch gesund und ist symptomfrei, obwohl man die Krankheitserreger bereits in sich trägt und diese sich im Körper vermehren. Die Phase zwischen Infektion und dem Auftreten der ersten Symptome ist die *Inkubationszeit*.

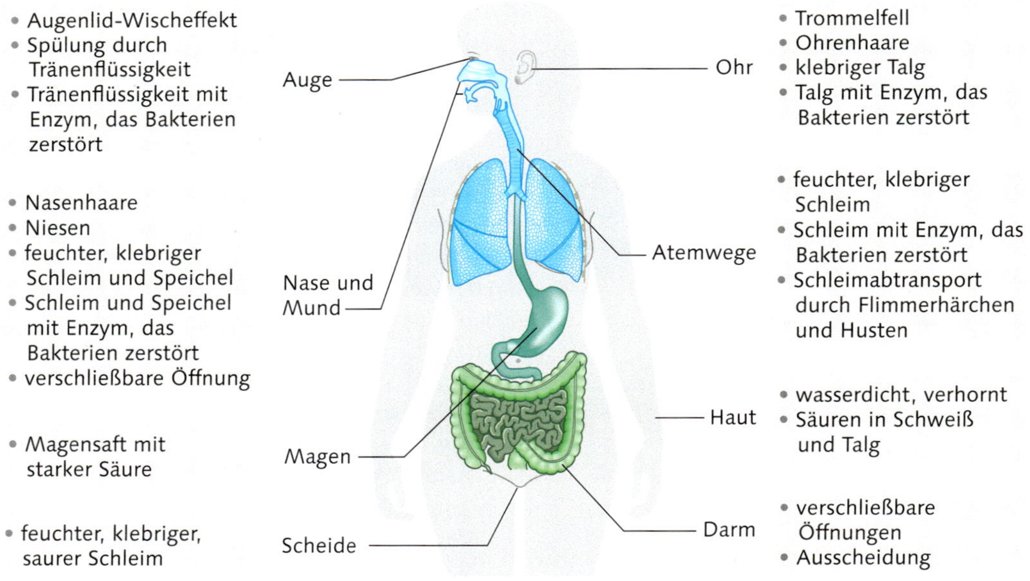

1 Barrieren des Körpers gegen Infektionen

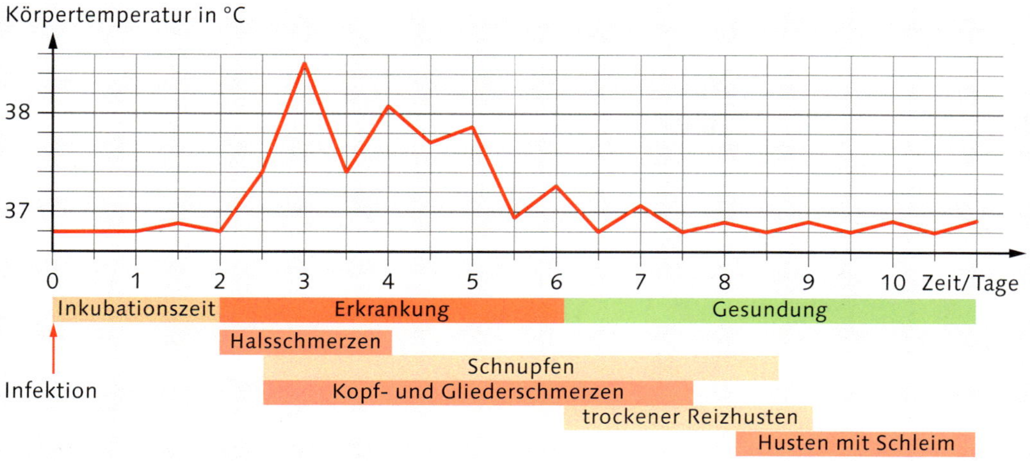

2 Typischer Verlauf einer Erkältung

Man ist bereits ansteckend. Das heißt, man kann die Erreger an andere weitergeben.

In der *Phase der Erkrankung* treten die Symptome deutlich zutage und klingen erst in der *Gesundungsphase* wieder ab. Sobald der Körper den eingedrungenen Krankheitserreger wahrgenommen und erkannt hat, wehrt er sich. Bis die körpereigene Abwehr wirken kann, vermehren sich die Erreger im Körper weiter. Der Erkrankte kann, unter Umständen mit dem Rat eines Arztes, die Heilung des Körpers durch geeignete Maßnahmen wie viel Ruhe, Schlaf und Medikamente unterstützen.

Fieber Bei zahlreichen Infektionskrankheiten ist die Körpertemperatur, die normalerweise bei ca. 37 °C liegt, erhöht. Von Fieber spricht man bei einer Temperatur von über 38,5 °C. Bei höherer Temperatur können zahlreiche Abwehrreaktionen des Körpers schneller ablaufen. Der Körper läuft auf „Hochtouren“. Die erhöhte Temperatur tötet jedoch keine Krankheitserreger, wie es häufig fälschlicherweise vermutet wird.

Sehr hohes Fieber, das heißt über 41 °C, kann dem Körper schaden, da körpereigene Proteine zerstört werden. Das Schwitzen verhindert auf natürliche Weise einen zu großen Temperaturanstieg: Der Schweiß auf der Haut verdunstet und kühlt den Körper. Wadenwickel mit feuchten Tüchern können dies unterstützen.

Krankheit und Gesundheit Krankheit wird häufig als Gegensatz zu Gesundheit definiert. Die Übergänge sind jedoch fließend. Neben den Infektionskrankheiten gibt es weitere Krankheitsformen, z. B. Folgen von Unfällen und Verletzungen, Vergiftungen, Verbrennungen, Abnutzung von Organen, psychische Erkrankungen und Krebserkrankungen.

1 **A** Erkläre in eigenen Worten, was für dich die Begriffe „gesund“ bzw. „krank“ bedeuten.
B Erläutere die Definition von Gesundheit der WHO ▶ Bild 3.

2 **A** Nenne typische Infektionswege bei einer Erkältung.
B Beschreibe den Krankheitsverlauf bei einer Erkältung ▶ Bild 2.

3 Erläutere vorbeugende Maßnahmen, die Gesunde vor Ansteckung mit einer Erkältung schützen können.

4 **A** An seinen Eintrittspforten besitzt der Körper Barrieren gegen Infektionen ▶ Bild 1. Erkläre deren Funktion an zwei Beispielen.
B Begründe, weshalb übermäßiges Duschen auch nachteilig sein kann.

5 **A** Erkläre die Funktion von Fieber bei einer Infektion.
B Bei Fieber soll man vermehrt trinken. Begründe.

„Gesundheit ist der Zustand völligen körperlichen, seelischen und sozialen Wohlbefindens, der nicht lediglich durch Abwesenheit von Krankheit und Schwäche zu erreichen ist. Das für jeden Menschen erreichbare Höchstmaß an Gesundheit ist eines seiner Grundrechte.“
(WHO – World Health Organization, 1954)

3 Definition des Begriffs Gesundheit der WHO

Unspezifische Abwehr

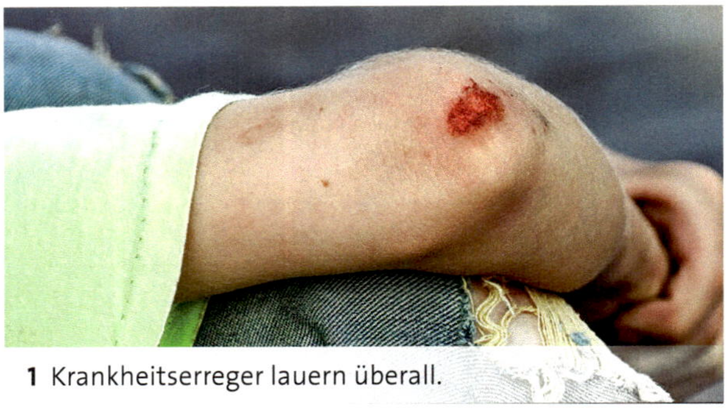
1 Krankheitserreger lauern überall.

Infektion Krankheitserreger sind überall, man kann ihnen nicht ausweichen. Sind die Barrieren des Körpers gestört oder ist die Zahl der Viren, Bakterien, Pilze usw. sehr hoch, können die Barrieren überwunden werden und Krankheitserreger infizieren den Körper.
Bei einer Schnitt- oder Schürfwunde ist beispielsweise die Barriere Haut durchbrochen. Krankheitserreger wie Tetanusbakterien können in den Körper eindringen.

Blutung und Wundverschluss Sind Blutgefäße verletzt, blutet die Wunde. Damit wird bereits auf einfache Art ein Teil der eingedrungenen Krankheitserreger wieder herausgespült. Nach einigen Minuten bildet der Körper an der Wundoberfläche aus dem fadenförmigen, klebrigen Eiweiß Fibrin ein Geflecht, in dem zerstörte Zellen und Blutzellen hängen bleiben. Dieser *Wundschorf* verschließt wie ein natürliches Pflaster die Wunde vorläufig. Die verletzten Blutgefäße werden von Blutplättchen verschlossen. Die Blutung ist gestoppt.

Entzündung Bei der Verletzung wurden zahlreiche Hautzellen zerstört. Andere wurden von eingedrungenen Krankheitserregern gekapert. Verletzte und befallene Körperzellen senden Signalstoffe aus, die den Körper alarmieren: So weiten sich daraufhin die feinen Blutgefäße der Region und führen zu einer intensiveren Durchblutung ▶ Bild 2. Der Hautbezirk rötet sich und die Temperatur steigt. Die Blutgefäßwände werden für weiße Blutzellen sowie Blutflüssigkeit durchlässiger. Das infizierte Gewebe schwillt daher an. Gereizte Nervenzellen der Region leiten ein Schmerzsignal ans Gehirn. Den gesamten Vorgang bezeichnet man als *Entzündung*.

Fresszellen und Eiter Die *Fresszellen*, ein besonderer Typ der weißen Blutzellen, „patrouillieren" durch das Gewebe, erkennen Krankheitserreger und nehmen diese und Zellreste auf ▶ Bild 3. Zudem geben sie weitere Signalstoffe ab. Im Lauf einer Entzündung gehen zahlreiche

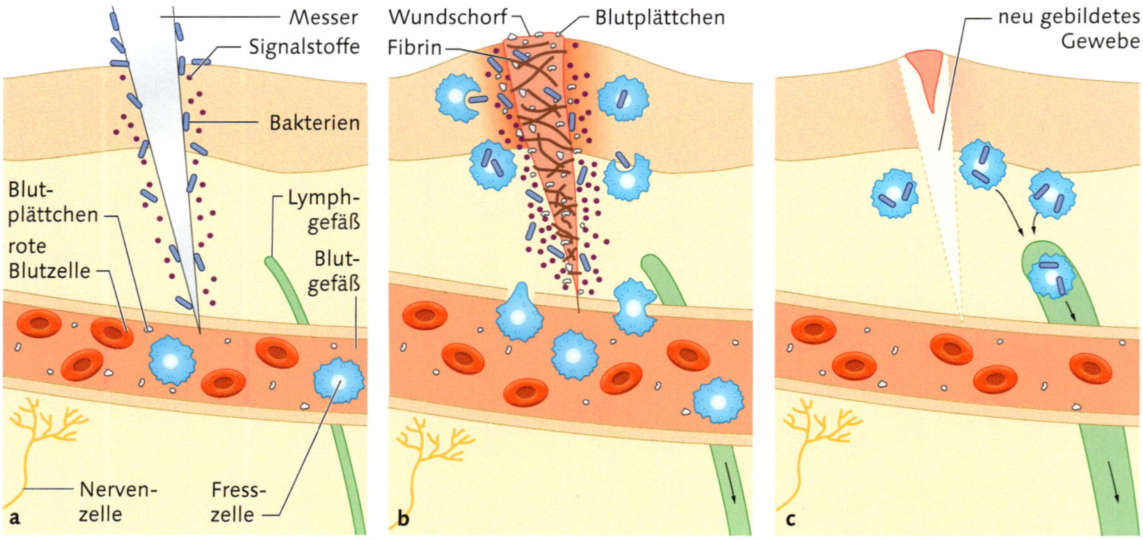

2 Entzündung bei einer Hautverletzung

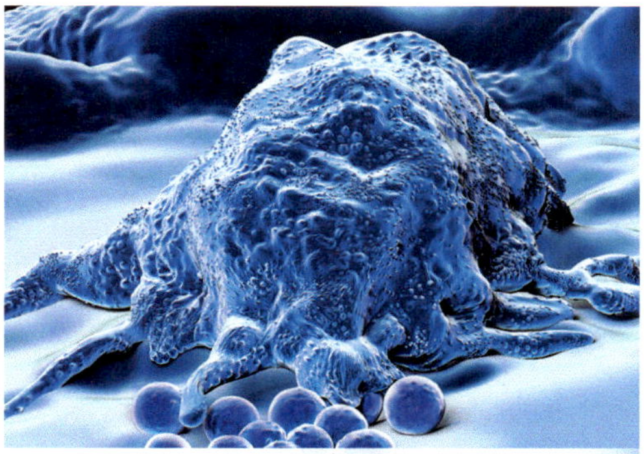

3 Fresszelle nimmt Fremdkörper auf.

Fresszellen zugrunde. Aus abgestorbenen Fresszellen und Resten von Bakterien entsteht gelblicher *Eiter*. Er wird nach und nach von anderen Fresszellen beseitigt. Wenn alle Krankheitserreger und Zellreste entfernt sind, klingt die Entzündung langsam ab. Parallel zur Entzündung werden neue Zellen gebildet, die die Wunde dauerhaft reparieren.

Unspezifische Abwehr und Resistenz Wenn bei einer Schnittwunde Bakterien oder bei einer Erkältung Viren den Körper infizieren, sind die Abläufe immer sehr ähnlich: Fresszellen prüfen ihr Gegenüber und unterscheiden zwischen „gehört zum Körper“ und „gehört nicht zum Körper“. Alle Zellen tragen auf ihrer Oberfläche „Ausweisproteine“, die für den jeweiligen Organismus typisch sind. Alles, was körperfremd ist, wird von den Fresszellen aufgenommen, verdaut und damit unschädlich gemacht.
Da sie sich gegen alles Körperfremde richten, zählen die Fresszellen zusammen mit den Schutzbarrieren zur *unspezifischen Abwehr*. Diese Abwehreinrichtungen sind angeboren. Die unspezifische Abwehr macht uns *resistent*, das heißt widerstandsfähig gegen Krankheitserreger.

Lymphsystem Bei der Entzündungsreaktion tritt neben den weißen Blutzellen auch Blutflüssigkeit aus den Gefäßen aus. Die zusätzliche Flüssigkeit zwischen den Gewebezellen lässt es anschwellen.
Neben dem Blutgefäßsystem gibt es im Körper ein weiteres Gefäßsystem, das Lymphsystem ▶ Bild 4. Die feinen Lymphgefäße beginnen „blind“ im Gewebe und vereinigen sich zu immer größeren Gefäßen. Sie nehmen die überschüssige Flüssigkeit zwischen den Zellen auf und leiten sie über die Venen in der Nähe des Herzens zurück ins Blutgefäßsystem.
Mit der Gewebeflüssigkeit werden bei einer Infektion auch Krankheitserreger weggeschwemmt. Die Lymphflüssigkeit fließt durch Lymphknoten und zahlreiche lymphatische Organe wie Mandeln und Milz. Hier wird die Lymphflüssigkeit durch dort gespeicherte Fresszellen und andere weiße Blutzellen gereinigt. Während einer Infektion können die Lymphknoten angeschwollen sein.

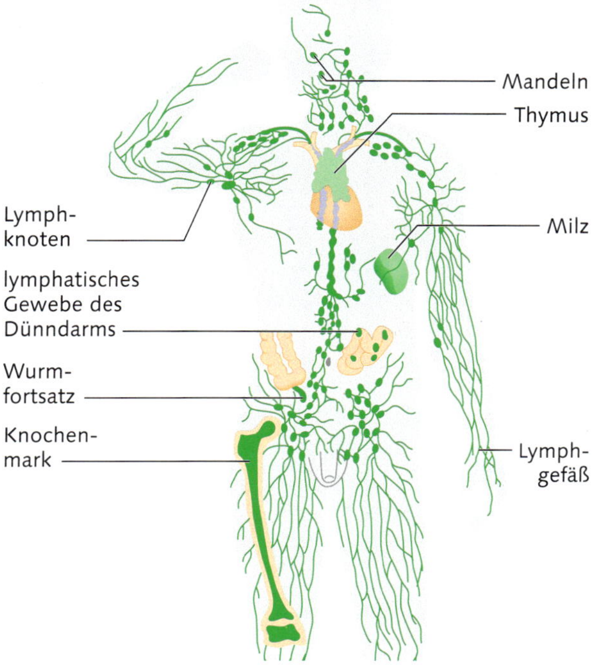

4 Lymphsystem

1 **A** Beschreibe den Ablauf einer Entzündungsreaktion bei einer Hautverletzung ▶ Bild 2.
B Erkläre das Zustandekommen der Symptome einer Entzündung.

2 Vergleiche die beiden Begriffe „unspezifische“ und „angeborene" Abwehr, die häufig gleichbedeutend verwendet werden.

3 Erkläre, warum Fresszellen als „Zöllner“ und „Reinigungsspezialisten“ bezeichnet werden.

4 Beschreibe den Bau und die Funktion des Lymphsystems ▶ Bild 4.

Spezifische Abwehr

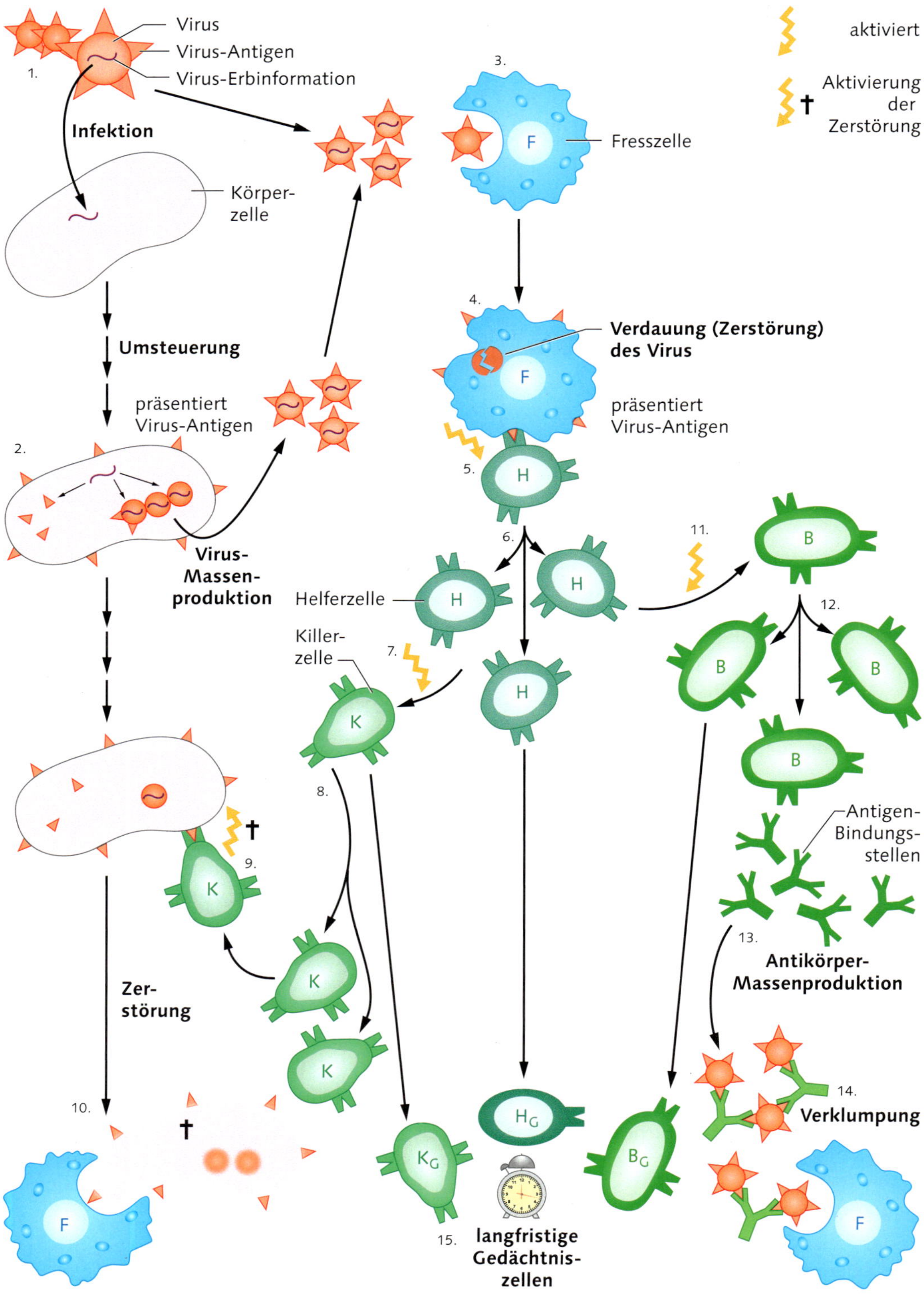

1 Spezifische Abwehr bei einer Virusinfektion

Überforderte unspezifische Abwehr Erkrankt man an einer Erkältung, konnten sehr viele Erkältungsviren die Infektionsbarrieren überwinden. Die Viren kapern zahlreiche Körperzellen, die dann viele neue Viren herstellen. Befallene Körperzellen signalisieren dies, indem sie Teile des Virus auf ihrer Zelloberfläche „präsentieren". Die präsentierten körperfremden Virusstrukturen nennt man *Antigene*.

Aktivierung der spezifischen Abwehr Auch Fresszellen, die Viren aufgenommen und verdaut haben, präsentieren die Virus-Antigene auf ihrer Zelloberfläche. Zudem aktivieren sie die spezifische Abwehr. Dabei gehen weiße Blutzellen, wie Helfer-, Killer- und B-Zellen, ganz gezielt gegen das Virus und gegen befallene Körperzellen vor ▶ Bild 1. Während dieser Abwehrreaktion ist man krank.

Die spezifischen *Helferzellen* binden an die präsentierten Virus-Antigene auf den Fresszellen. Die Helferzellen werden so aktiviert und teilen sich mehrfach. Zudem aktivieren sie die B-Zellen und Killerzellen. Beide sind auf die Bekämpfung des erkannten Erregertyps spezialisiert.

Bildung von Antikörpern Aktivierte *B-Zellen* stellen Y-förmige Proteine, die *Antikörper*, in großen Mengen her. Diese besitzen zwei passgenaue Bindungsstellen für die Virus-Antigene. Die Antikörper werden mit dem Blut und anderen Körperflüssigkeiten im gesamten Körper verteilt und heften sich nach dem Schlüssel-Schloss-Prinzip an die Viren. Haben mehrere Antikörper gebunden, verlieren Viren die Fähigkeit, Körperzellen zu infizieren. Zudem können Klumpen aus Viren und Antikörpern von den Fresszellen leichter gefunden und aufgenommen werden.

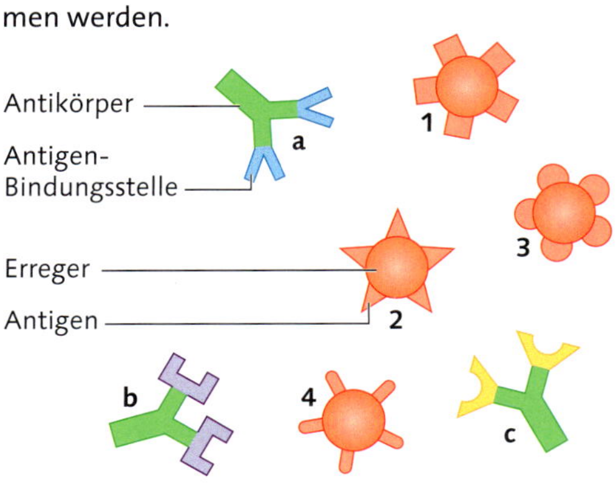

2 Spezifität der Antikörper

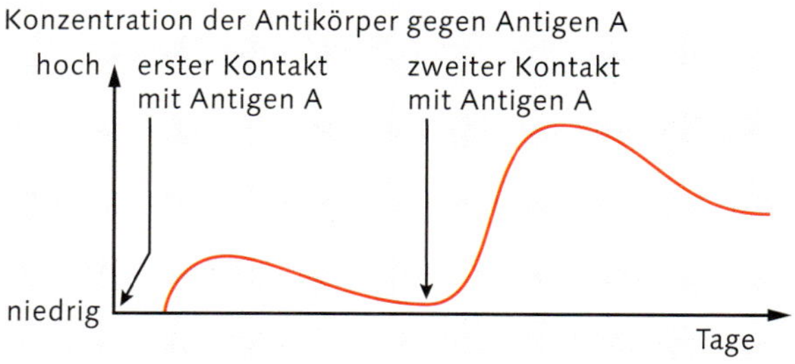

3 Erst- und Zweitinfektion

Aktivierung von Killerzellen Aktivierte *Killerzellen* erkennen infizierte Körperzellen an den präsentierten Virus-Antigenen. Killerzellen lösen die Zerstörung dieser gekaperten Zellen aus. So wird die weitere Produktion und Ausbreitung von neuen Viren verhindert. Fresszellen nehmen die Zellbruchstücke auf. Der Körper ersetzt die zerstörten Zellen mit der Zeit.

Immunität Nach einigen Tagen sind alle Erkältungsviren und infizierten Zellen beseitigt. Die an dieser spezifischen Abwehr beteiligten Zellen und Antikörper gehen zugrunde.

Einige spezifische Helferzellen, B-Zellen und Killerzellen bleiben jedoch als *Gedächtniszellen* im Körper über Jahre hinweg erhalten. Wird der Körper ein zweites Mal vom gleichen Virus infiziert, sorgen sie dafür, dass die spezifische Abwehr sofort starten kann ▶ Bild 3. Meist bleibt die Zweitinfektion so unbemerkt. Man sagt, der Körper ist *immun* gegen diesen Erreger.

1 Beschreibe die spezifische Abwehr ▶ Bild 1.

2 „Erworbene" und „spezifische" Abwehr werden häufig synonym gebraucht. Erkläre die Unterschiede der beiden Begriffe.

3 Antikörper allein sind gegen eine Infektion nicht ausreichend. Erkläre.

4 **A** Beschreibe die Antikörperkonzentration bei Erst- und Zweitinfektion mit dem gleichen Erreger ▶ Bild 3.
B Erkläre den Unterschied.

5 **A** Ordne die Antikörper den Erregern zu ▶ Bild 2.
B Begründe deine Zuordnung.
C Skizziere einen Vorschlag für das Aussehen des passenden Antikörpers für Erreger 4.

6 Erkläre die zentrale Aufgabe der Helferzellen bei der spezifischen Abwehr.

Zusammensetzung des Blutes

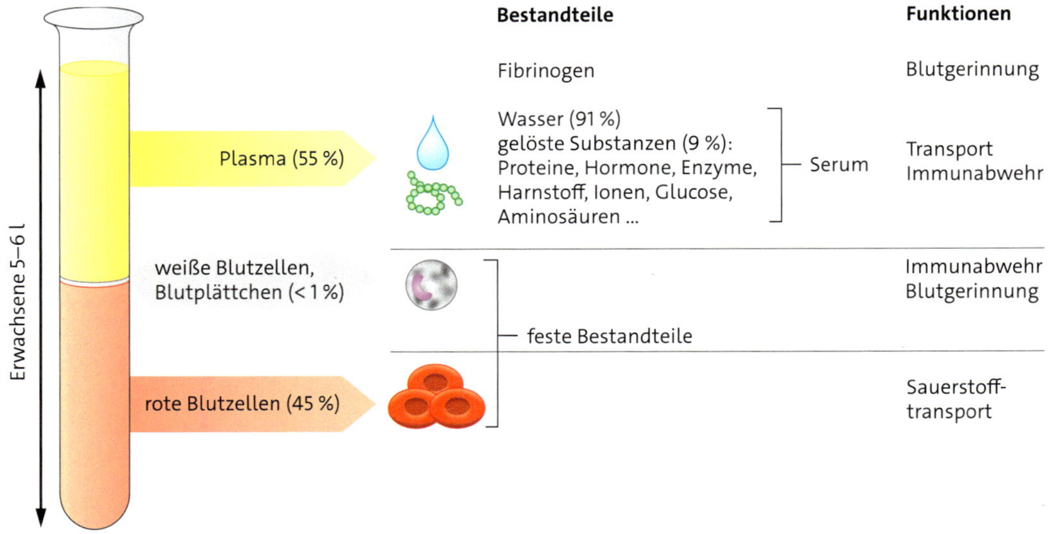

1 Zusammensetzung des Blutes

Bestandteile und Funktionen Im Körper eines erwachsenen Menschen fließen etwa 5–6 l Blut. Das ▶ Bild 1 gibt einen Überblick über die Blutbestandteile und deren Funktionen. Das Blut ist zudem am Wärmehaushalt des Körpers beteiligt: Es verteilt die Wärme im Körper, die bei Stoffwechselprozessen entsteht.
Täglich werden vor allem im Knochenmark ca. 200 Milliarden neue rote Blutzellen gebildet. Die Lebensdauer dieser zellkernlosen Blutzellen beträgt ungefähr 120 Tage.

Blutstillung und Blutgerinnung Nach einer Verletzung wird die Wunde vom Körper selbst verschlossen. Der Körper wird so vor Blutverlust und Infektionen geschützt. Um die Blutung möglichst rasch zu stillen, verengt sich das verletzte Blutgefäß. Blutplättchen heften sich an den Wundrand und verkleben locker untereinander. Der noch lose erste Verschluss der Wunde wird durch Fibrin-Eiweißfäden verstärkt, die zu einem stabilen Netz verkleben ▶ Bild 2. Dazu werden verschiedene im Blutplasma enthaltene Signalstoffe, die Gerinnungsfaktoren, aktiviert.
Bei der Bluterkrankheit, einer genetisch bedingten Krankheit, werden bestimmte Gerinnungsfaktoren nicht oder fehlerhaft gebildet. Die Blutgerinnung ist gestört.

1. Erstelle eine Mindmap zum Thema „Zusammensetzung und Funktionen des Blutes".
2. Beschreibe den Ablauf beim Verschluss einer Wunde.
3. Erkläre anhand von ▶ Bild 2, was passiert, wenn ein Blutgerinnungsfaktor fehlt.

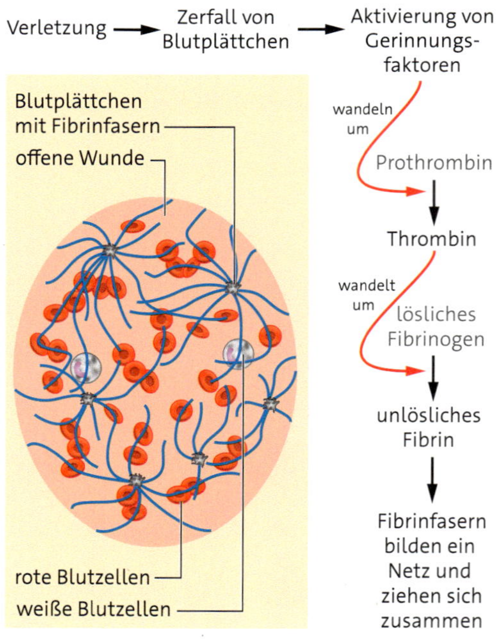

2 Blutstillung und Blutgerinnung

Blutgruppen

Bei großem Blutverlust, z. B. während einer Operation, hilft häufig eine Blutübertragung, das Leben des Patienten zu retten. In der Regel enthält die verabreichte Blutkonserve (▶ Bild 3) nicht alle Blutbestandteile, sondern lediglich die roten Blutzellen des Spenders.

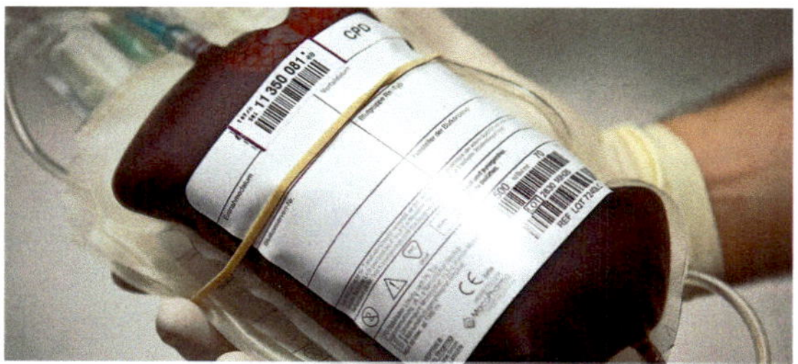

3 Blutkonserve

Die roten Blutzellen und das Blutplasma sind nicht bei allen Menschen gleich. Bei falscher Auswahl des Spenders kann dies für den Empfänger tödlich enden, da das Blut verklumpen und die Blutgefäße verstopfen würde. Man unterscheidet die Blutgruppen A, B, AB und 0. Die Blutgruppe ist ein unveränderliches Merkmal, das durch die Erbinformation festgelegt wird.
Rote Blutzellen können sich in bestimmten Oberflächenstrukturen unterscheiden. Sie werden als Antigene bezeichnet. So besitzen rote Blutzellen der Blutgruppe A das Antigen A auf ihrer Oberfläche ▶ Bild 4. Das Blutplasma enthält zudem Antikörper gegen die Blutgruppenantigene, die auf den eigenen roten Blutzellen nicht vorkommen. Das Blutplasma der Blutgruppe A enthält Antikörper gegen das Antigen B, häufig als Anti-B-Antikörper bezeichnet.

Blutgruppe	rote Blutzellen (Antigene)	Blutplasma (Antikörper)
A		
B		
AB		keine
0		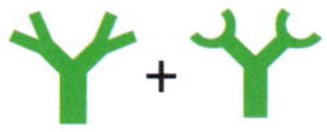

4 Blutgruppen A, B, AB und 0

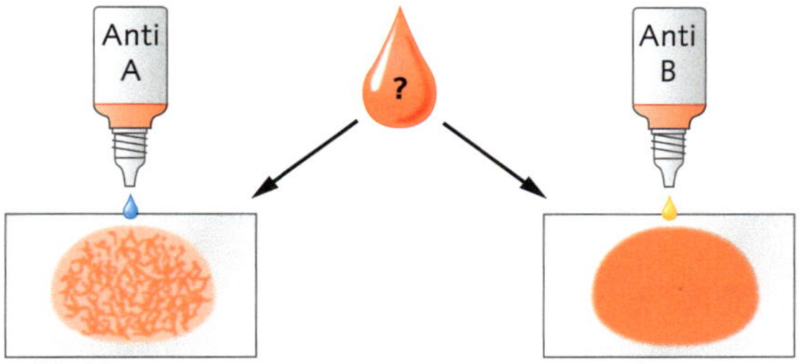

5 Blutgruppenbestimmung

1 Vergleiche das Blut der Blutgruppen A, B, AB und 0 ▶ Bild 4.

2 Erkläre beide Aussagen:
A Personen mit Blutgruppe AB können von allen Spendern rote Blutzellen erhalten.
B Personen mit der Blutgruppe 0 können allen Empfängern rote Blutzellen spenden.

3 Erkläre, wie man die Blutgruppe eines Menschen bestimmt ▶ Bild 5.

4 Zeichne die Verklumpung auf zellulärer Ebene.

5 Thilo besitzt die Blutgruppe B. Er benötigt nach einem Unfall eine Blutspende. Es stehen von vier Spendern Konserven mit roten Blutzellen zur Verfügung. Ermittle die zur Übertragung geeigneten Spender für Thilo mithilfe von ▶ Bild 6.

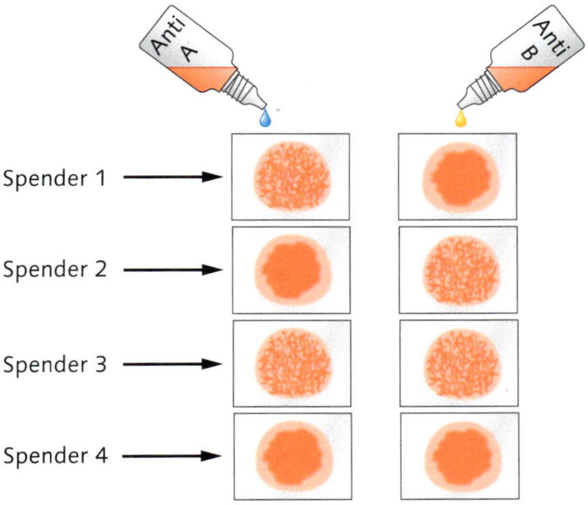

6 Blutgruppenbestimmung der Spender

Der naturwissenschaftliche Erkenntnisweg

Beobachtungen in der Natur werfen oft Fragen auf. Naturwissenschaftler sind schon immer deren Beantwortung nachgegangen. Dazu stellen sie Hypothesen auf. Kann ein Forscher seine Hypothese bestätigen, so hat er einen naturwissenschaftlichen Zusammenhang entdeckt. Am Beispiel der Entdeckung der aktiven Immunisierung wird hier ein solcher naturwissenschaftlicher Erkenntnisweg nachgezeichnet.

1 EDWARD JENNER infiziert einen Jungen (1796).

Schritt 1 Beobachtungen

Oft ist die Beobachtung eines Phänomens Anlass für die Durchführung eines Experiments.

Der englische Landarzt EDWARD JENNER beobachtete Ende des 18. Jahrhunderts, dass Menschen, die an den harmlosen Kuhpocken erkrankt waren, sich danach nicht mit den echten Pocken ansteckten. Die echten Pocken sind eine gefährliche Infektionskrankheit.

Schritt 2 Fragestellung und Hypothesenbildung

Aus Beobachtungen ergeben sich Fragen. Auf deren Grundlage lassen sich auf Basis von Vorwissen Hypothesen formulieren.

EDWARD JENNER stellte die Hypothese auf, dass eine überstandene Kuhpockeninfektion gegen die echten Pocken immun macht.

Schritt 3 Experimente zur Überprüfung

Mit Experimenten, die genau dokumentiert werden müssen, wird jede Hypothese überprüft. Nur wenn die Ergebnisse reproduzierbar sind, gelten Hypothesen als bestätigt. Bestätigt das Experiment die Hypothese nicht, müssen neue Hypothesen formuliert werden.

EDWARD JENNER infizierte einen Jungen mit dem Sekret aus den Kuhpocken. Der Junge erkrankte an diesen harmlosen Pocken. Nachdem er genesen war, infizierte JENNER ihn auf gleiche Weise mit den echten Pocken ▶ Bild 1. Der Junge erkrankte nicht. JENNER wiederholte das Experiment und konnte damit seine Hypothese bestätigen.

Schritt 4 Allgemeingültige Aussage

Wenn ein Forscher seine Hypothese bestätigt hat, dann kann er eine allgemeingültige Aussage formulieren.

EDWARD JENNER konnte zeigen, dass man durch den Kontakt mit einem „harmlosen" Erreger gegen die gefährlichen Erreger immun wird. Er hatte damit die Grundlagen der aktiven Immunisierung entdeckt.

Erfolg der Pockenimpfung

Zu JENNERS Zeiten starben in Europa schätzungsweise 400 000 Menschen jährlich an den Pocken. Die von ihm entdeckte Schutzimpfung rettete viele Menschenleben. Bis 1983 gab es eine weltweite Impfpflicht gegen die Pocken. Von der Schutzimpfung blieb eine Pockenimpfnarbe zurück. Da seit 1978 keine Pockeninfektion mehr bekannt wurde, konnte die Welt kurze Zeit später für pockenfrei erklärt werden.

1. Stelle den wissenschaftlichen Erkenntnisweg am Beispiel der Entdeckung der aktiven Immunisierung in einem Fließdiagramm dar.
2. Bewerte JENNERS Vorgehen unter ethischen Gesichtspunkten.
3. Normalerweise müssen Forscher auch ein Kontrollexperiment durchführen, um ihre Hypothese zu überprüfen. Beschreibe das Kontrollexperiment, das JENNER theoretisch hätte durchführen müssen.

Aktive Immunisierung

2 Tetanuspatient im Gemälde von CHARLES BELL, 1809

Tetanus Wundstarrkrampf ist eine tödliche Infektionskrankheit, die durch das Bakterium *Clostridium tetani* ausgelöst wird. Diese Bakterien kommen nahezu überall vor, auch in Straßenstaub und Gartenerde. Nach einer Inkubationszeit von 3 bis 21 Tagen bewirken ihre Gifte die Zerstörung von Blutzellen und extreme, sehr schmerzhafte Muskelkrämpfe, auch des Herzmuskels. Die Verkrampfung der Rückenmuskeln beginnt häufig im Nacken und führt zu einer so starken Überstreckung des Rückens, dass sogar Wirbelbrüche auftreten können. Unbehandelt erfolgt der Tod durch Ersticken. Eine Ansteckung von Mensch zu Mensch ist nicht möglich.

Schutzimpfung In Deutschland tritt Tetanus dank der vorbeugenden *Schutzimpfung* nur noch sehr selten auf. Dabei wird künstlich eine spezifische Immunität gegen bestimmte Erreger erzeugt ▶ Bild 3. Bei dieser Schutzimpfung werden Tetanus-Antigene injiziert. Sie selbst können die Krankheit nicht auslösen. Dennoch werden die Antigene vom Körper erkannt und eine spezifische Abwehrreaktion wird ausgelöst. So erklärt sich auch der Begriff *aktive Immunisierung* für die Schutzimpfung. Wie bei einer Infektion werden spezifische Antikörper und Gedächtniszellen gegen Tetanus-Antigene gebildet. Damit ein vollständiger Impfschutz entsteht, muss die Impfung nach 3 und 12 Monaten wiederholt werden. Auf diese Grundimmunisierung sollten regelmäßige Auffrischungsimpfungen erfolgen. Nur so sind immer ausreichend Gedächtniszellen vorhanden.

Nebenwirkungen In sehr seltenen Fällen kommt es zu Nebenwirkungen der Impfung. Im Vergleich zur Krankheit selbst, der mit der Impfung vorgebeugt werden kann, sind sie jedoch meist gering ausgeprägt.

1. Beschreibe die aktive Immunisierung ▶ Bild 3.
2. Vergleiche die aktive Immunisierung mit der spezifischen Abwehr bei einer Infektion.
3. Erkläre den Begriff aktive Immunisierung.
4. Erkläre die Notwendigkeit von Auffrischungsimpfungen.
5. Begründe die Wichtigkeit von Schutzimpfungen.

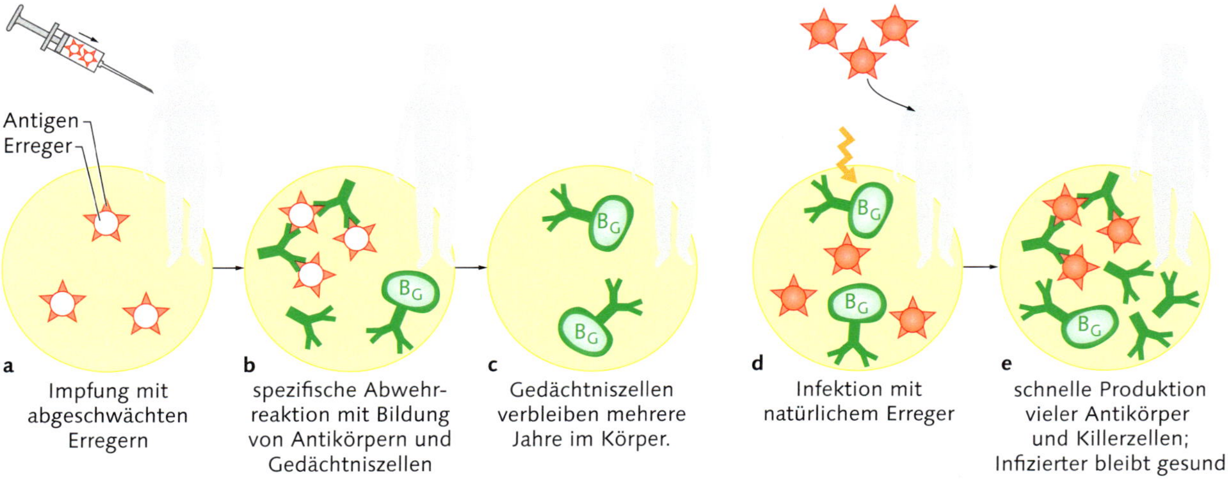

3 Aktive Immunisierung

Bewerten am Beispiel Impfen

Es gibt zwar Empfehlungen für Schutzimpfungen, aber in Deutschland besteht keine Impfpflicht. Schutzimpfungen werden oft kritisch diskutiert. Um zu entscheiden, ob eine bestimmte Schutzimpfung gemacht werden soll, kann die hier vorgestellte Methode des Bewertens angewandt werden.

Erreger können heute unbemerkt in wenigen Stunden um die ganze Welt reisen, sodass Infektionskrankheiten überall auftreten können. Schutzimpfungen stellen einen sicheren Weg dar, geschützt zu sein. Infektionskrankheiten wie die Kinderlähmung und der Wundstarrkrampf sind heute dank Schutzimpfungen nicht mehr so häufig wie noch vor 50 Jahren.
In den letzten Jahren lässt sich allerdings der Trend beobachten, dass immer weniger Eltern ihre Kinder impfen lassen. Dieses Phänomen bezeichnet man als Impfmüdigkeit.
Im Folgenden soll das Impfen anhand einiger typischer Aussagen bewertet werden. Für eine Bewertung hat sich ein einfacher Dreischritt bewährt.

Schritt 1 Argumente entwickeln

Entwickle Argumente für und gegen eine Maßnahme. Die Argumente können dabei verschiedene Sach- und Wertebenen haben. Auf einer Sachebene sind alle Argumente einzuordnen, die sich wissenschaftlich untermauern lassen. Die Wertebene ist persönlicher Natur. Das können beim Thema Impfen Werte wie Gesundheit, Selbstbestimmung, körperliche Unversehrtheit oder Verantwortung für sich und andere sein.

Schritt 2 Argumente überprüfen

Gleiche die Argumente mit den eigenen Wertvorstellungen ab. Du wirst manche Argumente als wichtiger ansehen als andere. Gewichte die Argumente am höchsten, die deine Werte (z. B. Allgemeinwohl gegen individuelles Empfinden) am besten widerspiegeln. Formuliere eine Entscheidung. Schätze dazu kurz- und langfristige Folgen des Handelns ab.

Schritt 3 Entscheidungen begründen

Begründe die getroffene Entscheidung. Erläutere dazu, welche Argumente dir besonders wichtig sind.

1 **A** Prüfe, ob die Argumente in den Sprechblasen auf der Sachebene stichhaltig sind oder widerlegt werden können ▶ Bild 1.
B Ordne sie nach Pro- und Kontraargumenten.
C Benenne die Sach- und Wertebene von zwei Argumenten.

2 Nenne mögliche Gründe, warum es in der Bevölkerung so viele Gegenstimmen zum Impfen gibt.

3 Bewerte die Schutzimpfung an einem selbst gewählten Beispiel einer Infektionskrankheit. Führe dabei die Schritte 1–3 durch.

1 Aussagen zum Impfen. Im Beispiel: Sachebene, Wertebene

Impfschutz und Impfmüdigkeit

Ärzte beklagen immer wieder, dass viele Deutsche ihren Impfschutz zu wenig kontrollierten und impfmüde seien. So kommt es beispielsweise immer wieder zu Masernausbrüchen. Masernviren sind hoch ansteckend und können noch Jahre nach der eigentlichen Erkrankung zu drastischen, teilweise lebensgefährlichen Spätfolgen führen. Durch Impfungen ausreichend vieler Menschen könnten die Masern in Deutschland jedoch leicht ausgerottet werden.

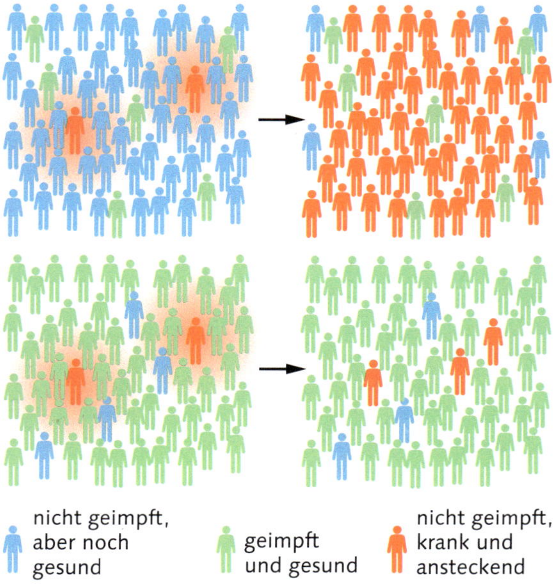

2 Ausbreitung der Masern

Impfung gegen ... / Alter in ...	Monaten						Jahren			
	<2	2	3	4	11–14	15–23	5–6	9–14	15–17	>18
Tetanus		X	X	X	X		X	X		X
Diphtherie		X	X	X	X		X	X		X
Keuchhusten		X	X	X	X		X	X		X
Hib (Haemophilus influenzae Typ b)		X	X	X	X					
Polio (Kinderlähmung)		X	X	X	X			X		
Hepatitis B		X	X	X	X					
Pneumokokken		X		X	X					
Rotaviren	X	X	X							
Meningokokken C					X					
Masern					X	X				X
Mumps					X	X				
Röteln					X	X				
Windpocken (Varizellen)					X	X				
HPV (Humane Papillomviren)								♀		

3 Empfohlene Schutzimpfungen

1 Es gibt eine Impfkommission, die Impfempfehlungen ausspricht ▶ Bild 3. Nenne mindestens drei Krankheitserreger, gegen die ein einjähriges Kind bereits geimpft sein sollte.

2 **A** Beschreibe die Ausbreitung der Masern in beiden dargestellten Situationen ▶ Bild 2.
B „Geimpfte Personen schützen auch die Nichtgeimpften!" Erkläre das Zitat.

3 Werte den Impfbuchausschnitt von Patrick vom 14.01.2005 im ▶ Bild 4 mithilfe der Empfehlungen von ▶ Bild 3 aus. Er wurde am 26.01.2003 geboren.
A Nenne die Krankheiten, gegen die Patrick am 17.04.2003 bzw. 16.12.2004 geimpft wurde.
B Werte aus, ob Patrick alle empfohlenen Impfungen korrekt erhalten hat.
C Formuliere Impfempfehlungen für Patrick.

4 Prüfe deinen Impfschutz mithilfe von ▶ Bild 3.

Datum	Tetanus	Diphtherie	Pertussis	Poliomyelitis	Hib (Haemophilus influenza Typ b)	Hepatitis B	Masern	Mumps	Röteln	Varizellen	Meningokokken	Pneumokokken	Influenza
06.03.03	X	X	X	X	X	X							
17.04.03	X	X	X	X	X	X							
23.07.03	X	X	X	X	X	X							
22.05.04							X						
17.08.2004	X	X	X	X	X	X							
16.12.04							X						

4 Impfbuchausschnitt von Patrick am 14.01.2005

Passive Immunisierung

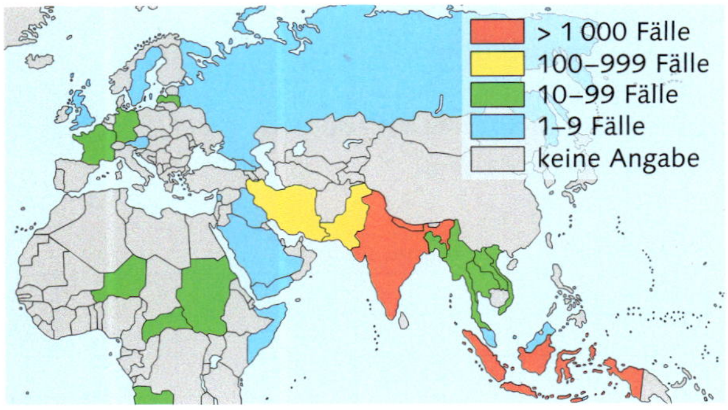

1 Verbreitung der Diphtherie 2013/14 (WHO)

Diphtherie Bei der Infektionskrankheit Diphtherie werden die oberen Atemwege vom *Corynebacterium diphtheriae* befallen. Das von den Bakterien abgesonderte Gift kann lebensbedrohliche Folgen haben. Typisch sind hohes Fieber und Eiterbelag auf den Schleimhäuten von Nase, Mandeln und Rachen, der einen faulig-süßlichen Geruch verbreitet. Hinzu kommt ein heftiger bellender Husten mit starker Heiserkeit und erschwertem Einatmen mit Pfeifgeräuschen. Häufig treten auch Herzmuskel- und Lungenentzündungen sowie Nervenlähmungen auf.
Diphtherie ist in Deutschland dank der Schutzimpfung selten, kommt in Ländern mit geringer Schutzimpfungsrate jedoch häufiger vor ▶ Bild 1.

Heilimpfung Infiziert sich eine Person erstmalig mit einem Erreger, gegen den sie keinen oder keinen ausreichenden Impfschutz besitzt, kann sie erkranken. Bei Erkrankungen, die schnell lebensbedrohlich werden können, wird im Rahmen der Behandlung häufig die *Heilimpfung* eingesetzt. Das Heilserum enthält Antikörper, die spezifisch gegen den betreffenden Erreger wirken. Die körpereigene Abwehr des Patienten wird unterstützt. Da der Körper die Antikörper nicht selbst herstellt, spricht man von *passiver Immunisierung*.
Die Antikörper werden aus Tierblut gewonnen, z. B. von Pferden, die zuvor mit dem abgeschwächten Antigen des Erregers geimpft wurden ▶ Bild 2. Im Körper der Tiere läuft eine spezifische Abwehrreaktion ab, bei der auch Antikörper gebildet werden.

Nachteile Durch die passive Immunisierung werden keine Gedächtniszellen gebildet und der Körper ist daher nicht immun. Die tierlichen Antikörper werden vom menschlichen Immunsystem als körperfremd erkannt. Es findet eine spezifische Abwehrreaktion gegen sie statt. Die Antikörper aus dem Heilserum sind daher nur wenige Tage bis Wochen wirksam.

1. Beschreibe die passive Immunisierung ▶ Bild 2.
2. Erkläre, weshalb der Impfschutz durch passive Immunisierung nur kurze Zeit anhält.
3. Erkläre den Begriff passive Immunisierung.

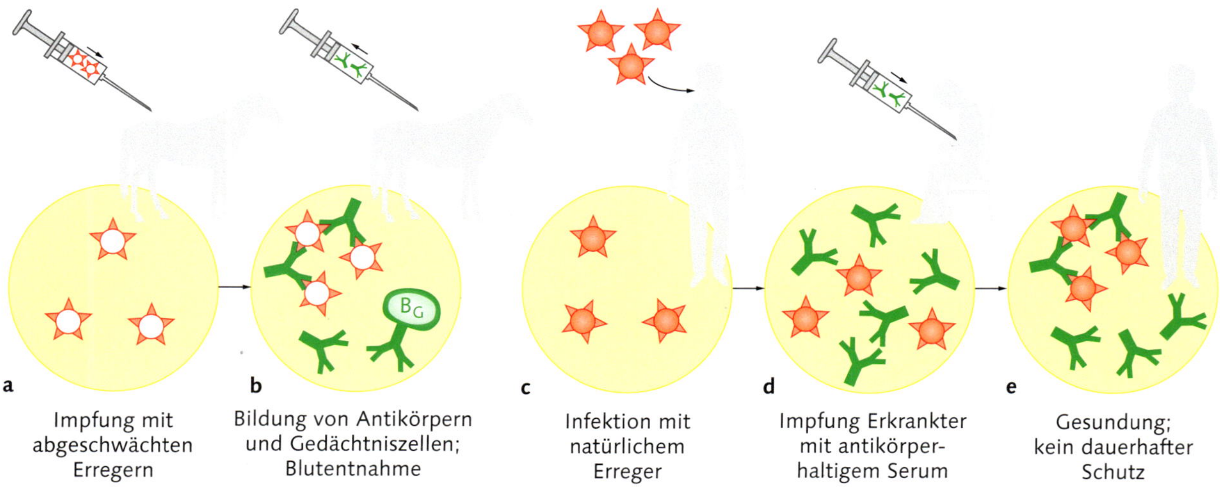

2 Passive Immunisierung

Antibiotika

Antibiotika sind wichtige Medikamente zur Behandlung bakterieller Infektionskrankheiten. Sie verhindern die Vermehrung von Bakterien oder töten sie ab. Im Jahr 1926 entdeckte der schottische Forscher ALEXANDER FLEMING Penicillin, das erste Antibiotikum.

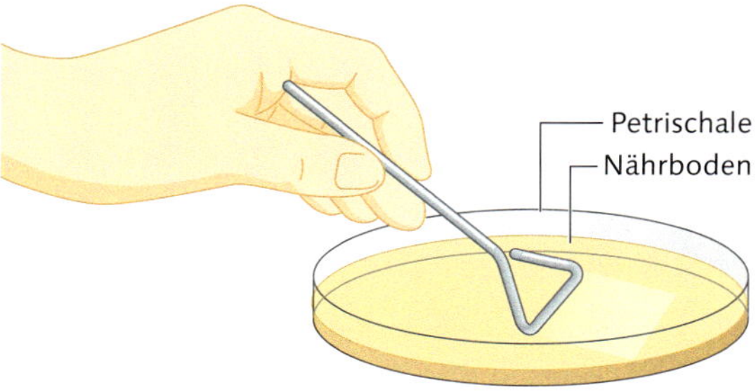

3 Beimpfen (Tag 1)

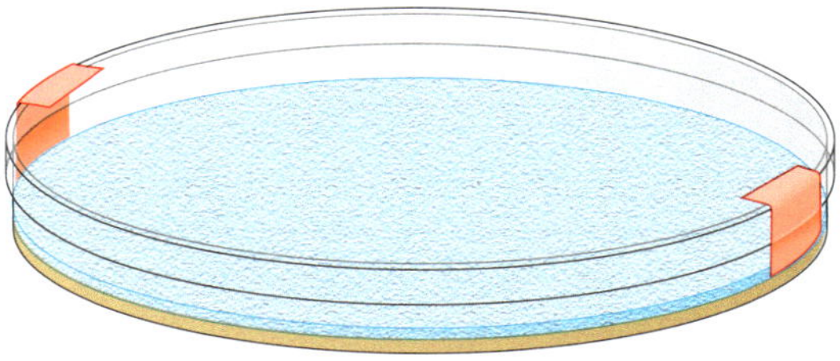

5 Bakterienrasen (Tag 15)

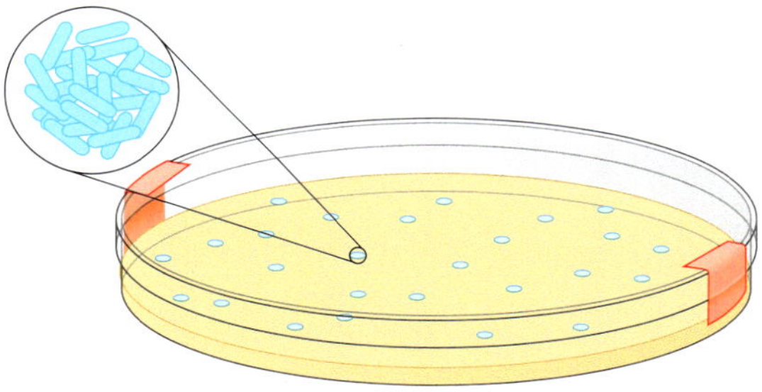

4 Bakterienkolonien (Tag 3)

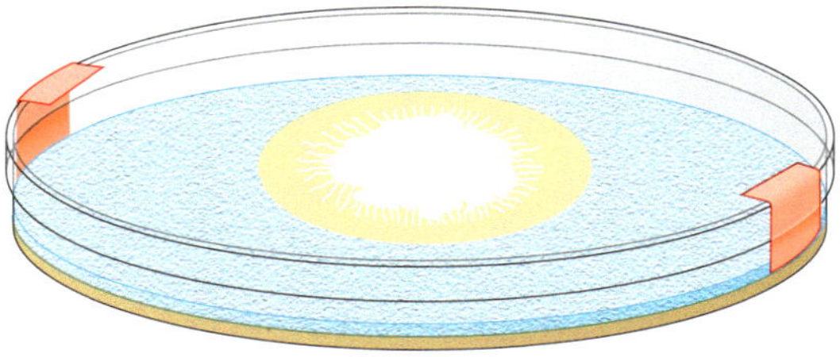

6 Verschimmelte Bakterienkultur (Tag 15)

Untersuchung der Vermehrung von Bakterien

1. Tag: Ich beimpfe die Nährböden mit Bakterien.
3. Tag: Die Bakterien haben sich vermehrt. Die verschiedenen Bakterienkolonien sind als kleine Pünktchen sichtbar.
Ich lasse die Bakterienkulturen stehen, damit sich durch weitere Teilungen ein gleichmäßiger Bakterienrasen entwickelt.
15. Tag: Einige Bakterienkulturen sind während meiner Abwesenheit leider verschimmelt. Morgen muss ich die alten Kulturen entsorgen und neue Kulturen ansetzen.
16. Tag: Beim Aufräumen mache ich eine auffallende Beobachtung an den verschimmelten Nährböden.
Dies muss genauer untersucht werden. Es könnte eine wichtige Entdeckung sein.

7 So könnten die Einträge in FLEMINGS Laborbuch ausgesehen haben.

1 **A** Beschreibe die ▶ Bilder 4 und 5.
B Vergleiche ▶ Bild 5 mit ▶ Bild 6.
C FLEMING vermutete, eine wichtige Entdeckung gemacht zu haben. Stelle selbst Hypothesen auf, die die Beobachtungen bei der Petrischale in ▶ Bild 6 erklären.

2 Schon vor 3500 Jahren bedeckten ägyptische Mediziner Wunden mit Umschlägen aus verschimmeltem Brot. Erkläre diese Behandlungsmethode mit den Erkenntnissen von FLEMING.

3 Heute kennt man eine große Anzahl von Antibiotika, die auf unterschiedliche Weise Bakterien bekämpfen. Entwickle ein Testverfahren, mit dem man herausfinden kann, welche Antibiotika gegen bestimmte Bakterien besonders wirksam sind.

4 Antibiotika wirken gegen viele Bakterien. Erkläre, weshalb es nach der Einnahme von Antibiotika häufig zu Verdauungsproblemen kommt.

Antibiotika – eine Wunderwaffe?

Eine zufällige Entdeckung ALEXANDER FLEMING (▶ Bild 2) war Bakteriologe in London. In seinem Labor machte er 1928 eine bahnbrechende Entdeckung. In einer seiner Petrischalen mit Bakterienkulturen hatte sich ein Schimmelpilz entwickelt. Um diesen herum waren keine Bakterien zu entdecken. Es hatte sich ein Hemmhof gebildet ▶ Bild 1. FLEMING erkannte, dass der Schimmelpilz *Penicillium* einen Stoff abgab, der das Bakterienwachstum hemmte. Er nannte ihn Penicillin und hatte damit das erste *Antibiotikum* entdeckt. Die Bedeutung seiner Entdeckung war ihm zu diesem Zeitpunkt noch nicht klar.
Zu Beginn des Zweiten Weltkriegs war es dem Mediziner HOWARD FLOREY und dem Biochemiker ERNST CHAIN gelungen, Penicillin in großen Mengen zu produzieren, um es als Medikament einzusetzen. Mit ihm konnte man viele Infektionen wie Tetanus, die zuvor tödlich verliefen, erfolgreich behandeln. 1945 erhielten FLEMING, FLOREY und CHAIN den Nobelpreis für Medizin für ihre Forschung.
Seitdem wurden viele weitere Antibiotika entdeckt. Zur Herstellung von Medikamenten mussten diese früher mühsam aus Schimmelpilzen gewonnen und aufgearbeitet werden und waren dadurch sehr teuer. Heute werden die meisten Antibiotika synthetisch hergestellt.

Wirkungsweise von Antibiotika Man unterscheidet vor allem zwei Wirkungsweisen von Antibiotika: Viele Antibiotika zerstören die Zellwand oder deren Aufbau bei der Teilung eines Bakteriums. Andere hemmen lebenswichtige Stoffwechselwege der Bakterien, sodass diese sich nicht vermehren können oder absterben.

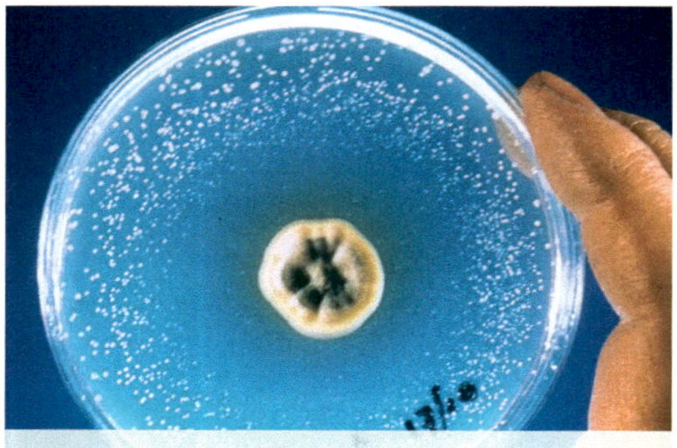

1 Schimmelpilz mit Hemmhof

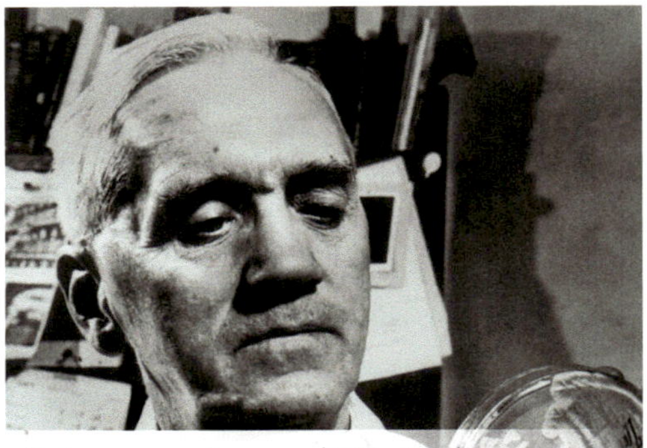

2 ALEXANDER FLEMING (1881–1955)

Da Antibiotika in bestimmten Teilungsstadien auf Bakterien wirken, müssen sie ausreichend lange eingenommen werden. Nur so werden alle Bakterien erfasst.
Antibiotika wirken nur gegen Bakterien. Andere Zellen schädigen sie nicht. Auch gegen Viren sind sie wirkungslos.

Eine Waffe wird stumpf Zunächst glaubte man, dank der Antibiotika nun alle bakteriellen Infektionen erfolgreich behandeln zu können. Doch schon bald fiel auf, dass viele Bakterien gegen Antibiotika widerstandsfähig, also *resistent* sind. Eine zu häufige Gabe oder falsche Einnahme von Antibiotika kann dazu führen, dass sich resistente gegenüber nicht resistenten Bakterien stark vermehren. Eine erneute Antibiotikagabe kann den Erreger dann nicht mehr wirksam bekämpfen. Heute sind die Resistenzen ein großes Problem. Vor allem die multiresistenten Bakterien, gegen die kaum ein bekanntes Antibiotikum wirkt, sind eine große Gefahr. Menschen mit geschwächtem Immunsystem sind besonders gefährdet.

1. Beschreibe die unterschiedlichen Wirkungsweisen von Antibiotika.
2. Erkläre, warum bei einer Grippe keine Antibiotika eingenommen werden sollten.
3. Antibiotika soll man auch noch einige Tage nach der Gesundung einnehmen. Erläutere, warum das wichtig ist.
4. Erläutere, warum es nach einer Antibiotikagabe zu Verdauungsproblemen kommen kann.

Multiresistente Bakterien

Jährlich sterben bis zu 15000 Menschen in Deutschland an multiresistenten Bakterien, mit denen sie sich in Krankenhäusern infiziert haben. Durch Verletzungen, operative Eingriffe oder ein geschwächtes Immunsystem kann es in Kliniken zur Infektion kommen. Dadurch kann sich der Verlauf einer Erkrankung verlängern, eine Heilung erschwert werden oder ein harmloser Eingriff zum Tod führen. Auch für Neugeborene können multiresistente Bakterien zur Gefahr werden, da ihr Immunsystem erst noch lernen muss, mit Erregern umzugehen. Die Ursache der steigenden Anzahl an multiresistenten Bakterien ist vielschichtig. Dazu gehört auch der Umgang mit Antibiotika in der Tierhaltung ▶ Bild 4.

1 **A** Erläutere die Rolle der Intensivtierhaltung bei der Entstehung multiresistenter Bakterien mithilfe der Informationen aus ▶ Bild 4.
B Beschreibe Verbreitungswege multiresistenter Bakterien.
C Erkläre, warum multiresistente Bakterien gerade in Krankenhäusern eine große Gefahr darstellen.

2 Stelle mithilfe des Diagramms (▶ Bild 3) Hypothesen auf, welche der Antibiotika nur in äußersten Notfällen eingesetzt werden sollten.

3 Diskutiere mögliche Maßnahmen, um die Entstehung weiterer multiresistenter Bakterien zu verhindern.

In der Intensivtierhaltung von Geflügel, Schweinen und Rindern wird heute die Ursache der Entstehung vieler multiresistenter Bakterien gesehen. Um den Fleischertrag zu erhöhen, werden sehr viele Nutztiere auf engem Raum gehalten. Sie sind auf schnellen Masterfolg gezüchtet und anfällig für Infektionen. In der Tiermast sind enge Zeitpläne einzuhalten, sonst drohen finanzielle Verluste. Auch ein leichter Infekt würde die Mast verzögern, weil ein kränkliches Tier weniger frisst und nicht zunimmt. Außerdem kann es weitere Tiere anstecken.
Erscheint ein Tier krank, werden oft alle Tiere meist über das Trinkwasser mit Antibiotika behandelt. Die Gabe von Antibiotika zur Leistungsförderung ist in der Mast aber verboten, obwohl dies die finanziellen Verluste mindert. Bei Verdacht auf eine Erkrankung darf der Tierarzt aber Antibiotika verschreiben. Die Gabe der Antibiotika übernimmt der Landwirt selbst. So bekommen viele Masttiere über einen langen Zeitraum ihres kurzen Lebens Antibiotika. In den Ställen bilden sich multiresistente Bakterien. Über den als Gülle auf die Felder gebrachten Kot der Tiere und über die Abluft aus den Ställen können multiresistente Bakterien in die Umgebung und ebenfalls in unsere Nahrung gelangen.
Auch im rohen Fleisch vieler Tiere sind multiresistente Bakterien nachzuweisen. Landwirte und Mitarbeiter der Fleisch verarbeitenden Industrie sind damit in ständigem Kontakt und können die Erreger verbreiten. Über die Zubereitung von Nahrung in der Küche verteilen wir diese Bakterien in unseren Wohnungen. Gefährlich werden sie erst, wenn sie über offene Wunden in unseren Körper gelangen und wir ein geschwächtes Immunsystem haben.

4 Informationen zur Intensivtierhaltung

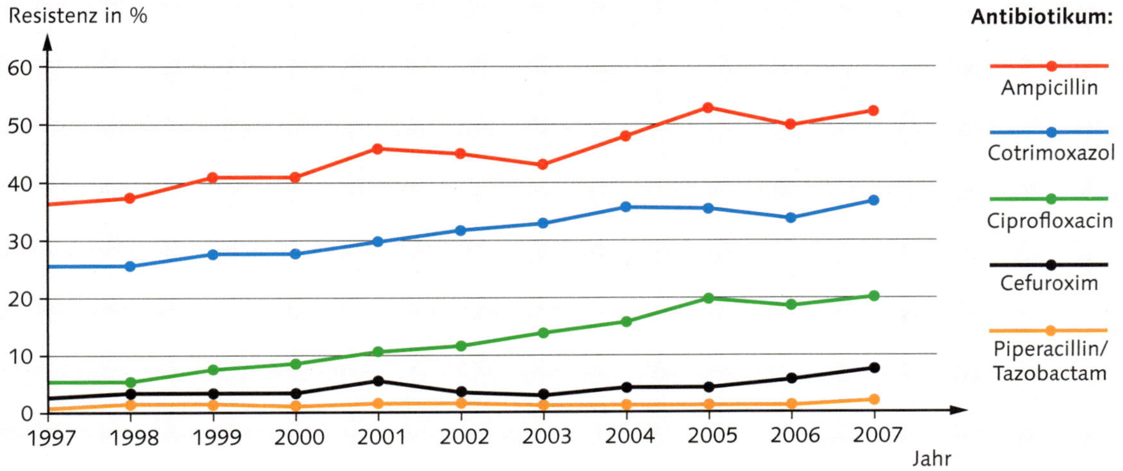

3 Resistenzen bei Durchfall verursachenden Bakterienstämmen

Sexuell übertragbare Erkrankungen

Ansteckung, Verantwortung und Schutz Eine Infektionskrankheit, die hauptsächlich beim Geschlechtsverkehr übertragen wird, nennt man sexuell übertragbare Erkrankung (engl. *Sexually Transmitted Disease*, abgekürzt STD). Erreger dieser Krankheiten sind Viren, Bakterien, Pilze und Einzeller.
Die bekanntesten STDs sind Chlamydiose, Syphilis, Gonorrhö, HPV, Hepatitis B und HIV. Sie werden über die Körperflüssigkeiten der Geschlechtsorgane, aber teilweise auch über Blut oder Speichel übertragen. Viele Erreger können von der Mutter bei der Geburt auf den Säugling übergehen. Bei häufig wechselnden Sexualpartnern steigt die Wahrscheinlichkeit einer Ansteckung. Neben akuten Symptomen sind auch Spätfolgen wie Unfruchtbarkeit oder die Schädigung innerer Organe möglich. Dadurch enden einige STDs unbehandelt tödlich.
Es ist wichtig, bei Verdacht auf eine Infektion den Arzt aufzusuchen ▶ Bild 2. Hat man sich mit einer STD angesteckt, so hat man die Verantwortung, diese nicht weiterzuverbreiten. Dazu gehört auch, dass man ehemalige Sexualpartner über die eigene Infektion informiert.
Kondome schützen sicher vor der Ansteckung mit einer STD. Gegen manche der Krankheiten kann man sich impfen lassen.

Chlamydiose *Chlamydien* gehören zu den Bakterien. Eine Chlamydien-Erkrankung kann sich durch Juckreiz im Genitalbereich und Brennen beim Wasserlassen äußern. Da diese Symptome nicht immer auftreten, bleibt eine Infektion oft unbemerkt. So sind viele Menschen ohne ihr Wissen Überträger der Chlamydien. Im weiteren Verlauf der Erkrankung kann es zu Entzündungen der inneren Geschlechtsorgane kommen. Unfruchtbarkeit kann eine Folge sein.

Syphilis Beim *Syphilis*-Erreger handelt es sich ebenfalls um ein Bakterium ▶ Bild 1. Die Ansteckung erfolgt über die Schleimhäute der Geschlechtsorgane. Die Bakterien gelangen über feine Risse in der Haut in den Körper und befallen die Lymphknoten. Als erste Symptome bilden sich an Geschlechtsorganen, am After oder am Mund schmerzlose Geschwüre, die ein hoch ansteckendes Sekret absondern. Im weiteren Verlauf kommt es zu Hautausschlägen, Haarausfall und zu grippeähnlichen Beschwerden. In diesem Stadium ist die Krankheit mit Antibiotika noch vollständig heilbar. Bleibt sie jedoch unbehandelt, befällt der Erreger auch die inneren Organe. Häufig sind Herz, Skelett, Leber und Blutgefäße betroffen. Diese Schädigungen können schließlich zum Tod führen.

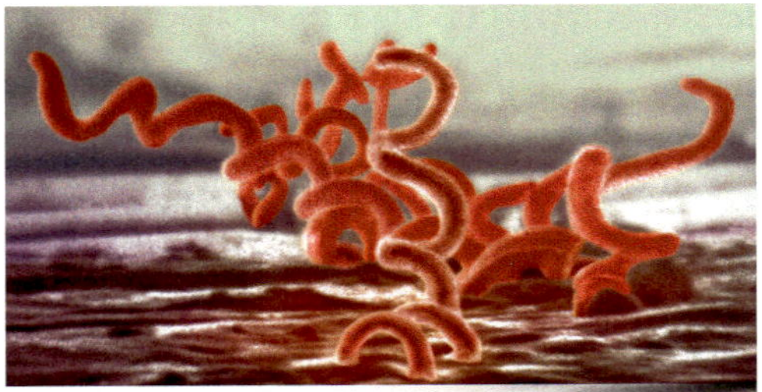
1 Erreger der Syphilis

Gonorrhö *Gonorrhö* (Tripper) ist eine weitere bakterielle STD. Wenige Tage nach der Infektion treten Symptome wie Juckreiz im Genitalbereich, Brennen beim Wasserlassen und eitriger Ausfluss auf. Durch eine frühe Behandlung mit Antibiotika ist die Krankheit heilbar. Unbehandelt befallen die Bakterien im weiteren Verlauf die inneren Geschlechtsorgane. Dies kann zu Unfruchtbarkeit führen.

HPV Als *HPV* (Humane Papillomviren) bezeichnet man eine Gruppe von Viren, die unterschiedliche Krankheitsbilder auslösen. Man unterscheidet Niedrig- und Hochrisikotypen. Zu den Niedrigrisikotypen gehören die Erreger von Feigwarzen. Das sind gutartige Hautveränderungen im Genitalbereich, die Warzen ähneln. Sie sind ansteckend, lassen sich aber durch Salben oder Operationen entfernen. Da das Virus im Körper bleibt, treten sie immer wieder auf.
Zu den Hochrisikotypen gehören die Erreger von Krebserkrankungen. Diese können am Penis, am Anus, an den Schamlippen oder am Mund auftreten. Bestimmte Typen des HPV gelten als häufigste Ursache für Gebärmutterhalskrebs, der zweithäufigsten Krebserkrankung bei Frauen. Bei fast jeder an Gebärmutterhalskrebs erkrankten Frau lassen sich diese Erreger nachweisen. Gegen HPV können Mädchen sich

impfen lassen. Diese Schutzimpfung muss vor dem ersten Kontakt mit dem HPV erfolgen, sonst ist sie wirkungslos. Die seit 2006 zugelassene Impfung war die erste Schutzimpfung, die einer Krebserkrankung vorbeugt.

Hepatitis B *Hepatitis B* wird von Viren ausgelöst und bezeichnet eine Leberentzündung. Das Hepatitis-B-Virus ist höchst infektiös und kann nicht nur beim ungeschützten Geschlechtsverkehr, sondern über alle Körperflüssigkeiten übertragen werden. Nur ein Drittel der Infizierten zeigt Monate nach der Erkrankung typische Symptome wie eine Gelbfärbung der Haut und der Augäpfel. Die Erkrankung heilt zwar meist aus, kann aber auch einen schweren Verlauf nehmen und zum Tod führen. Aktive und passive Immunisierung sind möglich. Hepatitis B gilt als eine der weltweit häufigsten Infektionskrankheiten.

2 Kampagne der BZgA

1 Fasse in einer Tabelle Krankheiten, Übertragungswege, Symptome und Spätfolgen der genannten STDs zusammen.

2 Die Kampagne zu STDs der BZgA spielt auf die besondere Verantwortung des Einzelnen an ▶ Bild 2. Erkläre, worin diese Verantwortung besteht.

Material Methode Praxis

STDs im Wandel der Zeit

Medizinische Entdeckungen, gesellschaftliche Veränderungen im Umgang mit Sexualität und die Ausbreitung von Krankheiten stehen in enger Verbindung zueinander. Dabei lassen sich in Bezug auf die STDs Veränderungen in den Verhaltensweisen beobachten, die vor einer Infektion schützen können ▶ Bild 3.

3 **A** Beschreibe das Diagramm in ▶ Bild 3.
B Erkläre die Häufigkeit der gemeldeten Fälle mithilfe der eingezeichneten Informationen.

4 In den letzten Jahren lässt sich eine Zunahme der Syphilisinfektionen beobachten. Stelle Hypothesen auf, weshalb es einen Anstieg gibt.

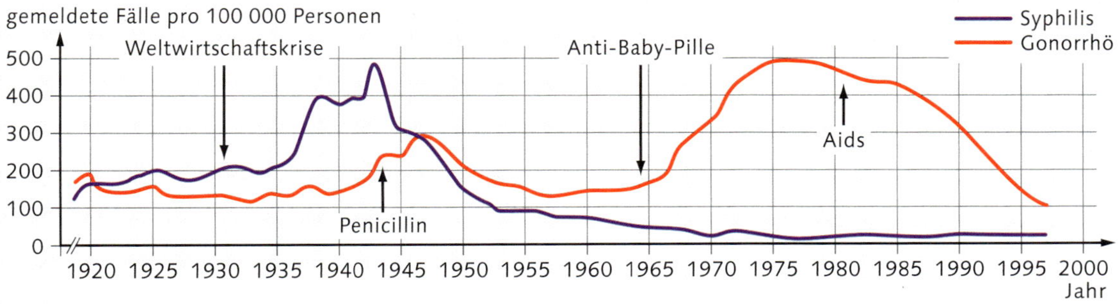

3 Gemeldete Fälle von Gonorrhö und Syphilis pro 100 000 Personen in den USA

HIV und Aids

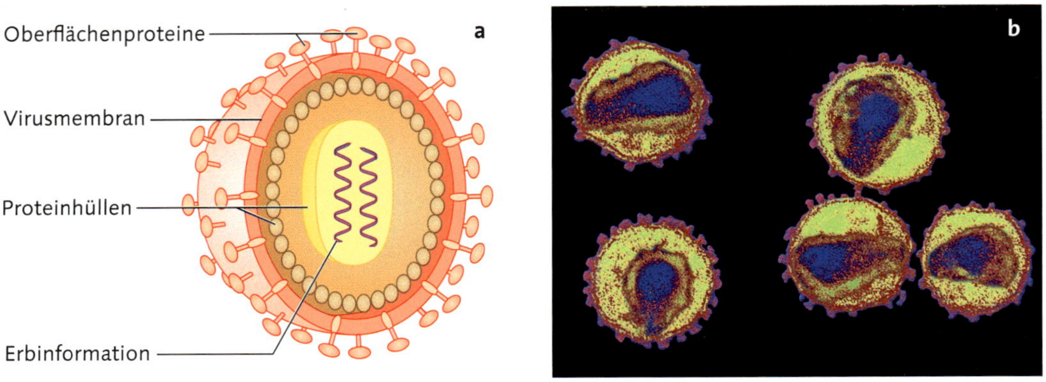

1 Bau des HI-Virus (a) und HI-Viren im Elektronenmikroskop (b)

HIV und Aids Zu den sexuell übertragbaren Krankheitserregern zählt auch das HI-Virus ▶ Bild 1. Die Abkürzung *HIV* steht für menschliches Immunschwächevirus (engl. ***Human Immunodeficiency Virus***). Ist das HI-Virus bei einem Menschen nachweisbar, ist dieser *HIV-positiv*.

Im menschlichen Körper befällt das HI-Virus Helferzellen und Fresszellen des Immunsystems. In diesen Wirtszellen werden unzählige Virenkopien hergestellt und in den Körper abgegeben. Dabei gehen zahlreiche Immunzellen zugrunde. 2–6 Wochen nach der Infektion können grippeähnliche Symptome mit Fieber auftreten. Danach fühlt sich der Betroffene zunächst gesund, ist aber für seine Mitmenschen bereits ansteckend.

Erst wenn, oft Jahre später, HIV das Immunsystem so stark geschwächt hat, dass typische Folgeerkrankungen auftreten, spricht man von *Aids* oder vom erworbenen Immunschwächesyndrom (engl. *Acquired Immunodeficiency Syndrome*). Aidskranke sterben meist an für andere Menschen harmlosen Folgeinfektionen.

Erkrankungsverlauf Der Körper wehrt sich mit einer spezifischen Immunantwort gegen die HI-Viren. Die Zahl der Immunzellen steigt zunächst: Zum einen werden spezifische Antikörper gegen die HI-Viren hergestellt. Zum anderen werden Wirtszellen, die HIV-Antigene auf ihrer Oberfläche präsentieren, erkannt und zerstört. Die spezifische Immunantwort kann jedoch nie alle HI-Viren im Körper vernichten.

Da das HI-Virus speziell die Helfer- und Fresszellen als Wirtszellen nutzt, zerstört sich das Immunsystem nach und nach selbst. Der Körper kann sich immer schlechter gegen andere Erkrankungen wehren ▶ Bild 3. Daher leiden HIV-Infizierte häufig an zahlreichen unterschiedlichen Erkrankungen und Symptomen.

Besonderheiten Zwischen der Infektion und dem Ausbruch von Aids liegen häufig mehrere Jahre oder gar Jahrzehnte. Zeitweise scheint der Infizierte – obwohl er die Viren in sich trägt – sogar „gesund" zu sein. In solchen Zeiträumen „schläft" das HI-Virus in den Wirtszellen, ohne sich zu vermehren. Diese Zellen präsentieren keine Virus-Antigene auf ihrer Oberfläche. Noch weiß man nicht, was die Viren wieder „aufwachen" lässt.

Das HI-Virus ist zudem sehr wandlungsfähig und vielgestaltig. Schon kleine Veränderungen der Oberflächenproteine auf der Virushülle

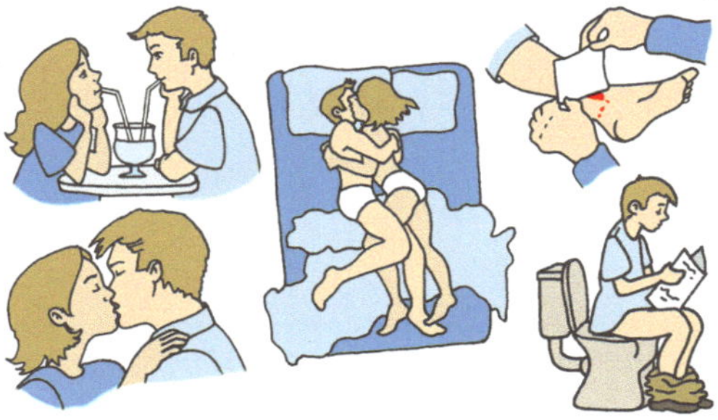

2 HIV-Infektionsrisiko?

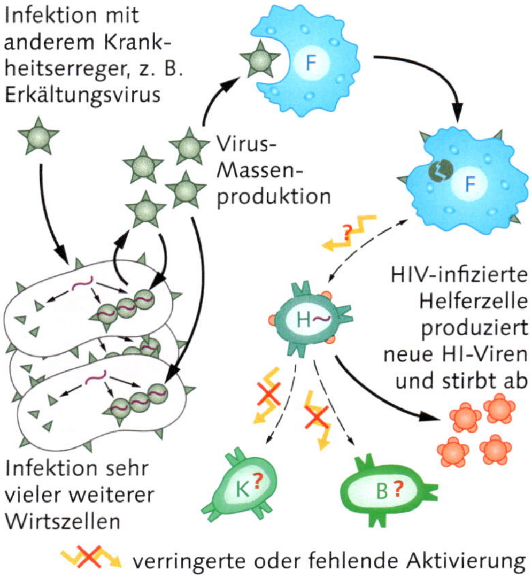

3 Folgen der HIV-Infektion

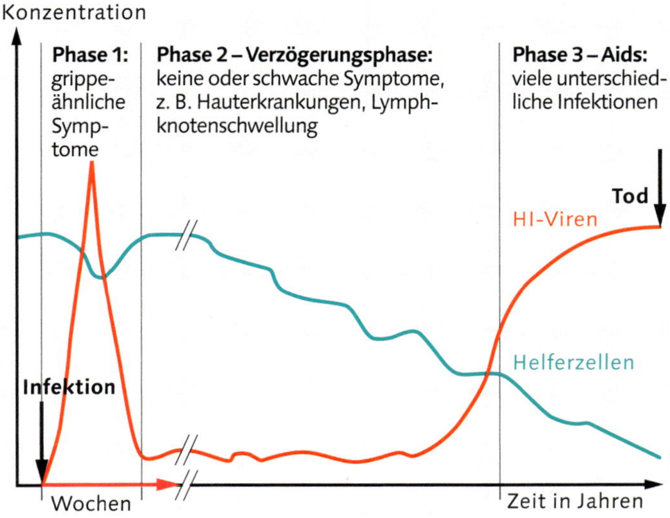

4 Verlauf einer HIV-Infektion

können bewirken, dass spezifische Antikörper nicht mehr binden können und unwirksam geworden sind. Daher reagiert das Immunsystem wie auf eine Erstinfektion. Es kann keine schnelle Immunantwort erfolgen, da die vorhandenen Gedächtniszellen nicht zum veränderten Erreger passen. Die HI-Viren sind dem Immunsystem des Infizierten stets einen kleinen Schritt voraus.

Therapie und Schutz HIV-Infizierte können nicht geheilt werden. Man kann jedoch durch die Verabreichung einer Kombination von verschiedenen relativ teuren Medikamenten die Vermehrung der Viren und damit die Zerstörung des Immunsystems hinauszögern. So wird die Lebenserwartung der HIV-Infizierten deutlich gesteigert. Die Medikamente haben häufig Nebenwirkungen. HIV-Infizierte müssen sich im Abstand von wenigen Monaten testen lassen, um festzustellen, ob die Medikamente noch wirken oder sich die Anzahl ihrer Helferzellen verändert hat ▶ Bild 4. Diese regelmäßige Prozedur ist vor allem psychisch sehr belastend, da Ungewissheit und Angst ständige Begleiterscheinungen sind. HIV-Infizierte haben zudem häufig unter massiver Diskriminierung zu leiden.
HI-Viren werden mit den Körperflüssigkeiten Blut, Sperma, Scheidensekret und Muttermilch weitergegeben. Die meisten Menschen infizieren sich beim ungeschützten Geschlechtsverkehr. Mit Kondomen kann man sich jedoch sehr gut vor einer HIV-Infektion schützen. Ein weiterer bedeutender Infektionsweg ist die Benutzung gebrauchter Spritzen beim Drogenkonsum.

1 **A** Bewerte das Ansteckungsrisiko bei den in ▶ Bild 2 dargestellten Situationen.
B Vergleiche die Infektionswege des HI-Virus mit denen des Grippevirus.
C Erläutere die doppelte Schutzfunktion des Kondoms.

5 Kondom

2 Viren vermehren sich mithilfe von Wirtszellen. Beschreibe die Vermehrung von HIV.

3 Erläutere den Verlauf einer HIV-Infektion unter Verwendung von ▶ Bild 4 und stelle einen Zusammenhang zu ▶ Bild 3 her.

4 Aidskranke sterben meist an für Nicht-HIV-Infizierte ungefährlichen Infektionskrankheiten, z. B. einer Erkältung. Erläutere dies mithilfe der ▶ Bilder 3 und 4.

5 Begründe, warum eine HIV-Infektion so gefährlich ist ▶ Bilder 3 und 4.

6 „HIV ist doch behandelbar!“ Nimm Stellung zu dieser Aussage.

Ausbreitung von HIV

Seit 1983 ist das HI-Virus bekannt. Im Jahr 2017 lebten 36,9 Millionen Infizierte weltweit mit dem HI-Virus. Männer und Frauen sind weltweit ungefähr gleich häufig betroffen. Seit Beginn der Epidemie starben etwa 39 Millionen Personen an Aids. Viele Menschen wissen gar nicht, dass sie HIV-positiv sind, sodass die tatsächliche Anzahl an Infizierten unbekannt ist. Auf dem afrikanischen Kontinent gibt es die meisten Infizierten. In einzelnen Staaten wie Lesotho, Swasiland und Botswana sind ca. ein Viertel der 15- bis 49-Jährigen HIV-positiv. Aber auch in Deutschland ist das Virus trotz vieler Informationskampagnen auf dem Vormarsch. Ende 2016 lebten laut dem Robert-Koch-Institut 88 400 Personen mit HIV in Deutschland. 63 % davon sind homo- oder bisexuelle Männer. 9,3 % der Betroffenen sind von Drogen abhängig, die sie sich spritzen. Seit Beginn der Epidemie sind in Deutschland ca. 30 000 Menschen an den Folgen ihrer HIV-Erkrankung gestorben.

1 **A** Betrachte das Diagramm ▶ Bild 2. Erkläre, warum es notwendig ist, zwischen Neuinfektionen und Aids-Neuerkrankungen zu unterscheiden.
B Beschreibe das Diagramm.
C Erkläre, warum die Anzahl der Menschen, die mit HIV leben, immer größer wird.

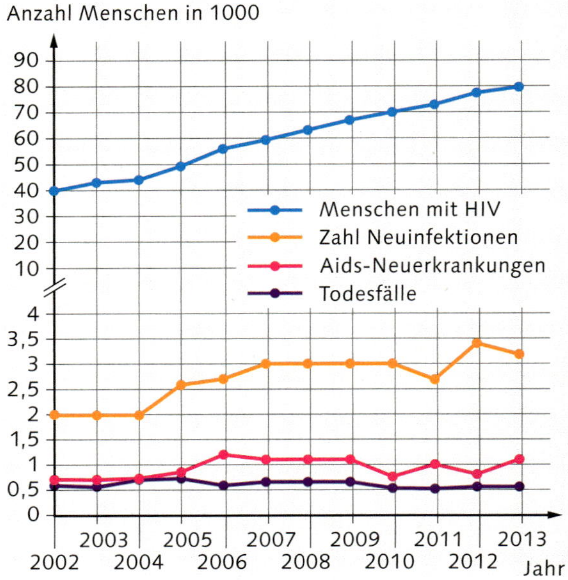

2 HIV und Aids in Deutschland 2002–2013

2 **A** Werte die Karte aus ▶ Bild 1.
B Informiere dich über die aktuellen Zahlen der HIV-Erkrankungen auf anderen Kontinenten.
C Erläutere die Gründe für die unterschiedliche Verbreitung des HI-Virus weltweit.

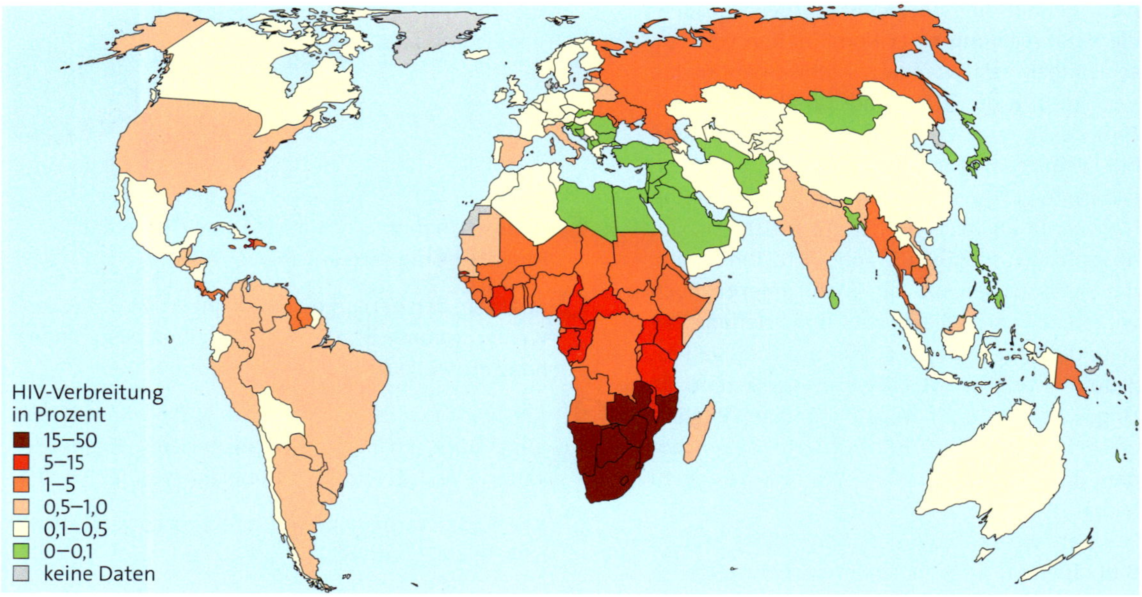

1 HIV-Verbreitung weltweit (2017)

Kondome schützen

Kondome schützen nicht nur vor ungewollter Schwangerschaft, sondern auch vor HIV und anderen Krankheitserregern, mit denen man sich beim Geschlechtsverkehr infizieren kann. Die richtige Anwendung von Kondomen solltest du üben!

Kondome gibt es in verschiedenen Farben, Formen, Geschmacksrichtungen und – wichtig – in verschiedenen Größen. Beim Gebrauch von Kondomen sollte man Folgendes beachten ▶ Bild 4:

- Das CE-Prüfzeichen bürgt für geprüfte Schutzqualität.
- Man sollte nur Kondome vor Ablauf der angegebenen Haltbarkeit benutzen.
- Die Verpackung sollte unbeschädigt sein.
- Für Latex-Allergiker gibt es auch latexfreie Kondome.
- Nur passende Kondome gewährleisten Schutz.
- Man sollte Kondome vor Hitze schützen.
- Längere Druckbelastung wie in Geldbeutel oder Hosentasche sollte man vermeiden.

Viele Jungs probieren Kondome zuerst einmal aus, wenn sie allein sind.

4 Kondome und Kondomverpackung

1. Nenne Größe, maximale Haltbarkeit und Material des Kondoms in ▶ Bild 4.
2. Übe den Kondomeinsatz mit einem Penismodell.
3. Nenne mögliche Fehler beim Gebrauch von Kondomen.
4. Dein Partner oder deine Partnerin möchte kein Kondom benutzen. Wie reagierst du?

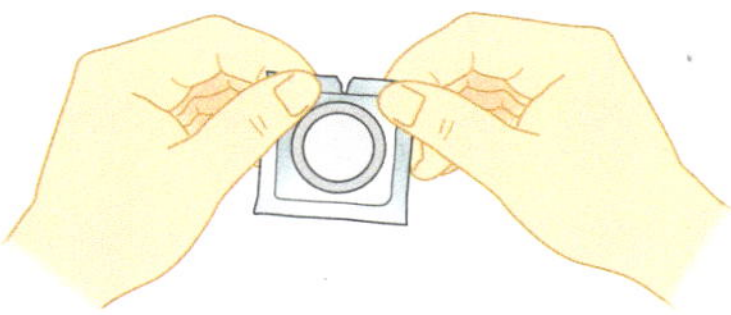

a
Reiße die Kondomverpackung mit den Händen vorsichtig auf, ohne das Kondom zu beschädigen. Scheren, Messer und scharfe Fingernägel sind tabu!

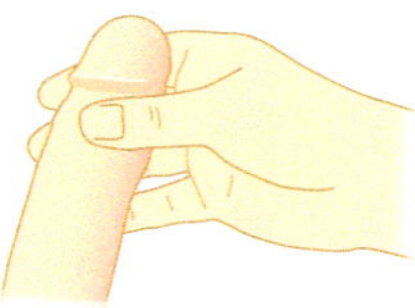

b
Achte darauf, dass der Penis vor dem Überziehen des Kondoms steif ist. Ziehe die Vorhaut zurück, sodass die Eichel nicht bedeckt ist.

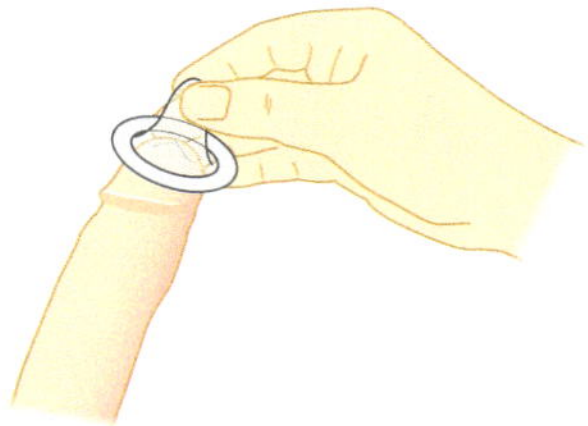

c
Setze das Kondom mit dem Rollrand nach außen auf. Drücke dabei die Spitze des Kondoms, das Reservoir, mit Daumen und Zeigefinger zusammen, um keine Luft einzuschließen.

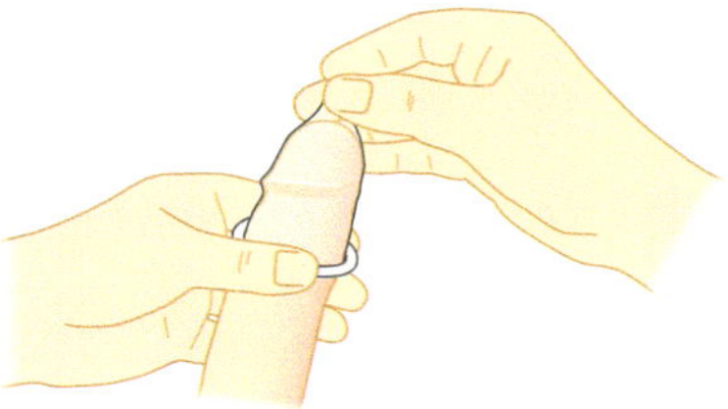

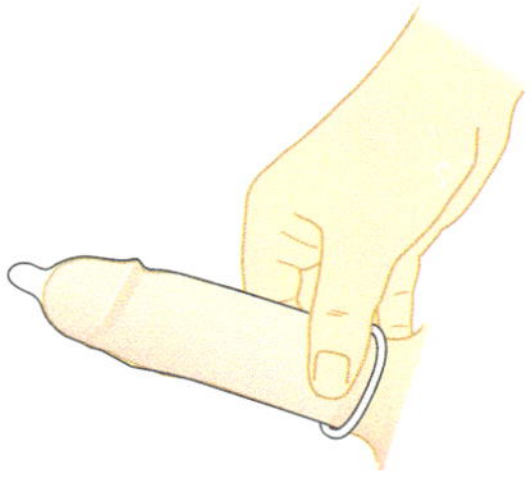

d
Halte mit der einen Hand das Reservoir fest und rolle mit der anderen Hand das Kondom so weit wie möglich über den steifen Penis ab. Achte darauf, dass während des Geschlechtverkehrs das Kondom immer abgerollt bleibt. Verrutscht das Kondom stark, verwende ein neues.

e
Nach dem Spermienerguss wird der Penis schlaff. Ziehe den Penis noch vor dem Erschlaffen aus der Scheide. Halte dabei das Kondom fest, damit es nicht abrutscht. Reinige den Penis von Spermaresten und entsorge das benutzte Kondom im Restmüll.

3 Benutzung eines Kondoms

Zusammenfassung

Struktur und Funktion

Die Infektion des Menschen mit Krankheitserregern wird zunächst durch die äußeren Barrieren Haut, Schleimhäute und Körperflüssigkeiten, z. B. Tränenflüssigkeit, erschwert. So macht zäher Schleim, der von den Schleimhäuten abgesondert wird, die Erreger weniger beweglich und verhindert ein weiteres Eindringen in den Körper. Bei der unspezifischen Immunabwehr werden Eindringlinge an ihren „Ausweisproteinen" von den Fresszellen als körperfremd erkannt und unschädlich gemacht.

Reicht die unspezifische Abwehr nicht aus, werden bei der spezifischen Abwehr Antikörper gebildet. Diese besitzen passgenaue Bindungsstellen für die Antigene des Erregers ▶ Bild 1. Durch dieses Schlüssel-Schloss-Prinzip können Viren und andere Erreger markiert und unschädlich gemacht werden.

Das biologische Prinzip *Struktur und Funktion* beschreibt diese Zusammenhänge.

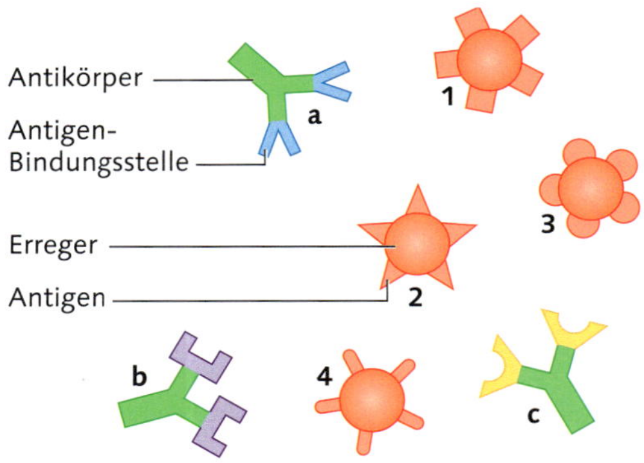

1 Spezifität der Antikörper

Angepasstheit

Krankheitserreger sind an ihre Wirte angepasst und können nur in ganz bestimmten Wirten überleben. Parasiten besitzen darüber hinaus spezielle Merkmale, die es ihnen ermöglichen, ihre Wirte zu finden. Zudem weisen Parasiten Strukturen auf, um im oder auf dem Körper des Wirts zu verbleiben. Dazu gehört z. B. der Stechapparat der Zecke, der das Blutsaugen am Wirt ermöglicht.

Diese Beispiele beziehen sich auf das biologische Prinzip *Angepasstheit*.

Information und Kommunikation

Bei einer Verletzung setzen zerstörte Körperzellen Signalstoffe frei, die zu einer Entzündung führen. Fresszellen werden durch diese Signalstoffe angelockt und können eingedrungene Krankheitserreger aufnehmen ▶ Bild 2. Auch bei der spezifischen Abwehr findet ein Informationsaustausch zwischen verschiedenen beteiligten Zellen statt. So senden aktivierte Helferzellen Signalstoffe aus, die andere Zellen des Immunsystems aktivieren.

Bei der spezifischen Abwehr wird die Information über die beteiligten Erreger in Gedächtniszellen gespeichert. Dies verkürzt die Reaktionszeit gegen den Erreger bei einer Folgeinfektion. Eine Impfung kann die Immunreaktion unterstützen. Bei der passiven Immunisierung helfen im Impfstoff enthaltene Antikörper bei der Bekämpfung einer bereits ausgebrochenen Krankheit. Bei der aktiven Immunisierung wird durch abgeschwächte Erreger die spezifische Abwehr in Gang gesetzt. So entstehen Gedächtniszellen, die vor zukünftigen Infektionen schützen.

Man spricht hier vom biologischen Prinzip *Information und Kommunikation.*

Variabilität

Die Antigene sind bei verschiedenen Erregern unterschiedlich. Der Körper muss deshalb mit einer Vielzahl verschiedener Antikörper auf Antigene reagieren können.

Bei Erregern wie dem Grippevirus verändern sich Antigene sehr häufig. Daraus ergibt sich, dass Gedächtniszellen einer früheren Grippeerkrankung bei einer erneuten Infektion keine Wirkung mehr zeigen.

Anhand dieser Beispiele lässt sich das biologische Prinzip der *Variabilität* aufzeigen.

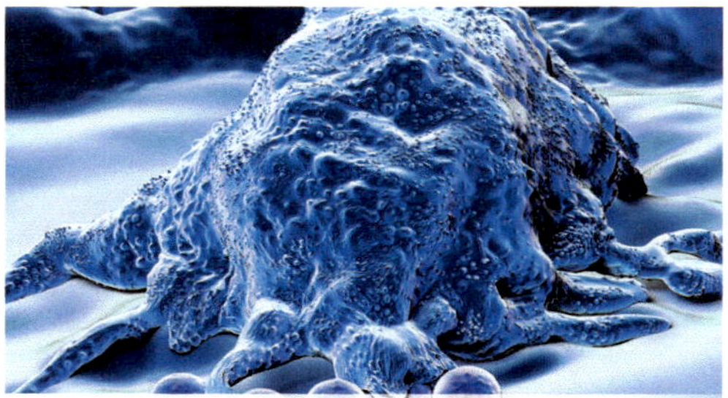

2 Fresszelle nimmt Fremdkörper auf.

Teste dich!

1 **A** Beschreibe die Wege, über die Krankheitserreger in den Körper des Menschen gelangen.
B Nenne je 2 Beispiele für Krankheiten, die von Viren und Bakterien ausgelöst werden.
C Nenne mindestens 5 Barrieren der unspezifischen Abwehr des Körpers gegen Krankheitserreger.

2 Bewerte die Empfehlung, in der Erkältungshauptsaison häufig die Hände zu waschen.

3 Skizziere und beschrifte den Bau eines Bakteriums.

4 Vergleiche unspezifische und spezifische Abwehr.

5 Diese Zellen und Strukturen sind an der spezifischen Immunabwehr im Körper beteiligt ▶ Bild 3.
A Benenne die in ▶ Bild 3 abgebildeten Zellen und Strukturen.
B Ordne ihnen ihre Funktionen in der spezifischen Immunantwort zu.
C Erstelle eine Concept-Map, mit deren Hilfe man die Wechselwirkungen dieser Zellen und Strukturen untereinander erkennen kann. Verwende dabei die Symbole aus ▶ Bild 4.
D Nenne weitere beteiligte Zellen oder Strukturen sowie Wechselwirkungen.

6 Erläutere die Bedeutung des Schlüssel-Schloss-Prinzips anhand eines selbst gewählten Beispiels aus der Immunbiologie.

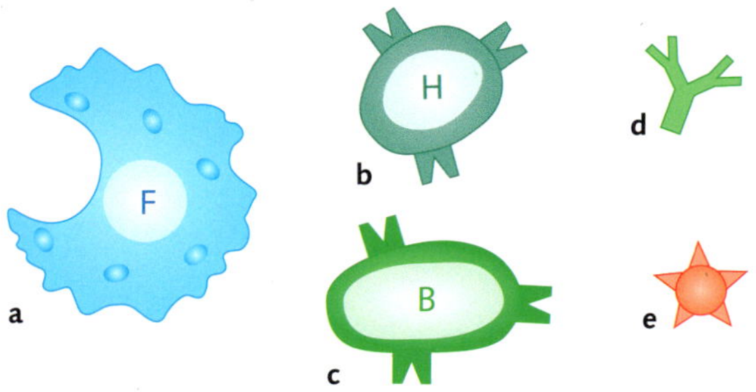

3 Zellen der spezifischen Immunabwehr

4 Symbole für die Concept-Map

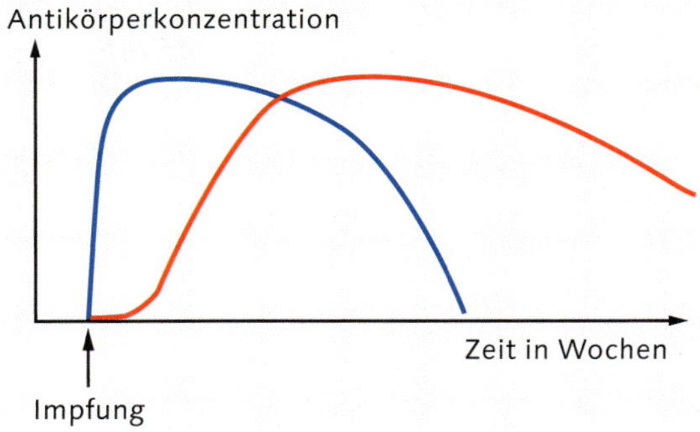

5 Antikörperkonzentration im Krankheitsverlauf

7 **A** Vergleiche die aktive und passive Immunisierung. Erstelle dazu eine Tabelle mit 5 Kriterien.
B Ordne die beiden Kurven in ▶ Bild 5 begründet der aktiven bzw. passiven Immunisierung zu.

8 **A** Erkläre den Begriff Impfmüdigkeit.
B Beschreibe mögliche Folgen dieses Verhaltens.

9 **A** Kinderkrankheiten wie Mumps, Röteln und Windpocken bekommt man in der Regel nur einmal. Erläutere diese Aussage mithilfe von ▶ Bild 6.
B Erkläre, weshalb der Zeitraum zwischen dem Antigenkontakt und der Immunantwort bei der Erstinfektion so viel länger ist als bei der Zweitinfektion mit Antigen 1.
C Stelle Hypothesen auf, warum manche Menschen eine Kinderkrankheit doch zweimal bekommen.

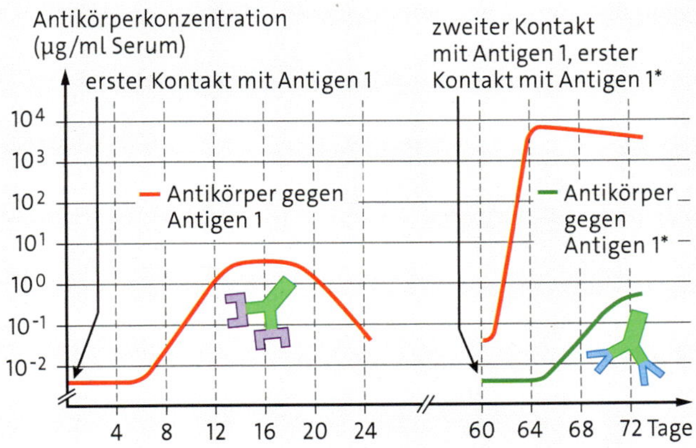

6 Antikörperkonzentration nach Erst- und Zweitinfektion

▶ Die Lösungen zu den Aufgaben findest du im Anhang.

Ökologie

Schon in deiner weiteren Umgebung kannst du viele verschiedene Lebensräume finden. Wälder, Wiesen, Moore oder Gewässer bieten ganz unterschiedliche Bedingungen für viele jeweils typische Lebensgemeinschaften von Tieren, Pflanzen und anderen Lebewesen. Zwischen den vorkommenden Arten eines Lebensraums bestehen zahlreiche und vielfältige Beziehungen. Lebensräume und Lebensgemeinschaften zu untersuchen ist Gegenstand der Ökologie. Das Verständnis ökologischer Zusammenhänge ist die Grundlage für einen nachhaltigen Umgang mit den endlichen Ressourcen unserer Umwelt. Dies ist für das Gleichgewicht und somit das Überleben von Ökosystemen unabdingbar.

Ein ökologisches Wirkungsgefüge erstellen

1995 wurden im Yellowstone-Nationalpark in den USA Wölfe wieder angesiedelt. Inzwischen haben sich die Wölfe nicht nur vermehrt, sondern es hat sich sogar die Landschaft dort deutlich verändert. Mit der Methode Wirkungsgefüge kannst du nachvollziehen, in welcher Beziehung die Lebewesen eines Lebensraums zueinander stehen. Auch die Wechselwirkungen zwischen Lebewesen und Lebensraum können mit dieser Methode als vereinfachtes Modell für ein komplexes System dargestellt werden.

Um ein Wirkungsgefüge wie in ▶ Bild 1 zu erstellen, gehst du wie folgt vor:

Schritt 1 Zunächst formulierst du bestehende Tatsachen, beispielsweise Beobachtungen, stichwortartig als sogenannte Knoten, z. B. auf Klebezetteln. In unserem Fall beschreiben die Knoten des Wirkungsgefüges meist eine Zustandsveränderung.

Schritt 2 Verbinde dann die Knoten durch Pfeile, um die Ursache-Wirkungs-Zusammenhänge zwischen den Knoten zu zeigen.

Schritt 3 Manche Wirkungen verstärken sich selbst, indem sie direkt auf ihre Ursache zurückwirken. Diesen als positive Rückkopplung bezeichneten Effekt kannst du im Wirkungsgefüge offenlegen, indem du entgegengesetzte Pfeile zwischen zwei Knoten ergänzt.

1 Beschreibe die Rolle der Wölfe bei der Umgestaltung der Flussläufe im Yellowstone-Nationalpark ▶ Bild 1.

2 **A** Nenne Faktoren, die den Bestand an Bäumen in einem Ökosystem beeinflussen können.
B Erkläre die wechselseitige Abhängigkeit von Biberbestand und Baumbestand in einem Gebiet.
C Untersuche mithilfe eines zusätzlichen Wirkungsgefüges, wie es sich auf das Ökosystem hätte auswirken können, wenn im Rahmen eines Biberschutzprogramms zu viele Biber anstelle von Wölfen angesiedelt worden wären.

3 Erläutere die positive Rückkopplung anhand der Beispiele in ▶ Bild 1.

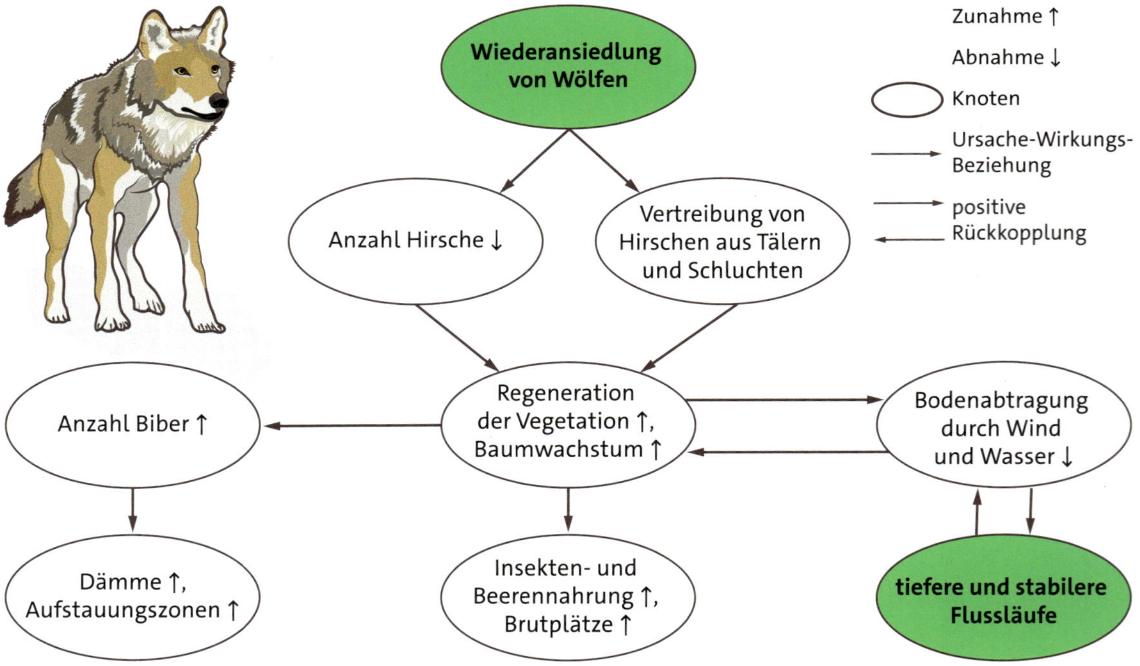

1 Wirkungsgefüge zur Wiederansiedlung des Wolfs im Yellowstone-Nationalpark

Was ist ein Ökosystem?

Organisationsebenen Bei der Betrachtung eines Ökosystems unterscheiden Biologen zunächst zwei Aspekte. Einerseits betrachten sie die Biozönose. Als *Biozönose* bezeichnet man alle Lebewesen, die in einem Ökosystem vorkommen. Untersucht werden die vielfältigen Beziehungen zwischen unterschiedlichen Arten und zwischen Individuen einer Art. Man unterscheidet so verschiedene *biotische Umweltfaktoren*. Als solche versteht man alle Einflüsse von Lebewesen in einer Biozönose.
Andererseits betrachtet man das *Biotop*: Dieser Begriff steht für den Lebensraum. Er ist durch *abiotische Umweltfaktoren* wie beispielsweise die Verfügbarkeit von Wasser, die Bodenbeschaffenheit und das Klima gekennzeichnet, also durch Merkmale der unbelebten Natur.

Offenes und dynamisches System Ökosysteme können zwar über lange Zeiträume stabil bleiben, sind aber niemals statisch, sondern verändern sich natürlicherweise im Lauf der Zeit sowohl hinsichtlich der Biozönose als auch des Biotops. Dies wird als dynamischer Gleichgewichtszustand bezeichnet. Da sie äußeren Einflüssen unterliegen, z. B. der Zu- oder Abwanderung von Tieren, Naturkatastrophen oder Eingriffen durch den Menschen, werden Ökosysteme als offene Systeme bezeichnet ▶ Bild 3.

Abgrenzung Ein Ökosystem ist kein räumlich exakt bestimmbares Gebiet, sondern eine biologische Funktionseinheit, deren Ausdehnung von der jeweiligen Fragestellung abhängt. So ist ein mitteleuropäischer Mischwald mit See ein Ökosystem, ebenso wie der See in ihm ein eigenständiges Ökosystem darstellt ▶ Bild 2.
Die abiotischen und biotischen Umweltfaktoren können sich außerdem innerhalb eines Ökosystems stark unterscheiden, sodass es aus vielen einzelnen Biotopen mit ihren jeweils typischen Biozönosen besteht. Zudem überlappen sich Biotope und auch Ökosysteme häufig – diese Zonen sind oft durch eine besonders hohe Artenvielfalt geprägt.

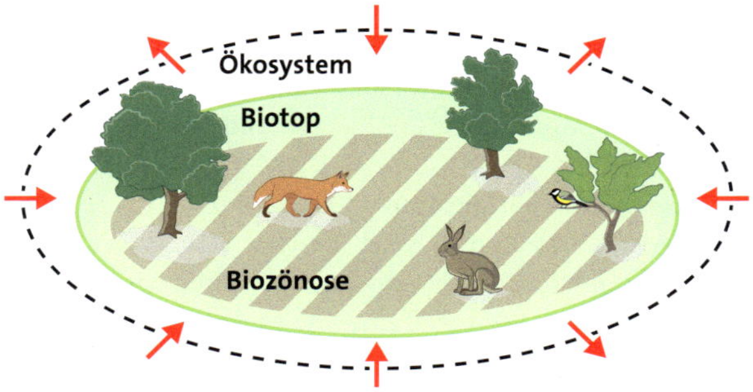

3 Ökosysteme sind offene und dynamische Systeme.

1. Erkläre die Begriffe Biotop, Biozönose und Ökosystem in deinen eigenen Worten.
2. Nenne Beispiele für Beziehungen zwischen Lebewesen unterschiedlicher Arten.
3. Nenne mögliche Gründe für eine Veränderung der Umweltfaktoren in einem Ökosystem.

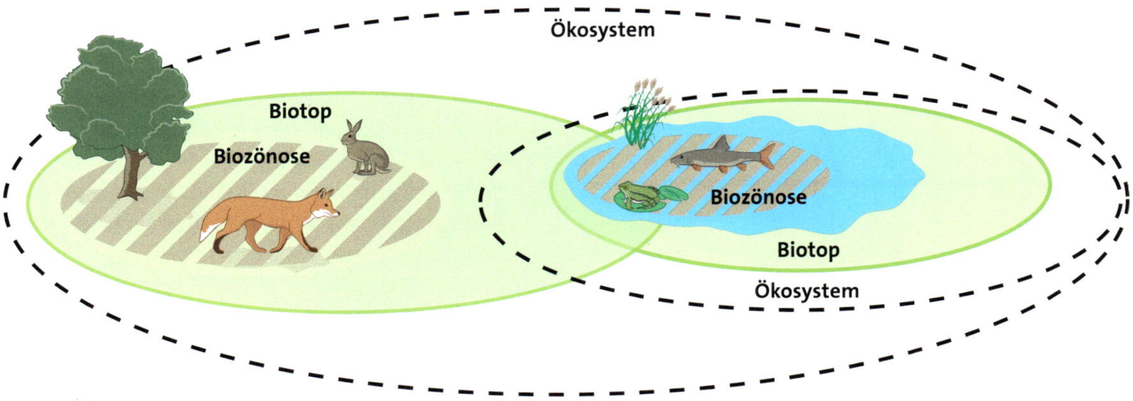

2 Verschiedene Biotope, Biozönosen und ein kleinräumiges Ökosystem innerhalb eines Ökosystems

Ökosystem Pflasterfuge untersuchen

Jeden Tag gehen wir über Pflastersteine, ohne wahrzunehmen, dass sich in den Fugen pflanzliches und tierliches Leben befindet. In Pflasterfugen herrschen ganz besondere Lebensbedingungen. Untersuche die Umweltfaktoren dieses Standorts sowie die besonderen Merkmale der Pflanzen und Tiere in diesem Ökosystem.

Abiotische Umweltfaktoren

Pflasterfugen (▶ Bild 2) sind zumeist mit kleinsten Schottersteinchen, Lehm und Sand gefüllte Zwischenräume zwischen Pflastersteinen. Diese sind unter anderem der Witterung, aber auch z. B. den Fußgängern ausgesetzt.

1 **A** Nenne abiotische Faktoren im Ökosystem Pflasterfuge.
B Formuliere Hypothesen zu Bedingungen, die aufgrund der abiotischen Faktoren im Ökosystem Pflasterfuge herrschen.

2 Untersuche abiotische Faktoren in einem Pflasterfugenökosystem. Erstelle ein Protokoll.

Material: Maßband, Lineal, Kreide, Spatel, pH-Teststreifen, Reagenzgläser mit Gummistopfen, Spritzflasche mit destilliertem Wasser, Thermometer, „Löschpapier", Lupe, Kamera

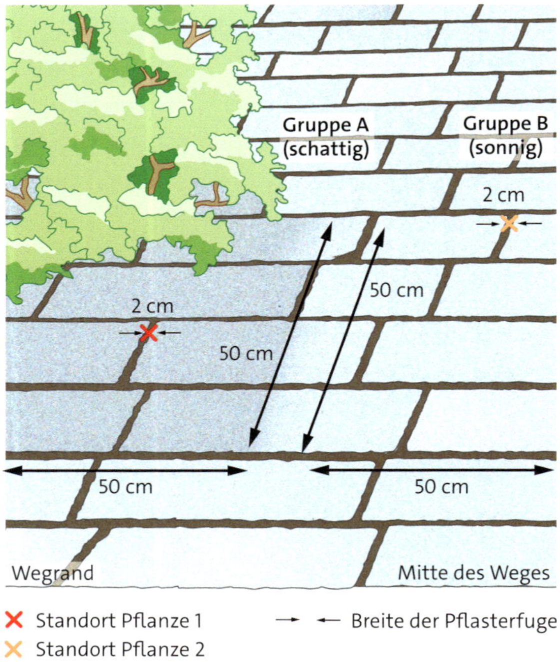

1 Untersuchungsflächen

2 Pflasterfugen

Durchführung:

1. Miss eine 50 cm × 50 cm große Fläche (▶ Bild 1) ab und markiere diese mit Kreide. Fotografiere die Fläche zusammen mit dem Maßband als Maßstab.
2. Skizziere die Fläche mit ihren besonderen Merkmalen maßstabsgetreu auf einem DIN-A4-Blatt ▶ Bild 1.
3. Miss die Bodentemperatur sowie die Lufttemperatur in 10 cm und in 2 m Höhe.
4. Hebe mit einem Spatel eine Bodenprobe aus einer Fuge heraus und gib die Probe in ein Reagenzglas (bis ca. zur Hälfte füllen).
5. Gib einen kleinen Teil der Bodenprobe auf ein Blatt „Löschpapier" und schätze so die Feuchtigkeit des Bodens ab.
6. Fülle das Reagenzglas mit destilliertem Wasser aus der Spritzflasche auf, verschließe das Reagenzglas und schüttle es gut. Wenn sich die Bodenteilchen wieder am Boden des Reagenzglases abgesetzt haben, untersuche die Flüssigkeit mit einem pH-Teststreifen.

3 Pflasterfugenbewohner Springschwanz

Auswertung:

3 **A** Vergleiche deine Werte mit denen anderer Untersuchungsflächen.
B Setze sie in Beziehung zu deinen Hypothesen (siehe Aufgabe 1B).

4 **A** Plane weitere Untersuchungen zur Überprüfung deiner Hypothesen.
B Führe deine geplanten Untersuchungen durch und ergänze das Protokoll.

Flora und Fauna

Pflasterfugen bieten mehr Tieren und Pflanzen einen Lebensraum, als man erwartet ▶ Bilder 3 und 4.
Hinweis: Gehe behutsam mit den Tieren um. Lass sie nach der Untersuchung wieder frei.

5 Untersuche die Flora und Fauna des Pflasterfugenökosystems auf deiner Untersuchungsfläche. Erstelle ein Protokoll.

Material: Maßband, Lineal, Kreide, Bestimmungsliteratur, Kamera, Lupenglas, Spatel, Pinzette, Pinsel

Durchführung:

1. Bestimme die Pflanzen auf der Untersuchungsfläche mithilfe eines Bestimmungsbuchs.
2. Fotografiere die Pflanzen.
3. Miss die Wuchshöhe und -breite der Pflanzen. Notiere im Protokoll.
4. Bestimme die Blattlänge. Schätze ab, wie viel von deiner Untersuchungsfläche von Pflanzen bedeckt ist.
5. Vergleiche die Wuchsform der Pflanzen mit der von Pflanzen derselben Art auf Grasflächen.
6. Wenn du Tiere entdeckst, fange sie vorsichtig im Lupenglas. Hebe einen Pflasterstein hoch, sofern dies möglich ist. Bestimme die Tiere mithilfe von Bestimmungsliteratur.
7. Fotografiere die Tiere.

Auswertung:

6 Erkläre die Angepasstheiten der Pflanzen und der Tiere an die Umweltbedingungen des Lebensraums Pflasterfuge.

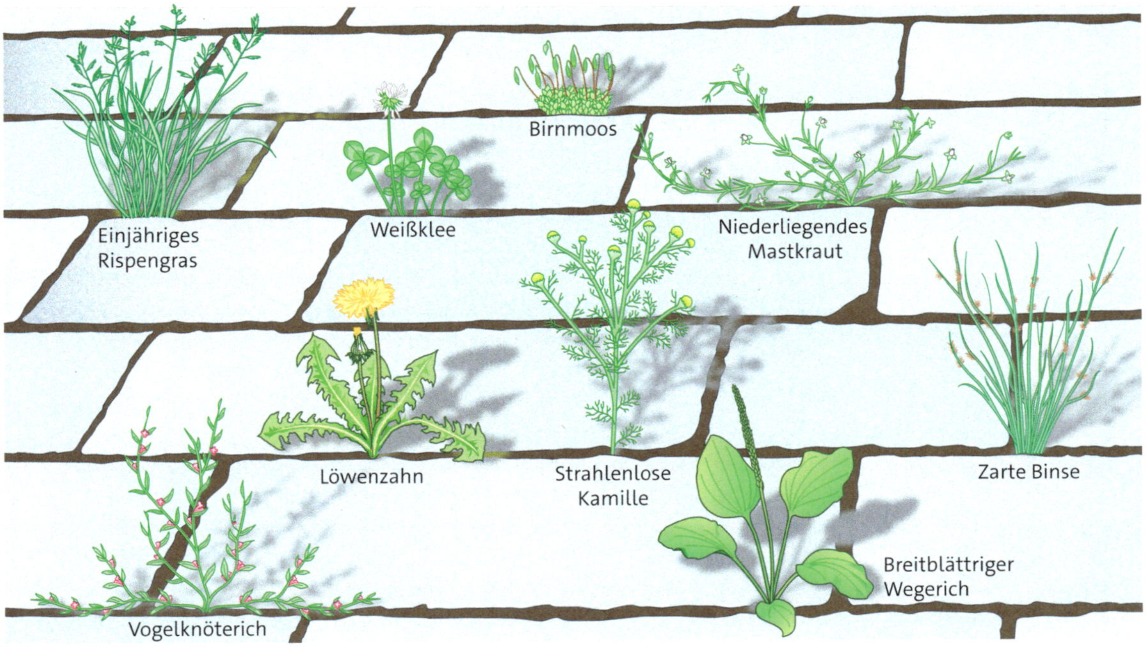

4 Verschiedene Pflanzenarten, die in Pflasterfugen leben

Abiotische Umweltfaktoren und Lebewesen

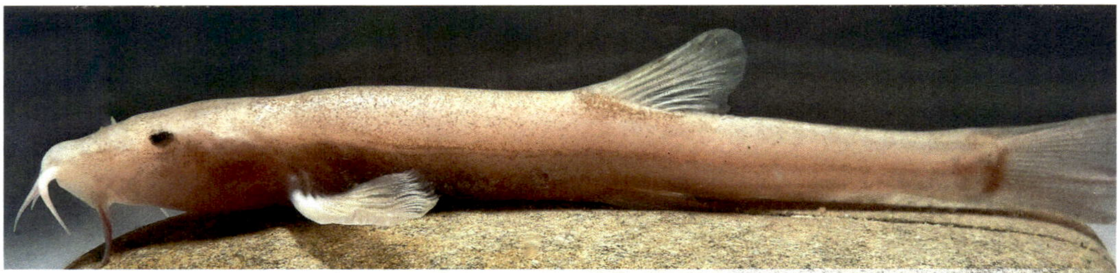

1 Höhlenfisch Bachschmerle *(Barbatula barbatula)*

Einfluss der Umwelt auf Lebewesen Die Umwelt eines Lebewesens ist geprägt durch zahlreiche Faktoren. Einflüsse aus der unbelebten Umwelt, die auf ein Lebewesen einwirken, werden abiotische Umweltfaktoren genannt. Dazu gehören beispielsweise Licht, Temperatur, die Beschaffenheit des Bodens und andere physikalische oder chemische Faktoren. Die Lebewesen sind an die jeweiligen abiotischen Umweltfaktoren ihres Lebensraums unterschiedlich angepasst.

Licht Tiere, die in lichtlosen Biotopen wie Höhlen, der Tiefsee oder unter der Erde leben, zeigen Angepasstheiten zur Orientierung im Dunkeln. Im Jahr 2015 wurde der erste Höhlenfisch Europas entdeckt. Der wenige Zentimeter große und fast farblose Fisch ist eine Schmerle, die im Aachtopf am Rand der Schwäbischen Alb lebt. Die Tiere haben sehr kleine Augen, große Nasenlöcher und lange Barteln ▶ Bild 1.

Viele Pflanzen richten ihre Laubblätter oder wie die Sonnenblume ihre Blüte am Licht aus. Außerdem zeigen Pflanzen eine Abhängigkeit des Wachstums von der Tageslänge. Der Blühbeginn einiger Pflanzen wird durch die Tageslänge bestimmt ▶ Bild 2. Pflanzen bilden bei der Fotosynthese Nährstoffe und Sauerstoff, ohne die Tiere nicht überleben könnten. Sonnenlicht ist die Grundlage des Lebens auf der Erde.

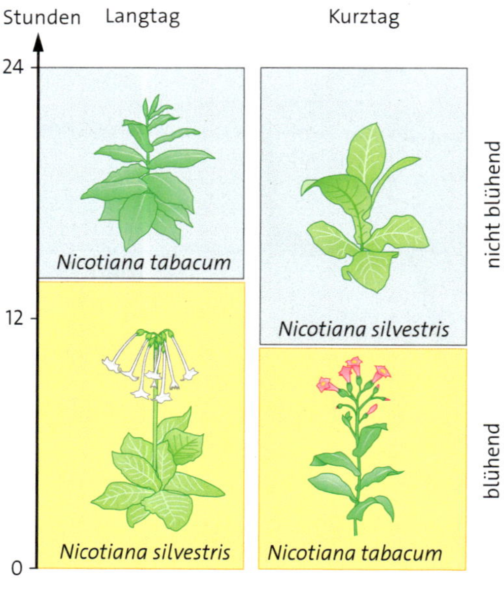

2 Kurztags- und Langtagspflanze *Nicotiana*

Temperatur Die meisten Pflanzen und wechselwarmen Tiere können in einem Temperaturbereich zwischen 0 und 45 °C überleben. Den Bereich zwischen Minimum und Maximum nennt man *Toleranzbereich*. Die bevorzugte Temperatur des Individuums heißt *Temperaturoptimum*. Den Bereich um das Optimum bezeichnen Ökologen als *Präferenzbereich*. Ansprüche an die abiotische Umwelt einer Art lassen sich in Form von Optimumskurven illustrieren ▶ Bild 3.

Gleichwarme Tiere können in der Regel ihre Körpertemperatur unabhängig von der Außentemperatur regulieren. Sie brauchen allerdings eine besondere Wärmeisolierung durch z. B. Fell, Federn oder eine Fettschicht.

Temperatur und Licht Beide Faktoren zusammen bestimmen die jahreszeitlichen Zyklen der Lebewesen wie Wanderung der Zugvögel, Beginn und Ende des Winterschlafs oder Fellwechsel bei Säugetieren. Auch der Blühbeginn und die Laubbildung sowie der Laubfall hängen vom Eintritt einer bestimmten Tagesmitteltemperatur und der täglichen Belichtungsdauer ab.

Wasser Je nach Wasserverfügbarkeit im Biotop sind die Lebewesen unterschiedlich angepasst. Die Känguru有ratte (▶ Bild 4) lebt in der Wüste und ist nachtaktiv. Sie kann in Trockenzeiten ohne Wasseraufnahme überleben. In ihren speziell angepassten Nieren produziert sie einen extrem konzentrierten Harn und scheidet sehr trockenen Kot aus. An heißen Tagen bleibt sie im Bau unter der Erde. Normalerweise entsteht der größte Wasserverlust beim Ausatmen im Nasenraum. Die Nase der Kängururatte hat einen langen Nasengang mit einer besonders gebauten Schleimhaut, die den Wasserverlust minimiert.

Auch Pflanzen sind an die unterschiedliche Verfügbarkeit von Wasser in verschiedenen Biotopen angepasst. Die Laubblätter von Wasserpflanzen, z. B. von Seerosen, sind relativ groß und bilden Schwimmblätter. Ihre Spaltöffnungen für den Gasaustausch liegen auf der Blattoberseite. Die Stängel und die Blätter besitzen ein ausgeprägtes Durchlüftungsgewebe. Die Epidermis der Wasserpflanzen ist meist einschichtig und dünn. Über sie können Wasser und Mineralstoffe aufgenommen werden.

Bei Kakteen (▶ Bild 5) sind die Blätter vollständig zu Dornen mit einer relativ kleinen Oberfläche umgewandelt, um die Verdunstung möglichst gering zu halten. Die Sprossachse ist grün und stark verdickt. Eine mehrschichtige Epidermis mit dicker Cuticula und wenigen eingesenkten Spaltöffnungen soll Wasserverluste verhindern. Mit der Sprossachse betreiben die Wasserspeicherpflanzen Fotosynthese und können in speziellen Wasserspeichergeweben Wasservorräte für lange Trockenperioden lagern.

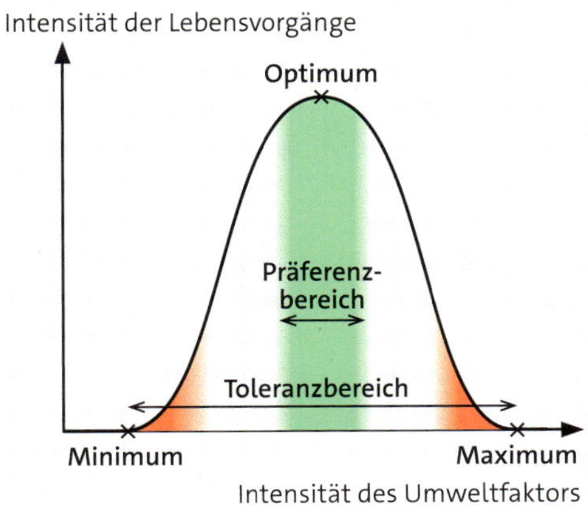

3 Optimumskurve

4 Kängururatte

1 Beschreibe die Angepasstheit der Pflanze *Nicotiana* anhand von ▶ Bild 2.

2 **A** Beschreibe die Optimumskurve ▶ Bild 3.
B Formuliere Hypothesen zu Optimumskurven für die Fotosyntheseaktivität einer Wüstenpflanze und einer Schneealge.

3 Erläutere das biologische Prinzip der Angepasstheit an die Verfügbarkeit von Wasser bei Pflanzen an einem geeigneten Beispiel.

4 **A** Erkläre die Angepasstheiten der Kängururatte an das Leben in der Wüste.
B Erkläre, weshalb Kängururatten einen Großteil des Tages unter der Erde verbringen.

5 Kakteen

Abiotische Umweltfaktoren untersuchen

Überprüfe die Einflüsse abiotischer Umweltfaktoren auf Tiere und Pflanzen mit Experimenten.

Untersuchung mit einer Temperaturorgel

Material: Temperaturorgel (Kupfer- oder Aluminiumblech, ca. 70 cm × 12 cm, Eiswasser im Becherglas, Wärmeplatte), Folienstift, Infrarotthermometer, Federstahlpinzette, etwa 20 wirbellose Tiere einer Art, z. B. Mehlwürmer, Asseln, Ohrwürmer

Vorbereitung:
Das Blech wird an den Längsseiten 2–3 cm hochgebogen. Ein Ende des Blechs wird nach unten gebogen. Dazu wird es an den Knickstellen eingeschnitten. Das geformte Metallblech wird an dem einen Ende gekühlt und am anderen Ende erhitzt ▶ Bild 2.
Teile das Blech in 5 Abschnitte ein. Markiere diese Bereiche mit einem Folienstift.
Beginne den Versuch erst, wenn das Blech deutliche Temperaturunterschiede an beiden Seiten aufweist. Die Temperatur des Blechs sollte zu keiner Zeit 45 °C übersteigen.

Durchführung:
1. Miss die Temperatur der unterschiedlichen Bereiche und notiere die Werte.
2. Setze die Tiere behutsam mit der Pinzette gleichmäßig verteilt auf das Blech.
3. Beobachte die Tiere. Dokumentiere deine Beobachtungen in festen Zeitabständen von ca. 1 bis 2 min. Notiere jeweils die Anzahl der Tiere in den 5 Bereichen.
4. Überprüfe nach einer Beobachtungsphase erneut die Temperatur und notiere mögliche Abweichungen.

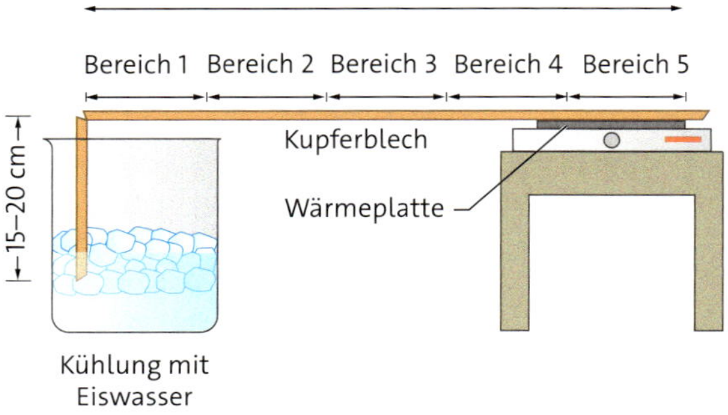

2 Temperaturorgel

1 **A** Stelle deine erfassten Werte in einem geeigneten Diagramm dar.
B Vergleiche deine Werte mit den Werten für andere Wirbellose ▶ Bild 1.
C Beschreibe einen Kontrollversuch zu diesem Versuch.

Keimung von Pflanzensamen

2 **A** Nenne abiotische Umweltfaktoren, die die Keimung von Pflanzensamen beeinflussen.
B Plane einen Versuch, mit dem der Einfluss eines dieser abiotischen Umweltfaktoren auf Pflanzensamen untersucht werden kann.
C Führe den Versuch, inklusive Kontrollversuch, durch. Erstelle ein Protokoll.

Regenwurm 10–14 °C	Heimchen 31–37 °C	Deutsche Küchenschabe 28–33 °C	Rückenstrichgarnele 18–26 °C

1 Präferenzbereiche von Wirbellosen in einer Temperaturorgel

Verfügbarkeit von Wasser

Das Wasserangebot für Pflanzen hängt von ihrem jeweiligen Standort ab. Sowohl Trockenpflanzen als auch Feuchtpflanzen zeigen Angepasstheiten im Bau ihrer Laubblätter.

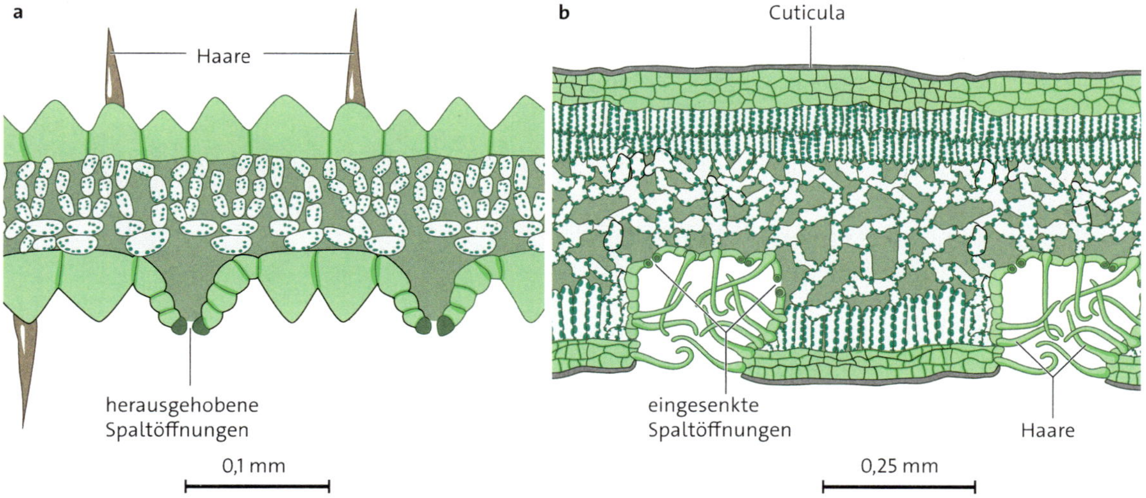

3 Blattquerschnitte von *Ruellia* (a) und Oleander (b)

1 In ► Bild 3 sind die Querschnitte der Laubblätter von *Ruellia* und Oleander dargestellt. Vergleiche die Blattquerschnitte.

2 Über die Blattadern wird Wasser ins Blatt transportiert. Die Interzellularen des Schwammgewebes sind mit Wasserdampf gesättigt (100 % relative Feuchte). Über die Spaltöffnungen kann Wasserdampf nach außen abgegeben werden.

A Vergleiche die Wasserabgabe an den Spaltöffnungen in ► Bild 4 a–c.

B Formuliere eine Hypothese zur Wasserabgabe an den Spaltöffnungen der Pflanzen in ► Bild 3.

C Ordne die ► Bilder 3 a und b begründet den Trocken- bzw. Feuchtpflanzen zu.

D Erläutere, weshalb auch bei großer Trockenheit die Spaltöffnungen immer wieder geöffnet werden müssen.

3 Stelle Hypothesen zum Aufbau des Blattquerschnitts eines Seerosenblatts auf.

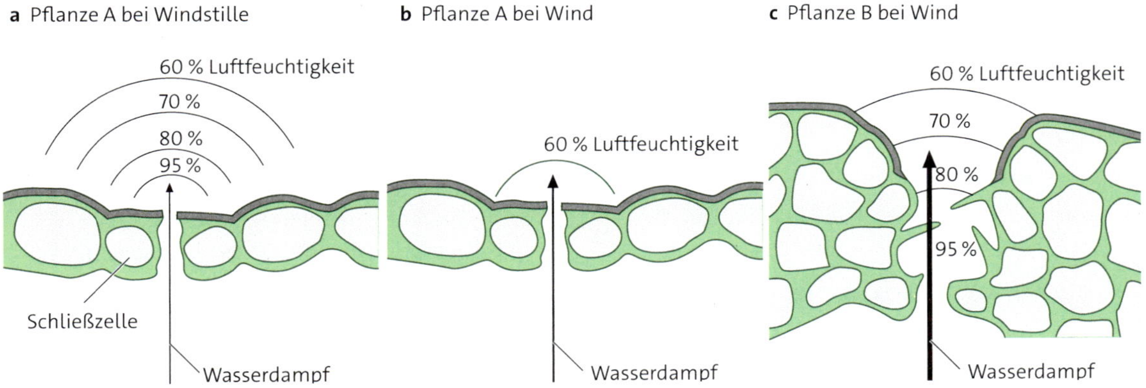

4 Luftfeuchtigkeit in der Umgebung von Spaltöffnungen

Abiotische Umweltfaktoren messen

Abiotische Umweltfaktoren spielen in jedem Ökosystem eine wichtige Rolle. Sie charakterisieren das Biotop. Finde durch Vergleich mit einem anderen Lebensraum heraus, welche besonderen Lebensbedingungen das Ökosystem Wald bietet.

Temperatur

Interessant ist eine Langzeitmessung mit einem Min-Max-Thermometer ▶ Bild 2 d. Es zeigt neben der aktuellen auch die im Zeitraum höchste und niedrigste Temperatur an.

Windgeschwindigkeit

Die Windgeschwindigkeit misst man mit einem Anemometer ▶ Bild 2 a. Man kann die Windgeschwindigkeit aber auch abschätzen ▶ Bild 1. Die Beaufortskala gibt die Windstärken an, die in Windgeschwindigkeiten umgerechnet werden können. Häufig wird zudem die Windrichtung angegeben.

Lichtstärke

Mit einem Luxmeter (▶ Bild 2 c) kann man die Lichtstärke messen. Man muss darauf achten, beim Ablesen nicht selbst einen Schatten auf den Sensor des Geräts zu werfen. Die Lichtstärke besagt, wie groß der einfallende Lichtstrom pro Flächeneinheit ist, und wird in der Einheit Lux (lx) gemessen.

Windstärke	Beobachtungen an Bäumen	Windgeschwindigkeit in km/h
0	keine Luftbewegung	0–1
2	Blätter rascheln	6–11
3	Blätter und dünne Zweige bewegen sich	12–19
4	Zweige bewegen sich	20–28
5	große Zweige und Äste bewegen sich	29–38
7	Bäume schwanken	50–61
8	Zweige brechen von Bäumen	62–74
9	Äste brechen	75–88
10	Bäume werden entwurzelt	89–102
12	schwerste Sturmschäden	≥ 117

1 Beaufortskala (Auszug)

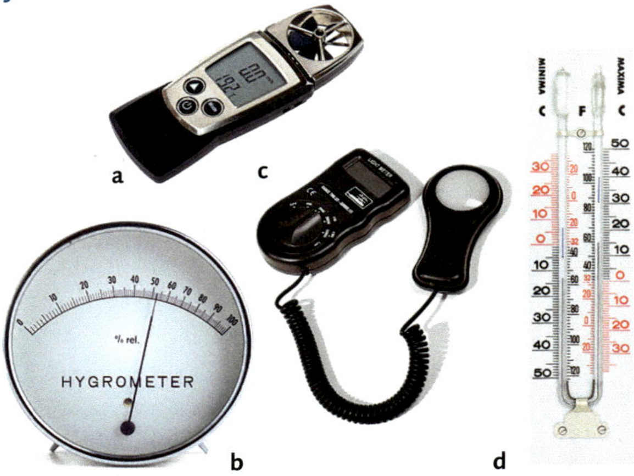

2 Messgeräte: Anemometer (a), Hygrometer (b), Luxmeter (c), Min-Max-Thermometer (d)

Luftfeuchtigkeit

Die Luftfeuchtigkeit wird mit einem Hygrometer (▶ Bild 2 b) bestimmt. Sie wird in Prozent angegeben, da sie den Anteil des Wasserdampfs im Gasgemisch der Luft bezeichnet.

1 **A** Miss die abiotischen Umweltfaktoren an einer Stelle mitten im Wald. Nimm die gleichen Messungen auch außerhalb des Waldes vor.
B Beschreibe die Vegetation und Dichte des Bewuchses am Standort der Messung.
C Stelle eine Beziehung zwischen dem Pflanzenbewuchs und den abiotischen Umweltfaktoren her.
D Vergleiche die mitten im Wald gemessenen Werte mit den Werten, die außerhalb des Waldes ermittelt wurden.
E Erläutere die Messergebnisse inner- und außerhalb des Waldes.

2 **A** Stelle Hypothesen auf, wie sich die Werte in den Jahreszeiten unterscheiden werden.
B Überprüfe deine Hypothesen in einem Experiment.

3 Nimm Stellung zu folgender Aussage: „Das Roden eines Waldgebiets hat schwerwiegende Folgen für die gesamte Umgebung."

Umweltfaktor Licht im Ökosystem Wald

Fotosynthese und Licht Alle Pflanzen brauchen Licht, um mithilfe von Sonnenenergie Glucose herzustellen. Die aus der Glucose produzierten Stoffe dienen den Pflanzen und damit auch allen anderen Lebewesen als Nahrung.

Umweltfaktor Licht Wälder unterscheidet man in Laub-, Nadel- und Mischwälder. Der mitteleuropäische Laubwald besteht aus Bäumen, die im Winter ihre Blätter verlieren, wie z. B. Rotbuche, Stieleiche und Bergahorn. Im Laubwald sind die Lichtverhältnisse durch die Belaubung der Baumkrone beeinflusst. Die Baumkronen erhalten ganzjährig volles Sonnenlicht, während die bodennahen Bereiche in den Sommermonaten nur wenig Licht erreicht ▶ Bild 3.
Im Laubwald wirkt sich das je nach Jahreszeit besonders auf das Wachstum der Pflanzen am Boden aus. Frühblüher wie das Buschwindröschen blühen im Frühjahr am Waldboden vor dem Laubaustrieb der Bäume ▶ Bild 4. Durch das frühzeitige Austreiben vermeiden die Frühblüher Konkurrenz um die Ressource Licht im Wald. Im Sommer wachsen am Waldboden hauptsächlich Farne, Moose und Pilze. Sie sind an die geringe Lichtverfügbarkeit angepasst.

4 Laubwald im Frühling

1 Werte das Diagramm aus ▶ Bild 3.

2 **A** Vergleiche die Lichtverhältnisse im mitteleuropäischen Laubwald mit denen im immergrünen Nadelwald.
B Stelle eine Hypothese auf, wie die Vegetation am Waldboden jeweils beschaffen ist.

3 Nenne neben dem Licht weitere relevante abiotische Umweltfaktoren für das Ökosystem Wald.

4 Efeu ist eine immergrüne Kletterpflanze, die bis in das Kronendach der Bäume hochrankt. Erkläre die Angepasstheit des Efeus.

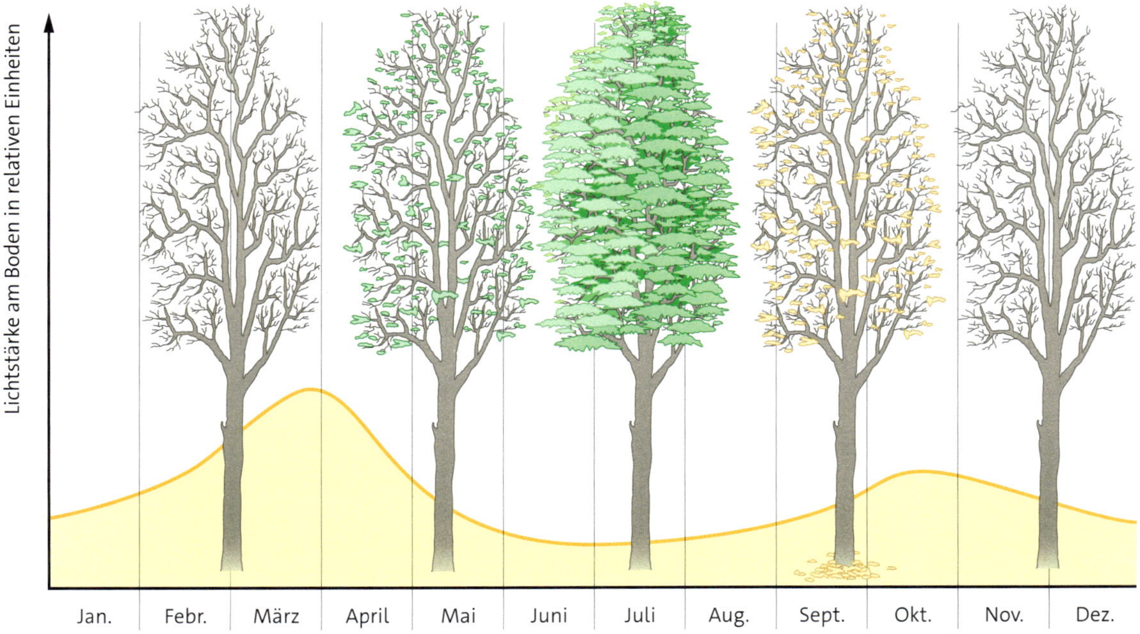

3 Lichtverhältnisse am Boden im mitteleuropäischen Laubwald

Untersuchung des Wassers im See

Bestimme im Ökosystem See verschiedene ökologische Umweltfaktoren wie Temperatur und Nährstoffgehalt.

1 Messung des Nährstoffgehalts

Messung des Nährstoffgehalts

Frei im Wasser schwebende Einzeller und Kleinstlebewesen, die Fotosynthese betreiben, machen den größten Teil der Biomasse in Seen aus. Je größer der Anteil dieser Organismen im Wasser ist, desto größer ist der Nährstoffgehalt und desto trüber erscheint das Wasser. Mit einer auffällig schwarz-weiß gemusterten Secchi-Scheibe lässt sich die Trübung und damit auch indirekt der Nährstoffgehalt des Seewassers bestimmen ▶ Bild 1.

Material: Secchi-Scheibe (bzw. CD) an Senkschnur (20 m; mit Markierungen in z. B. 20-cm-Abständen) und Senkmasse

Durchführung:
Senke die Secchi-Scheibe an einer tiefen Stelle an der Schnur ins Wasser ab. Notiere die Tiefe, ab der die Umrisse der Scheibe gerade verschwinden.

1 **A** Beschreibe das Aussehen des Wassers und formuliere eine Hypothese zum Nährstoffgehalt.
B Ermittle den Nährstoffgehalt des Sees mit der Secchi-Scheibe (▶ Bild 1) und vergleiche mit deiner Hypothese.
C Erläutere die Bedeutung der Sichttiefe für die Lebewesen des Sees.

Sichttiefe	Nährstoffgehalt	Stufe
groß (ca. 5–10 m)	gering	I
mittel (ca. 1–5 m)	mittel	II
gering (< 1 m)	hoch	III
sehr gering (< 20 cm)	sehr hoch	IV
nur wenige cm	extrem hoch	V

2 Sichttiefe und Nährstoffgehalt des Sees

Messung der Temperatur

Bestimme an einem ufernahen sowie an einem uferfernen Standort die Temperatur des Seewassers und die Lufttemperatur über dem See. Uferferne Standorte kann man mit einem Boot oder von einem längeren Steg aus erreichen. Ein Teleskopstab kann in Ufernähe helfen, das Thermometer zu positionieren.

Material: Thermometer, Teleskopstab, Senkschnur (20 m; mit Markierungen in z. B. 20-cm-Abständen) und Senkmasse

Durchführung:
Temperatur im Tagesverlauf Bestimme an den gewählten Standorten über einen Tag hinweg in regelmäßigen Abständen, z. B. stündlich, die Lufttemperatur über dem See und die Temperatur des Oberflächenwassers.
Temperatur-Tiefenprofil Bestimme an den gewählten Standorten die Lufttemperatur über dem See und die Wassertemperatur in verschiedenen Tiefen (z. B. 20-cm-Abstände). Befestige dazu das Thermometer und ggf. die Senkmasse an der Senkschnur. Warte je nach Thermometertyp kurze Zeit (z. B. 2 min), bevor du abliest.

2 **A** Ermittle den Temperatur-Tagesverlauf und das Temperatur-Tiefenprofil.
B Protokolliere die Messergebnisse.
C Stelle die Messergebnisse in geeigneten Diagrammen dar.
D Vergleiche und erkläre die Tagesverläufe von Luft- und Wassertemperatur.

Seen im Jahresverlauf

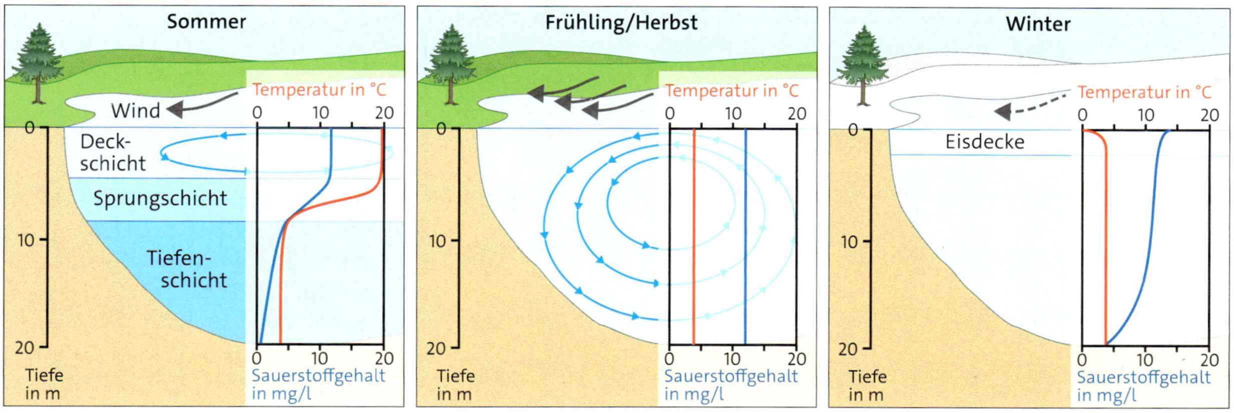

3 Wassertemperatur und Sauerstoffgehalt eines Sees im Jahresverlauf

Sommer und Winter Durch die Sonneneinstrahlung und die höhere Lufttemperatur erwärmt sich im Sommer das oberflächennahe Seewasser auf 20 °C und mehr. Ab 4 °C verringert sich die Dichte des Wassers mit steigender Temperatur. Das Wasser sammelt sich als *Deckschicht*. In größeren Tiefen, der *Tiefenschicht*, erwärmt es sich hingegen nicht. Markant ist der Übergang: Innerhalb nur weniger Meter sinkt die Temperatur auf die für tiefere Schichten üblichen 4 °C. Daher wird diese Zone *Sprungschicht* genannt.

Im Sommer findet kein Wasseraustausch zwischen den Schichten statt. Man spricht daher von *Stagnation*. Lediglich das Wasser in der Deckschicht wird durch den Wind und den oberflächennahen Tageszyklus der Wassertemperatur und die damit verbundenen Änderungen der Dichteverhältnisse durchmischt.

Im Winter ergibt sich durch die Auskühlung des Wassers an der Oberfläche ebenfalls ein recht stabiles Temperatur-Tiefenprofil: Fällt die Lufttemperatur über längere Zeit unter 0 °C, gefriert das Seewasser an der Oberfläche. Es bildet sich eine Eisschicht. In der Tiefenschicht beträgt die Temperatur ca. 4 °C. Noch kälteres Wasser und Eis besitzen eine geringere Dichte und sind daher weiter oben im Tiefenprofil verortet.

Frühjahr und Herbst In den beiden Übergangsjahreszeiten kommt es zu einer Durchmischung bzw. *Zirkulation* des Wasserkörpers bis in große Tiefen. Stürme, die in diesen beiden Jahreszeiten häufiger auftreten als im Sommer oder Winter, sind ein wichtiger Motor der Zirkulation. Dichteunterschiede des Wassers aufgrund von Temperaturunterschieden verstärken die Zirkulation. Die Temperatur des oberflächennahen Wassers verändert sich aufgrund der anderen Sonneneinstrahlung und Lufttemperatur stark und damit auch die Dichteverhältnisse im Wasserkörper: Im Herbst z. B. sinkt abgekühltes, dichteres Wasser ab. Das im Vergleich wärmere, darunterliegende Wasser steigt auf.

Sauerstoff Für die meisten Lebewesen ist der Sauerstoffgehalt des Seewassers entscheidend. In den Stagnationsphasen verarmt die Tiefenschicht zusehends an Sauerstoff. Mit der Zeit bildet sich aus dem abgesunkenen toten organischen Material vorübergehend eine sauerstofffreie Faulschlammschicht am Seegrund. In besonders nährstoffreichen Seen sterben in einer langen Sommerstagnation oft alle Lebewesen ab. Der See kippt um.

1 **A** Vergleiche die Temperatur des Seewassers in unterscheidlichen Tiefen zu verschiedenen Jahreszeiten ▶ Bild 3.
B Erläutere den Jahresgang der Wassertemperatur.

2 Erkläre, weshalb im Winter keine und im Sommer nur eine Teildurchmischung des Wassers stattfindet.

3 Erläutere die Antriebskräfte der Teilzirkulation in der Deckschicht.

4 Formuliere eine Hypothese zu den Konsequenzen, wenn die Herbstzirkulation ausbleibt.

Klimaregeln

In einfachen Experimenten kannst du die Zusammenhänge zwischen den klimatischen Verhältnissen und den Angepasstheiten der Tiere modellhaft untersuchen. Fertige Versuchsprotokolle an.

Experiment 1

Gefäß Nr.	1	2	3
Wasservolumen in ml (= cm^3)	100	500	1000
Wasseroberfläche in cm^2	119		
Wassertemperatur am Anfang in °C			
Wassertemperatur am Ende in °C			
Temperaturdifferenz in °C			

1 Tabelle für das Protokoll von Experiment 1

Material: mindestens drei verschieden große Bechergläser (z. B. 100 ml, 500 ml und 1000 ml), heißes Wasser, Thermometer, Stoppuhr, Taschenrechner

Durchführung:

1. Fülle die Bechergläser mit heißem Wasser und miss sofort die Temperatur in der Mitte der Bechergläser. Notiere die Werte in Grad Celsius ▶ Bild 1.
2. Miss die Wassertemperatur in der Mitte der Bechergläser nach 10 min erneut und notiere die Werte.
3. Berechne die Temperaturdifferenz zwischen dem Anfangs- und dem Endwert in jedem Becherglas.
4. Notiere das Wasservolumen in den Bechergläsern in ml (= cm^3).
5. Berechne die Oberfläche A des Wasserzylinders in den Bechergläsern mit der Formel $A = 2\pi r h + 2\pi r^2$ (r: Radius des Becherglases; h: Wasserhöhe im Becherglas). Notiere die Werte in cm^2.

Auswertung:

1 Fasse die Versuchsergebnisse zusammen.

2 Erkläre die Versuchsergebnisse. Formuliere dazu einen Satz, der beschreibt, wie Wasseroberfläche und -volumen die Temperaturveränderung beeinflussen.

3 **A** In einem Versuch werden 14 Reagenzgläser mit heißem Wasser gefüllt. Sieben davon werden nebeneinander in einen Reagenzglasständer gestellt, die anderen sieben werden mit einem Gummiband zusammengebunden. Stelle eine begründete Hypothese auf, in welchem der beiden Versuchsansätze das Wasser im mittleren Reagenzglas schneller abkühlt.
B Überprüfe deine Hypothese experimentell.

Experiment 2

2 Kartoffeln mit und ohne Kupferblech

Material: Kartoffeln, Kupferblechstreifen, Wasser, Topf, Herdplatte, Thermometer, Tiegelzange, Petrischale, Stoppuhr

Durchführung:

1. Koche die Kartoffeln, bis sie gar sind, und lege sie mit einer Tiegelzange in eine Petrischale.
2. Miss die Innentemperatur von zwei gleich großen und ähnlich geformten Kartoffeln. Notiere die Werte.
3. Stich in eine der Kartoffeln ein oder mehrere Kupferblechstreifen ▶ Bild 2.
4. Miss die Innentemperatur der Kartoffeln nach 10 min erneut und notiere die Werte.
5. Berechne die Temperaturdifferenz zwischen dem Anfangs- und dem Endwert für beide Kartoffeln.

Auswertung:

4 Erkläre die Versuchsergebnisse.

Angepasstheiten von Tieren an das Klima

Wärmehaushalt Gleichwarme Tiere halten die Temperatur in ihrer Körpermitte weitgehend konstant. Dabei helfen eine Unterhautfettschicht und isolierende Körperbedeckungen wie Fell oder Federn. Für die Regulation nutzen diese Tiere verschiedene Mechanismen.

Ist die Außentemperatur niedrig, kann der Wärmeverlust durch Verengung der Blutgefäße in den äußeren Bereichen des Körpers reduziert werden. Häufig werden auch schlecht isolierte Körperbereiche geschützt und die Oberfläche verringert, z. B. indem sich ein Tier zusammenrollt. Die Körperkerntemperatur kann auch durch Verbrennung von Fett oder durch Muskelzittern erhöht werden. Diese beiden aktiven Regulationsmechanismen gegen Unterkühlung erfordern allerdings viel Energie.

Bei zu hohen Außentemperaturen muss sich der Körper vor Überhitzung schützen. Eine starke Durchblutung der äußeren Körperbereiche durch erweiterte Gefäße fördert die Wärmeabstrahlung. Mit der Absonderung von Schweiß und die dadurch entstehende Verdunstungskälte wird der Körper zusätzlich gekühlt. Dabei geht dem Körper jedoch Flüssigkeit verloren.

Klimaregeln Tiere sind nicht nur durch ihre Regulationsmechanismen, sondern auch durch ihren Körperbau an die Umgebungstemperatur angepasst ▶ Bild 3. So sind beispielsweise gleichwarme Tiere, die einer Art oder nahe verwandten Arten angehören, in kalten Gebieten größer als in warmen. Diesen Zusammenhang nennt man die *Bergmann'sche Regel:* Ein großes Körpervolumen ermöglicht viel Wärmebildung und -speicherung und durch eine im Verhältnis dazu kleine Körperoberfläche geht weniger Wärme verloren. Kleine Tiere haben einen größeren Oberflächen-Volumen-Quotienten als große Tiere. Deshalb ist ihr Energiebedarf relativ zur Körpermasse höher.

Eine weitere Klimaregel, die *Allen'sche Regel*, bezieht sich auf Körperanhänge wie Ohren, Schwanz und Gliedmaßen. Gleichwarme Tiere einer Art oder nahe verwandter Arten haben in warmen Gebieten größere Körperanhänge als in kalten. Durch die große Oberfläche der Körperanhänge wird mehr Wärme nach außen abgegeben und die Körpertemperatur gesenkt.

1 Wende die Klimaregeln auf die Bären in ▶ Bild 3 an.

2 **A** Nenne Vor- und Nachteile von gleich- und wechselwarmen Tieren.

B Erkläre, weshalb die Klimaregeln nicht auf wechselwarme Tiere anwendbar sind.

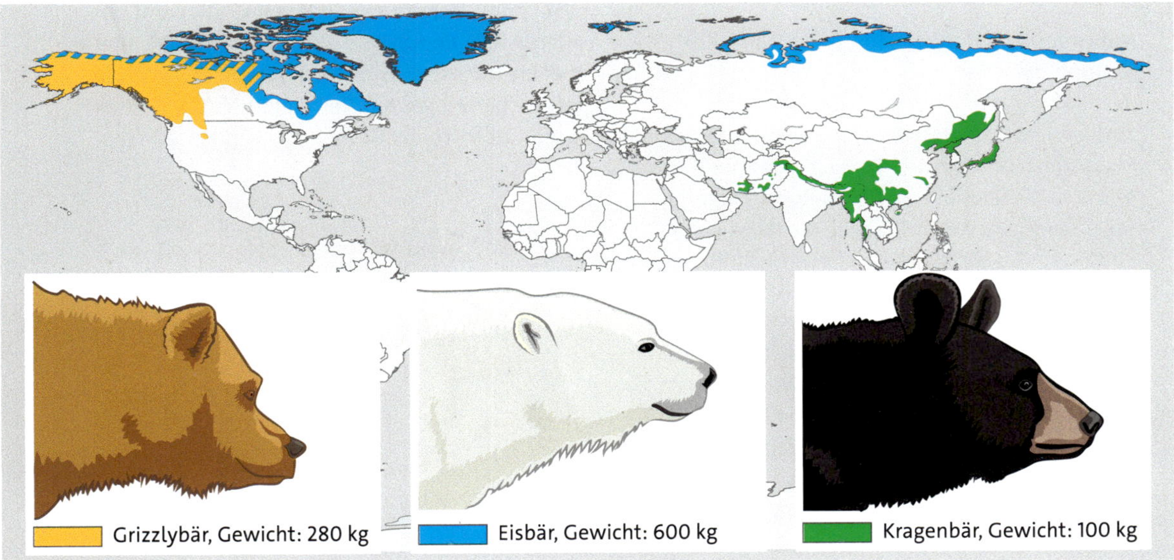

3 Klimaregeln am Beispiel von Bären

Räuber und Beute

Biotische Umweltfaktoren Alle Lebewesen, die in einem Ökosystem leben, nehmen direkt oder indirekt Einfluss aufeinander. Alle Einflüsse innerhalb einer Biozönose bezeichnet man als biotische Umweltfaktoren, z.B. Räuber-Beute-Beziehungen oder Konkurrenz um Ressourcen wie Nahrung und Nistplätze. Gehen diese Einflüsse von Lebewesen anderer Arten aus, so spricht man von *zwischenartlichen* Beziehungen. Sind es dagegen Einwirkungen von Lebewesen der eigenen Art, so handelt es sich um *innerartliche* Beziehungen.

1 Rotfuchs mit Feldhase

Nahrungsbeziehungen Für jede Nahrungsbeziehung zwischen zwei Arten kann man Folgendes formulieren: Art A wird gefressen von Art B. Man spricht von einer *Räuber-Beute-Beziehung*. Ein Beispiel hierfür sind Rotfuchs und Feldhase ▶ Bild 1. Der Feldhase wird vom Rotfuchs gefressen. Allerdings ist der Feldhase nicht das einzige Beutetier des Rotfuchses. Ebenso ist der Rotfuchs nicht der einzige Fressfeind des Feldhasen. Die Darstellung von Räuber-Beute-Beziehungen sind oft vereinfachte Modelle ▶ Bild 2. Räuber und Beute besitzen typische Angepasstheiten. Der Feldhase ist ein Fluchttier: Mit seinen großen Ohren nimmt er leiseste Geräusche wahr. Seine Augen sind seitlich am Kopf. Dies ermöglicht ein großes Gesichtsfeld, mit dem er Räuber frühzeitig entdecken kann. Mit seiner Fellfarbe ist er am Boden getarnt und durch Hakenschlagen verwirrt er Verfolger. Der Rotfuchs zeigt Angepasstheiten an das Leben als Jäger: Seine beweglichen Ohrmuscheln ermöglichen ein gutes Richtungshören, sodass er seine Beute orten kann. Beide Augen sind nach vorne gerichtet und ermöglichen so räumliches Sehen. Dies ist für das Ergreifen der Beute wichtig.

Populationen Um verallgemeinernde Aussagen treffen zu können, reicht es nicht aus, sich auf einzelne Individuen zu beschränken, sondern man betrachtet Gruppen von Tieren. Solch eine Gruppe von Individuen, die derselben Art angehören, sich in einem bestimmten Gebiet aufhalten und eine Fortpflanzungsgemeinschaft bilden, bezeichnet man als *Population.*
Eine Fuchspopulation hat verschiedene Bedürfnisse, die befriedigt werden müssen, z.B. nach Nahrung. Nur wenn genügend Beutetiere im Gebiet leben, kann die Population der Räuber überleben. Aber auch die Beutetiere benötigen ausreichend Nahrung. Der Feldhase als Beutetier des Rotfuchses ist ein Pflanzenfresser. Die Vegetation ist somit indirekt auch für die Fuchspopulation von Bedeutung.

Dynamik einer Population Lebt die Population in einem Gebiet, in dem es eine große Anzahl an Beutetieren gibt, ist die Nahrungsversorgung der Population gut und Nachkommen können problemlos aufgezogen werden. Die Population wächst. Die Population kann jedoch nicht unendlich wachsen. Wird die Rotfuchspopulation größer, benötigen die Tiere mehr Nahrung und jagen somit mehr Beutetiere. Die Anzahl der

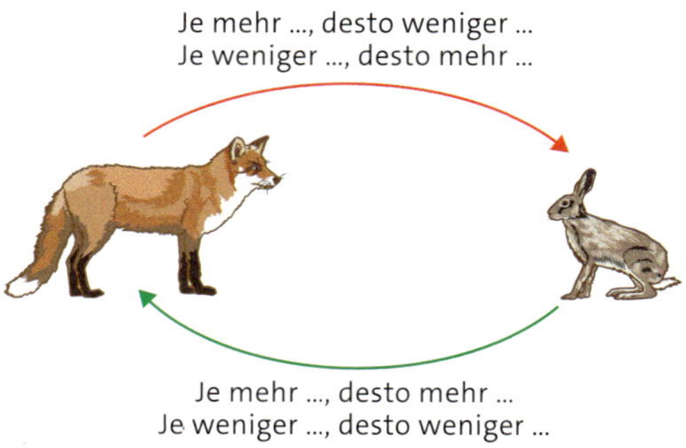

2 Zusammenhang zwischen Räuber- und Beutepopulationen

Beutetiere nimmt daraufhin ab. Dadurch kommt es zu einem Nahrungsmangel für Rotfüchse, sodass diese sich weniger fortpflanzen. Nun kann sich die Population der Beutetiere erholen. Dies hat wiederum einen Einfluss auf die Populationsgröße der Räuber.

Lotka-Volterra-Modell Die Mathematiker ALFRED J. LOTKA und VITO VOLTERRA untersuchten Veränderungen von Populationen. Beim Vergleich von Populationsgrößen von Beutetieren und ihren Räubern stellten sie Regelmäßigkeiten fest. Sie entwickelten ein mathematisches Modell, das die Abhängigkeit verschiedener Populationen voneinander aufzeigt ▶ Bild 4. Die Populationsgrößen schwanken um einen Mittelwert. Die Population der Beutetiere ist dabei meist größer als die der Räuber. Nimmt die Populationsgröße der Beute zu, wächst auch die Population der Räuber nach einiger Zeit. Wird die Anzahl der Beutetiere durch die hohe Anzahl an Räubern dezimiert, dann nimmt nach einiger Zeit auch die Zahl der Räuber ab. Trägt man die Populationsgrößen in einem Diagramm gegen die Zeit auf, so ergeben sich zwei ähnlich aussehende Kurven, die zeitlich gegeneinander versetzt sind.

Grenzen des Modells Im Lotka-Volterra-Modell wird nicht berücksichtigt, dass die meisten Räuber unterschiedliche Beutetiere jagen. Wird die Population des betrachteten Beutetiers, z. B. des Feldhasen, kleiner, kann der Räuber auf andere Tiere ausweichen, z. B. auf Mäuse. Neben den Populationsgrößen von Beute und Räuber gibt es aber noch weitere Einflüsse wie das Nahrungsangebot für die Beutetiere. Auch abiotische Umweltfaktoren wie die Temperatur können die Populationen von Räuber und Beute unterschiedlich beeinflussen und so das Gleichgewicht stören.

Beeinflussung des Gleichgewichts Werden Räuber- und Beutepopulationen durch ein plötzliches Ereignis, z. B. durch einen Kälteeinbruch oder einen Waldbrand, stark dezimiert, erholt sich nach dem Lotka-Volterra-Modell die Beutepopulation schneller. Dies spielt auch eine wichtige Rolle bei der chemischen Schädlingsbekämpfung: Werden durch Gift sowohl Blattläuse als auch die Räuber Marienkäfer (▶ Bild 3) geschädigt, erholt sich die Schädlingspopulation schneller als die Population der Marienkäfer. So kommt es in der Folge zu einem stärkeren Befall durch die Blattläuse.

3 Marienkäfer mit Blattläusen

1. Definiere den Begriff Population.
2. Beschreibe die Beziehung zwischen Räuberpopulation und Beutepopulation ▶ Bild 2.
3. **A** Beschreibe das Diagramm ▶ Bild 4.
   B Erkläre die zeitliche Verschiebung der Maxima zwischen Räuber- und Beutepopulation.
4. Das Modell nach LOTKA und VOLTERRA ist sehr stark vereinfacht.
   A Nenne weitere Faktoren, die die Populationsgröße beeinflussen.
   B Beschreibe, wie einer der in A genannten Faktoren die Populationsgröße beeinflusst.
5. Diskutiere den Einsatz von chemischen Schädlingsbekämpfungsmitteln.

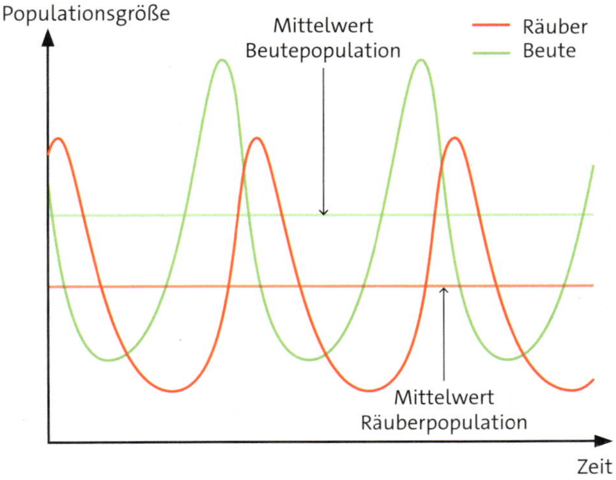

4 Lotka-Volterra-Modell

Räuber-Beute-Beziehung

Mit diesem Modellspiel kannst du den Zusammenhang zwischen den Populationsgrößen von Räuber und Beute untersuchen.

1 Feldmäuse

2 Mäusebussarde

Im Spiel stehen rote Holzperlen für Räuber, z. B. Mäusebussarde, grüne für Beutetiere, z. B. Feldmäuse.

Material: Beutel mit 100 roten Holzperlen, Beutel mit 100 grünen Holzperlen, 2 leere Gefäße

Durchführung:

1. In einem leeren Gefäß (Gefäß 1) werden je 50 rote und 50 grüne Holzperlen gemischt. Sie stellen die Ausgangspopulation von Räuber und Beute dar. Die restlichen Perlen in den Beuteln sind der Vorrat. Das leere Gefäß 2 wird mit der zukünftigen Population Schritt für Schritt gefüllt ▶ Bild 3.
2. Greife blind zwei Perlen aus Gefäß 1 mit der Ausgangspopulation heraus. Es gibt drei Möglichkeiten:

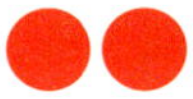

Zwei Räuber treffen aufeinander. Sie finden keine Nahrung und sterben. Gib die beiden Perlen in den Vorratsbeutel für Räuber.

Ein Räuber trifft auf ein Beutetier. Der Räuber frisst die Beute und kann sich vermehren. Gib die grüne Perle in den Vorratsbeutel für Beutetiere. Nimm eine neue rote Perle aus dem Vorrat für Räuber und gib beide roten Perlen in das Gefäß 2. Dies stellt die Populationen des folgenden Jahres dar.

Zwei Beutetiere treffen aufeinander. Sie können sich vermehren. Nimm zwei neue Perlen aus dem Vorratsbeutel für Beutetiere und gib die vier Perlen in Gefäß 2 für die Population des folgenden Jahres.

3. Wiederhole den Vorgang, bis Gefäß 1 mit den Ausgangspopulationen leer ist. Ein Jahr ist nun vorbei.

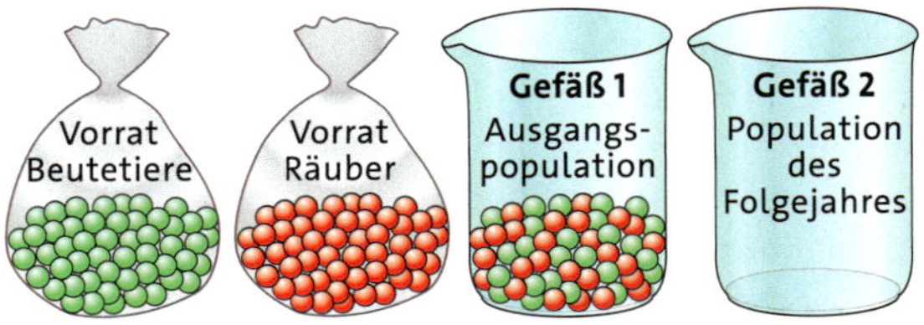

3 Material

4. Zähle die beiden Populationen des Folgejahres aus und notiere die jeweilige Anzahl in einer Tabelle ▶ Bild 4.
5. Wiederhole das Spiel (Schritte 2–4) mit den beiden Populationen des neuen Jahres aus Gefäß 2.
6. Spiele mindestens 10 Jahre durch.

Jahr	Anzahl Beutetiere	Anzahl Räuber
1	50	50
2	72	28

4 Beispieltabelle

1 **A** Stelle die Entwicklung der beiden Populationen in einem geeigneten Diagramm dar.
B Beschreibe den Verlauf deiner Kurven.
C Vergleiche deine Ergebnisse mit dem Lotka-Volterra-Modell.
D Erkläre den Verlauf deiner Kurven.

2 Beschreibe Einflüsse, die im Modellspiel nicht berücksichtigt werden.

3 Überlege dir Veränderungen der Spielregeln.

Populationen beeinflussen sich gegenseitig

Umweltfaktoren haben einen Einfluss auf die Größe von Populationen. Die Wechselwirkung von Räuber und Beute ist dabei maßgeblich. Verändert sich die Anzahl der Räuber, so verändert sich auch die Anzahl der Beutetiere.

Der in Nordamerika vorkommende Schneeschuhhase ist das wichtigste Beutetier des Kanadischen Luchses ▶ Bild 6. Zwei Populationen dieser Arten wurde über viele Jahre beobachtet.

1 **A** Beschreibe, wie sich die Populationen von Schneeschuhhasen und Luchsen in den ersten 10 Jahren entwickeln ▶ Bild 5.
B Vergleiche die Populationsentwicklung von Schneeschuhhase und Luchs.
C Interpretiere die Populationsentwicklung von Schneeschuhhase und Luchs.

2 **A** Übertrage das Diagramm aus ▶ Bild 5 in dein Heft und skizziere den Fortlauf der Kurven für weitere 20 Jahre.
B Begründe den Verlauf deines Diagramms.

3 Das schneeweiße Fell der Schneeschuhhasen war bei Menschen sehr beliebt und hat zu einer starken Bejagung der Tiere geführt. Erkläre die Auswirkungen dieser massiven Jagd auf die Luchspopulation.

6 Kanadischer Luchs und Schneeschuhhase

4 Der Bestand an Räuber- und Beutetieren reguliert sich gegenseitig und mit zeitlicher Verzögerung. Erläutere diesen Sachverhalt.

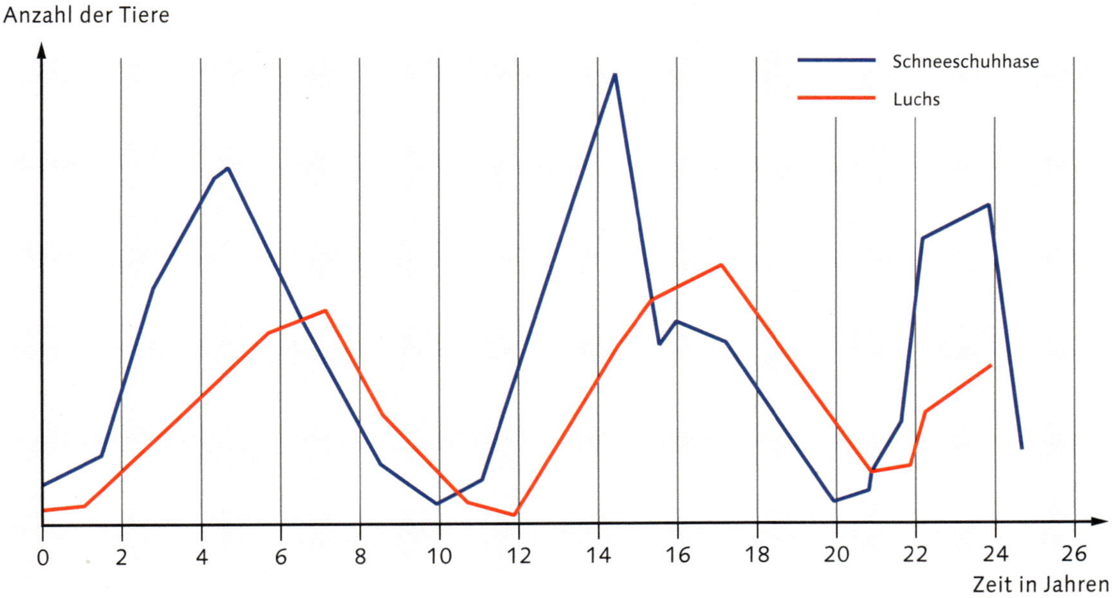

5 Veränderung der Populationen von Schneeschuhhase und Luchs

Konkurrenz und Konkurrenzvermeidung

Zwischenartliche Beziehungen In jedem Ökosystem leben Tiere und Pflanzen unterschiedlicher Arten, die einander beeinflussen. Sie können sich in einer Räuber-Beute-Beziehung befinden oder sie stehen in *Konkurrenz* um die gleiche Nahrung. Neben der Nahrung gibt es noch andere Ressourcen, um die Arten konkurrieren, z. B. Nistplätze, Licht oder Wasser.

Konkurrenzvermeidung zwischen Arten Zwei Arten können dann nebeneinander überleben, wenn sie Konkurrenz vermeiden, z. B. indem sie sich auf unterschiedliche Nahrung spezialisieren. Bei heimischen Greifvögeln kann man beobachten, dass sie auf unterschiedliche Beutetiere spezialisiert sind. So jagt der Sperber vor allem andere Vögel, während der Habicht auch auf Säugetiere Jagd macht. So können beide Arten im gleichen Gebiet überleben.

Bei verschiedenen Geierarten haben die unterschiedliche Halslänge sowie die Form des Schnabels einen Einfluss auf die Ernährungsweise ▶ Bild 1. Geier machen sich deshalb beim Fressen von Kadavern keine Konkurrenz, da sie unterschiedlich spezialisiert sind: Die einen öffnen die Kadaver und reißen große Fleischstücke heraus, andere ernähren sich hauptsächlich von Innereien, die sie tief aus dem Körper holen, oder sie picken Fleischreste oder Kleinteile aus dem Kadaver heraus oder zerteilen Knochen.

Auch bei Pflanzen findet man Strategien zur *Konkurrenzvermeidung*. Frühblüher wie das Scharbockskraut vermeiden Konkurrenz um Licht, indem sie die erhöhte Sonneneinstrahlung vor dem Laubaustrieb der Bäume nutzen.

1 Verschiedene Geierarten

2 Indisches Springkraut

Fremde Arten Gelangt eine bisher nicht ansässige Art in ein Gebiet, kann Konkurrenz zu dort ansässigen Arten entstehen. Man nennt solche Neuansiedler *Neobiota*. Definitionsgemäß werden alle nach dem Jahr 1492 eingeführten oder eingewanderten Lebewesen als Neobiota bezeichnet. Fremde Pflanzen nennt man *Neophyten*, fremde Tiere *Neozoen*. Dabei kann es sich um gewollte Einführungen wie z. B. beim asiatischen Marienkäfer zur Schädlingsbekämpfung oder bei Zierpflanzen für Parkanlagen handeln. Andere Lebewesen gelangen durch Warentransporte, Schiffe oder Flugzeuge zufällig in neue Gebiete.

Können sich Neobiota gegenüber einheimischen Arten durchsetzen und diese verdrängen, so bezeichnet man sie als *invasiv*. Das kann daran liegen, dass sie besser an die klimatischen Bedingungen angepasst sind oder keine natürlichen Feinde besitzen. Invasive Arten können ursprüngliche Ökosysteme schädigen oder sogar zerstören. Etwa 10 % aller Neobiota werden heute als invasiv angesehen.

Ein Vertreter invasiver Neophyten ist das Indische Springkraut ▶ Bild 2. Es lockt durch eine extrem hohe Nektarmenge besonders viele Bienen an. Dies führt dazu, dass andere Pflanzen nicht besucht und bestäubt werden. Ein Beispiel für Neozoen ist der Amerikanische Nerz, der sich unter anderem durch Befreiungen aus Nerzfarmen in Europa ausgebreitet hat. Er verdrängt zwar den Europäischen Nerz, zeigt aber keine weiteren Auswirkungen auf heimische Ökosysteme.

Innerartliche Beziehungen Lebewesen einer Art haben die gleichen Angepasstheiten und Anforderungen an abiotische Umweltfaktoren wie Wasser, Temperatur, Licht oder Raum. Sie stehen daher in innerartlicher Konkurrenz. Biotische Umweltfaktoren wie Feinde, Nahrung oder Geschlechtspartner spielen bei der innerartlichen Konkurrenz ebenso eine Rolle.

Konkurrenzvermeidung innerhalb einer Art Innerartliche Konkurrenz wird durch verschiedene Strategien verringert. Rothirsche brauchen ein genügend großes Revier, das ihnen Nahrung bietet. Rothirschkühe leben in einem Rudel. Während der Paarungszeit, der Brunftzeit, kämpfen die Männchen um die Rudel. Dabei messen sie ihre Stärke durch Aneinanderstoßen der Geweihe ▶ Bild 4. Da bei diesen Kämpfen das schwächere Tier aufgibt, kommt es selten zu Verletzungen. So wird gewährleistet, dass vor allem die kräftigsten und gesündesten Tiere einen Fortpflanzungspartner finden.

Bei vielen Tieren stellen verschiedene Entwicklungsstadien unterschiedliche Bedingungen an Nahrung und Umgebung. So ernähren sich Kaulquappen von Wasserpflanzen, Frösche dagegen von Landinsekten. Auch Raupen, die sich meist von Blättern ernähren, stehen zu den adulten Schmetterlingen, die Nektar aufnehmen, nicht in Konkurrenz.

Bei Greifvögeln wie dem Sperber unterscheiden sich Männchen und Weibchen deutlich in der Körpergröße und haben deshalb auch ein unterschiedliches Beutespektrum ▶ Bild 3. Die Sperbermännchen jagen kleine Vögel, während die größeren Weibchen Tiere bis zur Taubengröße erbeuten. Das hat den Vorteil, dass weniger Konkurrenz zwischen den Tieren eines Reviers besteht.

3 Sperber (links Männchen, rechts Weibchen)

4 Kämpfende Rothirsche

Auch ein ausgeprägtes Sozialverhalten kann für die Individuen Vorteile mit sich bringen. Viele Tierarten suchen in Gruppen nach Nahrung. Bei den im Rudel jagenden Wölfen führt dies zu einem besseren Jagderfolg für die Gruppe und somit auch für die einzelnen Tiere. Das Beutespektrum kann erweitert werden, da auch größere Tiere erfolgreich gejagt werden können. Die Beute wird vom gesamten Rudel meist vollständig gefressen und so besser genutzt.

Einige Insektenarten bilden Staaten. Jedes Mitglied hat seine Aufgabe, wobei das Ziel das Überleben des Staates ist. In diesen Fällen wird die Konkurrenz durch Kooperation vermieden.

1 Erkläre, wodurch Konkurrenz zwischen Lebewesen entsteht.

2 **A** Nenne Beispiele für innerartliche und zwischenartliche Konkurrenz in Ökosystemen.
B Beschreibe, wie Lebewesen Konkurrenz mit anderen Arten vermeiden können.
C Beschreibe Strategien zur Konkurrenzvermeidung innerhalb einer Art.

3 **A** Vergleiche die Geierarten in ▶ Bild 1 in Bezug auf Halslänge, Halsbefiederung und Schnabelform.
B Stelle eine Hypothese zur Konkurrenzvermeidung zwischen diesen Arten auf.

4 Die kleine und leichte Blaumeise und die etwas größere und schwerere Kohlmeise stellen ähnliche Anforderungen sowohl bei der Nahrungssuche auf Zweigen als auch bei der Wahl der Bruthöhle. Formuliere eine Hypothese, wie die beiden Meisenarten auf demselben Baum leben können.

Konkurrenzvermeidung bei Gräsern

An der Universität Hohenheim wurde im Jahr 1952 ein Experiment zur Untersuchung des Konkurrenzverhaltens von verschiedenen Grasarten durchgeführt. Man untersuchte den Einfluss des Grundwasserspiegels auf die Wuchshöhe der Gräser. Betrachte stellvertretend drei verschiedene Grasarten.

Glatthafer

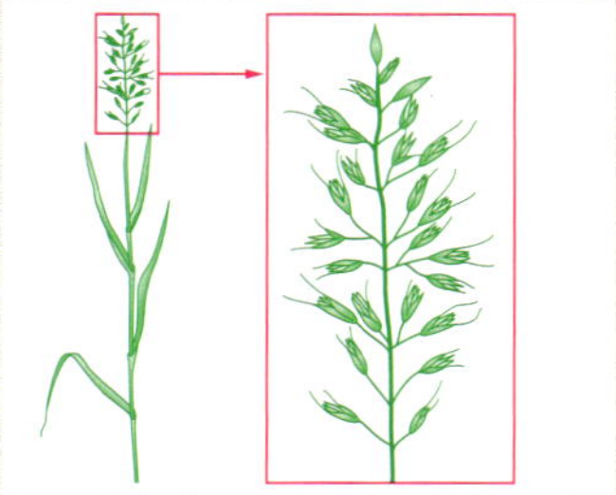

- häufig auf Trockenwiesen
- tiefreichende Wurzeln

Wiesenfuchsschwanz

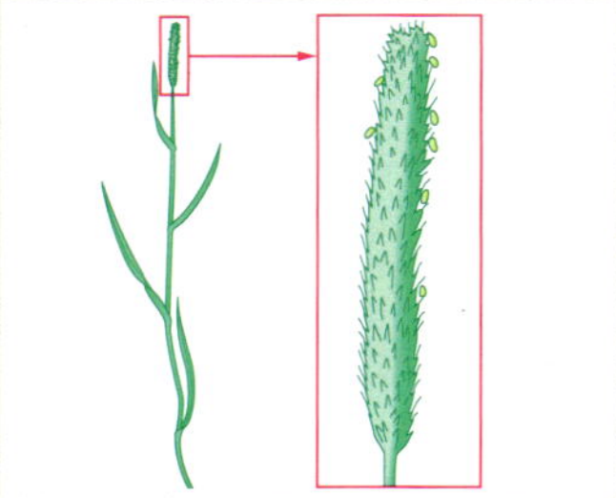

- häufig auf Feuchtwiesen
- verträgt jedoch keine Staunässe

Aufrechte Trespe

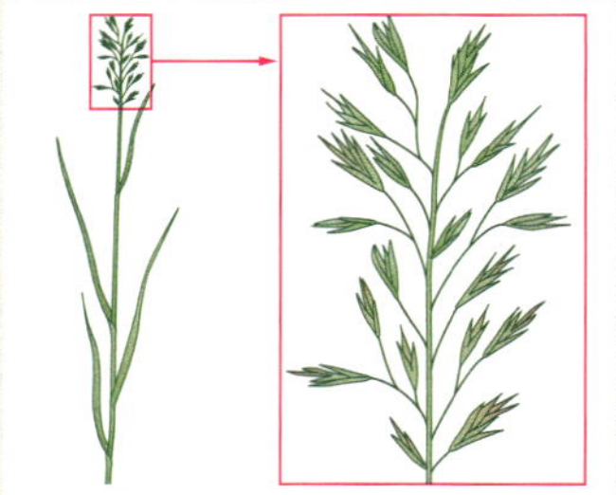

- häufig auf Magerwiesen, Wegrändern und Dämmen
- bevorzugt lockere, durchlässige Böden

Experiment 1: Reinkultur

In schräg angelegten Beeten wurden die drei Gräser getrennt in Reinkultur ausgesät ▶ Bild 1.

1 **A** Beschreibe den besonderen Aufbau der Beete.
B Erkläre, welchen abiotischen Umweltfaktor man mit diesem Beetaufbau untersuchen kann.
C Werte das Diagramm aus.
D Vergleiche die im Experiment bestimmte Verteilung der Wuchshöhe mit den Anforderungen der Pflanzen an die Feuchtigkeit, die aus den Steckbriefen abzuleiten sind.

Experiment 2: Mischkultur

In einem zweiten Versuch wurden die drei Gräser in einer Mischkultur angepflanzt ▶ Bild 2.

2 **A** Beschreibe die Wuchshöhenverteilung der verschiedenen Grasarten.
B Vergleiche das Wachstum der Arten in Mischkultur und Reinkultur.

3 **A** Erkläre die unterschiedlichen Ergebnisse der beiden Versuche.
B Erkläre am Beispiel der drei Grasarten Konkurrenzvermeidung.
C Erkläre das natürliche Vorkommen der Grasarten anhand der Steckbriefe.

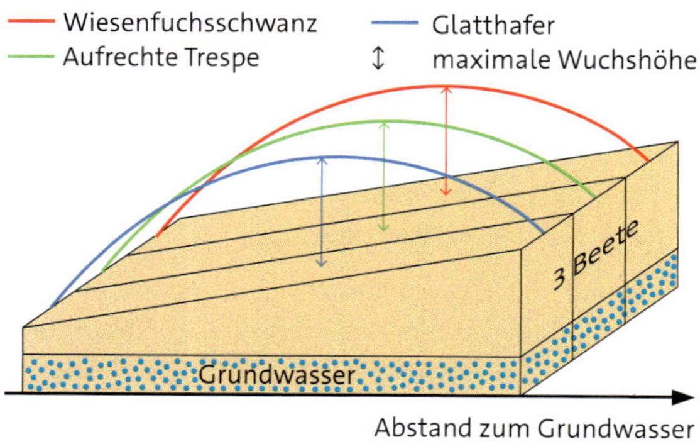

1 Wuchshöhenverteilung in Reinkultur

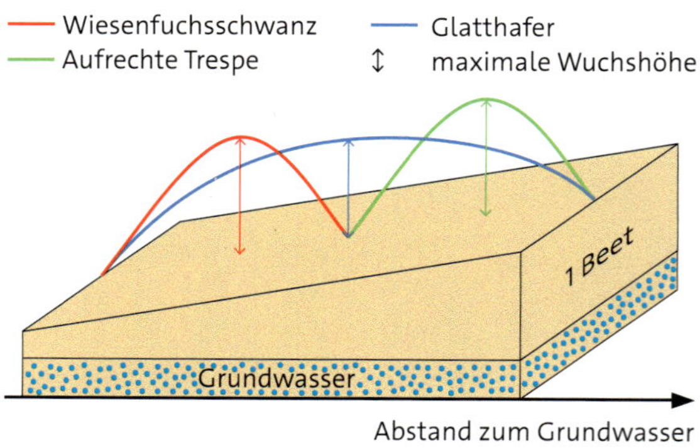

2 Wuchshöhenverteilung in Mischkultur

Neozoen – Gäste oder Invasoren?

Neozoen werden häufig als Gefahr für Ökosysteme angesehen. Untersuche, ob diese Einschätzung für die Dreikantmuschel am Bodensee zutrifft.

3 Dreikantmuschel

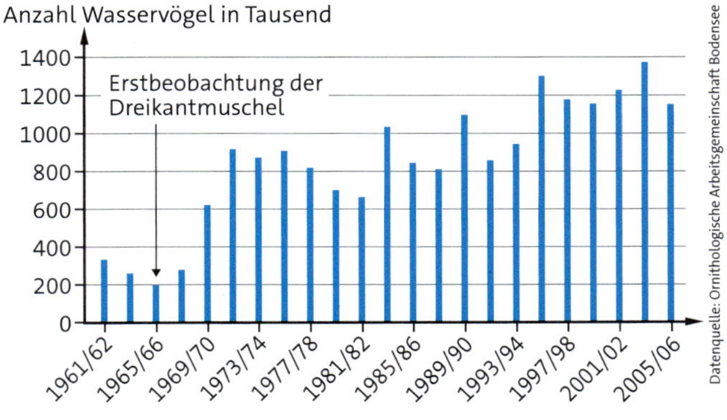

5 Anzahl der überwinternden Wasservögel

Die Dreikantmuschel gelangte an Schiffsrümpfe geheftet oder über das Ballastwasser der Schiffe vom Schwarzen Meer nach Deutschland und hier bis in den Bodensee. Sie wird in Mitteleuropa als Neozoon angesehen. Im Bodensee wurde ein massenhaftes Auftreten ab 1960 festgestellt. Zum einen verdrängt die Dreikantmuschel die einheimische Teichmuschel, da sie sich auf sie aufsetzt und ihr durch eine stärkere Filtrationsrate die Nahrungsgrundlage entzieht. Dadurch sorgt die Dreikantmuschel aber auch für sauberes Wasser. Zum anderen bietet sie eine neue Nahrungsgrundlage für Wasservögel wie Tauchenten und andere am Bodensee überwinternde Wasservögel. Ein Problem ist jedoch, dass sich die Dreikantmuschel auf allen festen Oberflächen wie Rohren oder Filteranlagen ansiedelt. Die Beseitigung der Muschel ist teilweise mit hohen Kosten verbunden.

1. Beschreibe mögliche Auswirkungen des Auftretens der Dreikantmuschel im Bodensee.
2. Werte das Diagramm (► Bild 5) und die beiden Karten (► Bild 4) aus.
3. Beurteile, ob in Zukunft ein Massenauftreten der Dreikantmuschel zu erwarten ist.
4. Diskutiere, ob die Dreikantmuschel eine invasive Art ist.

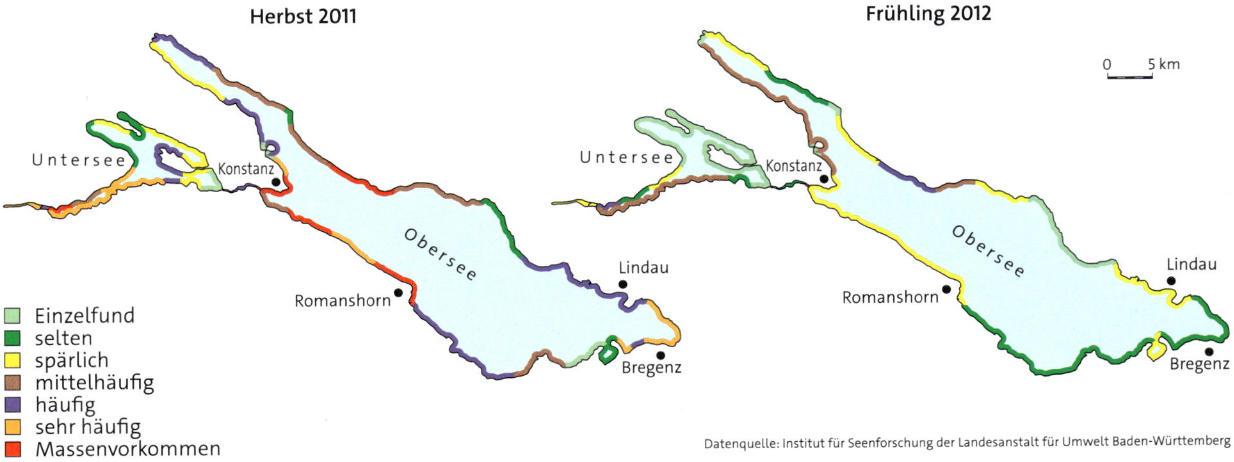

4 Vorkommen der Dreikantmuschel am Bodensee im Herbst und im Frühling des Folgejahres

Symbiose

Merkmale von Symbiosen Viele Beziehungen zwischen verschiedenen Arten sind für mindestens eine der Arten nachteilig. Es gibt aber auch Beziehungen, die beiden Beteiligten nützen: *Symbiosen*. Sie können eine eher lockere Partnerschaft sein oder auch lebenswichtig für einen oder beide Partner. Die in einer Symbiose verbundenen Arten, die *Symbionten*, können als getrennte Individuen leben oder eine Art lebt im Organismus der anderen Art.

Die Flechte, ein Doppelorganismus Flechten sind unauffällig, daher bemerken wir sie oft nicht. Sie wachsen auf der Borke von Bäumen (▶ Bild 1) oder direkt auf dem Boden, aber auch auf Steinen, Metallen und Kunststoffen. Lange Zeit hielt man diese Organismen für Pflanzen. Erst seit rund 150 Jahren weiß man, dass es sich bei Flechten um Symbiosen aus Pilzen und Fotosynthese betreibenden Organismen, meist Algen, handelt. Der Pilz bietet der Alge in dieser sehr engen Lebensgemeinschaft Schutz vor zu hoher Lichteinstrahlung. Außerdem versorgt er sie mit Wasser und Mineralstoffen. Die Alge hingegen liefert dem Pilz Nährstoffe, die sie bei der Fotosynthese herstellt.
Flechten werden nach dem beteiligten Pilz benannt, da vor allem er ihre äußere Form bestimmt. Die Wuchsformen unterscheiden sich stark. Der Aufbau des Flechtenkörpers lässt sich am besten an der Gruppe der flächig aufgebauten Blattflechten untersuchen. Im Querschnitt ähneln diese Flechten Laubblättern ▶ Bild 2.

1 Verschiedene Flechten auf einem Ast

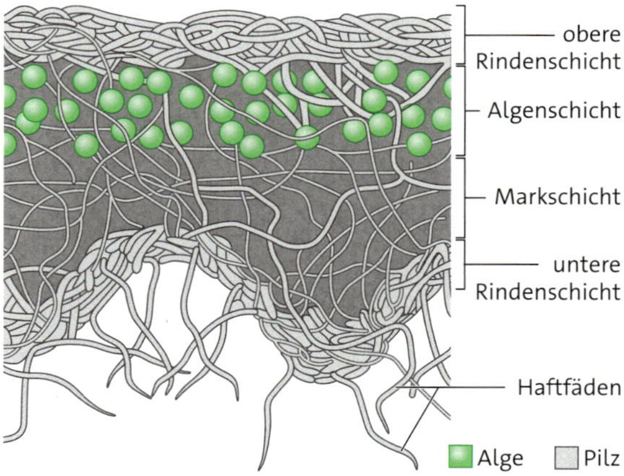

2 Aufbau einer Blattflechte

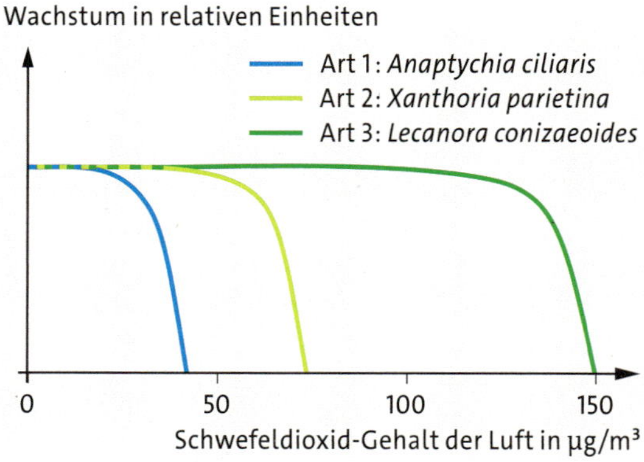

3 Wachstum verschiedener Flechten in Abhängigkeit vom Schwefeldioxid-Gehalt der Luft

Flechten als Zeigerorganismen Flechten haben besondere Ansprüche an ihr Biotop. Sie können z. B. bei hoher Schwefeldioxid-Belastung der Luft nicht überleben. Daher eignen sie sich gut als Zeigerorganismen für die Luftqualität ▶ Bild 3.

1 Definiere den Begriff Symbiose.

2 **A** Beschreibe mit ▶ Bild 2 den Aufbau einer Blattflechte.
B Vergleiche ihn mit dem Aufbau eines Laubblatts.

3 In einem Gebiet wachsen die Flechtenarten 1 bis 3, in einem anderen kommt nur Art 3 vor. Erkläre mit ▶ Bild 3, was das über den Schwefeldioxid-Gehalt der Luft in beiden Gebieten aussagt.

Parasitismus

Formen von Parasitismus Frisst ein Räuber seine Beute, so ist diese in der Regel sofort tot. Anders als bei solchen Räuber-Beute-Beziehungen verhält es sich beim *Parasitismus*. Hier schadet eine Art der anderen, z. B. indem sie Nahrung von ihr bezieht, ohne sie sofort zu töten. Die Art, die den Schaden verursacht, nennt man *Parasit* oder Schmarotzer und diejenige, die den Schaden erleidet, *Wirt*.

Parasitismus tritt in verschiedenen Formen auf. Parasiten können auf oder in ihrem Wirt leben. Manche Parasiten schmarotzen nur zeitweise, andere hingegen dauerhaft. Viele parasitisch lebende Tiere durchlaufen eine komplizierte Entwicklung mit mehreren Larvenstadien, die oft verschiedene Arten als Wirt nutzen.

Bekannte tierliche Parasiten sind Läuse (▶ Bild 4), Flöhe und Zecken, die an anderen Tieren oder am Menschen schmarotzen. Auch Pflanzen können parasitisch leben, z. B. Misteln, Teufelszwirn und verschiedene Schuppenwurzarten. Sie entziehen meistens anderen Pflanzen deren Fotosyntheseprodukte.

4 Kopflaus an Menschenhaaren

Leucochloridium Der Saugwurm *Leucochloridium* parasitiert an zwei Wirtsarten: Die erwachsenen Würmer leben in der Kloake von Vögeln. Wurmeier werden mit dem Vogelkot abgegeben und von Schnecken beim Fressen aufgenommen. Aus den Eiern schlüpfen Larven, die sich in der Schnecke vermehren und weiterentwickeln. Schließlich bilden sich mit Larven gefüllte Schläuche, die bis in die Schneckenfühler hineinreichen. Ein davon betroffener Fühler ist stark vergrößert und durch die gestreiften, sich pulsierend bewegenden Schläuche mit den Parasiten sehr auffällig ▶ Bild 5. Die befallenen Schnecken werden vermehrt von nach Raupen suchenden Vögeln gefressen. In ihnen entwickeln sich die *Leucochloridium*-Larven dann wieder zum erwachsenen Wurm.

5 Von *Leucochloridium* befallene Bernsteinschnecke

	Nichtinfizierte	**Infizierte**
Aufenthaltshöhe über dem Boden in cm	35–45	45–68
In 15 min zurückgelegte Strecke in cm	0–3	0–18
Lichtstärke am Aufenthaltsort in lx (Lux)	900–2000	1000–3500

6 Verhalten von Schnecken ohne und mit *Leucochloridium*

1 Definiere den Begriff Parasitismus.

2 Erkläre, weshalb es für einen Parasiten vorteilhaft ist, seinen Wirt nicht zu töten.

3 **A** Nenne anhand von ▶ Bild 4 Angepasstheiten der Kopflaus an ihre parasitische Lebensweise.
B Weibliche Kopfläuse können sich auch ohne Männchen fortpflanzen. Erkläre, inwiefern das eine Angepasstheit an ihre Lebensweise ist.

4 Alle Schuppenwurzarten sind fast frei von Chlorophyll. Erkläre diese Besonderheit mithilfe der Lebensweise dieser Pflanzen.

5 Stelle den Lebenszyklus von *Leucochloridium* grafisch dar.

6 „Auch Verhaltensweisen des Wirts können eine Angepasstheit des Parasiten sein." Bewerte diese Aussage mit ▶ Bild 6.

Nahrungsnetze im Ökosystem

Aufbau von Biomasse *Nahrungsketten* sind vereinfachte Modelle der Nahrungsbeziehung zwischen Arten eines Ökosystems. Dabei beginnen Nahrungsketten (▶ Bild 1) immer mit einem *Produzenten:* Pflanzen und fotosynthesefähige Einzeller, die mithilfe der Sonnenenergie aus anorganischen Substanzen durch die Fotosynthese Glucose produzieren. Glucose und aus der Umgebung aufgenommene Mineralstoffe sind die Bausteine, aus denen die pflanzliche *Biomasse* aufgebaut wird, also die gesamte Masse der Produzenten. Die Produzenten werden auch als *autotrophe* Organismen bezeichnet (griech. *autos:* selbst, *trophe:* Ernährung).

Transfer von Biomasse Die Arten, die in Nahrungsketten auf die Produzenten folgen, also diese fressen, werden als *Konsumenten* bezeichnet. Die chemische Energie der pflanzlichen Biomasse bauen sie zu Glucose ab und wandeln diese bei der Zellatmung in eine chemische Speicherform um, die für Stoffwechselvorgänge wie den Aufbau eigener Biomasse genutzt wird. Konsumenten nennt man *heterotroph* (griech. *heteros:* anders), da sie sich von anderen Organismen ernähren.

Tiere, die sich ausschließlich von Pflanzen ernähren, sind Konsumenten erster Ordnung oder *Primärkonsumenten*. Sekundärkonsumenten oder Konsumenten höherer Ordnung ernähren sich (auch) von anderen Tieren. Arten, die an der Spitze der Nahrungskette stehen, also keine Fressfeinde haben, werden als *Endkonsumenten* bezeichnet.

Mineralisierung Sterben Tiere oder Pflanzen, so wird ihre Biomasse von *Destruenten* zersetzt. Mit diesem Begriff werden Organismen bezeichnet, die Überreste von anderen Lebewesen und deren Ausscheidungen abbauen. Destruenten sind meist Pilze und Bakterien, aber auch Insekten oder andere Gliedertiere. Am Ende dieses Abbauprozesses liegen dann wieder Mineralstoffe vor, die nun erneut von Produzenten als Ausgangsstoffe für den Biomasseaufbau verwendet werden. So schließt sich der Stoffkreislauf einer Nahrungskette.

Lebewesen und Stufen der Nahrungskette Jeder Organismus nimmt eine der oben genannten Rollen in der Nahrungskette ein. Man sagt, er befindet sich auf einer bestimmten *Trophiestufe*, z. B. als Konsument erster Ordnung. Da viele Arten ein mehr oder weniger breites Beutespektrum haben und einzelne Arten auch von mehr als einer anderen Art gefressen werden, bilden Nahrungsketten nicht die Realität in einem Ökosystem ab.

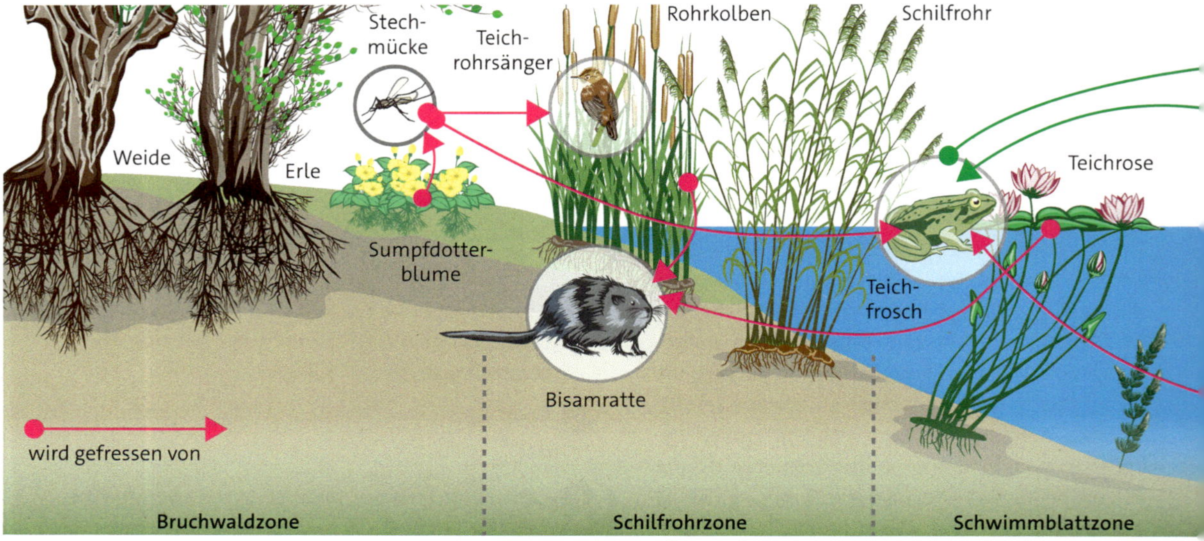

1 Nahrungsnetz im Ökosystem See

2 Phytoplankton

3 *Daphnia*

Eine Annäherung an die tatsächlichen Verhältnisse ist möglich, indem die Nahrungsbeziehungen zwischen den Arten eines Ökosystems in einem *Nahrungsnetz* dargestellt wird ▶ Bild 1.

Produzenten und Konsumenten im Gleichgewicht Wichtige Produzenten in einem Gewässerökosystem sind fotosynthesefähige Kleinstlebewesen unterschiedlicher Arten, die auch als Phytoplankton bezeichnet werden ▶ Bild 2.
Da in der warmen Jahreszeit mehr Licht vorhanden ist, vermehren sie sich besonders stark, was zu einer Trübung des Wassers führen kann. Dadurch haben die Konsumenten, die sich von Phytoplankton ernähren, z. B. Krebstiere der Gattung *Daphnia*, die Wasserflöhe (▶ Bild 3), eine gute Nahrungsgrundlage und vermehren sich ebenfalls. Die zunehmend große Anzahl an Daphnien weidet das Phytoplankton ab, wodurch die Trübung des Wassers bald verschwindet. Allerdings steht nun auch weniger Nahrung für die Primärkonsumenten zur Verfügung, sodass sich deren Fortpflanzungsrate verringert. Dies kann bei entsprechenden Bedingungen wieder zu einer Vermehrung des Phytoplanktons führen – und der Zyklus beginnt erneut.

1 **A** Benenne alle Produzenten und Primärkonsumenten in ▶ Bild 1.
B Ordne die Organismen der Uferzone jeweils ihrer Trophiestufe zu.
C Zeichne eine weitere Nahrungskette mit Organismen aus ▶ Bild 1.

2 Beschreibe die Herkunft und Bedeutung der Glucose bei Produzenten und Konsumenten.

3 Je mehr Arten in ein Nahrungsnetz eingebunden sind, desto weniger anfällig ist dieses für Störungen. Begründe diesen Sachverhalt.

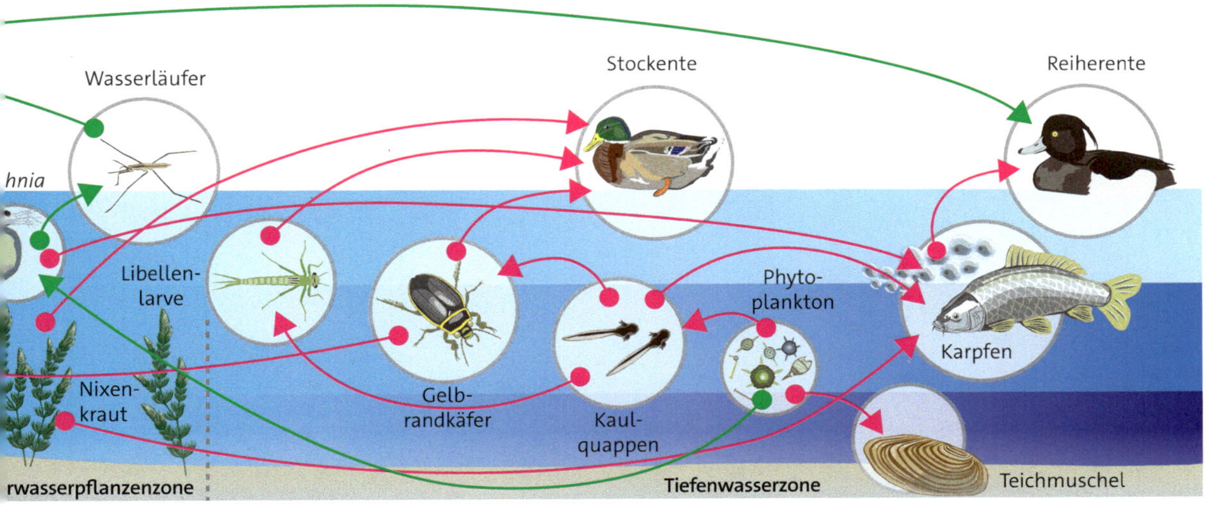

Die Rückkehr der Wölfe

Etwa 100 Jahre lang gab es in Deutschland keine großen Raubtiere: Wolf, Luchs und Bär waren vollständig vom Menschen ausgerottet worden. Doch seit der Jahrtausendwende siedeln sie sich wieder an – vor allem Wölfe sind zugewandert und vermehren sich mittlerweile in ihren neuen Verbreitungsgebieten. Hat der Wolf eine Zukunft in unserer dicht besiedelten Kulturlandschaft?

Der Wolf ist, wie auch Luchs, Bär, Adler und Uhu, immer ein Endkonsument – ein Räuber, der an der Spitze der Nahrungskette steht, also keine natürlichen Feinde hat. Solche Endkonsumenten können ein Ökosystem nachhaltig verändern, indem sie z. B. die Populationsdichte ihrer pflanzenfressenden Beutetiere verringern. Dadurch erhöht sich wiederum die Produktion von Biomasse durch die Produzenten und damit die Verfügbarkeit von Ressourcen im Ökosystem.

1 **A** Beschreibe das Verbreitungsmuster des Wolfs in Deutschland ▶ Bild 1.
B Erkläre das Verbreitungsmuster.
C Werte die Karte im Hinblick auf weitere räumliche Ausbreitungsmöglichkeiten in Deutschland aus.

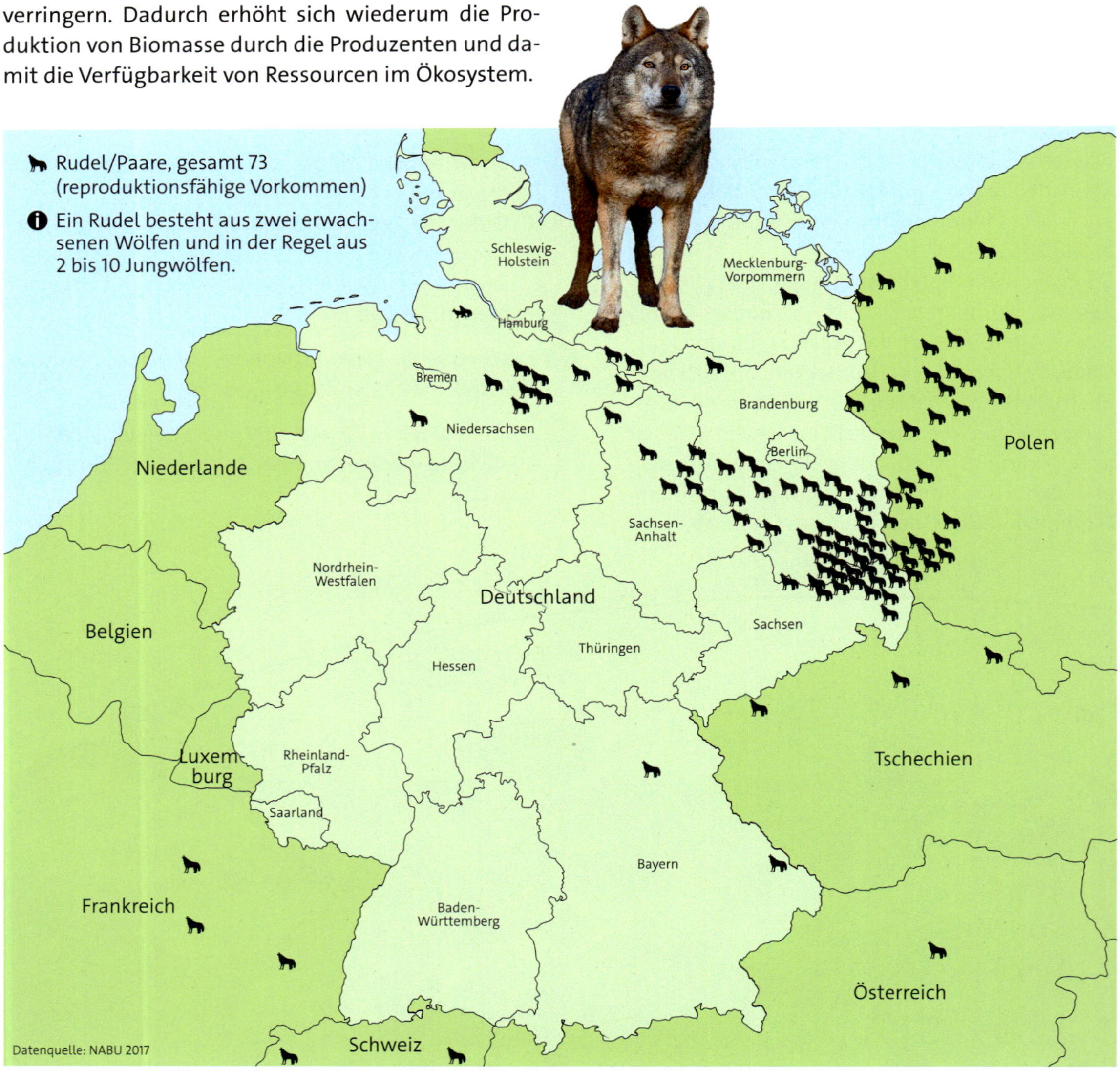

1 Vorkommen von Wolfspaaren und Rudeln in Deutschland im Jahr 2017

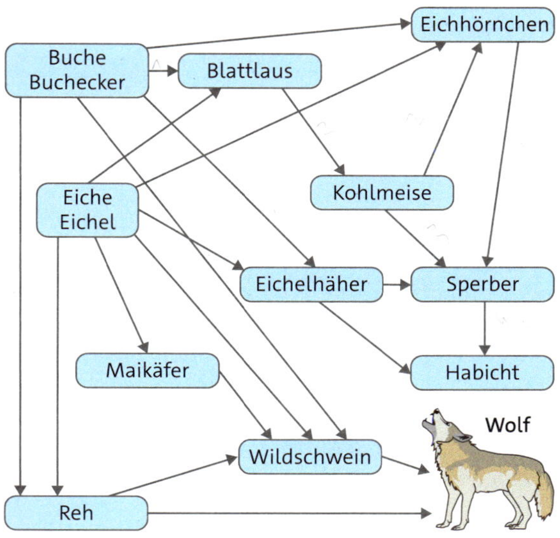

2 Nahrungsnetz mit Wolf

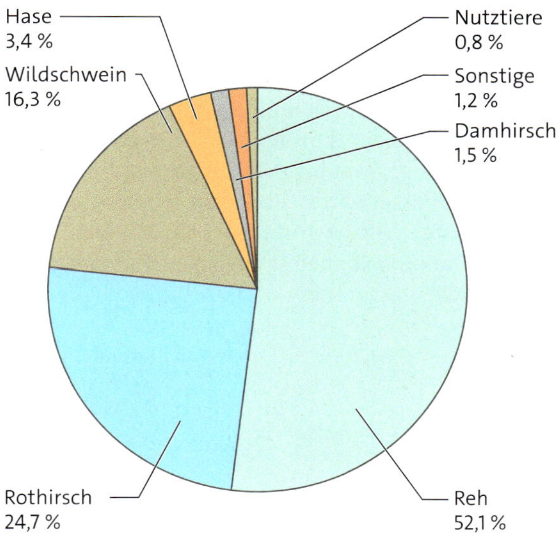

4 Nahrungsspektrum des Wolfs

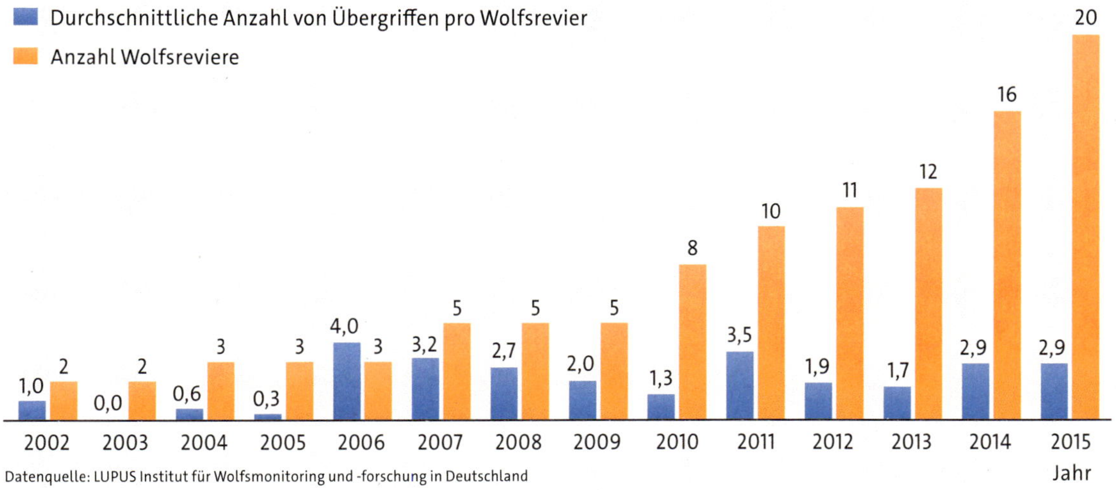

3 Statistik zu Nutztierschäden durch Wölfe in Sachsen

Die Rückkehr des Wolfs nach Deutschland hat Auswirkungen auf die Jagd. So wurde in einem Wolfsterritorium ermittelt, dass der Anteil an von Menschen und Wölfen erlegten Rothirschen zu 10 %, bei Rehen zu 40 % und bei Wildschweinen zu 9 % auf das Konto der Wölfe ging.

2 **A** Ermittle die längste und die kürzeste Nahrungskette im abgebildeten Beispiel eines Waldökosystems ▶ Bild 2.
B Ordne jeder Art in den Nahrungsketten eine Trophiestufe zu.
C Erläutere die Auswirkung der Anwesenheit von Endkonsumenten auf das natürliche Gleichgewicht eines Ökosystems.

3 **A** Nenne Argumente, die für oder gegen die Wiederansiedlung von Wölfen in Deutschland sprechen. Verwende hierzu die Materialien auf dieser Doppelseite.
B Ordne den Argumenten jeweils eine Gewichtung zu.
C Bewerte die Wiederansiedlung und mögliche weitere Ausbreitung des Wolfs in Deutschland.

Ökologische Pyramiden

Trophiestufen und Nahrungsgrundlage Die Konsumenten einer Biozönose werden gemäß ihrer Nahrungsgrundlage in Pflanzenfresser und Fleischfresser unterteilt. Primärkonsumenten sind stets Pflanzenfresser, Konsumenten höherer Ordnung können sowohl Fleischfresser als auch Allesfresser sein.

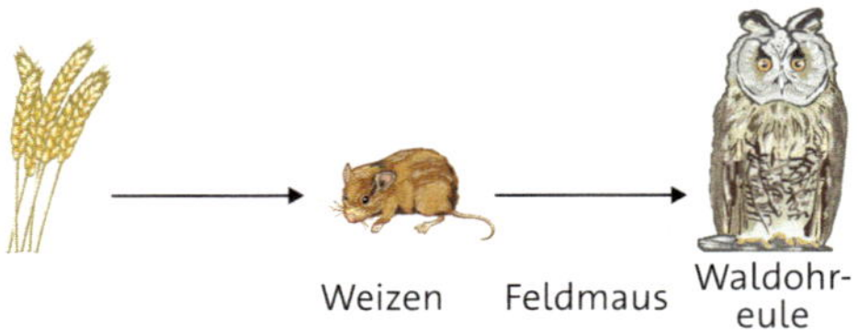

Mittlere Masse	0,05 g/Korn	25 g/Tier	300 g/Tier
Mittlere Bestandsdichte	400 000 Körner/km^2	50/km^2	2/km^2

1 Einfache Nahrungskette

Ökologische Pyramiden Um quantitative Beziehungen zwischen den Trophiestufen darzustellen, sind ökologische Pyramiden hilfreich. Dabei können unterschiedliche Faktoren wie Biomasse (Masse der Organismen z. B. einer Art pro Flächen- oder Volumeneinheit), Individuenzahl oder die Reviergröße betrachtet werden. Es handelt sich um Stufenpyramiden (▶ Bild 2), wobei an der Basis die Produzenten und an der Spitze die Endkonsumenten stehen. Das können große Räuber oder auch Parasiten wie der Vogelfloh sein. Ökologische Pyramiden sind als Modell zu betrachten, die die realen Verhältnisse im Ökosystem vereinfacht widerspiegeln. Sie sind unvollständig in Bezug auf die vorkommenden Arten und ungenau, was die Populationsgrößen betrifft. Diese sind zudem Schwankungen unterworfen, die z. B. jahreszeitlich bedingt sind. Dennoch sind ökologische Pyramiden wichtige Instrumente in der Ökologie und werden beispielsweise eingesetzt, um im Rahmen von Langzeitbeobachtungen die Entwicklung von Ökosystemen darzustellen oder um die Auswirkungen von sich verändernden Umweltfaktoren zu untersuchen.

1 Beschreibe die ökologischen Pyramiden in ▶ Bild 2.

2 Biomassenpyramiden verjüngen sich, im Gegensatz zu Zahlenpyramiden, in der Regel von Stufe zu Stufe nach oben. Erkläre diesen Befund.

3 **A** Vergleiche die Arten der in ▶ Bild 1 dargestellten Nahrungskette (Mitteleuropa, Sommerhalbjahr) anhand ihrer Anzahl und Biomasse.
B Zeichne auf der Grundlage deiner Überlegungen eine Biomassenpyramide.
C Zeichne eine Biomassenpyramide, wie du sie im Winterhalbjahr erwartest. Vergleiche mit der Biomassenpyramide im Sommerhalbjahr.

4 Ein Biologe will die Entwicklung eines Ökosystems mithilfe ökologischer Pyramiden über einen längeren Zeitraum untersuchen. Nenne die Kriterien, nach welchen er dabei vorgehen muss.

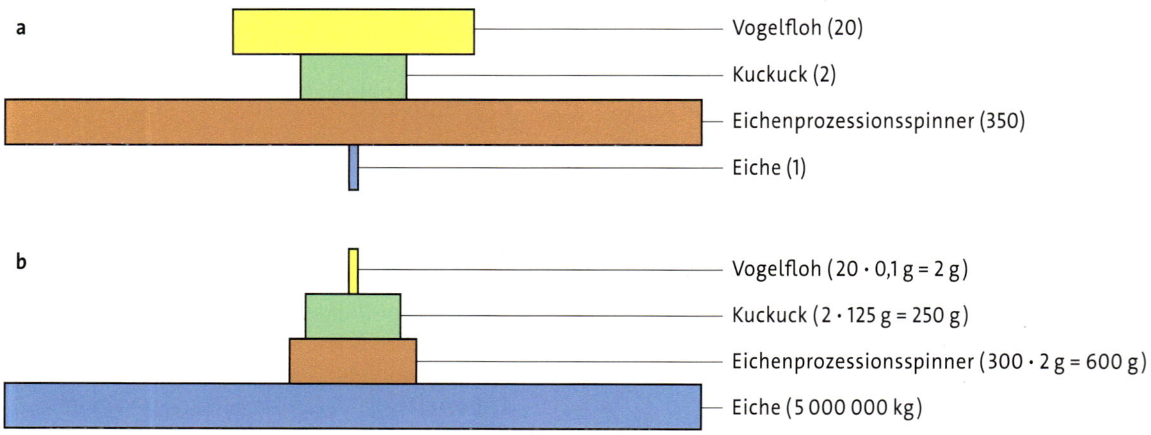

2 Darstellung einer Nahrungskette als Zahlenpyramide (a) und Biomassenpyramide (b), Zahlen jeweils geschätzt

Folgenreiche Umweltverschmutzung

Die in den Gewässern vor Schottland heimische Population von Schwertwalen (Orcas) schrumpft seit Jahrzehnten. Zum einen sterben viele der Orcas in jungem Alter, zum anderen pflanzen sie sich nicht mehr fort. Die Ursache ist eine seit Jahrzehnten verbotene Chemikaliengruppe, die bis heute ihre Schadwirkung entfaltet. Wie das Sterben der Wale mit ihrer Trophiestufe in der Nahrungskette zusammenhängt, erarbeitest du auf dieser Seite.

Eine der letzten schottischen Schwertwalkühe, „Lulu", starb 2017 in Fangleinen. Bei der Autopsie zeigte sich, dass sie etwa 20 Jahre alt war und noch nie ein Kalb geboren hatte. Orcas können sich ab einem Alter von sechs Jahren fortpflanzen und werden etwa 80 Jahre alt. Außerdem waren Lulus Gewebe massiv mit Schadstoffen belastet. In ihrem Körper hatten sich unter anderem die giftigen Stoffe aus der Substanzgruppe der PCB angereichert. Sie verursachen Nervenschäden und hormonelle Störungen, was die Unfruchtbarkeit, den vorzeitigen Tod und auch Verhaltensänderungen der Wale erklärt.
PCB gelangten als Industrieabfall bis in die 1980er Jahre in die Umwelt. Es handelt sich um extrem stabile chemische Verbindungen, die kaum biologisch abbaubar sind. Meeresorganismen nehmen PCB aus dem Wasser auf und lagern sie in ihrem Gewebe ein. Wenn sie verenden, gelangen die PCB abermals in die Umwelt. Werden sie gefressen, werden die PCB entlang der Nahrungskette weitergegeben. Auf diese Weise reichern sich die Substanzen auf jeder Stufe der Nahrungskette stärker an. Dieses Phänomen wird als Biomagnifikation bezeichnet.

1 Erkläre mithilfe eines Fließschemas, wie die Unfruchtbarkeit der Orcakühe mit der PCB-Belastung ihres Lebensraums zusammenhängt.

2 Ordne die Nahrungskettenglieder in ▶ Bild 3 einer Trophiestufe zu.

3 Vergleiche die PCB-Aufnahme von Produzenten, Primärkonsumenten und Endkonsumenten.

4 Erläutere den Zusammenhang zwischen Trophiestufe und Grad der PCB-Belastung ▶ Bild 3.

5 A Ordne dem Menschen eine Trophiestufe in einer Nahrungskette im Meer zu.
B Bewerte das Risiko der PCB-Belastung der Meere für den Menschen.

6 Begründe, weshalb man versucht, verendete Endkonsumenten aus dem Meer zu entnehmen.

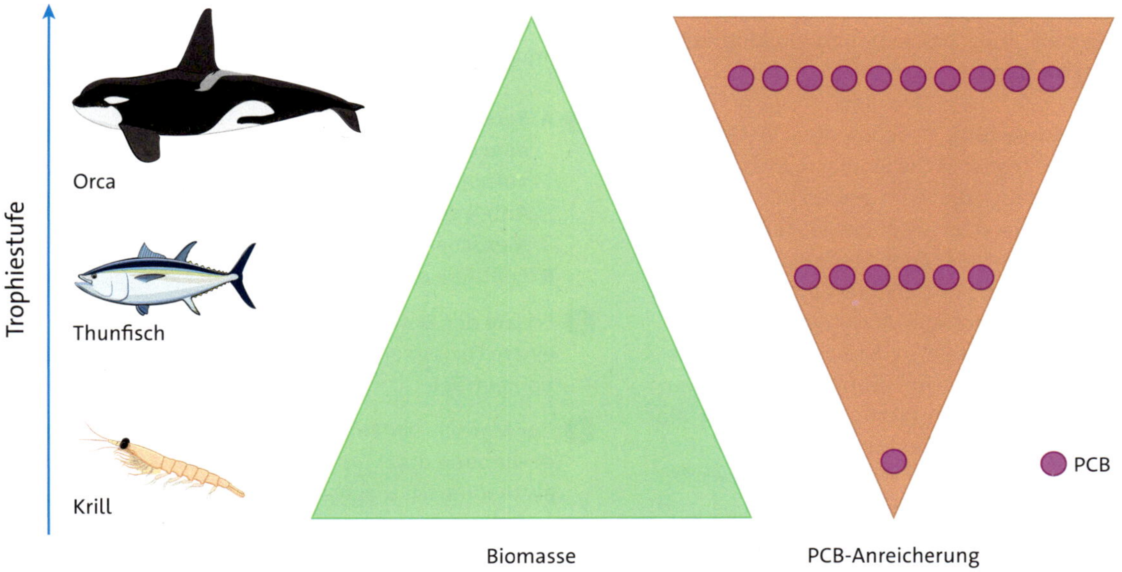

3 PCB-Belastung in Abhängigkeit von der Trophiestufe im Meer

Energiefluss in Ökosystemen

Energie und Energieumwandlung Während alle Materie auf der Erde in Stoffkreisläufe eingebunden ist, wird Energie in Form von Sonnenlicht ständig zugeführt. Ein großer Teil der eintreffenden Sonnenstrahlung wird von der Atmosphäre und der Erdoberfläche reflektiert. Produzenten nehmen Sonnenenergie auf und nutzen sie zum Aufbau von Biomasse bei der Fotosynthese. Dabei wird die Energie des Lichts in chemische Energie umgewandelt – es entsteht Glucose als Energiespeicher. Diese wird von den Produzenten zum Teil in den Biomasseaufbau investiert, zum Teil für ihre Stoffwechselprozesse genutzt. Im Zuge der Zellatmung laufen wiederum Energieumwandlungsprozesse ab. Die Glucose wird abgebaut, wobei Energie aus ihren Bindungen bereitgestellt wird.

Nicht die gesamte im System gespeicherte Energie kann verwertet werden. Ein Teil wird in Form von Wärme vom Organismus abgestrahlt und steht somit für eine Weitergabe entlang der Nahrungskette nicht zur Verfügung.

Die an den Stoffstrom in Nahrungsketten gebundene gekoppelte Weitergabe von Energie von einer Trophiestufe zur nächsten wird mit dem Begriff *Energiefluss* bezeichnet. Für eine bestimmte Fläche in einem Ökosystem wird der Energiefluss als Energie pro Zeiteinheit und Flächeneinheit gemessen und hat beispielsweise die Einheit Joule pro Jahr und Quadratmeter ($J/a \cdot m^2$) ► Bild 1.

Energieverwertung Konsumenten erster Ordnung, die die pflanzliche Biomasse fressen, nehmen damit auch die in ihr gespeicherte Energie auf. Diese verwerten sie einerseits für die Zellatmung, um Energie für den Stoffwechsel zur Verfügung zu haben, und andererseits zum Aufbau von tierlicher Biomasse. Auch hier geht bei Umwandlungen Energie in Form von Wärmeabstrahlung verloren. Ein zusätzlicher Energieverlust für die Nahrungskette kommt durch die Ausscheidungen der Tiere zustande.

Ein Konsument höherer Ordnung, der einen Primärkonsumenten frisst, verwertet wieder nur einen Teil der ursprünglich aufgenommenen Energie. Tatsächlich gehen auf jeder Trophiestufe bis zu 90 % des Energiegehalts für die Nahrungskette verloren. Das Verhältnis zwischen der aufgewandten Leistung und der für das System nutzbaren Energie, der *Wirkungsgrad* der Energieumwandlung, beträgt auf jeder Stufe also mitunter nur etwa 10 %.

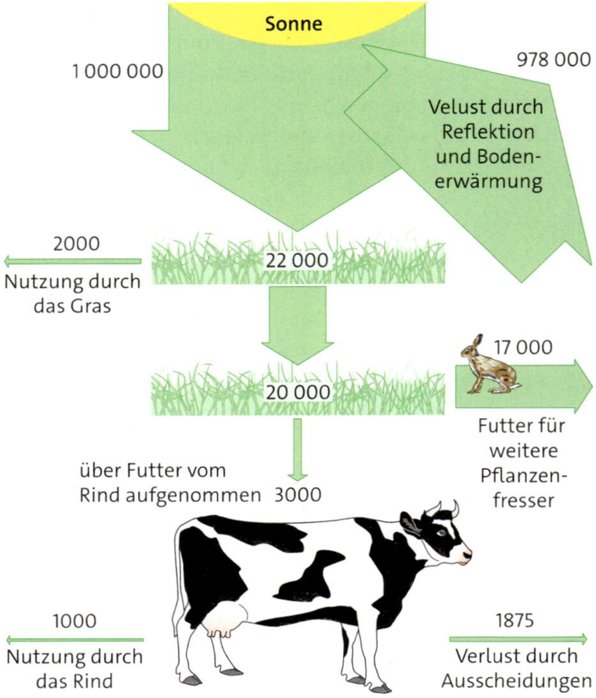

1 Energiefluss im Ökosystem

1 **A** Berechne den prozentualen Anteil der Energie aus dem Gras, den das Rind im Beispiel aus ► Bild 1 aufnimmt. Berechne dann den prozentualen Anteil der Energie aus dem Rind, der einem Menschen noch zur Verfügung steht.
B Erläutere die niedrigen Werte.

2 Erkläre den Befund, dass die tierliche Produktion in einem Ökosystem nur 10 % der pflanzlichen Produktion beträgt.

3 Der Mensch, der Rinder ausschließlich zur Fleischgewinnung nutzt, verwertet noch weniger Energie, als theoretisch möglich wäre. Erkläre diesen Sachverhalt.

4 Erläutere die Tatsache, dass Nahrungsketten nicht beliebig lang sein können.

Wie viel Nahrung produziert die Erde?

Laut der Ernährungs- und Landwirtschaftsorganisation der Vereinten Nationen (FAO) ist Nahrung gegenwärtig für den menschlichen Konsum global ausreichend verfügbar. Aber laut Statistiken der FAO gibt es heute weltweit rund 800 Millionen Menschen, die wegen unfairer Verteilung von Nahrung von schwerem Hunger betroffen sind.

Ein Erwachsener benötigt durchschnittlich etwa 2500 Kilokalorien (kcal) Energie pro Tag. Die globale Landwirtschaft erzeugte im Jahr 2017 mit 2720 kcal pro Person und Tag im Schnitt mehr Nahrung, als zur Versorgung der 7,5 Milliarden Erdbewohner theoretisch nötig wäre. Im Jahr 2050 werden wohl 9,5 Milliarden Menschen auf der Erde leben ▶ Bild 2d.
Weltweit geht jedes Jahr ein so großer Anteil der Agrarflächen durch Überweidung, ungeeignete Anbaumethoden, Erosion oder durch Straßen- und Städtebau verloren, dass bis zum Jahr 2050 ein Rückgang der Agrarproduktion um 12 % vorhergesagt wird.

1 Werte die Diagramme in ▶ Bild 2 unabhängig voneinander aus.

2 **A** Berechne, wie groß das Defizit (in Kilokalorien pro Person) der landwirtschaftlichen Produktion im Jahr 2050 sein wird, wenn sich der Verlust von Agrarflächen unvermindert fortsetzt.
B Nenne Faktoren, die das Problem verschärfen könnten.

3 Erkläre den Zusammenhang zwischen Fleischproduktion und verminderter Agrarproduktion.

4 **A** Nenne Maßnahmen auf globaler, regionaler und persönlicher Ebene, die das Defizit in der Agrarproduktion ausgleichen und damit auf lange Sicht die Ernährung der wachsenden Weltbevölkerung sicherstellen können.
B Diskutiere diese Maßnahmen.

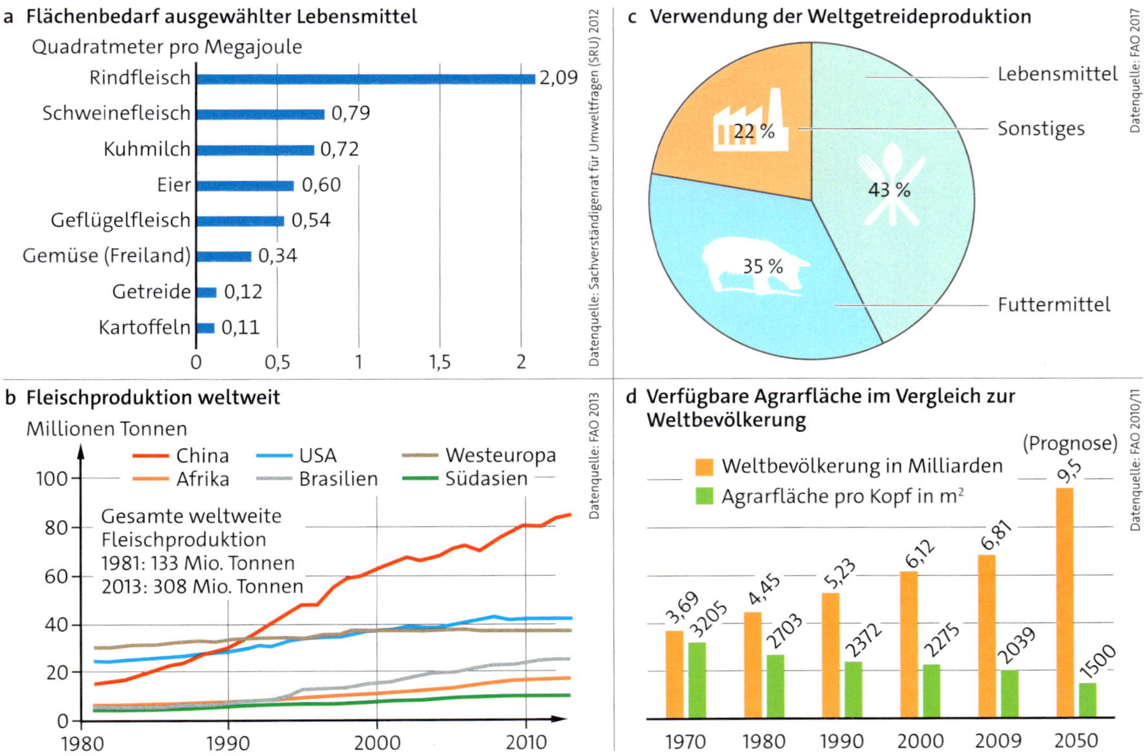

2 Aspekte zur Nahrungsmittelproduktion

Kohlenstoffkreislauf

Kohlenstoff In der Natur kommt Kohlenstoff als Element nur selten vor, z. B. als Diamant. Meist liegt er in Form unterschiedlicher Kohlenstoffverbindungen vor. So finden wir in der Atmosphäre das gasförmige Kohlenstoffdioxid, das aufgrund seiner Wasserlöslichkeit auch in den Gewässern der Erde vorkommt. Kohlenstoffdioxid kann mit vielen Substanzen reagieren, wobei auch komplexere Kohlenstoffverbindungen entstehen. Diese wiederum machen als Gesteine einen bedeutenden Teil der Erdkruste aus.
Kohle entsteht unter bestimmten Bedingungen im Lauf von Millionen von Jahren aus toter kohlenstoffreicher Biomasse. Auch Erdöl und Erdgas sind Stoffgemische, die viele Kohlenstoffverbindungen enthalten. Sie entstehen ebenfalls unter spezifischen Bedingungen bei der Umwandlung toter Biomasse. Kohle, Erdöl und Erdgas werden auch als fossile Brennstoffe bezeichnet, bei deren Verbrennung wieder Kohlenstoffdioxid in die Atmosphäre abgegeben wird ▶ Bild 1.
Pflanzen, Algen und manche Bakterien sind in der Lage, den Kohlenstoffdioxid-Gehalt der Atmosphäre zu verringern, indem sie Kohlenstoffdioxid zum Aufbau von Biomasse nutzen. Dieser Vorgang wird als *Kohlenstoffdioxidfixierung* bezeichnet.

Fotosynthese und Zellatmung Die Kohlenstoffdioxidfixierung im Zuge der Fotosynthese erfordert als Ausgangsstoff neben Kohlenstoffdioxid auch Wasser. Der Prozess benötigt zudem Licht als Energiequelle. Die Produkte der Reaktion sind Sauerstoff und kohlenstoffhaltige Glucose als Ausgangsstoff für den Biomasseaufbau.
Pflanzen und Tiere benötigen Glucose als Energieträger. Das Molekül ist wie auch Sauerstoff ein Ausgangsstoff für die Zellatmung. Bei diesem Prozess wird Energie bereitgestellt, die die Zellen zur Aufrechterhaltung ihrer lebenswichtigen Stoffwechselprozesse nutzen können.

1. „Die Fotosynthese ist die Gegenreaktion der Zellatmung." Erkläre diese Aussage.
2. Die Brandrodung von Wäldern erhöht den Kohlenstoffdioxidgehalt der Atmosphäre sofort und auch langfristig. Begründe.
3. Seit der Industrialisierung hat der Kohlenstoffdioxidgehalt der Atmosphäre ständig zugenommen, ein Trend, der bis heute anhält. Erläutere diesen Befund.

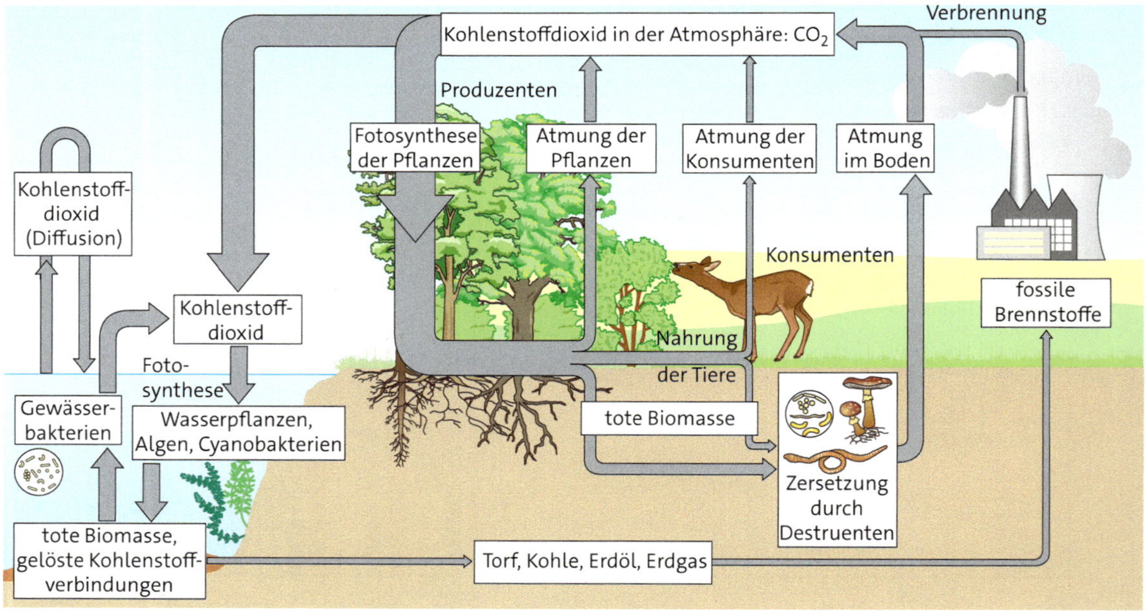

1 Kohlenstoffkreislauf

Stickstoffkreislauf

Stickstoff In elementarer Form kommt Stickstoff als Gas (N_2) in der Atmosphäre vor. In dieser Form ist er allerdings weder für Tiere noch für Pflanzen nutzbar. Dennoch wird Stickstoff von allen Lebewesen in verhältnismäßig großen Mengen benötigt.

Bestandteil von Proteinen Alle Lebewesen benötigen Proteine als Baustoffe und Enzyme. Alle Proteine bestehen aus einer Kombination verschiedener Aminosäuren. Dies sind kleine Moleküle, die sich aufgrund ihrer chemischen Struktur zu komplexeren Molekülen – den Proteinen – verketten können. Alle Aminosäuren enthalten Stickstoff.
Die ausreichende Verfügbarkeit von Stickstoff in einer biologisch verwertbaren Form ist also die Grundvoraussetzung für die wachstums- und lebenserhaltenden Prozesse aller Organismen eines Ökosystems.

Stickstoffaufnahme Pflanzen können Stickstoff nur gelöst über ihre Wurzeln aufnehmen. Er muss dazu in Ammonium- (NH_4^+) oder Nitrationen (NO_3^-) gebunden sein ▶Bild 2. Ammoniumionen entstehen beim Abbau toter Biomasse durch Destruenten. Ein Großteil der Ammoniumionen wird durch Bakterien zunächst zu Nitrit- und dann zu Nitrationen oxidiert. Diese können von Pflanzen besonders gut aufgenommen werden. Den enthaltenen Stickstoff nutzen die Pflanzen für den Aufbau von Proteinen.

Bodenbakterien Während Nitrationen abbauende Bodenbakterien dem Kreislauf biologisch nutzbaren Stickstoff entziehen, indem sie ihn zu elementarem Stickstoff überführen, machen *Knöllchenbakterien* das Gegenteil: Sie leben in einer Symbiose mit bestimmten Pflanzen, z.B. aus der Familie der Schmetterlingsblütler. Die Bakterien erhalten von diesen Energie in Form von Glucose, die sie unter anderem dazu nutzen, Stickstoff aus der Luft zu Ammoniumionen zu reduzieren. Diese können die Pflanzen nun als Stickstoffquelle nutzen.

1 **A** Beschreibe die Umwandlungsschritte, die nötig sind, damit atmosphärischer Stickstoff für alle Pflanzen verfügbar wird.
B Nenne alle dabei beteiligten Trophiestufen.

2 Erkläre, weshalb Düngemittel für Pflanzen Stickstoffverbindungen enthalten.

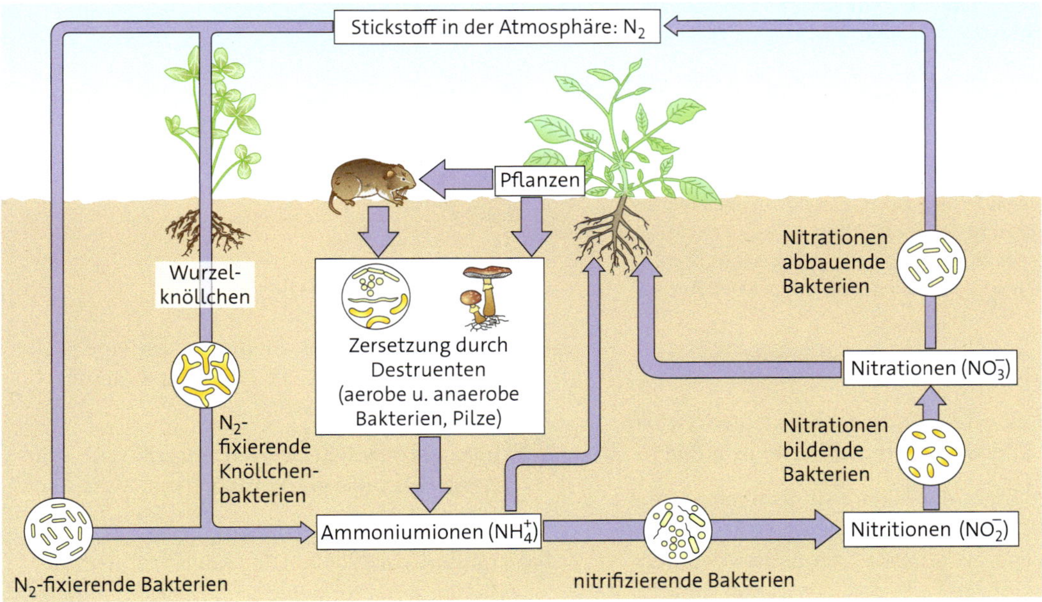

2 Stickstoffkreislauf

Düngung oder Überdüngung?

Düngemittel liefern Pflanzen als Baustoffe verwertbare Stickstoffverbindungen. Vereinfacht gilt die Regel, dass Pflanzen umso schneller wachsen, je mehr dieser Baustoffe sie zur Verfügung haben. In der Tiermast werden proteinreiche Futtermittel eingesetzt, die dadurch auch viel Stickstoff enthalten. Finde heraus, ob ein Überangebot an Stickstoffverbindungen zum Problem werden kann.

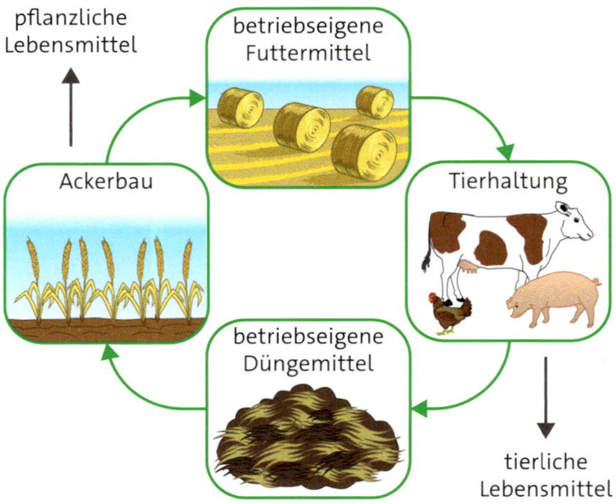

1 Kreislaufwirtschaft

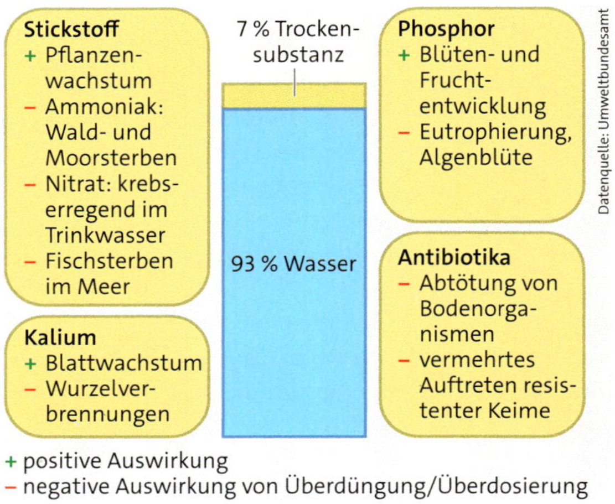

3 Zusammensetzung und Wirkungen von Gülle

- Störung des Ökosystems durch Grundwasserbelastung
- Stickstoffüberangebot hemmt bei Pflanzen die Aufnahme anderer lebenswichtiger Mineralstoffe
  → Krankheitsanfälligkeit, Wachstumseinschränkung
- Bei Bäumen und anderen Pflanzen Verminderung des Wurzelwachstums und damit der Wasseraufnahme
  → Anfälligkeit gegen Trockenheit, Windwurf
- Bodenversauerung durch Stickstoffüberschuss, somit Änderung des chemischen Milieus, Freisetzung giftiger Stoffe, allgemeine Bodenverschlechterung
  → Abnahme der Artenvielfalt durch Selektion

2 Einige Folgen der Überdüngung mit Gülle

Schweine, die zur Nahrungsmittelerzeugung gehalten werden, bezeichnet man als Mastschweine. Sie erhalten sehr proteinreiches Futter. Über die Ziele der Schweinemast informiert die Bayerische Landesanstalt für Landwirtschaft:
„Ziel der Schweinemast ist die Erzeugung von Schweinen mit großer Fleischfülle und einem hohen Anteil wertvoller Teilstücke. Je nach Verwertungsart werden unterschiedliche Ansprüche an die Schlachtkörper gestellt. Vom Verarbeitungsschwein für die Wurstwarenherstellung bis zum Fleisch- bzw. Schinkenschwein reicht dabei die Palette.“

4 Ziele der Schweinemast

1 Beschreibe das Prinzip der Kreislaufwirtschaft eines landwirtschaftlichen Betriebs ▶ Bild 1.

2 Kunstdünger, der Mineralstoffe in reiner Form enthält, wird meist aufwendig im Bergbau oder durch energieintensive chemische Verfahren gewonnen. Bewerte den Einsatz von Gülle im Vergleich mit Kunstdüngern ▶ Bild 3.

3 Stelle in einem Fließschema dar, wie eine lokale Überdüngung mit Gülle ein nahes Waldgebiet beeinflussen kann ▶ Bild 2.

4 Gülle aus Mastbetrieben ist deutlich stickstoffhaltiger als Gülle aus Betrieben mit Weidetierhaltung. Erkläre.

5 Erläutere das Problem der „Güllеflut“ in der Massentierhaltung und schlage Maßnahmen vor, die dem entgegenwirken können.

Saurer Regen

In den 1980er Jahren befanden sich große Teile des deutschen Waldes in einem schlechten Zustand. Dies zeigte sich durch Nadel- bzw. Blattverluste, Verfärbungen oder Schädlingsbefall. Diese Symptome standen in direktem Zusammenhang mit der Schadstoffbelastung der Luft, die zu „saurem Regen“ führte. Informiere dich hier über dieses Phänomen.

Fossile Energieträger enthalten Schwefel- und Stickstoffverbindungen. Bei ihrer Verbrennung werden daher Schwefeldioxid und Stickoxide frei. Bei der Lösung von Schwefeldioxid in Wasser entsteht schweflige Säure. Die Stickoxide reagieren mit Wasser und Sauerstoff unter anderem zu Salpetersäure. Auf diese Weise wird Regen in belasteten Gebieten „saurer“, der pH-Wert des Niederschlags sinkt. So werden auch Böden angesäuert. Dies kann die Wurzelhaare der Bäume zum einen direkt schädigen. Zum anderen werden im Boden Reaktionen ermöglicht, bei denen für Pflanzen giftige Stoffe entstehen.
Inzwischen gibt es Gesetze, die z. B. die Entschwefelung von Abgasen aus Industrie und Verkehr vorschreiben. Zudem wurden Katalysatoren eingeführt, die unter anderem Stickoxide zu elementarem Stickstoff reduzieren.

1 Erkläre den Begriff „saurer Regen“.

2 **A** Erläutere mithilfe eines Wirkungsgefüges den Zusammenhang zwischen der Schadstoffbelastung der Luft und der Schädigung von Bäumen.
B Begründe die Verminderung der Schadstoffbelastung der Luft im Beobachtungszeitraum ▶ Bild 6.

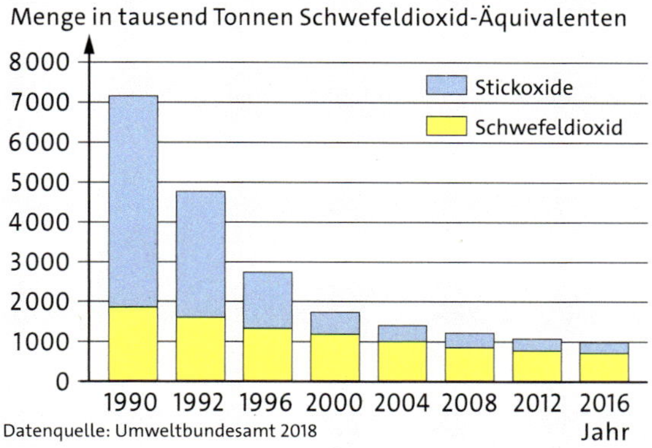

6 Luftbelastung (Stickoxide und Schwefeldioxid)

3 **A** Leite aus ▶ Bild 6 eine Hypothese zur Entwicklung des Waldzustands im Beobachtungszeitraum ab.
B Werte ▶ Bild 5 aus.
C Vergleiche deine Hypothese mit den Ergebnissen deiner Analyse von ▶ Bild 5.

4 Nenne mögliche Gründe dafür, dass eine deutliche Verbesserung des Zustands der Wälder ausgeblieben ist.

5 Bewerte die im Text genannten Maßnahmen zur Verminderung des Schadstoffgehalts der Luft.

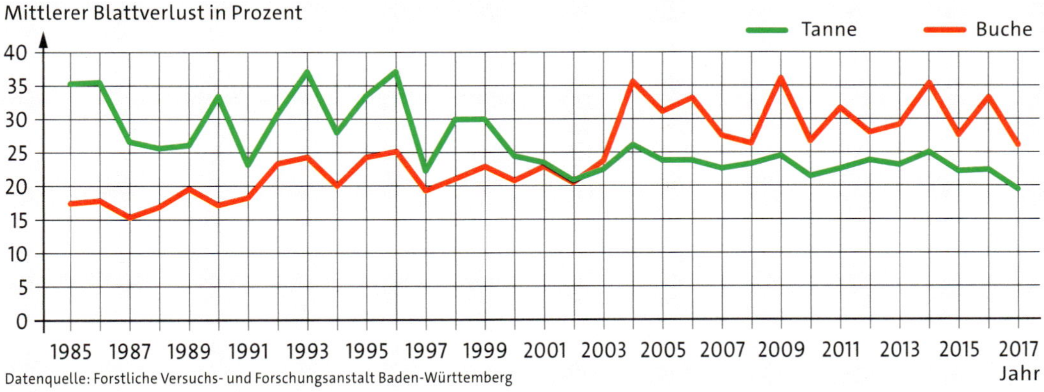

5 Blattverlust bei Tanne und Buche im Schwarzwald

Modellökosystem Aquarium

Modelle eignen sich, um biologische Vorgänge anschaulich darzustellen und zu begreifen. Sie sind immer Vereinfachungen und konzentrieren sich auf die wesentlichen Funktionen, Abläufe und Zusammenhänge.

Ein neues Aquarium – Teil 1

Tina wünscht sich ein Aquarium zum Geburtstag, möchte es aber selbst einrichten.
Geschenkt bekommt sie den Glaskörper des Aquariums, einen Geldgutschein und zwei Guppys ▶ Bild 1.

1 Guppys

1 A Nenne abiotische und biotische Faktoren, die Tina bei der Einrichtung des Aquariums berücksichtigen muss.
B Erstelle eine Einkaufsliste mit Aquariumszubehör, Pflanzen und Tieren für Tina.

Aquarium als Modell

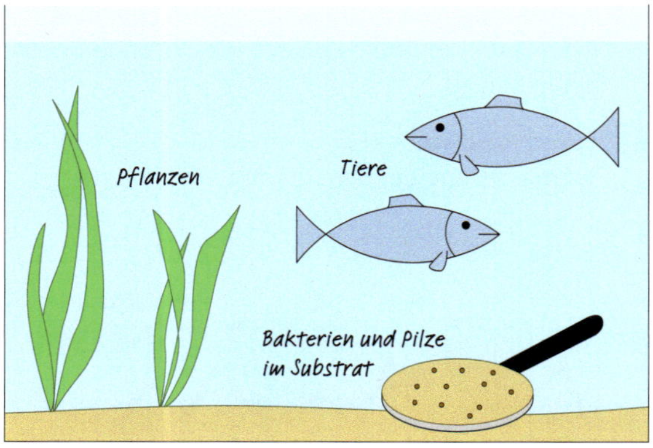

2 Modell-Aquarium

2 A Übernimm ▶ Bild 2 in dein Heft. Ergänze die Bestandteile von Tinas Aquarium.
B Ordne die Lebewesen im Aquarium ihrer Trophiestufe zu.
C Ordne die Lebewesen nach autotroph und heterotroph.
D Stelle die Beziehungen zwischen den Lebewesen in deinem Schema dar. Betrachte die ausgetauschten Gase, die Biomasse und Mineralstoffe.
E Ein Aquarium ist ein kleines Ökosystem. Begründe.

Ein neues Aquarium – Teil 2

Eine Freundin rät Tina, das Aquarium mit vielen Pflanzen statt einer Sauerstoffpumpe zu bestücken, oben mit einer dicht schließenden Glasplatte abzudichten und es an einem hellen Platz ohne direktes Sonnenlicht aufzustellen.

3 A Diskutiere diesen Vorschlag.

Tina hat den Vorschlag der Freundin umgesetzt, fährt aber kurz darauf für drei Monate zu einem Schüleraustausch ins Ausland. Ihr kleiner Bruder Tom kümmert sich. Leider hat Tina vergessen, ihn einzuweisen. Tom füttert die beiden Fische jeden Tag reichlich. Sie vermehren sich. Die Pflanzen wachsen. Tom ist stolz und füttert noch mehr. Aber dann sterben plötzlich fast alle Fische, kurz darauf gehen die Pflanzen ein.

B Erläutere mithilfe deines Schemas aus Aufgabe 2 D, warum die Fische und Pflanzen gestorben sind.

Schulaquarium

Tina macht in der Schule den Vorschlag, auch im Biologieraum ein Aquarium einzurichten. Der Biologielehrer erklärt, dass neben der Wassertemperatur auch die chemischen Wasserwerte für das Leben der Organismen eine wichtige Rolle spielen.

4 A Informiere dich über die Temperatur, den pH-Wert sowie den Härtegrad des Wassers, die für Guppys in Süßwasseraquarien geeignet sind.
B Entwickle mit deinen Mitschülern und Mitschülerinnen einen Plan zur verantwortungsvollen Pflege eines Aquariums.

Bitte nicht füttern!

3 Teich im Park von Bad Kurheim

6 Schild der Gemeindeverwaltung

Am Teich eines kleinen Kurorts (▶ Bild 3) wurde ein Schild angebracht ▶ Bild 6. Unter dem Aufruf ist eine Zeichnung zu sehen ▶ Bild 4.

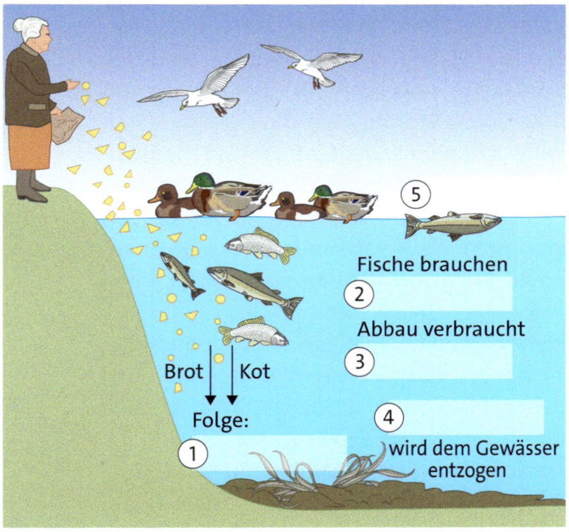

4 Erläuterung der Gemeindeverwaltung

1 **A** Stelle die Folgen des Fütterns mithilfe von ▶ Bild 4 in einem Fließdiagramm dar. Ergänze zunächst die Punkte 1 bis 5. Nimm die Informationen aus ▶ Bild 5 zu Hilfe.
B Im Sommer ist die Wahrscheinlichkeit höher, dass der Teich umkippt. Begründe.

2 In den 1970er Jahren stellte man fest, dass sich im Bodensee das Phytoplankton rasant vermehrte. Der See drohte umzukippen.
A Formuliere eine Hypothese zur starken Vermehrung des Phytoplanktons.
B Eine wichtige Maßnahme zur Rettung des Sees war der Bau von Kläranlagen. Begründe.
C Heute ist der See wieder klar. Es werden kaum noch Felchen, eine typische Fischart des Bodensees, gefangen. Erkläre den Rückgang des Fischbestands.

Teich im Kurpark droht umzukippen

(Bad Kurheim) Durch das Füttern der Enten, Schwäne und Fische droht der Teich im Kurpark in Bad Kurheim umzukippen.
Werden dem Teich in Form von Brotresten Nährstoffe zugeführt, wird der Teich überdüngt. Man spricht von Eutrophierung (griech. *eu:* gut, *trophe:* Nahrung). Aufgrund des guten Nahrungsangebots vermehren sich die Fische, Vögel werden angelockt. Das durch die Zersetzung von Brot und Kot freigesetzte Kohlenstoffdioxid lässt die Algen an der Oberfläche übermäßig wachsen. Aber die Algen werden von den satten Vögeln und Fischen nicht mehr gefressen. Sie sterben ab und sinken auf den Grund. Nicht nur die vermehrt auftretenden Fische, auch der Abbau von Vogelkot und toten Algen verbraucht mehr Sauerstoff, der dem Gewässer dadurch entzogen wird. In der Folge ersticken Fische und andere Lebewesen im See (Muscheln, Schnecken, Krebse, Würmer). Aber auch den zersetzenden Bakterien und Pilzen fehlt Sauerstoff. Sie schalten auf Gärung um und es entsteht eine Schlammschicht mit giftigen Faulgasen. Letzten Endes stirbt alles im See: Der See „kippt um“. Die Gemeindeverwaltung lässt weitere Informationstafeln aufstellen. Der Gemeinderat bittet die Kliniken und Kurhäuser, ihre Patienten zu informieren. Unser Teich im Kurpark muss erhalten bleiben!

5 Zeitungsartikel im Bad Kurheimer Kurier

Ökosystem Wald in Gefahr

1 Waldschäden

Wälder sind Lebensraum zahlreicher Pflanzen und Tiere. Darüber hinaus übernehmen sie viele wichtige Funktionen: Sie produzieren Sauerstoff, sind natürliche, ausgleichende Klimaanlagen und wirken als Luftfilter. Wälder speichern Wasser und schützen z. B. vor Bodenerosion und Lawinen. Für uns Menschen sind sie wichtige Erholungsräume und Rohstofflieferanten.

Natürliche Gefahren Das Ökosystem Wald ist einer Reihe von natürlichen Gefahren ausgesetzt. Diese sind Teil der biotischen und abiotischen Umweltfaktoren und damit Teil des Ökosystems. Sturmwurf, Feuer, Sommerdürre, Schneebruch, Frost und andere sind witterungs- und klimabedingte Gefahren. Zu den biotischen Gefahren zählen Pilz- und Insektenbefall (z. B. Borkenkäfer), aber auch Verbiss- und Fegeschäden. Naturwälder sind an solche Gefahren ganz gut angepasst. In Mitteleuropa sind die Naturwälder jedoch nahezu verschwunden. Die vom Menschen geprägten Nutzwälder, häufig Monokulturen, sind deutlich anfälliger.

Zivilisationsbedingte Gefahren Zu den natürlichen Gefahren kommen weitere vom Menschen verursachte hinzu, z. B. großflächige Rodung und Flächenzerschneidung. In Monokulturen können sich Schadinsekten wie Borkenkäfer schneller entwickeln und so stärker vermehren. Häufig sind die Wildbestände zu groß, da die natürlichen Fressfeinde fehlen. Aber auch die Störung des Ökosystems durch Freizeitnutzung oder der Eintrag von Schadstoffen aus Abgasen bergen Gefahren. Der vom Menschen verursachte Klimawandel stellt die Wälder vor große Herausforderungen, da er andere Schadursachen deutlich verstärkt.

Waldsterben und die Folgen Kranke Bäume erkennt man häufig mit bloßem Auge: Nadel- und Blattschäden sowie Kronenverlichtung sind deutliche Anzeichen der Schwächung ▶ Bild 1. Ist der Schaden zu stark, sterben die Bäume ab. Ein hoher Totholzanteil ist jedoch nicht unbedingt ein Anzeichen für einen stark geschädigten Wald, denn Totholz bietet zahlreichen Lebewesen ein Biotop. Ist der Wald krank, dann sind seine natürlichen Funktionen gestört oder fehlen gar ganz.

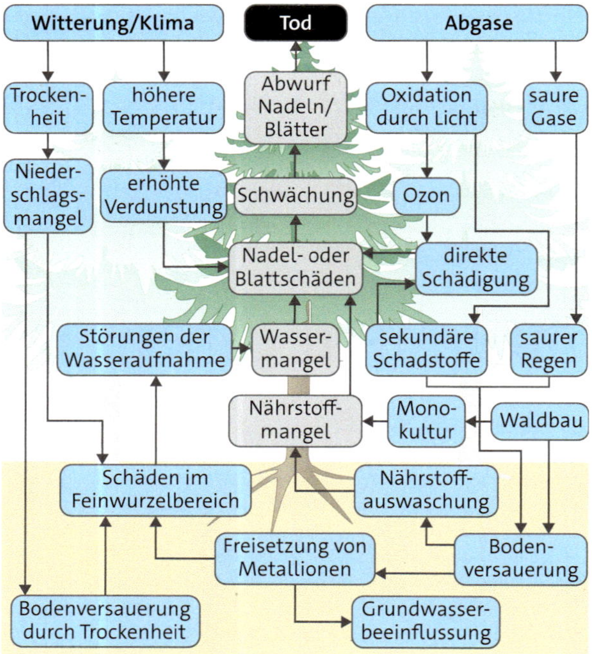

2 Ursachen des Waldsterbens

1. Beschreibe Merkmale, mit denen man den Gesundheitszustand des Waldes beschreiben kann.
2. Erkläre, welche der in ▶ Bild 2 genannten Ursachen des Waldsterbens vom Menschen ausgehen.
3. Erläutere die Folgen der Waldschäden für den Menschen.
4. Bewerte sinnvolle Maßnahmen gegen das Waldsterben.

Wald lebt vom Totholz

Totholz ist ein wichtiger Teil des natürlichen Waldzyklus und Lebensgrundlage für zahlreiche Arten. Naturwälder sind im Vergleich zu bewirtschafteten Wäldern reich an Totholz. Bewerte ein Waldareal mithilfe einer Totholzerhebung.

3 Naturwald mit Totholz

Hartholz
saftlos (trocken), fest, ein Messer dringt in Faserrichtung nur sehr schwer ein

Morschholz
weniger fest, ein Messer dringt in Faserrichtung leicht ein, nicht jedoch quer zur Faserrichtung

Moderholz
weich, ein Messer dringt in jeder Richtung leicht ein

Mulmholz
locker bis pulvrig, das Holz hängt kaum noch zusammen

5 Bestimmung des Zersetzungsgrades

Entstehung von Totholz

Bäume sterben wie alle Lebewesen, z. B. durch Windwurf, starken Borkenkäferbefall oder im Alter. Teilweise sterben auch nur Baumteile. Auch durch die Waldbewirtschaftung entsteht Totholz, jedoch in viel geringerem Maß.
Die Zersetzungsgeschwindigkeit ist artspezifisch, z. B. bei Buchen schneller als bei Eichen. Je wärmer und feuchter und je größer die Kontaktfläche mit dem Boden, desto schneller ist die Zersetzung abgeschlossen. Eine Fichte ist nach etwa 80 Jahren zu 95 % abgebaut. Je größer die Totholzmenge ist, desto artenreicher ist das Ökosystem Wald. In mitteleuropäischem Totholz können 1500 Pilz-, 30 Vogel-, 54 Wildbienen-, 1400 Käferarten sowie Säugetiere wie Haselmaus, Siebenschläfer, Wildkatze und 16 Fledermausarten leben ▶ Bild 4.

1 **A** Bestimme die Menge (Anzahl und Größe) an Totholz in einem 10 m² großen Waldstück, das du in Flächen von 1 m² aufteilst. Unterscheide zwischen liegendem und stehendem Totholz. Bestimme zudem den Zersetzungsgrad der Totholzfunde ▶ Bild 5.
B Protokolliere mit einem Maßstabsplan.
C Bewerte die „Natürlichkeit" des Waldareals.

2 Erstelle einen Infovideoclip zum Thema Totholz.

4 Totholzdynamik mit vielfältigen Artengemeinschaften

Neues Leben für Bäche und Flüsse

Veränderung naturnaher Fließgewässer Naturnahe Bäche und Flüsse findet man bei uns nur noch selten. Die Erweiterung von Siedlungen und die intensive landwirtschaftliche Nutzung von Flächen gehen oft mit gravierenden Veränderungen von Fließgewässern einher. Regelmäßig überschwemmte Flächen, die *Auen*, müssen häufig weichen. Die ursprünglich durch Schleifen und Schlingen gekennzeichneten Bachläufe werden begradigt und die Ufer befestigt.

Folgen der Gewässerregulierung Auen bieten speziell angepassten Tieren einen Lebensraum, der ihnen durch die veränderten Bedingungen genommen wird. Mit dem Wegfall der natürlichen Uferzone wird ein weiterer wichtiger Lebensraum zerstört. Die Begradigung verlagert den Punkt der größten Fließgeschwindigkeit in die Mitte des Flusses.

Renaturierung Die Renaturierung umfasst Maßnahmen, die aus regulierten Fließgewässern artenreiche, naturnahe Gewässer mit vielfältigen ökologischen Funktionen machen ▶ Bild 1. Durch die Erholung von Auen und Uferzonen nimmt die Vielfalt an Tier- und Pflanzenarten wieder zu. Werden kleinen Windungen wiederhergestellt, verlagert sich der Punkt der größten Fließgeschwindigkeit von der Mitte des Flusses zurück an die Ränder, sodass das Wasser auf das unbefestigte Ufer prallen kann. Dort wird Material wie Sand, Steine und Lehm abgetragen, stromabwärts geschleppt und woanders wieder abgelagert. So wird der ursprüngliche Untergrund des Fließgewässers wiederhergestellt. Dies trägt bereits zum Schutz der Vielfalt der Lebewesen im Gewässer bei. Neue Uferzonen und Bereiche mit langsamerer Strömung entstehen. Tiere und Pflanzen finden Halt. Kleine Kiesflächen z.B. schaffen Laichplätze für zahlreiche Fischarten wie Forellen. Für Junglarven von Insekten können Lücken im Kiesbett bei Gefahr ein Versteck sein.

2 Fließgewässer

1 **A** Vergleiche naturnahe und regulierte Fließgewässer.
B Beurteile, ob es sich bei ▶ Bild 2 um ein reguliertes oder naturnahes Fließgewässer handelt.

2 Nenne Maßnahmen, wie man Laich- und Brutplätze zurückgewinnen kann.

3 Stelle in einem Fließdiagramm dar, welche Folgen das Schaffen von Windungen bei der Renaturierung hat.

1 Renaturierung von Gewässern

Untersuchung eines Baches

Regulierte Gewässer haben einen gleichmäßigeren Querschnitt als naturnahe. Dieser beeinflusst die Strömungsgeschwindigkeit des Wassers, ein wichtiger abiotischer Umweltfaktor. Untersuche einen Bachabschnitt.

Querprofil

Material: Meterstab, Schnur, Isolierband

Durchführung:
1. Markiere die Schnur mit Isolierband in 10-cm-Abständen. Spanne die Messschnur waagerecht über die gesamte Breite des Bachbetts ▶ Bild 3.
2. Miss die Gewässerbreite und an den markierten Stellen die Gewässertiefe (▶ Bild 3) und notiere.
3. Zeichne anhand der Daten eine maßstabsgetreue Skizze des Bachprofils ▶ Bild 3.
4. Skizziere den Pflanzenbewuchs der Uferzone.

Strömungsgeschwindigkeit

Material: Driftkörper, z. B. Holzstück, Meterstab oder Maßband, Schnur, Isolierband, Stoppuhr

Durchführung:
1. Markiere eine 10-m-Strecke mit Start- und Ziellinie.
2. Wirf den Driftkörper einige Meter stromaufwärts der Startlinie in die Mitte des Baches.
3. Miss die Zeit, die der Driftkörper für die 10 m lange Strecke benötigt.
4. Führe den Versuch 3-mal durch und notiere alle Werte.
5. Bilde den Mittelwert und berechne die Fließgeschwindigkeit in m/s und in km/h.

Angepasstheit der Tiere

Behandle alle Tiere während der Untersuchung und Bestimmung vorsichtig und setze sie anschließend wieder in den Bach zurück!

Material: Petrischale, Pinzette, Pipette, Pinsel, Lupe

Durchführung:
1. Ermittle in deinem Untersuchungsabschnitt Aufenthaltsorte von Tieren. Vergleiche mit ▶ Bild 4.
2. Skizziere die Position von zwei Fundtieren. Vergleiche mit ▶ Bild 4.
3. Entferne das Fundtier behutsam mit Pinzette, Pipette oder Pinsel von seinem Aufenthaltsort und setze es in die wasserbefüllte Petrischale. Beobachte das Tier mit der Lupe.

1 Bewerte, ob es sich bei dem untersuchten Gewässer um ein reguliertes oder naturnahes Gewässer handelt.

2 Bestimme die häufigsten Pflanzenarten in der Uferzone.

3 **A** Beschreibe die Körpergestalt der Fundtiere.
B Erkläre die Angepasstheit der im Untersuchungsabschnitt vorkommenden Tiere an die Strömungsgeschwindigkeit ▶ Bild 4.

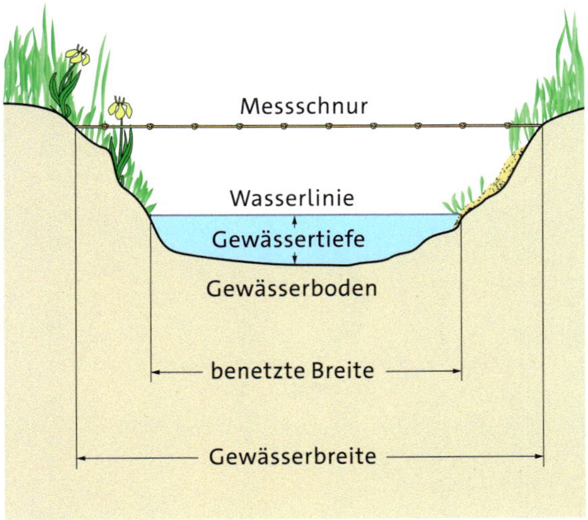

3 Querprofil eines Baches

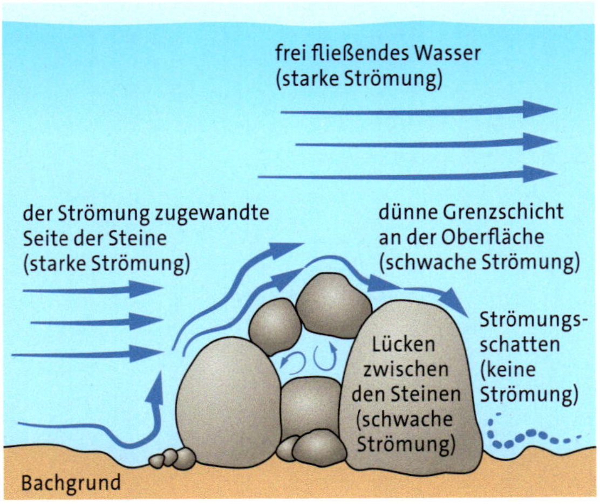

4 Strömungsverhältnisse in einem Bach

Bestimmung der Gewässergüte

Verunreinigungen haben Auswirkungen auf die Biozönose eines Gewässers. Je nach Verschmutzungsgrad sind unterschiedliche Organismengemeinschaften zu finden. Diese können daher als Indikatoren für den Grad der Gewässerbelastung herangezogen werden. Bestimme die Güteklasse eines Fließgewässers und fertige ein Protokoll an.

Probenentnahme

Material: weiße Suppenteller aus Kunststoff, große Bechergläser, Pipette, Pinsel, Federstahlpinzetten, Kescher, Sieb, Lupe, ggf. Stereolupe, Bestimmungsschlüssel für Klein- und Kleinstlebewesen in Gewässern

Durchführung:
Entnimm aus deinem Untersuchungsabschnitt Proben in Bereichen mit verschiedenem Untergrund.

Untergrund mit größeren Steinen

1. Hebe die Steine langsam vom Untergrund ab und fange weggespülte Tiere mit einem Sieb in Strömungsrichtung auf.
2. Suche anschließend die Steine an der Unterseite ab und löse Tiere mit einem Pinsel oder spüle sie mit Wasser auf den Teller.
3. Gib die Tiere bis zur Bestimmung in ein mit Wasser gefülltes Becherglas.

Untergrund mit Kies

1. Stelle einen Kescher senkrecht zur Strömung auf den kiesigen Untergrund.
2. Wühle auf einer Länge von ca. 50 cm stromaufwärts vor dem Sieb vorsichtig mit der Hand den Kies auf.
3. Sammle aufgewirbelte Kleintiere im Sieb und spüle sie in ein mit Wasser gefülltes Becherglas.

Behandle alle Tiere während der Untersuchung und Bestimmung vorsichtig und setze sie anschließend wieder in den Bach zurück!

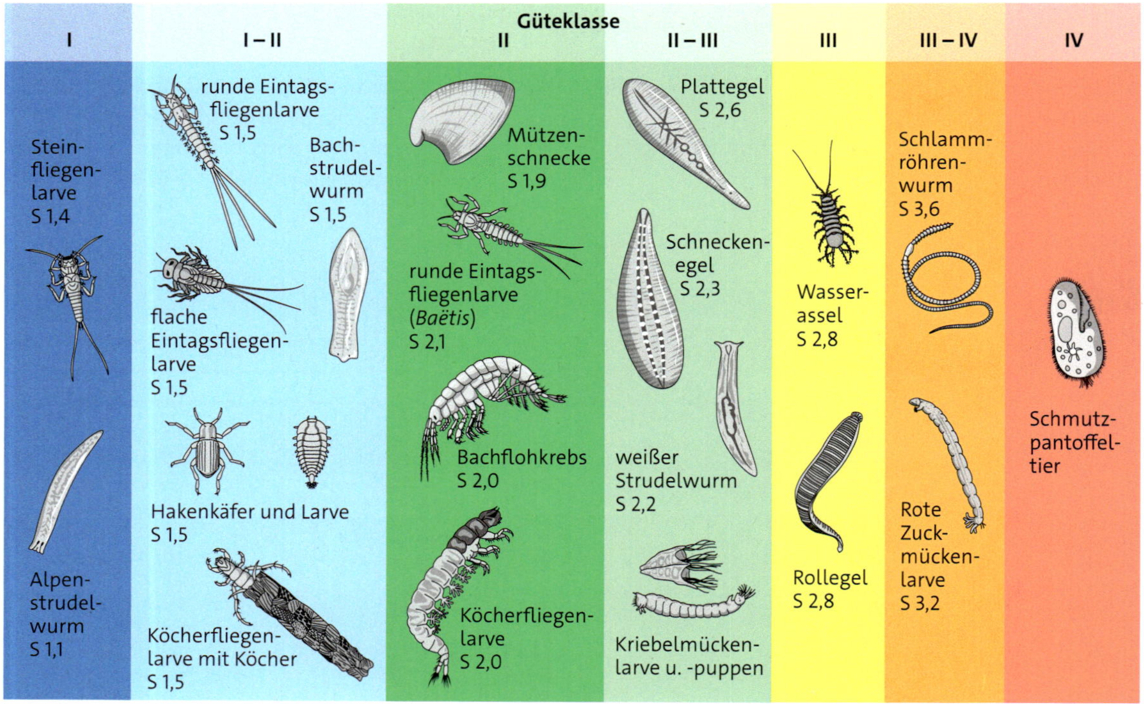

1 Indikatorarten heimischer Fließgewässer mit ihren Saprobienwerten

Art	Anzahl	Saprobienwert	Häufigkeit	Häufigkeit × Saprobienwert
Lidmückenlarve	8	1,0	1,5	1,5
Bachflohkrebs	12	2,0	2,0	4,0
...	...	...	...	...
			Σ (Summe = Gesamthäufigkeit)	Σ (Gesamtsumme)

2 Protokollausschnitt

Sandiger Untergrund mit Pflanzen

1. Bewege das Sieb mit langsam kreisenden Bewegungen durch den Untergrund und fülle es zu 2/3 mit Bodenmaterial.
2. Sauge die zum Vorschein tretenden Kleintiere mit einer Pipette ab.
3. Fülle die gesammelten Tiere in das mit Wasser gefüllte Becherglas um.
4. Ziehe das Sieb bei starkem Pflanzenbewuchs mit leicht schüttelnder Bewegung 0,5 bis 1 m gegen die Strömung durch den Pflanzenbewuchs am Gewässeruntergrund.
5. Sammle die eingefangenen Kleintiere im mit Wasser gefüllten Becherglas.

Protokoll

1. Bestimme deine Funde mit einem Bestimmungsschlüssel.
2. Notiere in einer Tabelle die gefundene Art, den Fundort und die Anzahl der Tiere ▶ Bild 2.
3. Erweitere die Tabelle um den Saprobienwert ▶ Bild 1. Recherchiere ggf. den jeweiligen Saprobienwert weiterer Fundtiere.
4. Bestimme die Häufigkeit aus der Anzahl der Tiere mithilfe von ▶ Bild 3 und trage diese in eine weitere Spalte deiner Tabelle ein.

Berechnung des Saprobienindex

Das Saprobiensystem ist ein Verzeichnis von Pflanzen- und Tierarten, die in Beziehung zum Grad organischer Gewässerbelastung gesetzt werden. Folgendermaßen wird er berechnet:

1. Bilde das Produkt aus der Häufigkeit und dem Saprobienwert.
2. Bilde die Gesamtsumme der ermittelten Produkte und die Gesamthäufigkeit aller Funde ▶ Bild 2.
3. Bestimme den Saprobienindex für deinen Untersuchungsabschnitt.

Saprobienindex = Gesamtsumme : Gesamthäufigkeit

1 A Bestimme die Gewässergüte deines Untersuchungsabschnitts mithilfe von ▶ Bild 4.
B Beschreibe die abiotischen Faktoren deines Untersuchungsabschnitts.
C Vergleiche deinen Untersuchungsabschnitt mit dem der anderen Gruppen.
D Vergleiche die Gewässergüte deines Untersuchungsabschnitts mit der der anderen Untersuchungsabschnitte.

2 A Informiere dich über die Gewässergüte von mindestens fünf verschiedenen Gewässern in Baden-Württemberg.
B Werte deine Ergebnisse mithilfe der gesammelten Informationen aus.

3 Erkläre, warum Organismen geeignet sind, die Güte eines Gewässers abzuschätzen.

	Anzahl	Häufigkeit
Einzelfund	1	0,5
vereinzelt	2–4	1,0
wenige Tiere	5–8	1,5
mäßig viele	9–15	2,0
häufig	16–24	2,5
sehr häufig	25–40	3,0
massenhaft	> 40	3,5

3 Ermittlung der Häufigkeit der Fundtiere

	Saprobienindex	Gewässergüte
sauber und unbelastet	1,0–1,4	I
gering belastet	1,5–1,9	II
mäßig belastet	2,0–2,2	III
kritisch belastet	2,3–2,9	IV
verschmutzt bis stark belastet	3,0–4,0	V

4 Gewässergüteklassen

Biodiversität

1 Artenvielfalt im tropischen Regenwald

Biologische Vielfalt Die Vielfalt der Ökosysteme, die Artenvielfalt und die genetische Vielfalt innerhalb einer Art fasst man mit dem Begriff *Biodiversität* zusammen.
Alle Tiere und Pflanzen einer Biozönose sind voneinander abhängig. Je mehr Arten vorhanden sind, desto stabiler ist ein Ökosystem. Artenvielfalt und Variabilität kann Ökosysteme unempfindlicher gegen Umweltveränderungen machen. Solche Ökosysteme sind z.B. für die Stabilisierung des Klimas und zur Regulation des Wasserhaushalts von großer Bedeutung.

Faktor Mensch Auch für die Menschen ist Biodiversität von Vorteil. Sie ist beispielsweise die Grundlage für Züchtungen widerstandsfähiger Kulturpflanzen oder für Heilmittel sowie ein abwechslungsreiches und damit gesundes Nahrungsangebot. Erholungsgebiete sind vor allem durch naturnahe Vielfalt attraktiv.
Allerdings beeinträchtigt der Mensch heute viele Ökosysteme massiv oder zerstört sie ganz. Dies führt zum Verlust von Lebensräumen, einem ausgeprägten Artensterben und damit zu einem Rückgang der Biodiversität.

Schutz der Biodiversität Menschen sind selbst ein Bestandteil der Biosphäre und in Gefahr, ihre eigene Lebensgrundlage zu zerstören. Biodiversität muss deshalb erhalten werden. Weltweit setzen sich inzwischen viele Umwelt- und Naturschutzorganisationen für das Überleben der Tier- und Pflanzenwelt ein.
1970 hat die UNESCO (Organisation der Vereinten Nationen für Bildung, Wissenschaft und Kultur) ein weltweites Netz von *Biosphärenreservaten* ins Leben gerufen. Dies sind Schutzgebiete, in denen nachhaltige Entwicklung in ökologischer, ökonomischer und sozialer Hinsicht verwirklicht werden soll.
1992 wurde in Rio de Janeiro die Agenda 21 beschlossen, ein Umweltabkommen, das auch den Erhalt der biologischen Vielfalt zum Ziel hat.
Bestimmte Areale, die *Biodiversitätshotspots*, sind Regionen der Erde, die eine besonders große Anzahl an Pflanzen- und Tierarten beherbergen. In ihnen leben viele Arten, die ausschließlich dort vorkommen und bereits 70 % ihrer ursprünglichen Lebensräume verloren haben. Sie gelten als besonders schützenswert. Weltweit sind 35 Biodiversitätshotspots ausgewiesen. Hinzu kommen Hotspots von nationaler Bedeutung: In Deutschland gibt es 30 Regionen, die diese Bedingungen erfüllen.

1. Erläutere die Bedeutung der Biodiversität.

2. Begründe, weshalb die Biodiversität durch menschliches Handeln bedroht ist.

3. „Die Erde gehört nicht den Menschen, der Mensch gehört zur Erde. Alles ist miteinander verbunden. Was die Erde befällt, befällt auch die Söhne der Erde. Der Mensch schuf nicht das Gewebe des Lebens, er ist darin nur eine Faser. Was immer ihr dem Gewebe antut, das tut ihr euch selber an." (Aus der Rede des Häuptling Seattle, 1855)
   Erläutere das Zitat in Bezug auf das Aussterben von Tier- und Pflanzenarten.

4. Informiere dich über Jugendorganisationen, in denen du dich für den Artenschutz einsetzen kannst.

Vielfältiger Lebensraum Streuobstwiese

In Deutschland gibt es seit einigen Jahren eine Bewegung zum Erhalt und zur Neuschaffung von Streuobstwiesen. Durch Bewahren alter Kulturtechniken und Weitergabe von fast vergessenem Wissen entstehen Gebiete mit hoher Biodiversität.

Herr Geng, wie würden Sie Ihre Streuobstwiesen beschreiben?
Wir bewirtschaften 20 Flächen mit einer großen Vielzahl verschiedener Sorten. Vorzugsweise haben wir Hoch- und Halbstämme. Neu gepflanzt wurden 300 alte Apfelsorten, 70 Birnensorten, über 40 Pflaumen- und Zwetschgensorten, Kirschen, Aprikosen, Quitten, Mirabellen, Renekloden sowie Hasel- und Walnüsse. Wir haben auch eine große Anzahl verschiedener Wildobstarten wie Eberesche, Felsenbirne, Hagebuttenbirne, Holunder, Maulbeere, Mehlbeere, Mispel, Kornelkirsche, Ölweide, Schlehe, Speierling, Traubenkirsche, Wildpflaume, Weißdorn und über 100 Wildrosensorten. Zwischen den Bäumen wachsen verschiedene Gras- und Blumenmischungen. Feuchtbiotope, Steinhaufen und Totholzansammlungen bieten unterschiedlichsten Kleinlebewesen einen Lebensraum. 20 Bienenvölker, die auf dem Gelände verteilt sind, sorgen für die Bestäubung der Blüten. Auf dem Areal befinden sich rund 200 Nisthilfen für Vögel, Fledermäuse, Hornissen, Eulen, Wildbienen, Igel und Steinkauz. Schon nach kurzer Zeit haben sich einige selten gewordene Tierarten wie Wendehals und Neuntöter angesiedelt. Daneben gibt es viele Schmetterlinge, Libellen, Käfer, Schnecken, Hummeln, Mäuse, Spinnen, Frösche, Kröten, Eidechsen, Blindschleichen, Wiesel, Marder und Rehe.
Wie sieht es mit dem Umweltschutz aus?
Wir entwickeln die ursprüngliche Obstbautradition weiter. Angebaut werden alte Obstsorten im Einklang mit der Natur. Es gibt keine Monokulturen, wir benutzen keine Herbizide oder synthetischen Spritzmittel, keine Gülle, keinen Klärschlamm, keine gemahlenen Schlachthausabfälle und keine chemischen Dünger. Das Obst ist ungespritzt. Wir ernten nur reife und gesunde Früchte.
Was passiert mit dem Obst?
Wir verkaufen es als ganze Frucht oder stellen Fruchtsäfte her, ebenso Sirup aus Blüten und Früchten, Essigspezialitäten, zuckerarme Aufstriche, Liköre, alkoholfreien Sekt und Honig aus unserer Imkerei.
Was wünschen Sie sich von der Bevölkerung? ...

2 Interview mit einem Besitzer von Streuobstwiesen

3 Streuobstwiese

4 Intensivobstplantage

1 **A** Vergleiche Streuobstwiese und Intensivobstplantage (▶ Bilder 3 und 4) bezüglich Aussehen der Bäume, Abstände zwischen den Bäumen, Alter der Bäume (alt/jung), Vielfalt der Sorten und Unterwuchs.
B Nenne Vor- und Nachteile von Streuobstwiese und Intensivobstplantage. Beziehe das Interview sowie die ▶ Bilder 3 und 4 mit ein.

2 Bewerte jeweils die Artenvielfalt.

3 Formuliere eine mögliche Antwort, die Herr Geng auf die letzte Interviewfrage geben könnte ▶ Bild 2.

4 **A** Informiere dich bei den örtlichen Obst- und Gartenbauvereinen über die Bewirtschaftung von Streuobstwiesen und die Vermarktung ihrer Produkte.
B Plane ein Projekt zur Erhöhung der Artenvielfalt auf dem Schulgelände.

Klimawandel

1 Eisbären

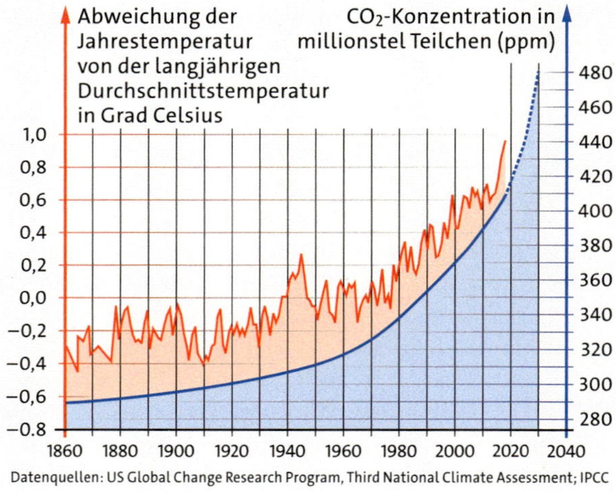

2 Temperatur und CO_2-Konzentration seit 1860

Klimawandel – eine Tatsache Seit der Industrialisierung ist die globale Durchschnittstemperatur auf der Erde um etwa 1 °C gestiegen. Die ersten Auswirkungen dieser weltweiten Erwärmung sind bereits zu spüren. So haben sich die eisbedeckte Fläche und das Eisvolumen der Arktis und Antarktis in wenigen Jahren deutlich verringert. Bereits jetzt verlieren Eisbären (▶ Bild 1), die hauptsächlich auf dem Packeis jagen, teilweise ihre Nahrungsgrundlage. Sie sind inzwischen vom Aussterben bedroht.

Ursachen Die gemäßigte Oberflächentemperatur der Erde, die das Leben, wie wir es kennen, erst ermöglicht, ist auf den natürlichen Treibhauseffekt zurückzuführen. Verschiedene Treibhausgase in der Erdatmosphäre, vor allem Wasserdampf, Methan, Kohlenstoffdioxid und Ozon, verhindern die Abgabe eines großen Teils der Wärmestrahlung in den Weltraum. Ohne diesen Effekt läge die globale Durchschnittstemperatur auf der Erde bei −18 °C anstelle der herrschenden 15 °C.
Die Konzentration von Treibhausgasen in der Atmosphäre ist seit der industriellen Revolution stark angestiegen ▶ Bild 2. Dafür sind zwei Gründe maßgebend: Zum einen führte der steigende Energiebedarf zur verstärkten Nutzung fossiler Brennstoffe wie Kohle, Erdöl und Erdgas. Bei deren Verbrennung gelangen große Mengen Kohlenstoffdioxid in die Atmosphäre. Neben der Industrie sind der Verkehr sowie der Energiebedarf privater Haushalte beteiligt. Zum anderen werden riesige Waldflächen, insbesondere in den Tropen, gerodet. Bei Brandrodungen wird Kohlenstoffdioxid direkt frei, zudem wird aufgrund des fehlenden Waldes weniger Kohlenstoffdioxid durch Fotosynthese gebunden. Die Erwärmung der Ozeane setzt weiteres Kohlenstoffdioxid frei, die auftauenden Permafrostböden Methan. So sammeln sich vermehrt Treibhausgase in der Atmosphäre an. Durch das Schmelzen der Eisflächen verringert sich zudem die vom Eis reflektierte Sonnenstrahlung: Die Land- und Wasserflächen absorbieren nun mehr Sonnenenergie und erwärmen sich. Da diese zusätzlichen Treibhauseffekte von Menschen verursacht sind, spricht man vom *anthropogenen Treibhauseffekt*.

Globale Auswirkungen Die steigenden Mitteltemperaturen der Atmosphäre und der Ozeane bedingen ein Ansteigen des Meeresspiegels. Die Küstenregionen der Erde oder kleine Inselstaaten, wie das polynesische Tuvalu mit kleiner Landfläche und hoher Bevölkerungsdichte, sind stark bedroht. In Tuvalu versalzt das Trinkwasser, die landwirtschaftlichen Flächen werden durch Erosion und Überflutung vernichtet und die Fischerei wird durch die Zerstörung der Korallenriffe bedroht. Die dort lebenden Menschen verlieren ihre Heimat.

3 Überschwemmung in Indonesien

4 Asiatische Tigermücke *(Aedes albopictus)*

Durch das Verschwinden der Gletscher versiegen Trinkwasserquellen, die unter Umständen große Gebiete versorgen. Weitere mögliche Folgen werden derzeit noch erforscht.
Spürbar häufiger und heftiger werden Wetterextreme wie Wirbelstürme und Starkniederschläge. Sie führen zu schweren Hochwassern (▶ Bild 3) und Erosion. Extreme Trockenheit macht Gebiete unbewohnbar, Waldbrände geraten außer Kontrolle.
Die Landwirtschaft braucht verlässliche saisonale Veränderungen mit vorhersehbaren Temperaturen und Niederschlägen. Ist dies nicht der Fall, kann es zu Ernteverlusten und in der Folge zu Hungersnöten kommen.
Durch die Erwärmung verändern sich weltweit Ökosysteme. Ein Beispiel sind Korallenriffe wie das Weltnaturerbe Great Barrier Reef. Die erhöhte Kohlenstoffdioxidkonzentration führt zu einer Versauerung des Wassers und dadurch zum Absterben der Korallen. Zusätzlich sind Korallenriffe durch die erhöhte Wassertemperatur, eine stärkere Sturmintensität und den Anstieg des Meeresspiegels bedroht.

Regionale Auswirkungen Auch in Deutschland zeigen sich erste Auswirkungen des Klimawandels. Im Schwarzwald werden sich durch die Erwärmung voraussichtlich die Höhengrenze der Bäume und der restlichen Pflanzen um bis zu 500 m nach oben verschieben. Arten wie Eschen und Fichten werden durch erhöhte Temperatur und Trockenheit geschwächt. Der Borkenkäfer hat nun eine schnellere Generationenfolge. Geschwächte Bäume können so mehrfach im Jahr befallen werden. Die kälteliebende Bachforelle wird unter der Erwärmung des Wassers, Niedrigwasser und Austrocknung der Bäche leiden. Die Bachmuschel ist aber auf Wirtsfische angewiesen. Sterben diese, kann auch die Bachmuschel nicht überleben. Das Auerhuhn baut im Winter Höhlen im Schnee. Fehlt er, wird das Auerhuhn zur leichten Beute.
Außerdem breiten sich immer mehr mediterrane Pflanzen und Tiere in Süddeutschland aus. So findet man hier seit einigen Jahren die Asiatische Tigermücke ▶ Bild 4. Sie kann gefährliche Viren übertragen, darunter Verursacher von Krankheiten wie dem Denguefieber.

1 **A** Beschreibe das Diagramm ▶ Bild 2.
B Prognosen sagen eine Erhöhung der Kohlenstoffdioxidkonzentration für das Jahr 2100 auf bis zu 1250 ppm voraus. Formuliere eine Hypothese zum Verlauf der Temperaturkurve ▶ Bild 2.

2 Erstelle ein Pfeilschema, das die Verstärkung des Treibhauseffekts durch positive Rückkopplung zeigt. Betrachte hierbei die Aspekte Schmelzen von Eis und Schnee, Erwärmung der Ozeane und das Auftauen der Permafrostböden.

3 Recherchiere Ziele und Ergebnisse des Kyoto-Protokolls von 1997 und seiner Verlängerung bis 2020.

4 **A** Bildet Projektgruppen und untersucht verschiedene Bereiche der Schule, an denen – direkt oder indirekt – Kohlenstoffdioxid entstehen kann oder ausgestoßen wird.
B Nenne Möglichkeiten, diesen Ausstoß von Kohlenstoffdioxid zu verringern oder Energie einzusparen.

Nachhaltigkeit und ökologischer Fußabdruck

Nachhaltige Entwicklung Die Bedürfnisse aller Menschen nach wirtschaftlichem Wohlstand, intakter Umwelt und sozialer Gerechtigkeit sollen befriedigt werden, ohne gleichzeitig das Leben zukünftiger Generationen zu belasten. Wenn diese Bedingungen erfüllt sind, spricht man von einer *nachhaltigen Entwicklung*. Hier sind nicht nur Politik und Wirtschaft gefragt, sondern das Engagement jedes Einzelnen.

Bevölkerungswachstum Durch die Fortschritte in der Medizin, die Verbesserung des Lebensstandards, den Rückgang der Kindersterblichkeit und die dadurch höhere Lebenserwartung hat sich seit 1950 die Weltbevölkerung fast verdreifacht.

Mehr Menschen brauchen mehr Ressourcen wie Energie, Nahrung, Trinkwasser und Lebensraum. Durch den erhöhten Ressourcenverbrauch steigt der Ausstoß von Schadstoffen und Kohlenstoffdioxid. Viele Gewässer werden durch Düngemittel, Unkrautvernichtungsmittel und Medikamente belastet. Die Ozeane sind durch verstärkten Schiffsverkehr, Ölförderung sowie Müll bedroht. Um mehr Nahrungsmittel anbauen zu können, wird Wald gerodet sowie der Boden übernutzt. Luft, Wasser und Boden werden zunehmend belastet. Dies hat Folgen für alle Lebewesen.

Mittlerweile sind die Ressourcen übernutzt, wobei wenige Länder den Großteil der Ressourcen verbrauchen. In vielen anderen Regionen der Erde leben Menschen an oder unter dem Existenzminimum.

Ökologischer Fußabdruck Das Modell des ökologischen Fußabdrucks stellt dar, wie viele Ressourcen ein Land oder ein einzelner Mensch verbraucht. Jedes Individuum hinterlässt seinen eigenen persönlichen Fußabdruck. Dabei wird der Verbrauch an natürlichen Ressourcen in die Fläche mit der Einheit globaler Hektar (gha) umgerechnet. Es werden die vier Bereiche Wohnen, Ernährung, Mobilität und Konsum betrachtet ▶ Bild 1. Der *ökologische Fußabdruck* beschreibt somit das Niveau des Ressourcenverbrauchs.

Jeder Staat hat eine Umweltkapazität, in die seine verschiedenen Produktionsflächen und Handelsbeziehungen eingehen. Bei vielen Staaten ist der ökologische Fußabdruck größer als die verfügbare Kapazität. Es entsteht ein ökologisches Defizit ▶ Bild 2.

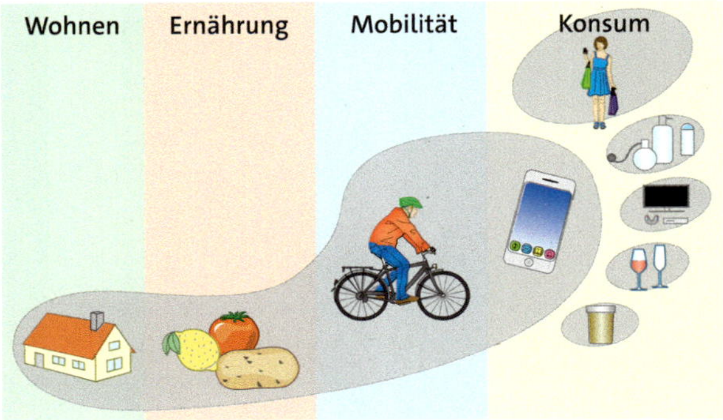

1 Faktoren für den ökologischen Fußabdruck

So viele Erden bräuchten wir, wenn alle Menschen so leben würden wie die Bewohner von …

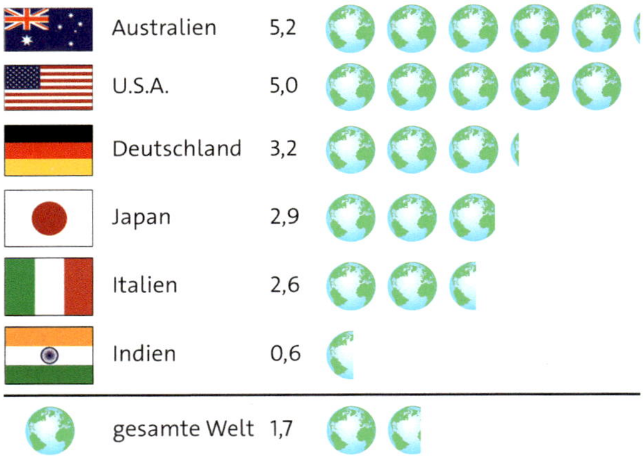

2 Ökologisches Defizit einzelner Staaten

1 **A** Nenne möglichst viele Beispiele, die die vier Bereiche des individuellen ökologischen Fußabdrucks beschreiben.
B Ermittle online deinen eigenen ökologischen Fußabdruck.
C Vergleicht eure ökologischen Fußabdrücke.
D Diskutiert gemeinsam die Ursachen für die Größe eurer ökologischen Fußabdrücke.
E Nenne Maßnahmen, wie du deinen ökologischen Fußabdruck verringern kannst.

2 Werte ▶ Bild 2 aus.

Nachhaltig handeln

Nachhaltigkeit heißt, die uns zur Verfügung stehenden Ressourcen überlegt zu nutzen. Viele Menschen achten inzwischen auf umweltbewusstes Verhalten. Aber nicht immer ist es einfach, die Zusammenhänge zu sehen.

Mikroplastik

Kunststoffteilchen, die kleiner als 5 mm sind, werden als Mikroplastik bezeichnet. Es wird Zahnpasten, Cremes, Duschgels und Peelings zugesetzt, um einen mechanischen Reinigungseffekt zu erzielen. Über das Abwasser und die Flüsse gelangt das Mikroplastik ins Meer. Dort schwimmen außerdem Millionen Tonnen Plastikmüll, der durch die UV-Strahlung langsam zu Mikroplastik zerfällt. Mikroplastik gelangt in Fische, Muscheln, Krebse und Speisesalz. Über die Nahrungskette wird es weitergegeben, z. B. an Seemöwen, Robben, Wale oder den Menschen.

1 Werte die ► Bilder 3 und 4 in Bezug auf die Umweltproblematik von Kunststoffen aus.

2 Recherchiere Produkte, die Mikroplastik enthalten, sowie Alternativen.

3 Diskutiere die Aussage: Deutschland ist eine Wegwerfgesellschaft.

Gegenstand	Zersetzungsdauer
Trinkhalm aus Plastik	500 Jahre
Wegwerfwindel	450 Jahre
Plastikflasche	450 Jahre
Plastiktüte	10–20 Jahre
Zigarettenkippe	1–5 Jahre
Baumwollshirt	2–5 Monate
Apfelgehäuse	2 Monate

3 Zersetzungsdauer verschiedener Gegenstände

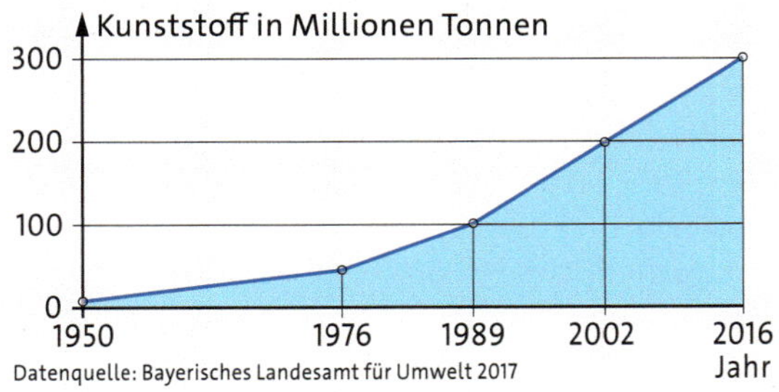

4 Weltweit produzierte Mengen an Kunststoff

Palmöl

Als Palmöl bezeichnet man das Fett, das aus dem Fruchtkern der Ölpalme gewonnen wird, sowie das Öl aus dem Fruchtfleisch. Es befindet sich in mehr als der Hälfte der Artikel, die wir im Supermarkt kaufen können, z. B. in Kosmetik, Waschpulver und Reinigungsmitteln, in Schokocreme, Müsli, Keksen, Pizza und Salzstangen. Palmöl wird außerdem Biokraftstoffen zugesetzt sowie an Nutztiere verfüttert. Es ist inzwischen das wichtigste Pflanzenöl der Welt. Doch für die Anlage von Palmölplantagen werden in Asien riesige Regenwaldflächen gerodet. Allein auf Sumatra in Indonesien wurde dafür zwischen 1990 und 2010 die Hälfte des Regenwalds vernichtet, insgesamt 7,5 Millionen Hektar. Das ist mehr als die doppelte Fläche von Baden-Württemberg.

4 **A** Werte ► Bild 5 aus.
B Der Orang-Utan, ein baumbewohnender Menschenaffe, ist in Indonesien in seinem Bestand bedroht. Erstelle eine Hypothese, die den Zusammenhang zwischen dem Rückgang des Orang-Utans und dem Anbau von Ölpalmen aufzeigt.

5 Nenne Möglichkeiten, den Verbrauch von Palmöl zu reduzieren.

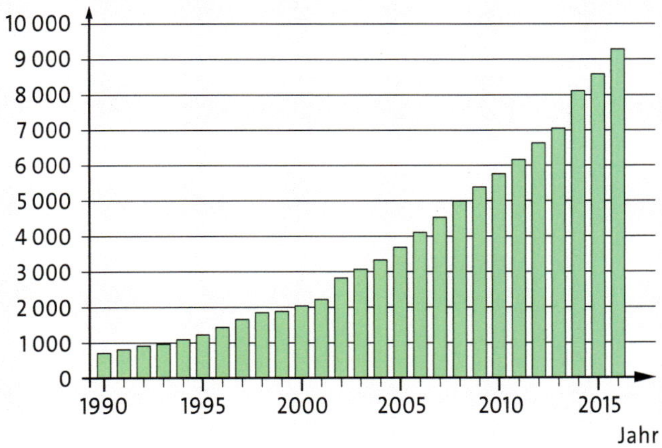

5 Anbaufläche für Ölpalmen in Indonesien

Zusammenfassung

Steuerung und Regelung

Lebensgemeinschaften, die Biozönosen, und Lebensräume, die Biotope, stehen in vielfältiger Wechselbeziehung und bilden Einheiten als Ökosysteme. Diese verändern sich ständig und befinden sich daher in einem dynamischen Gleichgewicht. Ökosysteme werden durch Faktoren von außen beeinflusst und gelten daher als offene Systeme.
Biotope sind durch abiotische Umweltfaktoren wie Temperatur und die Verfügbarkeit von Wasser oder Licht gekennzeichnet. Diese abiotischen Umweltfaktoren haben Einfluss auf das Vorkommen von Pflanzen- und Tierarten.
Die Lebewesen eines Ökosystems stehen in Wechselbeziehungen untereinander, beispielsweise in Nahrungsnetzen. Solche Einflussnahmen zwischen Lebewesen bezeichnet man als biotische Faktoren. So beeinflussen sich Populationen von Räuber- und Beutetieren gegenseitig. Je größer die Räuberpopulation ist, desto mehr Beutetiere werden gefressen und desto kleiner wird die Beutetierpopulation. Sind weniger Beutetiere vorhanden, haben die Räuber weniger Nahrung, können sich weniger vermehren und ihre Anzahl verringert sich. Je weniger Räuber vorhanden sind, desto mehr Beutetiere wird es wieder geben. So werden die Populationsgrößen reguliert ▶ Bild 1.
Diese Vorgänge gehören zum biologischen Prinzip *Steuerung und Regelung*.

Variabilität und Angepasstheit

Tiere und Pflanzen sind an Umweltfaktoren wie die Temperatur angepasst. Die meisten Pflanzen und wechselwarmen Tiere können in einem Temperaturbereich zwischen 0 und 45 °C überleben. Jede Art besitzt aber eine bevorzugte Temperatur, das Temperaturoptimum. Manche Pflanzen oder Tiere haben ganz bestimmte Ansprüche an die Umweltfaktoren und eignen sich daher als Zeigerorganismen. Beispielsweise zeigen Flechten die Luftqualität an ▶ Bild 2. Einige wasserlebende Wirbellose können herangezogen werden, um die Gewässergüte eines Fließgewässers zu bestimmen.
In einem Biotop stehen immer nur begrenzte Ressourcen zur Verfügung. Dadurch entsteht Konkurrenz zwischen Lebewesen. Tier- und Pflanzenarten zeigen unterschiedliche Angepasstheiten in ihrem Körperbau und Verhalten. So können sie die knappen Ressourcen unterschiedlich nutzen. Dies bezeichnet man als Konkurrenzvermeidung. Bei heimischen Greifvögeln kann man beobachten, dass sie auf unterschiedliche Beutetiere spezialisiert sind. So jagt der Sperber vor allem Singvögel, während der Habicht auch auf Säugetiere Jagd macht. Folglich können beide Arten im gleichen Gebiet überleben. Frühblüher wie das Buschwindröschen vermeiden Konkurrenz um Licht, indem sie die erhöhte Sonneneinstrahlung vor dem Laubaustrieb nutzen.
Vielgestaltige Lebensräume beherbergen zahlreiche unterschiedliche Arten, die aufgrund ihrer Angepasstheiten neben- und miteinander leben können. Dies führt zu vielfältigen Lebensgemeinschaften. Diese Biodiversität oder Variabilität ist ein Kennzeichen intakter Ökosysteme. Das biologische Prinzip *Variabilität und Angepasstheit* beschreibt solche Eigenschaften von Ökosystemen.

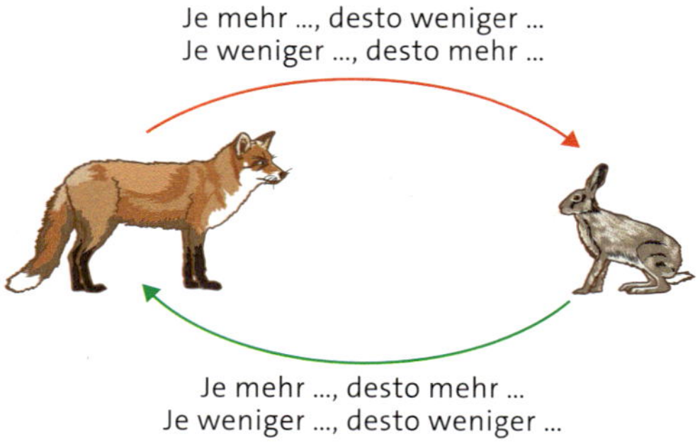

1 Räuber-Beute-Beziehung

2 Flechten

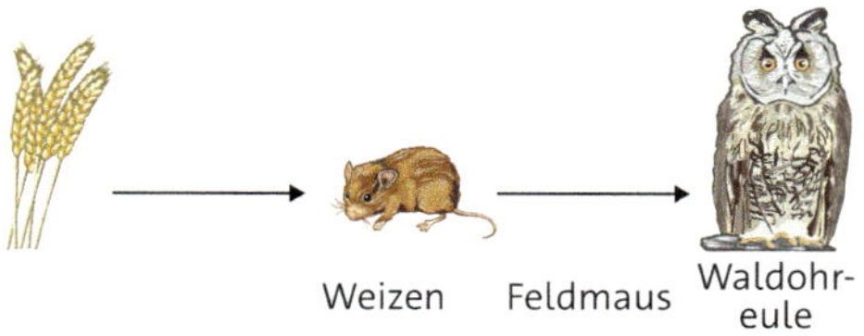

Mittlere Masse	0,05 g/Korn	25 g/Tier	300 g/Tier
Mittlere Bestandsdichte	400 000 Körner/km^2	50/km^2	2/km^2

3 Nahrungskette

Struktur und Funktion

Pflanzen besiedeln ganz unterschiedliche Lebensräume. Ihr Aufbau ist vielfältig: Sie sind in ihrem Bau an die jeweiligen Umweltfaktoren angepasst. Dabei steht der Bau von pflanzlichen Strukturen in Zusammenhang mit ihrer Funktion. Die stark verdickten Zellwände und die Haare von Trockenpflanzen z. B. dienen als Austrocknungsschutz. Häufig ist auch die Blattfläche verkleinert wie bei Kakteen. Die Spaltöffnungen befinden sich überwiegend an der Blattunterseite und sind oft zusätzlich tief eingesenkt. So wird die Wasserabgabe verringert.
Flechten sind Symbiosen von Pilzen und Algen. Der Pilz stellt Strukturen zur Verfügung, die der Alge Schutz vor zu hoher Lichteinstrahlung bieten, und liefert der Pflanze Wasser und Mineralstoffe. Im Gegenzug produziert die Alge Nährstoffe, die der Pilz nutzen kann.
Solche Zusammenhänge beschreibt das biologische Prinzip *Struktur und Funktion*.

Stoff- und Energieumwandlung

Jede Nahrungskette beginnt mit einer Pflanze, die einem Pflanzenfresser als Nahrung dient. Pflanzen und Tiere ordnet man ihren Trophiestufen zu: Pflanzen sind in der Regel Produzenten, die energiereiche Stoffe aufbauen. Pflanzenfresser sind Konsumenten erster Ordnung. Tiere, die sich von Pflanzenfressern ernähren, sind Konsumenten zweiter Ordnung und so weiter. Endkonsumenten haben keine Fressfeinde mehr ▶ Bild 3.
Die Energie wird in der Nahrungskette von Trophiestufe zu Trophiestufe weitergegeben. Dies nennt man Energiefluss. Ein Teil der Energie wird dabei als Wärme abgestrahlt und geht dem System verloren.
Konsumenten nehmen Sauerstoff aus der Luft auf und wandeln die energiereichen Stoffe aus ihrer jeweiligen Nahrung um. Destruenten zersetzen den Kot von Tieren, aber auch deren Kadaver, Totholz und im Herbst gefallenes Laub. Dadurch zirkulieren im Ökosystem Kohlenstoffverbindungen, Sauerstoff und die beim Abbau freigesetzten Mineralstoffe wie Stickstoffverbindungen in Stoffkreisläufen.
Diese Zusammenhänge werden im biologischen Prinzip *Stoff- und Energieumwandlung* beschrieben.

Kompartimentierung

Ökosysteme können vielfach unterteilt, also kompartimentiert sein. Ein Wald mit verschiedenen Gewässern und Lichtungen kann ein Ökosystem sein. Ein See in ihm kann wiederum ein eigenständiges Ökosystem darstellen ▶ Bild 4.
Seen sind in verschiedene Zonen gegliedert. So bilden z. B. die teils sandige Bodenzone sowie die pflanzenreiche Uferzone jeweils einen eigenen Lebensraum. Diese Lebensräume bieten für Organismen unterschiedliche Lebensbedingungen. Der Wasserkörper gliedert sich jahreszeitlich bedingt in Zonen mit unterschiedlicher Temperatur und unterschiedlichem Sauerstoffgehalt. Die Temperatur des Oberflächenwassers verändert sich im Sommer aufgrund der intensiven Sonneneinstrahlung und hohen Lufttemperatur stark. Das Wasser in der Tiefenschicht eines Sees erwärmt sich hingegen nicht.
Der mitteleuropäische Laubwald ist zoniert durch Bereiche mit verschiedener Lichtintensität. So leben am Waldboden im Sommer Lebewesen, die an die geringe Lichtverfügbarkeit angepasst sind. Die Baumkronen erhalten ganzjährig volles Sonnenlicht und bilden einen eigenen Lebensraum.
Solche Sachverhalte sind im biologischen Prinzip *Kompartimentierung* zusammengefasst.

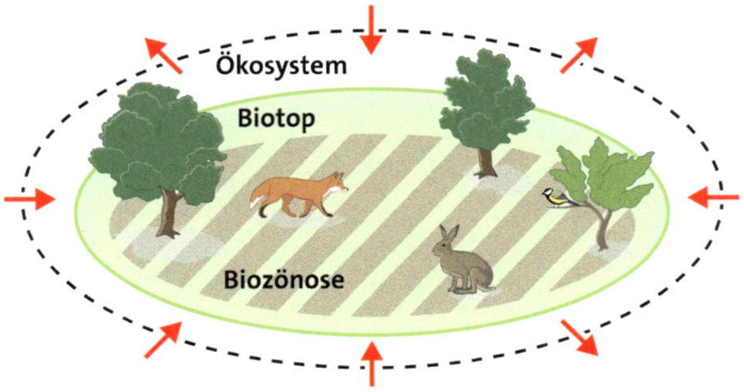

4 Einteilung von Ökosystemen

Teste dich!

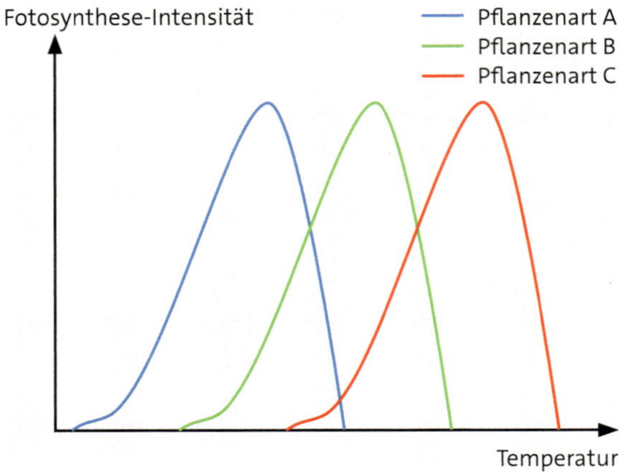

1 Optimumskurven

1 **A** Interpretiere das Diagramm in ► Bild 1.
B Stelle eine Hypothese über die geografische Verbreitung der Pflanzenarten A, B und C auf.
C Fische in tropischen Klimazonen besitzen in ihrem Körper Enzyme, deren Aktivität an die hohen Wassertemperaturen angepasst ist. Vergleiche in einem Diagramm die vermutlichen Optimumskurven für Enzyme in Fischarten aus der tropischen und der kalten Klimazone.
D Begründe, dass die Optimumskurven für die entsprechenden Enzyme in Säugetieren aus verschiedenen Klimazonen sich nicht wesentlich voneinander unterscheiden.

2 Das bevorzugte Beutetier einer Schwertwalpopulation vor der Küste Patagoniens sind Robben der Art Südlicher See-Elefant. Man kann über lange Zeiträume beobachten, dass sich die Populationsgrößen beider Arten zyklisch verändern ► Bild 2.
A Übernimm ► Bild 2 in dein Heft. Ordne Legende und Kurven durch unterschiedliche Farben einander zu.
B Begründe, dass die Populationsgröße der Beutetiere ein größeres Maximum erreicht als die der Räuber.
C Erläutere die Verschiebung der beiden Kurven in *x*-Richtung gegeneinander.
D Das ► Bild 2 zeigt einen idealisierten Verlauf der Populationsgrößenschwankung von Tieren, die in einem Räuber-Beute-Verhältnis zueinander stehen. Die tatsächlich beobachtbaren Populationsschwankungen sind dieser Idealisierung umso ähnlicher, je weniger Arten in ein Nahrungsnetz eingebunden sind. Begründe.

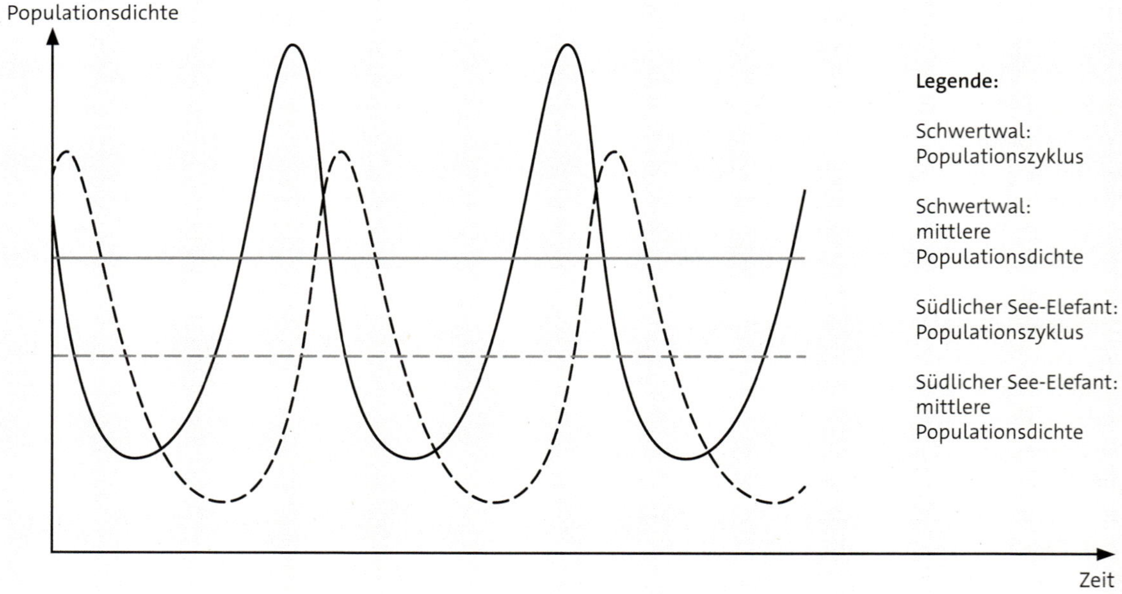

2 Populationsgrößen in einer Räuber-Beute-Beziehung (idealisierter Verlauf)

3 Ein Waldgebiet im Schwarzwald, bisher eine Fichtenkultur zur Holzgewinnung, soll im Lauf der nächsten Jahrzehnte zu einem naturnahen Wald umstrukturiert werden. Ein naturnaher Wald zeichnet sich unter anderem durch einen hohen Totholzanteil und das Vorhandensein vieler unterschiedlicher Baumarten aus.

A Erkläre, wie ein hoher Totholzanteil die Biodiversität in einem Waldgebiet erhöht.

B Diskutiere die ökologischen und wirtschaftlichen Folgen der Umstrukturierung eines Waldgebiets in einen naturnahen Wald.

4 **A** Nenne abiotische und biotische Faktoren, die die Zusammensetzung einer Lebensgemeinschaft in einem Ökosystem bestimmen.

B Diskutiere auf der Grundlage von ▶ Bild 3, ob die Anwesenheit eines Sperbers in der Umgebung für einen Landwirt hilfreich ist.

C Zeige mithilfe eines Wirkungsgefüges, wie sich der Einsatz von Schädlingsbekämpfungsmitteln gegen Blattläuse auf die in das Nahrungsnetz (▶ Bild 3) eingebundene Lebensgemeinschaft auswirkt.

D Stelle unter Einbeziehung von ▶ Bild 3 eine giftfreie Möglichkeit dar, Blattläuse zu bekämpfen.

E Schädlingsbekämpfungsmittel mit dem inzwischen in der EU verbotenen Wirkstoff Mevinphos, die vorwiegend in großen Gemüseplantagen eingesetzt wurden, führten zum Tod zahlreicher Greifvögel. Erkläre.

- *Wildblumenmischung säen*
- *Blühende Sträucher pflanzen*
- *(Mini-) Teich anlegen*
- *Rasen zu Wiese umgestalten*
- *Einheimische Pflanzen wählen*
- *Insektenhotel aufhängen*
- *Auf Insektenvernichtungsmittel verzichten*

4 Maßnahmen zum Insektenschutz

5 Seit einigen Jahrzehnten verzeichnen Biologen einen starken Rückgang der Insektenbestände, sowohl was die Anzahl unterschiedlicher Insektenarten als auch die jeweiligen Populationsgrößen angeht. Als Nahrungsquelle, Bestäuber, Fressfeinde von Schädlingen und Destruenten spielen Insekten eine wichtige Rolle in Ökosystemen.

A Erkläre für mindestens zwei der in ▶ Bild 4 aufgeführten Maßnahmen, wie sich durch sie die lokalen Insektenbestände schützen lassen.

B Plane für deinen Garten, Balkon oder Schulhof eine umsetzbare Insektenschutzmaßnahme – und führe sie durch!

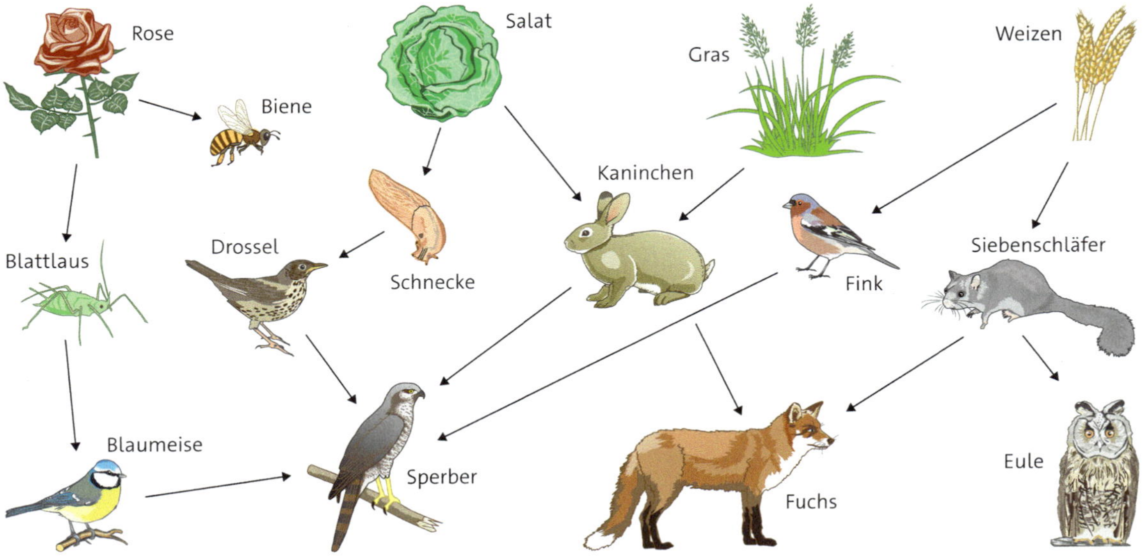

3 Ein Nahrungsnetz

▶ Die Lösungen zu den Aufgaben findest du im Anhang.

Evolution

Die Vielfalt der Lebewesen auf der Erde hat sich über Millionen von Jahren entwickelt. Diese Entwicklung bezeichnet man als Evolution. Heute gibt es Lebewesen, die vor Tausenden von Jahren noch nicht existiert haben, andere sind bereits wieder ausgestorben. Einige ausgestorbene Lebewesen sind als Fossilien erhalten, sie gelten als wichtige Belege für die Evolution. Zahlreiche Fossilienfunde belegen, dass auch der Mensch das Ergebnis der Evolution ist.

Vielfalt bei Wirbeltieren

Die Lebewesen auf der Erde weisen eine immens große Vielfalt auf. Daher sollte man sich auf eine Auswahl konzentrieren, um die Vielfalt zu erforschen. Vergleiche im Folgenden die Gruppen der Wirbeltiere miteinander.

1 Die fünf Wirbeltiergruppen

Vielfalt der Wirbeltiere

Bereits im Fach BNT hast du verschiedene Tiergruppen und ihre typischen Merkmale kennengelernt. In ► Bild 1 ist je ein Vertreter der fünf Wirbeltiergruppen gezeigt.

1 Ordne die Tiere den Wirbeltiergruppen zu.

2 **A** Vergleiche in einer Tabelle die Gruppen in Bezug auf Lebensraum, Gliedmaßen, Körperbedeckung, Körpertemperatur (gleichwarm oder wechselwarm), Atmung und Fortpflanzung (z. B. innere oder äußere Befruchtung, Beschaffenheit der Eier).

B Erläutere, weshalb sich die Vertreter der dargestellten Gruppen bezüglich der Fortpflanzung voneinander unterscheiden.

3 Erkläre, weshalb es vorteilhaft ist, dass nicht alle Wirbeltiergruppen dieselben Eigenschaften haben.

Wirbeltiere im Vergleich zu anderen Tieren

4 **A** Nenne mindestens zwei gemeinsame Merkmale aller Wirbeltiergruppen.

B Formuliere eine Hypothese, wie diese Gemeinsamkeiten entstanden sein könnten.

5 Nenne zwei Tiergruppen, die nicht zu den Wirbeltieren gehören, und je drei ihrer typischen Merkmale.

Vielfalt

Angepasstheit Die Vielfalt der Wirbeltiere entsteht durch die Angepasstheit an ihre Lebensweise. Auch andere Lebewesen unterscheiden sich. So besitzen Insekten an ihre Ernährungsweise angepasste Mundwerkzeuge. Pflanzen unterscheiden sich z. B. im Bau ihrer Laubblätter in Abhängigkeit von der Wasserverfügbarkeit.

Ordnung der Vielfalt Zwischen den verschiedenen Lebewesen existieren aber auch zahlreiche Gemeinsamkeiten. Viele von ihnen beruhen auf einer gemeinsamen Abstammung. Deshalb ordnet die Biologie Lebewesen hierarchisch nach dem Grad ihrer Verwandtschaft. Lebewesen derselben Gattung sind enger miteinander verwandt als Lebewesen, die nur die Klasse gemeinsam haben ▶ Bild 2.

Binäre Nomenklatur Die im Alltag gebräuchlichen Namen sind häufig uneindeutig. Sie können sich je nach Region unterscheiden oder in manchen Sprachen ganz fehlen. Deshalb gibt es für alle Kategorien international einheitliche wissenschaftliche Namen. Besonders wichtig ist das auf der Ebene der Arten. Alleine im Deutschen existieren für das Gewöhnliche Gänseblümchen mehrere Dutzend Namen. Die wissenschaftliche Bezeichnung besteht aus zwei Teilen, dem Gattungsnamen „*Bellis*" und dem Artzusatz „*perennis*". Beide zusammen ergeben den Artnamen: *Bellis perennis*. Carl von Linné war der Erste, der im 18. Jahrhundert dieses Benennungsprinzip konsequent anwendete.

Artbegriffe Ob Lebewesen derselben Art angehören, kann auf verschiedene Weise bestimmt werden. Nach dem *biologischen Artbegriff* ordnet man Individuen einer Art zu, wenn sie in der Lage sind, gemeinsam fruchtbare Nachkommen hervorzubringen. Der *morphologische Artbegriff* definiert diejenigen Individuen als einer Art zugehörig, die miteinander und mit ihren Nachkommen in wesentlichen Körpermerkmalen übereinstimmen. Manchmal existieren auch innerhalb einer Art verschiedene Untergruppen, die man dann bei Tieren als *Rassen* und bei Pflanzen als *Sorten* bezeichnet.

1. Vergleiche die Pflanzen in den verschiedenen in ▶ Bild 2 b dargestellten Gruppen.
2. Erkläre mithilfe der Artnamen, mit welcher der folgenden Arten *Bellis perennis* näher verwandt ist: *Bellis annua* oder *Swertia perennis*.
3. Erkläre, weshalb es manchmal schwierig ist, ein Lebewesen eindeutig einer Art zuzuordnen.

2 Gewöhnliches Gänseblümchen (a) und seine Einordnung (b)

Fossilien

Zeugen der Vergangenheit Das Leben auf der Erde ist nicht nur heute vielfältig, die Vergangenheit bot eine weitaus größere Artenfülle. Überreste eines Lebewesens aus lange vergangenen Zeiten, die erhalten geblieben sind, nennt man *Fossilien*. Fossilienfunde brachten die Menschen schon in früheren Zeiten auf die Idee, dass Lebewesen sich über lange Zeiträume hinweg entwickelt haben könnten. Sie erlauben uns heute, die Entwicklungsgeschichte des Lebens auf der Erde nachzuvollziehen.

Fossilien entstehen nur unter bestimmten Bedingungen. Wichtigste Voraussetzung ist, dass sie weitgehend vor Verwesung, Fäulnis und mechanischer Zerstörung, z. B. durch Fraß, geschützt sind. Je nachdem, wie ein Lebewesen zum Fossil wird, unterscheidet man Körper- und Sedimentfossilien.

Körperfossilien Bei *Körperfossilien* bleibt der Körper mitsamt seinen Weichteilen erhalten. Geschieht dies durch den Einschluss in Eis oder ein saures Moor, das eine Zersetzung des Körpers vollständig verhindert, spricht man von einer *Mumie*.

Ein *Bernsteinfossil* entsteht, wenn ein Tier in Baumharz eingeschlossen wird und das Harz erhärtet. Auf diese Weise sind viele urzeitliche Insekten erhalten geblieben, in Einzelfällen aber auch kleine Wirbeltiere wie Echsen.

Sedimentfossilien Vor allem in Gewässern können Lebewesen direkt nach ihrem Tod von Ablagerungen wie Schlamm oder Sand bedeckt werden. Verfestigen sich diese Sedimente, können *Sedimentfossilien* entstehen, die in Gestein eingeschlossen sind. Hier bleibt häufig nicht der ganze Körper erhalten.

Bei der Entstehung einer *Versteinerung* werden die Weichteile zersetzt und aus den harten Bestandteilen des Körpers wird durch die Verdichtung der Sedimentschichten das Wasser herausgepresst. Das Sediment erhärtet und in die Überreste des Lebewesens werden Mineralstoffe eingelagert.

Wird das tote Lebewesen trotz Überlagerung durch Sedimente vollständig zersetzt, kann es im erhärteten Sediment einen Hohlraum in Körperform hinterlassen. Durch Füllung dieser Gussform mit Mineralstoffen entsteht ein *Abdruckfossil*. Ähnliches kann passieren, wenn ein Tier Fußabdrücke im weichen Untergrund hinterlässt und das Sediment erhärtet.

1. Stelle in einem Fließschema die Entstehung von Körper- und Sedimentfossilien dar.
2. Erkläre, weshalb ein Lebewesen nach seinem Tod nur selten zum Fossil wird.
3. Ordne den ▶ Bildern 1 a–d begründet den zugehörigen Fossilientyp zu.

1 Vier Fossilientypen

Tiere früher und heute

Viele Merkmale von Lebewesen lassen sich als Angepasstheiten an ihre Lebensbedingungen erklären. Es gibt jedoch auch einige Beispiele für funktionslose Strukturen. Ihr Vorhandensein erschließt sich erst durch den Vergleich fossiler und heute lebender Arten.

Rudimente beim Wal

Merkmale einer Art, die keine Funktion mehr erfüllen, nennt man Rudimente. Ein Beispiel sind die Knochen der hinteren Gliedmaßen beim Finnwal ▶ Bild 4. Wale stammen von landlebenden Huftieren ab. Von verschieden alten Vorfahren existieren Fossilfunde ▶ Bild 3 a–c.

1 **A** Beschreibe die Veränderung der hinteren Gliedmaßen von *Pakicetus* bis zum Finnwal ▶ Bilder 3 und 4.
B Die Wale werden mit den Paarhufern und den Unpaarhufern in die Gruppe der Echten Huftiere gestellt. Erkläre diese Einordnung.

2 Bewerte, ob man die Knochen der hinteren Gliedmaßen von *Rodhocetus* und *Dorudon* auch als Rudimente bezeichnen kann ▶ Bild 3 b und c.

Rudimente beim Menschen

Rudimente kommen auch beim Menschen vor.

3 **A** Formuliere Hypothesen, welche Funktion die Strukturen, deren Rudimente in ▶ Bild 2 dargestellt sind, einmal erfüllt haben könnten und bei welchen Tieren oder Tiergruppen sie es heute noch tun.
B Interpretiere die Existenz dieser Rudimente in Bezug auf eine vermutliche Verwandtschaft zwischen dem Menschen und diesen Tieren.

a
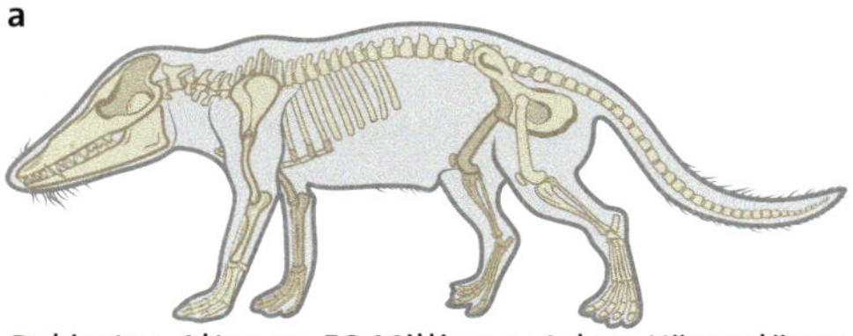
Pakicetus, Alter ca. 50 Millionen Jahre, Körperlänge 1–2 m

b
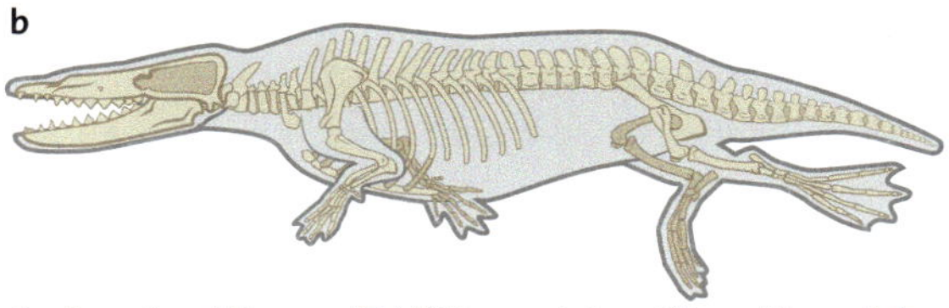
Rodhocetus, Alter ca. 47 Millionen Jahre, Körperlänge 2,5 m

c
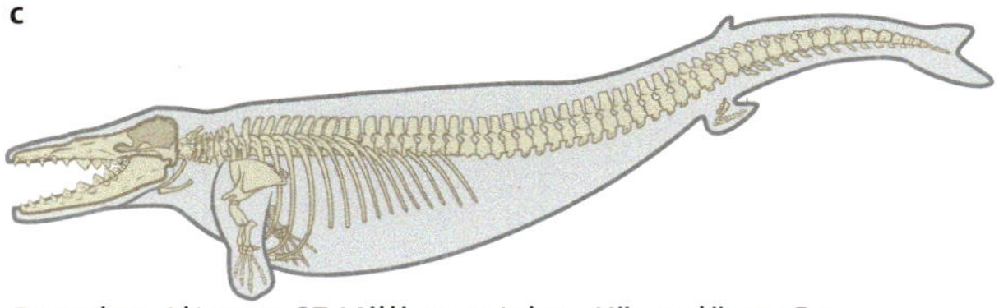
Dorudon, Alter ca. 37 Millionen Jahre, Körperlänge 5 m

d
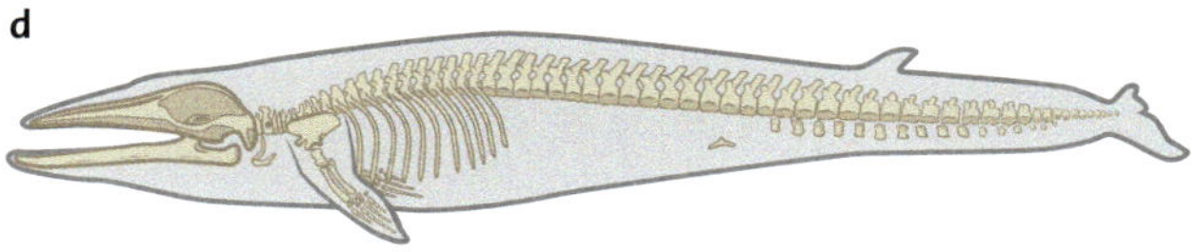
Finnwal, Körperlänge 18–25 m

3 Walvorfahren (a–c) und Finnwal (d)

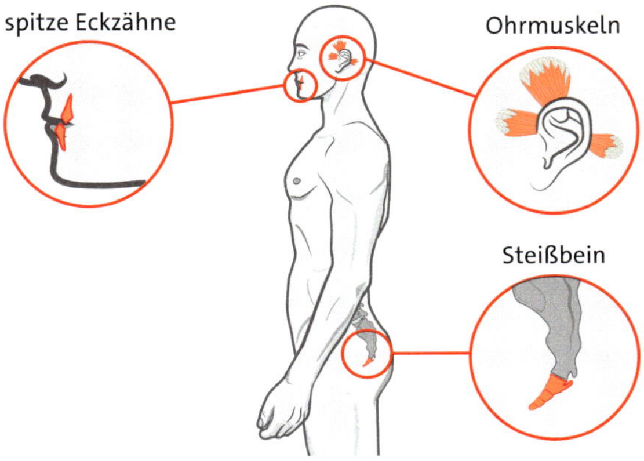

2 Rudimente beim Menschen

4 Knochen der hinteren Gliedmaßen eines Finnwals

Charles Darwin und die Evolutionstheorie

Reise von Charles Darwin Schon lange machen sich Menschen Gedanken über die Entstehung und Entwicklung der Lebewesen. Bis ins 19. Jahrhundert glaubte man, alle existierenden Arten seien Ergebnis der Schöpfung und seitdem unveränderlich. Diese „Artkonstanz" wurde unter anderem von Charles Darwin (▶ Bild 1) in Frage gestellt. Der Engländer konnte nach seinem Theologiestudium an einer fast fünfjährigen Forschungsreise um die ganze Welt teilnehmen. Er sammelte und konservierte unzählige Tiere und Pflanzen und fertigte viele Zeichnungen an. Nach seiner Rückkehr arbeitete er bis zu seinem Lebensende als Naturforscher.
Zurück zu Hause sortierte und untersuchte Darwin die in den unterschiedlichen Gebieten der Erde gesammelten und dokumentierten Arten. Er beobachtete Ähnlichkeiten zwischen ihnen sowie Ähnlichkeiten zu fossilen Arten. So stellte er fest, dass das Fossil eines ausgestorbenen Riesenfaultiers viele Gemeinsamkeiten mit heutigen Faultieren aufwies. Außerdem fiel ihm auf, dass manche einander sehr ähnliche Tierarten ganz verschiedene, teilweise voneinander getrennte Verbreitungsgebiete hatten.

Fragen eines Naturforschers Daraus ergaben sich für Darwin folgende Fragen: Sind die Arten wirklich unveränderlich? Gibt es Gründe für Ähnlichkeiten und Unterschiede zwischen den Arten? Weshalb kommen manche Arten nur in bestimmten Gebieten, z. B. auf einzelnen Inseln, vor? Darwin vermutete als Antwort auf diese Fragen die Veränderlichkeit der Arten und eine gemeinsame Abstammung aller Lebewesen. Er prüfte seine Hypothesen nicht nur theoretisch, sondern nahm auch praktische Untersuchungen vor. Besonders ausführlich beschäftigten ihn seine Züchtungsexperimente mit Tauben.
Bei seinen Überlegungen berücksichtigte er Eigenschaften von Arten, deren geografische Verteilung und die Entwicklungsgeschichte der Erde. So gelang ihm schließlich über 20 Jahre nach der Weltreise die Formulierung einer Evolutionstheorie. *Evolution* bezeichnet die zumeist schrittweise ablaufende Veränderung von Lebewesen über Generationen hinweg.

1 Charles Darwin (1809–1882)

Entstehung der Arten Darwins Evolutionstheorie erklärt die Ähnlichkeiten der Lebewesen durch ihre gemeinsame Abstammung. Die Entwicklung der Unterschiede zwischen ihnen lässt sich gut an den verschiedenen Finkenarten beschreiben, die Darwin auf den Galapagosinseln beobachtet hat. Die Finken waren sich insgesamt sehr ähnlich, unterschieden sich aber deutlich in Form und Größe ihrer Schnäbel ▶ Bild 2.
Nach Darwins Beobachtungen haben die Individuen einer Art mehr Nachkommen, als für den Erhalt der Art notwendig sind. Diese Nachkommen weisen eine gewisse *Variabilität* auf: Es gibt also Unterschiede zwischen den einzelnen Individuen, beispielsweise verschiedenartige Schnäbel. Da die Ressourcen des Lebensraums beschränkt sind, stehen die Individuen einer Art in *Konkurrenz* zueinander. Diesen Wettbewerb, z. B. um Nahrung, nannte Darwin „struggle for life", den Kampf ums Dasein.
Betrachtet man die Finken, so wird deutlich, dass die unterschiedlichen Schnabelformen bei Nahrungsknappheit verschieden gute Angepasstheiten darstellen. Ist nur harte Nahrung vorhanden, sind Vögel mit kräftigerem Schnabel im Vorteil. Sie werden von der natürlichen Auslese oder *Selektion* begünstigt und überleben mit höherer Wahrscheinlichkeit. Darwin bezeichnete dies als „survival of the fittest", wobei „fit" hier nicht unbedingt „kräftig" bedeutet, sondern für „passend, angepasst" steht.

2 Evolution am Beispiel der Schnäbel von Finken

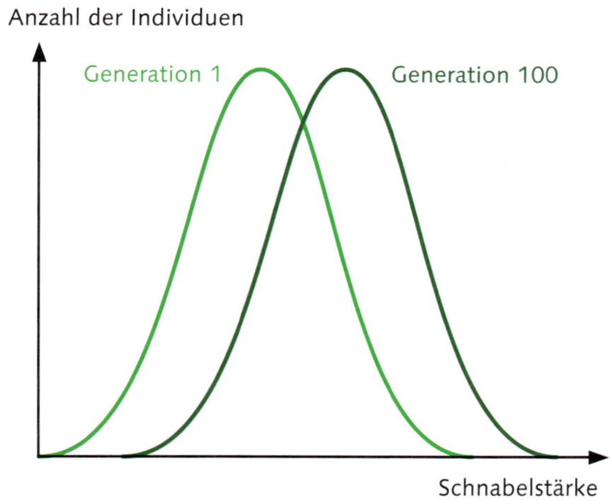

3 Veränderung der Schnabelstärke

Die besser angepassten Individuen haben also mehr Nachkommen mit ebenfalls günstigen Eigenschaften. Diese Eigenschaften werden so im Laufe der Generationen in der Population häufiger. Arten entwickeln sich dadurch schrittweise. Nach vielen Generationen gibt es Finken mit großen, kräftigen Schnäbeln, die an harte Nahrung angepasst sind ► Bild 2.
Nicht benötigte Organe können durch das Wirken der Selektion verkümmern. Vormals funktionstüchtige Strukturen bleiben dann als funktionslose *Rudimente* erhalten wie z. B. die Beinknochen der Wale.

Vom 19. Jahrhundert bis heute DARWINS Werk wurde in der religiös geprägten Gesellschaft zunächst auch von Wissenschaftlern sehr skeptisch aufgenommen. In späteren Veröffentlichungen stellte DARWIN die Evolutionsvorgänge noch präziser dar und ging auch auf die Abstammung des Menschen ein. Nach seinem Tod erarbeiteten Wissenschaftler viele weitere Erkenntnisse, die seine Evolutionstheorie bis heute stützen. Einen wichtigen Beitrag hierzu leisten Forschungsergebnisse aus der Genetik.

1 **A** Erkläre den Begriff Variabilität.
B Beschreibe die Variabilität der Finkengenerationen in Bezug auf ihre Schnabelstärke ► Bild 3.
C Stelle dar, wie Variabilität, Überproduktion von Nachkommen und Ressourcenknappheit zu Evolution führen. Nimm ► Bild 2 zu Hilfe.
D Diskutiere, ob die Evolution nach DARWINS Theorie auf Zufall beruht.

2 Erläutere, inwiefern sich die Züchtung von Tauben durch den Menschen von der Evolution der Tauben ohne Zutun des Menschen unterscheidet.

Selektion

Vielfalt Die Insekten bilden mit Abstand die artenreichste Klasse der Tiere, sie weisen eine sehr große Vielfalt auf. Auch innerhalb einer Art gibt es erkennbare Unterschiede, selbst zwischen Individuen derselben Population. Zu einer *Population* werden diejenigen Individuen einer Art zusammengefasst, die zur selben Zeit im selben Gebiet vorkommen. Wie schon DARWIN erkannte, ist die Variabilität eine wichtige Voraussetzung für die Evolution.

Natürliche Auslese In einer Birkenspannerpopulation ist die Variabilität durch die unterschiedliche Ausprägung der Flügelfärbung besonders gut zu erkennen: Es gibt Tiere mit hellen und Tiere mit dunklen Flügeln ▶ Bild 1. Beide Formen zählen aber zur selben Art, da sie sich untereinander fruchtbar fortpflanzen können und in wesentlichen Merkmalen übereinstimmen.
Infolge ihrer verschiedenen Färbung sind die Birkenspanner unterschiedlich gut an ihre Umwelt angepasst. Die helle Variante des Birkenspanners ist auf der hellen Borke von Birken gut vor Fressfeinden geschützt. Die Tiere mit den dunklen Flügeln sind leichter zu erkennen. In einer Population überwiegt daher meist die Variante mit den hellen Flügeln, da die schwarzen Tiere von Fressfeinden eher erkannt und daher häufiger gefressen werden ▶ Bild 1a.
Zum Ende des 19. Jahrhunderts konnte man in Industriegebieten Englands allerdings beobachten, dass der Anteil der Tiere mit den dunklen Flügeln zunahm. Hier hatten die schwarzen Falter einen Vorteil: Aufgrund der Luftverschmutzung waren die Bäume mit einer Rußschicht überzogen, auf der die hellen Tiere leicht zu erkennen waren. Tiere mit schwarzen Flügeln waren getarnt (▶ Bild 1b) und wurden nicht so leicht von Fressfeinden erkannt. Im Laufe der Zeit nahm der Anteil der dunklen Tiere in der Population immer mehr zu, da die dunkel gefärbten Nachkommen eine höhere Überlebenschance und mehr Nachkommen hatten.
Dies kann man auch experimentell überprüfen: Man lässt jeweils gleich viele helle und schwarze Birkenspanner auf verschiedenen Testgeländen frei ▶ Bild 2. Fängt man die überlebenden Individuen nach einer bestimmten Zeit wieder ein, so zeigen sich Unterschiede im Zahlenverhältnis der beiden Faltervarianten.
Umweltbedingungen verändern sich ständig. Die Variabilität von Individuen in einer Population führt dazu, dass diese unterschiedlich gut an neue Bedingungen angepasst sind. Besser angepasste Individuen pflanzen sich erfolgreicher fort als die weniger gut angepassten. Durch Selektion kann es zur Veränderung von Arten oder zur Entstehung neuer Arten kommen.

1 Dunkle und helle Form des Birkenspanners auf verschiedenem Untergrund

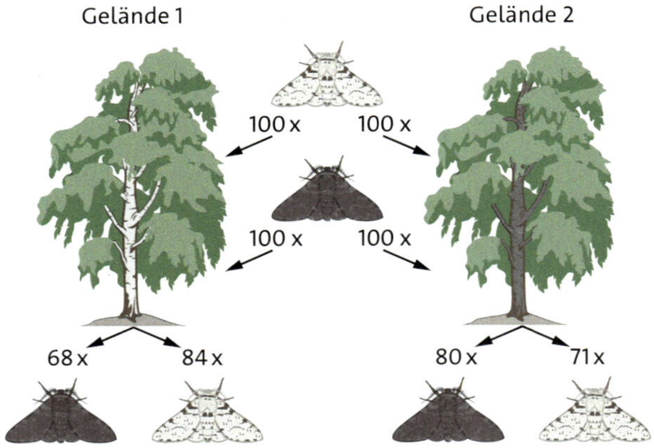

2 Rückfangexperiment mit Birkenspannern

1 **A** Stelle die Ergebnisse des Rückfangexperiments (▶ Bild 2) in einem Diagramm dar.
B Inzwischen ist die Rußbildung der Industrie durch die Entwicklung von Filteranlagen deutlich zurückgegangen. Erläutere die Auswirkungen auf die Birkenspannerpopulation.

Selektion spielen

Innerhalb einer Population von Waldmäusen variiert die Körpergröße zum Teil beträchtlich. Sie wird durch die Körpergröße beider Elternteile mitbestimmt. An diesem Beispiel soll das Prinzip der Selektion modellhaft dargestellt werden.

Material: etwa doppelt so viele Karten wie Schülerinnen und Schüler (also bei 30 Personen 60 Karten), die gleichmäßig mit den Zahlen 1–10 beschriftet sind; zusätzlich die gleiche Anzahl an unbeschrifteten Karten (Blankokarten)

Durchführung:

1. Legt alle beschrifteten Karten verdeckt auf einen Tisch und durchmischt sie.
2. Jeder von euch steht stellvertretend für eine Maus und zieht zunächst 2 Karten und behält sie bei sich. Die Zahlen auf den Karten stellen die von Vater bzw. Mutter weitergegebene Körpergröße dar (ohne Einheit). Ermittelt nun die Körpergröße eurer jeweiligen Maus, indem ihr die Werte beider Karten addiert. Bei einer 5 und einer 7 hat die Maus also eine Körpergröße von 12. Je höher die Zahl ist, desto größer ist die Maus ▶ Bild 3.
3. Erstellt eine Tabelle wie in ▶ Bild 4 und tragt die Häufigkeit aller Körpergrößen „eurer Mäusepopulation" ein. Wenn ihr beispielsweise 3-mal die Körpergröße 12 ermittelt habt, dann schreibt ihr in das Feld der Körpergröße 12 die Anzahl 3.
4. Im Winter herrscht plötzlich eine Nahrungsknappheit. Die großen Tiere finden nicht genug Nahrung und überleben nicht. Es stirbt genau die Hälfte der Mäusepopulation. Zählt dazu die Mäuse mit der größten Körpergröße ab und legt die entsprechenden Karten zur Seite (bei 30 Mitspielern müsst ihr die 15 größten Mäuse aussortieren) ▶ Bild 3 b.
5. Die überlebenden Mäuse pflanzen sich fort. Übertragt dazu die Zahlenwerte der Karten, die ihr nicht zur Seite gelegt habt, auf die Blankokarten ▶ Bild 3 c. Jetzt sind wieder genauso viele Karten im Spiel wie zu Beginn – die Anzahl der Mäuse hat sich durch Fortpflanzung also verdoppelt. Legt die Karten wieder verdeckt auf den Tisch.
6. Wiederholt die Schritte 1–5 noch zweimal. Da so immer die gleiche Anzahl an Karten im Spiel ist, können alle mitspielen. Ergänze für jeden Durchgang deine Tabelle aus Schritt 3 um eine Zeile.

1 Stelle die Größenverteilungen in drei Säulendiagrammen dar. Zeichne sie untereinander.

2 Erkläre, wie die Variabilität in diesem Spiel dargestellt wird.

3 Erläutere die Selektion anhand der Spielergebnisse.

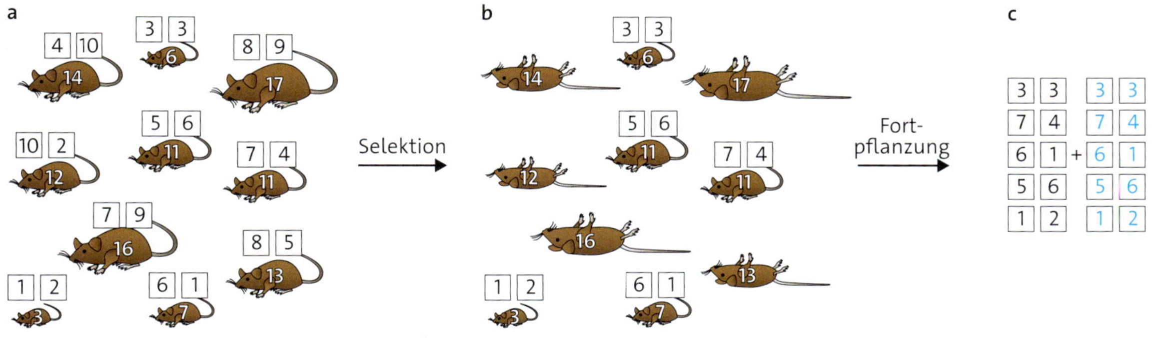

3 Ablauf des Selektionsspiels (schematisch)

Körpergröße	2	3	4	5	6	7	8	9	10	11	12	13	14	15	16	17	18	19	20
Anzahl																			

4 Häufigkeit der Körpergrößen

Entstehung neuer Arten

Artbildung – ein Mysterium? Obwohl die Entstehung neuer Arten im Zentrum von DARWINS Interesse stand, konnte er sie kaum erklären und bezeichnete sie als „Mysterium der Mysterien“. Ein Grund war das damals fehlende Wissen um den genetischen Ursprung der Variabilität von Lebewesen. Mit dem heutigen Wissen lässt sich Variabilität durch zufällige Veränderungen der Erbinformation erklären. Die grundlegenden Mechanismen der Artbildung sind bekannt und auch heute beobachtbar.

Ablauf der Artbildung Wie schon DARWIN vermutet hatte, spielt bei der Entstehung neuer Arten häufig die räumliche Verbreitung einer Population eine Rolle.
Bei der *Artaufspaltung* entstehen aus einer Ursprungsart zwei Arten. Grundlage hierfür ist meist die räumliche Trennung von Individuen einer Population, z. B. durch Gletscherbildung, oder die Abwanderung von Individuen. Durch solche geografischen Barrieren entstehen voneinander getrennte Populationen, die nicht mehr in direkten Kontakt miteinander treten können. In ihnen kommen zufällig verschiedene Variationen vor. Außerdem können ihre Lebensräume in Bezug auf abiotische und biotische Umweltfaktoren voneinander abweichen. So unterliegen die Populationen jeweils anderen Bedingungen für die Selektion und ihre Evolution läuft unterschiedlich ab ▶ Bild 2.
Nach vielen Generationen können sich die Populationen so stark auseinanderentwickelt haben, dass ihre Individuen auch ohne geografische Barriere nicht mehr in der Lage sind, sich miteinander fortzupflanzen. Gründe hierfür können z. B. nicht zueinander passende Geschlechtsorgane oder unterschiedliches Balzverhalten sein. Die Individuen gehören nun zwei verschiedenen Arten an.
Vermutlich sind die meisten Finkenarten auf den Galapagosinseln auf ähnliche Weise entstanden: Einzelne Individuen besiedelten eine neue Insel. In der Folge durchlief die dort entstehende Population eine andere Entwicklung als ihre Ursprungspopulation. Durch mehrfache Wiederholung dieser Prozesse bildeten sich Arten, die sich unter anderem durch ihre Schnabelform unterscheiden ▶ Bild 1.

1 Großer Grundfink (links) und Kaktus-Grundfink (rechts)

2 Modell der Artaufspaltung

Von *Artumwandlung* spricht man hingegen, wenn sich durch Selektion die Merkmale der Individuen einer Population so verändern, dass sich ihre Eigenschaften stark von den ursprünglichen Merkmalen unterscheiden. Sind die Unterschiede sehr groß, wird die Population als neue Art beschrieben, die ursprüngliche Art existiert dann nicht mehr.

1 **A** Beschreibe die Artaufspaltung mithilfe von ▶ Bild 2.
B Begründe, weshalb eine Artaufspaltung ohne räumliche Trennung unwahrscheinlicher ist als mit räumlicher Trennung.

Konkurrenzvermeidung und Artbildung

Vor etwa 50 Millionen Jahren gelangten die Vorfahren der Lemuren auf die Insel Madagaskar. Bis heute entwickelten sie sich zu rund 100 Arten. Die Untersuchung ihrer Lebensgewohnheiten ermöglicht es dir nachzuvollziehen, wie diese verschiedenen Arten entstanden sind.

Konkurrenzvermeidung

Die ▶ Bilder 3 und 4 zeigen verschiedene Aspekte der Lebensgewohnheiten von sechs Lemurenarten.

1 **A** Ordne den Nummern I–IV in ▶ Bild 3 begründet die passenden Arten aus ▶ Bild 4 zu. Berücksichtige, dass Laubblätter, insbesondere vom Bambus, weniger Proteine enthalten als andere Pflanzenteile oder tierliche Nahrung.
B Erläutere, wie Konkurrenz zwischen den dargestellten Arten vermieden wird.

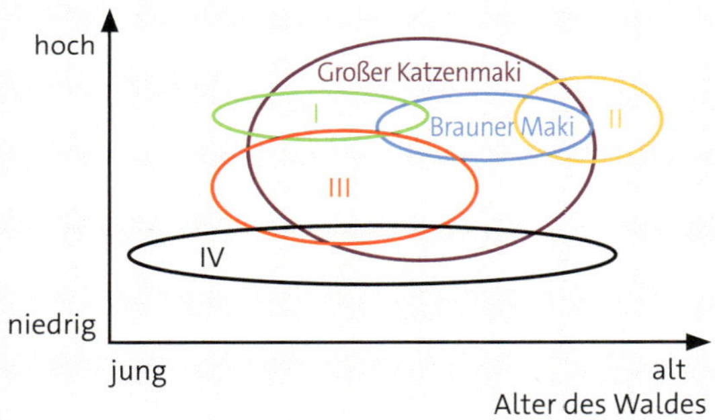

3 Nahrung und Waldvorlieben von Lemuren

5 Fingertier

Das Fingertier, der Specht Madagaskars

Das Fingertier (▶ Bild 5) angelt nach Larven im Holz. Es verwendet dafür seinen stark verlängerten Mittelfinger, während Spechte – die auf Madagaskar nicht vorkommen – Schnabel und Zunge benutzen.

2 Formuliere eine Hypothese, wie sich der sehr dünne und lange Mittelfinger nach DARWINS Theorie entwickelt haben könnte.

3 Erläutere die Rolle der fehlenden Spechte für die Evolution des Fingertiers auf Madagaskar.

Name	Größe/Masse	Nahrung	Lebensweise/Biotop
Mausmaki	11–13 cm, 50–60 g	Früchte, Blüten, Insekten, Eidechsen	nachtaktiv, eher junger Hochwald
Bambuslemur	34 cm, 1000 g	Bambusschösslinge, Bambuslaubblätter	dämmerungsaktiv, junge und alte Bambusdickichte
Großer Katzenmaki	25 cm, 400 g	Früchte, kleine Wirbeltiere	nachtaktiv, junger und alter Regenwald
Indri	75–80 cm, 7000 g	Laubblätter, Blüten, Früchte, Knospen	tagaktiv, alter Küsten- und Bergregenwald
Brauner Maki	45 cm, 2000–3000 g	Laubblätter, Knospen, Blüten, Früchte, auch Insekten	tag- und nachtaktiv, eher alter Regenwald und Trockenwald
Gewöhnlicher Wieselmaki	25 cm, 800–1200 g	Laubblätter, auch Früchte und Blüten	nachtaktiv, junger und alter Regenwald

4 Sechs Lemuren-Arten im Vergleich

Homologie und Analogie

Vergleicht man verschiedene Arten miteinander, so entdeckt man zahlreiche Ähnlichkeiten zwischen ihnen. Manche davon betreffen den inneren Bau, andere die äußere Gestalt. Wie kommen solche Ähnlichkeiten zustande?

Homologie Beim Vergleich der Vordergliedmaßen von Wirbeltieren fallen zunächst vor allem die Unterschiede im äußeren Erscheinungsbild auf. Trotz des verschiedenen Aussehens haben die Gliedmaßen aber einen gemeinsamen Grundbauplan ▶ Bild 1. Er beruht auf der gemeinsamen Abstammung der Arten. Die Abwandlungen dieses Grundbauplans stellen Angepasstheiten der Arten an ihre Lebensweise dar. Sie sind durch unterschiedliche Selektion entstanden. Körperteile sind so gestaltet, dass sie eine oder mehrere bestimmte Funktionen erfüllen können.
Solche Ähnlichkeiten mit gemeinsamem Grundbauplan und unterschiedlicher äußerer Gestalt nennt man *Homologien*. Man kann sie beispielsweise daran erkennen, dass Strukturen dieselbe Lage zueinander haben wie die einzelnen Knochen in den Gliedmaßen der Wirbeltiere. Manchmal existiert eine Reihe von homologen Strukturen, die eine schrittweise Entwicklung erkennen lassen. So kann man durch Fossilien die Evolution des Pferdefußes nachvollziehen: Die Anzahl der Zehen wurde von fünf auf vier, dann auf drei und schließlich auf einen reduziert. Bei der Evolution der Lungen der Wirbeltiere hingegen nahm die Komplexität zu. Durch Einstülpungen entstanden Organe mit immer größerer innerer Oberfläche.

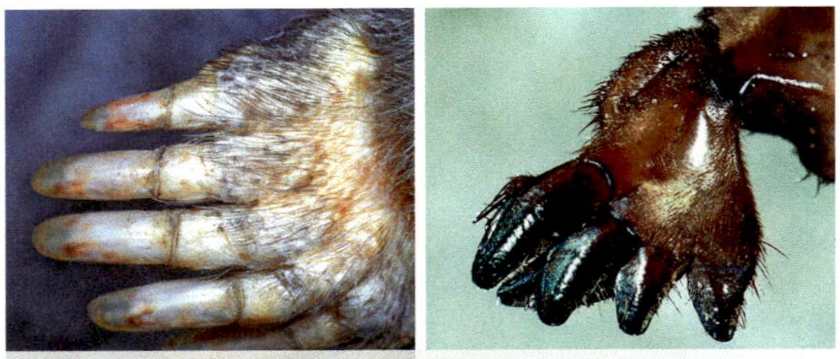

2 Analoge Vordergliedmaßen von Maulwurf (links) und Maulwurfsgrille (rechts)

Analogie Körperstrukturen verschiedener Arten, die nicht nahe miteinander verwandt sind, können in ihrer äußeren Gestalt auffällige Ähnlichkeiten aufweisen. So haben die Vordergliedmaßen von Maulwurf und Maulwurfsgrille beide die Form einer Grabschaufel ▶ Bild 2. Sie unterscheiden sich jedoch stark in ihrem Grundbauplan: Die Gliedmaßen des Maulwurfs enthalten ein knöchernes Innenskelett, während die der Maulwurfsgrille durch ein Außenskelett aus Chitin geformt werden.
Diese rein äußere Ähnlichkeit ohne gemeinsamen Grundbauplan nennt man *Analogie*. Sie ist Folge einer Angepasstheit an dieselbe Funktion, hier an das Graben beim Leben unter der Erde. Analoge Strukturen kommen durch ähnliche Bedingungen der Selektion zustande.

1. Erkläre mithilfe von ▶ Bild 1 die Angepasstheit von drei Wirbeltiergliedmaßen.
2. Vergleiche Homologie und Analogie in Bezug auf äußere und innere Ähnlichkeit sowie auf die evolutionäre Entwicklung.

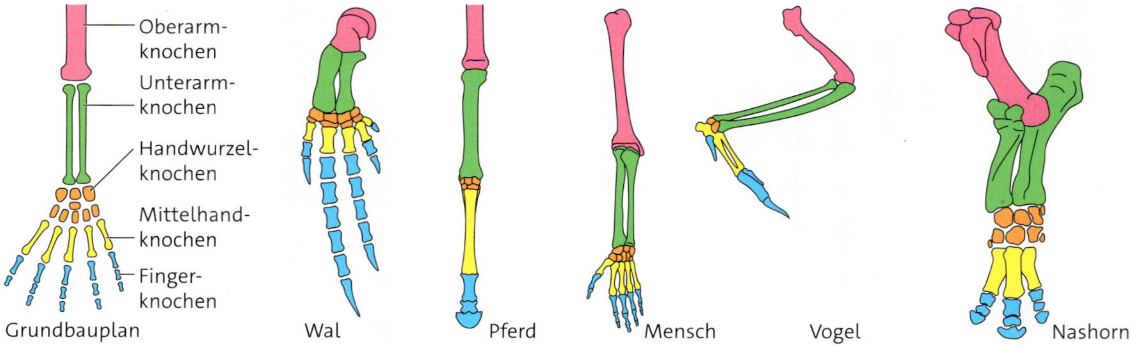

1 Homologe Vordergliedmaßen verschiedener Wirbeltiere

Homologe und analoge Organe vergleichen

Um Ähnlichkeiten von biologischen Strukturen einordnen zu können, muss man sie meist genau prüfen. Untersuche an den folgenden Beispielen homologe und analoge Organe.

Lunge und Schwimmblase

Die Lunge ist das häufigste Atmungsorgan der Landwirbeltiere, während die Schwimmblase bei Fischen die Regulation der Schwimmtiefe unterstützt. Beide Organe sind einander homolog.

1 **A** Beschreibe die Entwicklung von Schwimmblase und Lunge ▶ Bild 3.
B Begründe, warum die Organe homolog sind.

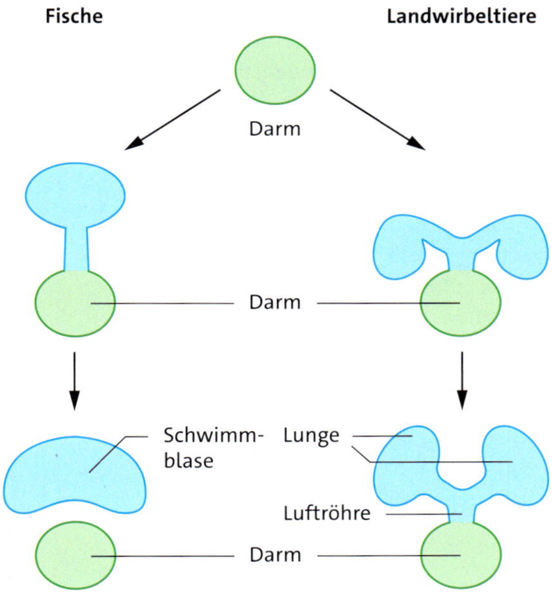

3 Embryonalentwicklung von Schwimmblase und Lunge (stark vereinfacht)

Fledermaus- und Vogelflügel

Wie die meisten Vögel können auch Fledermäuse fliegen. Ein Vergleich zeigt, dass die Vordergliedmaßen beider Gruppen sowohl Homologien als auch Analogien aufweisen.

2 **A** Vergleiche den Aufbau der Flügel von Fledermaus und Vogel ▶ Bild 4.
B Formuliere eine Hypothese zum evolutionären Vorteil der Flugfähigkeit.
C Erkläre je ein homologes und ein analoges Merkmal der beiden Flügel.

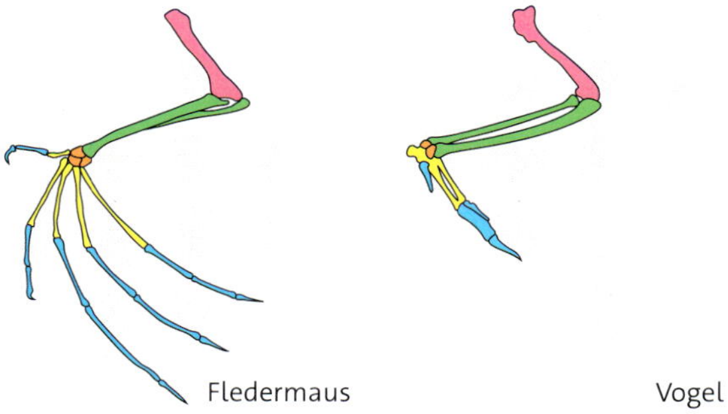

4 Vordergliedmaßen von Fledermaus und Vogel

Zähne und Schuppen

Bei den Zähnen verschiedener Arten und den Schuppen von Haien (▶ Bild 5) liegen sowohl Homologien als auch Analogien vor.

3 **A** Vergleiche Aufbau und Funktion der Strukturen a–d.
B Bewerte, ob die Giftzähne von Schlange und Kegelschnecke bzw. der menschliche Schneidezahn und die Haischuppe einander homolog oder analog sind.
C Begründe, weshalb der Giftzahn der Kegelschnecke und der Schneidezahn des Menschen einander weder homolog noch analog sind.

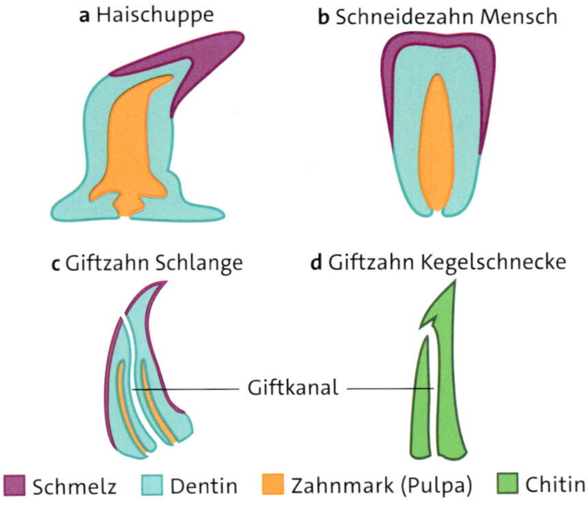

5 Zähne und Schuppe

Stammbaum der Wirbeltiere

Verwandtschaft Feldhase und Kaninchen sind sich äußerlich sehr ähnlich ▶ Bild 2. Auf den ersten Blick sind sie leicht zu verwechseln. Auch ihr innerer Körperbau gleicht sich stark. Das ist meistens ein Zeichen für eine nahe Verwandtschaft zwischen zwei Arten. Je mehr Gemeinsamkeiten zwei Lebewesen zeigen, desto näher sind sie in der Regel miteinander verwandt.
Verwandtschaft bedeutet, dass es einen gemeinsamen Vorfahren gegeben hat. Bei nahe verwandten Arten liegt der letzte gemeinsame Vorfahre zeitlich gesehen weniger weit zurück als bei nicht so nahe verwandten Arten.
Vergleicht man Kaninchen und Wolf, so fallen weniger Gemeinsamkeiten auf als zwischen Kaninchen und Feldhase. Die drei Arten gehören aufgrund gemeinsamer Merkmale dennoch alle zu den Säugetieren. Der letzte gemeinsame Vorfahre von Kaninchen, Feldhase und Wolf hat jedoch vor längerer Zeit gelebt als der letzte gemeinsame Vorfahre von Kaninchen und Feldhase. Kaninchen und Feldhase sind also miteinander näher verwandt als jeweils mit dem Wolf und haben dadurch mehr Merkmale gemeinsam.

2 Feldhase und Kaninchen – nahe Verwandte

Stammbäume In einem Stammbaum kann man die verwandtschaftlichen Beziehungen zwischen Lebewesen sowie ihre zeitliche Entwicklung darstellen. Ein Stammbaum ist einem Koordinatensystem ähnlich, wobei die Zeit auf der *y*-Achse aufgetragen wird. Entlang der *x*-Achse werden ganz oben die noch lebenden Arten aufgereiht und entsprechend ihrer evolutionären Beziehungen durch Linien verbunden.
Zu Beginn der Entwicklung der Wirbeltiere stehen die Urfische ▶ Bild 1. Diese werden auf der *y*-Achse ganz unten eingetragen. Davon spaltete sich die Entwicklungslinie der Fische ab, der Stammbaum verzweigt sich. An jeder Verzweigung stellt man sich einen gemeinsamen Vorfahren vor, der Merkmale beider darüberliegender Gruppen besitzt.

1 **A** Beschreibe den Stammbaum in ▶ Bild 1.
B Erkläre anhand des Stammbaums, weshalb Vögel näher mit Reptilien verwandt sind als mit Säugetieren.

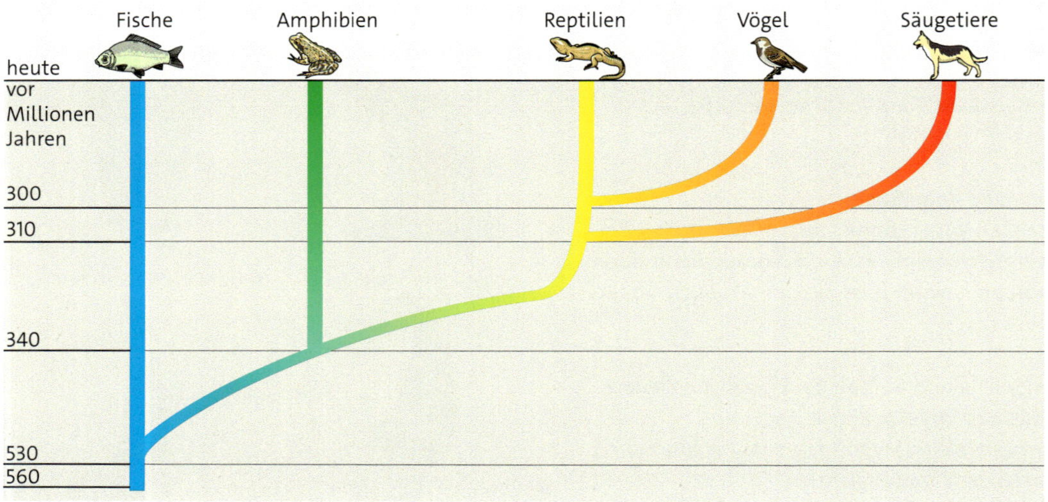

1 Stammbaum der Wirbeltiere

Archaeopteryx

Die Gattung *Archaeopteryx* ist durch ein Dutzend Fossilfunde aus Bayern bekannt. Manche davon zeigen den Abdruck des vollständigen Skeletts und die Körperumrisse. So kann der längst ausgestorbene *Archaeopteryx* auch heute noch untersucht werden.

Merkmale der Fossilfunde

Den etwa krähengroßen *Archaeopteryx* ordnet man in der Systematik üblicherweise zwischen den Sauriern und den Vögeln ein. Nach neueren Erkenntnissen ist er aber vermutlich nicht der Urahn aller Vögel. Zudem zeigen viele Saurierfossilien Federn als Körperbedeckung.

1 **A** Vergleiche die Merkmale von Saurier, *Archaeopteryx* und Vogel aus ▶ Bild 3. Fertige dazu eine Tabelle an.
B Diskutiere, ob *Archaeopteryx* ein Saurier oder ein Vogel war.

2 Forscher diskutieren, ob *Archaeopteryx* fliegen konnte. Nenne Gründe, die dafür- und dagegensprechen. Nutze dazu die ▶ Bilder 3 und 4.

Rekonstruktionen

Basierend auf Fossilfunden wurde das Aussehen des *Archaeopteryx* mehrfach rekonstruiert.

3 **A** Vergleiche die Rekonstruktionen in ▶ Bild 5.
B Erkläre, warum die Rekonstruktionen Gemeinsamkeiten und Unterschiede aufweisen.
C Formuliere eine Hypothese zur Funktion der Färbung des *Archaeopteryx*.

4 Fossil eines *Archaeopteryx*

5 *Archaeopteryx*-Rekonstruktionen

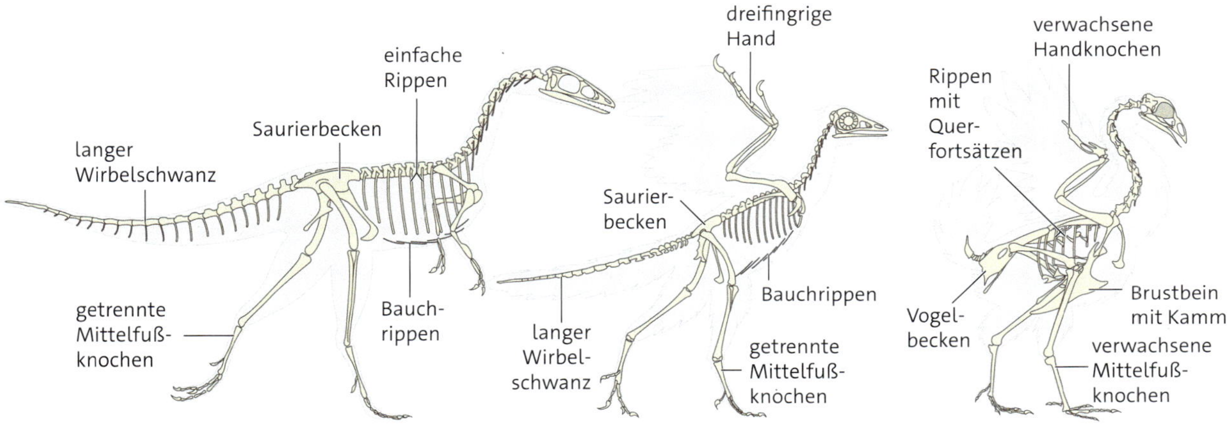

3 Saurier-, *Archaeopteryx*- und Vogelskelett

Evolution der Wirbeltiere

Wirbeltiere – weltweit verbreitet Fische, Amphibien, Reptilien, Vögel und Säugetiere besitzen allesamt eine Wirbelsäule. Aufgrund dieses gemeinsamen Merkmals werden sie in den Stamm der Wirbeltiere eingeordnet.

Durch verschiedene Angepasstheiten haben sich die Wirbeltiere in ihrer Entwicklung nahezu alle Lebensräume der Erde erschlossen: Fische besiedeln unsere Gewässer. Sie atmen durch Kiemen, mit denen sie den Sauerstoff, den sie zum Leben benötigen, aus dem Wasser aufnehmen können. Flossen und der stromlinienförmige Körper machen eine schnelle Fortbewegung im Wasser möglich. Die meisten Vögel können sich durch die Luft bewegen. Ihre leichten, hohlen Knochen, der Bau des Skeletts sowie ihr Federkleid ermöglichen ihnen das Fliegen. Sie benötigen beim Fliegen viel Sauerstoff und besitzen eine große Lunge mit Luftsäcken. Auch Amphibien, Reptilien und Säugetiere haben sich durch verschiedene Angepasstheiten viele Lebensräume erschlossen.

Durch die Ausbreitung der Wirbeltiere in nahezu allen Lebensräumen gibt es heute eine enorme Vielfalt: Etwa 58 000 verschiedene Wirbeltierarten sind bekannt, die aufgrund ihrer Merkmale in die oben genannten fünf Gruppen eingeteilt werden.

Vom Wasser ans Land Die Entwicklung der Wirbeltiere begann vor etwa 560 Millionen Jahren. Zu dieser Zeit gab es schon einfache vielzellige Lebewesen und erste Pflanzen. Auch Urfische, die ersten Wirbeltiere, entwickelten sich. Diese lebten ausschließlich im Wasser und waren den heute lebenden Fischen sehr ähnlich. Manche dieser Arten sind sogar fast unverändert geblieben, so z. B. die Quastenflosser. Von ihnen existieren rund 400 Millionen Jahre alte Fossilien, die sich kaum von den heutigen Quastenflossern unterscheiden ▶ Bild 1.

Bei einigen Fischen entwickelten sich aus der Schwimmblase Lungen. Diese Fische konnten den Luftsauerstoff zum Atmen nutzen und so war ihnen ein kurzzeitiger Aufenthalt an Land möglich. Man vermutet, dass sich aus diesen Tieren die ersten Amphibien entwickelten. Diese lebten vorrangig im Wasser. Der vollständige Übergang vom Wasser ans Land vollzog sich also nicht abrupt, sondern war geprägt durch langsame, schrittweise Veränderungen, die zu den verschiedenen Angepasstheiten an den neuen Lebensraum führten.

2 *Ichthyostega* (Rekonstruktion)

Mosaikformen Als eines der ersten Amphibien, die im Wasser und an Land leben konnten, gilt *Ichthyostega* ▶ Bild 2. Er zeigte noch einige Fischmerkmale: Sein Körper war stromlinien-

1 Quastenflosser als Fossil (links) und heute (rechts)

förmig, hatte einen fischartigen Schädel und eine große Schwanzflosse. Zugleich waren jedoch auch deutliche Merkmale vorhanden, die für Amphibien typisch sind. Am auffälligsten hierbei sind die vier Gliedmaßen, mit denen sich *Ichthyostega* auch an Land fortbewegen konnte. Er besaß eine Lunge, die es ihm ermöglichte, an Land zu atmen. Seine Larven, die Kaulquappen, entwickelten sich im Wasser.

Lebewesen, die Merkmale von zwei systematischen Gruppen aufweisen, bezeichnet man als *Mosaikformen*. *Ichthyostega* wird zwischen den Fischen und den Amphibien eingeordnet. Seine Körpermerkmale bilden ein Mosaik aus fischartigen und amphibienähnlichen Eigenschaften. Die Entwicklung der übrigen Wirbeltiergruppen hat sich in ähnlicher Weise vollzogen. Die Übergänge waren nicht sprunghaft, sodass es noch weitere Mosaikformen gibt. Der *Anthracosaurier* (▶ Bild 4) gilt als Mosaikform zwischen Amphibien und Reptilien: Er stammt aus der Zeit vor rund 300 Millionen Jahren und weist Merkmale beider Gruppen auf.

Reptilien, Vögel, Säugetiere Die ersten Reptilien gab es vor 320 Millionen Jahren. Etwa 80 Millionen Jahre später entwickelten sich die Saurier, die viele Millionen Jahre lang nahezu alle Lebensräume der Erde besiedelten. Sie lebten an Land oder im Wasser und vogelähnliche Saurier beherrschten den Luftraum ▶ Bild 3. Zu dieser Zeit entwickelten sich aus den Reptilien auch die Vögel und die Säugetiere.

Vor rund 65 Millionen Jahren kam es zu einem plötzlichen und massenhaften Artensterben. Davon waren alle Tiergruppen, insbesondere aber die Saurier betroffen. Während in manchen Gruppen nur ein Teil der Arten ausstarb, überlebte keine der Saurierarten. Man nimmt heute an, dass eine enorme Klimaveränderung, ausgelöst durch eine große Katastrophe wie einen Meteoriteneinschlag oder Vulkanausbruch, dafür verantwortlich war.

4 *Anthracosaurier* (Rekonstruktion)

Das Aussterben der Saurier beeinflusste die Evolution der anderen Landwirbeltiere stark: Sie hatten nun weniger Konkurrenz und so konnte sich durch Selektion eine Vielfalt neuer Arten entwickeln. Vor allem die Säugetiere passten sich an verschiedene Lebensräume und Lebensweisen an, die vorher von den Sauriern besetzt gewesen waren.

1 **A** Nenne Körpermerkmale, die sich bei wasser- und landlebenden Wirbeltieren unterscheiden.
B Beschreibe die Unterschiede in der Fortpflanzung, die mit dem Übergang der Wirbeltiere zum Leben an Land verbunden waren.

2 Erläutere, warum Wirbeltiere heute in nahezu allen Lebensräumen vorkommen.

3 Eroberung des Lebensraums Luft durch Wirbeltiere: Flugsaurier (Rekonstruktion), Vogel und Fledermaus

Der Mensch – ein Menschenaffe

Mensch und Affe Als DARWIN seine Evolutionstheorie veröffentlichte, wurden viele Äußerungen falsch interpretiert. Eine der Fehlinterpretationen hat sich bis heute gehalten und sorgt für viele Diskussionen: „Der Mensch stammt vom Affen ab."

Schon früh war die Ähnlichkeit zwischen dem Menschen und dem Affen aufgefallen. Bereits im 2. Jahrhundert nach Christus stellte der griechische Arzt GALEN fest, dass der Mensch dem Affen „von den Eingeweiden, den Muskeln, Arterien, Venen, Nerven und der Skelettform her am stärksten ähnelt".

Verwandtschaft LINNÉ gab dem Menschen den Artnamen *Homo sapiens*, später wurde der Mensch in die Familie der Menschenaffen, die Hominidae, eingeteilt ▶ Bild 1.

Auch die jüngeren Vorfahren des Menschen gehören in die Familie der Hominidae. Sie erhalten den Gattungsnamen *Homo*, wenn man ihnen menschliche Merkmale zuordnen kann. Eines ist der Gebrauch von Steinwerkzeugen.

Man geht heute davon aus, dass der Jetztmensch und die anderen heutigen Menschenaffen auf gemeinsame Vorfahren zurückgehen. Ein Vergleich des Jetztmenschen und der anderen heutigen Menschenaffen (Orang-Utan, Gorilla, Bonobo, Schimpanse) lässt erkennen, wie unterschiedlich die Evolution verlaufen ist.

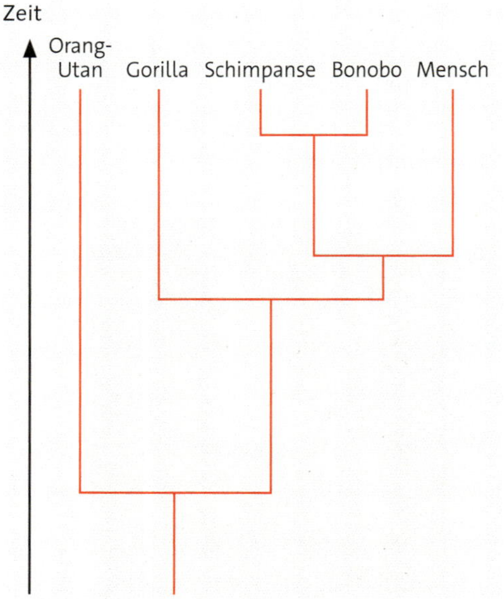

1 Stammbaum der Menschenaffen (Hominidae)

2 Schimpanse

Gemeinsamkeiten In der Familie der Menschenaffen findet man aufgrund der engen Verwandtschaft viele Gemeinsamkeiten. Sowohl der Bau des Schädels als auch die Stellung der Sinnesorgane am Kopf sind bei den verschiedenen Vertretern ähnlich. Durch die nach vorne gerichteten Augen ist es den Menschenaffen möglich, ein räumliches Bild zu sehen. Auch der Bau der Hand ist ähnlich ▶ Bild 2. Alle Menschenaffen besitzen einen *opponierbaren Daumen*, das heißt, dass sie den Daumen den anderen Fingern gegenüberstellen können. Auch beim Verhalten kann man viele Ähnlichkeiten beobachten. Ein Beispiel hierfür ist die bei allen Menschenaffen enge Mutter-Kind-Beziehung.

1. Vergleiche die Verwandtschaftsverhältnisse zwischen Orang-Utan und Mensch sowie zwischen Bonobo und Mensch anhand des Stammbaums ▶ Bild 1.
2. Diskutiere den Ausspruch: „Der Mensch stammt vom Affen ab."
3. **A** Beschreibe, was man unter einem opponierbaren Daumen versteht.
   B Erläutere die Vorteile eines opponierbaren Daumens.
4. Vergleiche den Fuß eines Schimpansen mit dem menschlichen Fuß ▶ Bild 2.

Mensch und Schimpanse im Vergleich

Mensch und Schimpanse zeigen aufgrund ihrer nahen Verwandtschaft viele Ähnlichkeiten. Man findet aber auch einige Unterschiede, die zeigen, wie verschieden die Evolution der beiden Arten verlaufen ist. Anhand der beiden Skelette kannst du diese Unterschiede genauer betrachten.

1 **A** Nenne Kriterien, die zum Vergleich von Schimpanse und Mensch herangezogen werden können ▶ Bild 3.
B Vergleiche Schimpanse und Mensch hinsichtlich dieser Kriterien. Lege eine Tabelle an.
C Nenne die drei aus deiner Sicht wichtigsten Unterschiede. Unterstreiche sie in der Tabelle.

2 **A** Erkläre, inwiefern die Verlagerung des Hinterhauptslochs in die Schädelmitte den aufrechten Gang erleichtert.
B Formuliere Hypothesen, welche weiteren körperlichen Veränderungen im Zusammenhang mit dem aufrechten Gang stehen.

3 **A** Ahme die Körperhaltung eines auf zwei Beinen laufenden Schimpansen nach. Erkläre, weshalb diese Art der Fortbewegung von Schimpansen nur selten genutzt wird.
B Erkläre, weshalb sich der Schimpanse bei der Fortbewegung am Boden mit den Handknöcheln abstützt.

4 Diskutiere die folgenden Aussagen:
„Der Mensch unterscheidet sich deutlich vom Schimpansen" und
„Der Mensch teilt viele Eigenschaften mit dem Schimpansen."

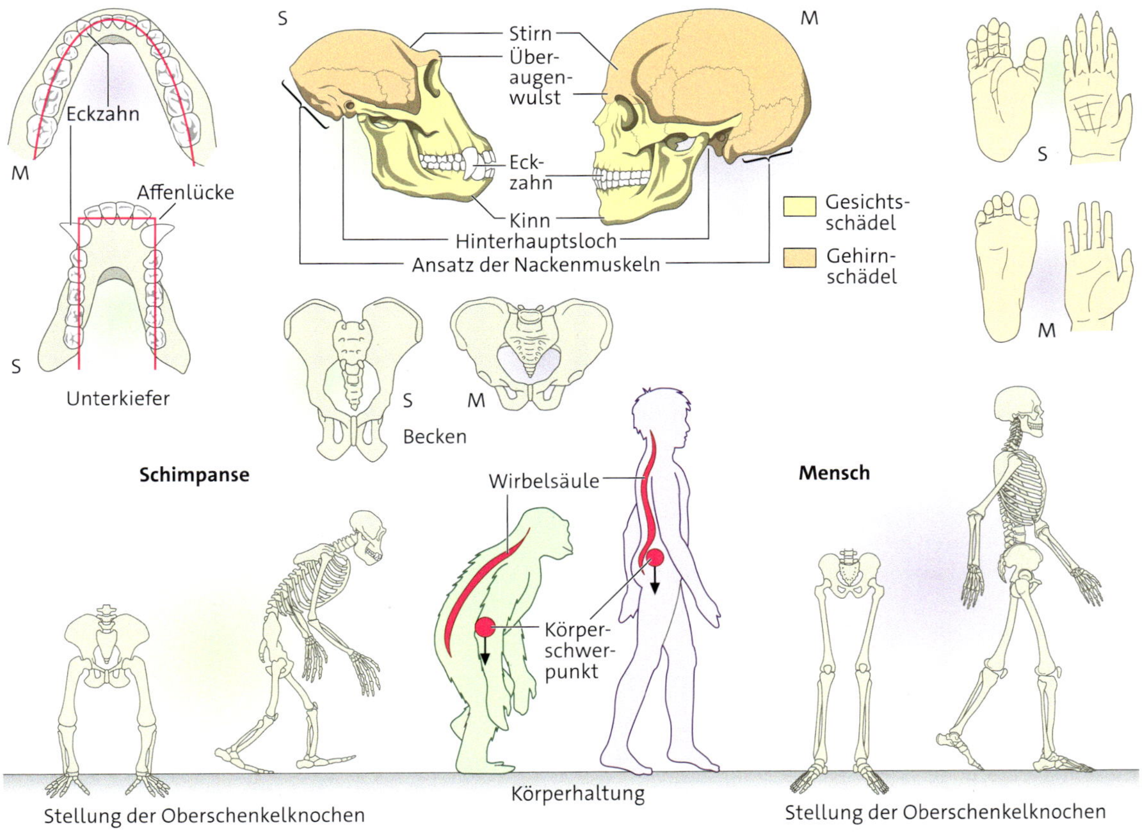

3 Merkmale von Schimpanse und Mensch im Vergleich

Entwicklung zum Menschen

Verwandtschaft Bei der Untersuchung der Stammesgeschichte des Menschen ist man auf eine vergleichsweise geringe Anzahl von Fossilien, insbesondere Skelette und Skelettteile, angewiesen. Vergleicht man Merkmale von Vorfahren des Menschen aus afrikanischen Funden mit den Merkmalen der Jetztmenschen, kann man die Entwicklung zum Jetztmenschen erkennen.

1 Erste Spuren des aufrechten Gangs

Aufrechter Gang Ein wichtiger Meilenstein ist die Fortbewegung auf zwei Beinen ▶ Bild 1. Dieser aufrechte Gang lässt sich an bestimmten Köpermerkmalen festmachen. Dazu gehören die Umformung des Beckens und der Füße sowie die Stellung der Oberschenkelknochen unter dem Becken. Für die Entstehung des aufrechten Gangs gibt es Hypothesen zu möglichen Selektionsvorteilen:

- energiesparende Fortbewegungsweise
- Nutzung größerer Bereiche zur Nahrungssuche, aber trotzdem Nutzung eines ständigen Schlafplatzes
- bessere Fernsicht und dadurch frühere Erkennung von Feinden und Beute
- Freiwerden der Hände zum Transport, z. B. von Nahrung

Diese Veränderungen ermöglichen, dass auch größere Tiere gejagt und transportiert werden können. Dadurch wird das Nahrungsangebot vielseitiger und eiweißhaltiger.

Sprache und Gehirn Größe und Form des Gehirnschädels lassen Rückschlüsse auf den Bau des Gehirns zu. Es gibt einen Zusammenhang zwischen der Gehirngröße und den geistigen Fähigkeiten. Daher werden bei den verschiedenen Menschenformen die Veränderungen am Schädel betrachtet. Ein weiterer Meilenstein auf dem Weg zum Jetztmenschen ist die Entstehung einer Lautsprache, die die Kommunikationsfähigkeit deutlich verbessert. Dafür sind Veränderungen im Mund- und Rachenraum wie die veränderte Lage des Kehlkopfs notwendig.

Zusammenleben und Kultur Eine Sprache erleichtert es, Traditionen und Wissen weiterzugeben. Eine ausgedehnte Kindheits- und Jugendphase bietet Zeit zum Lernen. Da beim Jetztmenschen die Lebensdauer lang ist und mehrere Generationen zusammenleben, erfolgt die Weitergabe von Verhalten und Erlerntem auch generationsübergreifend. Man spricht von einer *kulturellen Evolution*. Die biologische Evolution, also die allmähliche Veränderung von vererbbaren Merkmalen, findet neben der kulturellen Evolution statt. Fundstücke wie Werkzeuge, Kultgegenstände oder Schmuckstücke sind Belege für die kulturelle Evolution ▶ Bild 2.

2 Höhlenmalerei (Alter: ca. 15 000 Jahre)

1. Nenne Vorteile des aufrechten Gangs.
2. Erkläre den Zusammenhang zwischen dem aufrechten Gang und der Leistungsfähigkeit des Gehirns.
3. Erläutere, weshalb man beim Menschen von einer doppelten Evolution spricht.

Lucy – eine Urahnin des Menschen

Als 1974 in Afar in Äthiopien ein Skelett gefunden wurde, waren sich die Forscher sicher, eine Sensation entdeckt zu haben. Es handelte sich um das Skelett eines Lebewesens, das ungefähr 110 cm groß war und vor etwa 3,5 bis 2,5 Millionen Jahren lebte. Die Forscher gaben ihm den Namen Lucy. Man nannte die Art *Australopithecus afarensis*, das heißt übersetzt „südlicher Affe aus Afar“.

Vergleicht man das ungewöhnlich gut erhaltene Skelett von Lucy mit dem des Jetztmenschen und dem des Schimpansen, so kann man feststellen, dass Merkmale beider Arten zu finden sind. Lucy ging vermutlich auf zwei Beinen, hielt sich aber auch noch in Bäumen auf. Funde von Fußabdrücken in Vulkanasche untermauern die Annahme des aufrechten Gangs ▶ Bild 1. Über die geistigen Fähigkeiten und das Verhalten von Lucy lässt sich allerdings nur spekulieren, ebenso über die Körperbehaarung.

1 **A** Vergleiche anhand von ▶ Bild 3 das Skelett von Lucy mit den Skeletten von Jetztmensch und Schimpanse. Lege dazu eine Tabelle an.
B Ordne Lucys Merkmale entweder dem Menschen oder dem Schimpansen zu.
C Diskutiere, ob Lucy näher mit dem Menschen oder mit dem Schimpansen verwandt ist.

2 Erkläre, warum es schwierig ist, Rückschlüsse auf geistige Fähigkeiten, Verhalten oder Körperbehaarung von Lucy zu ziehen.

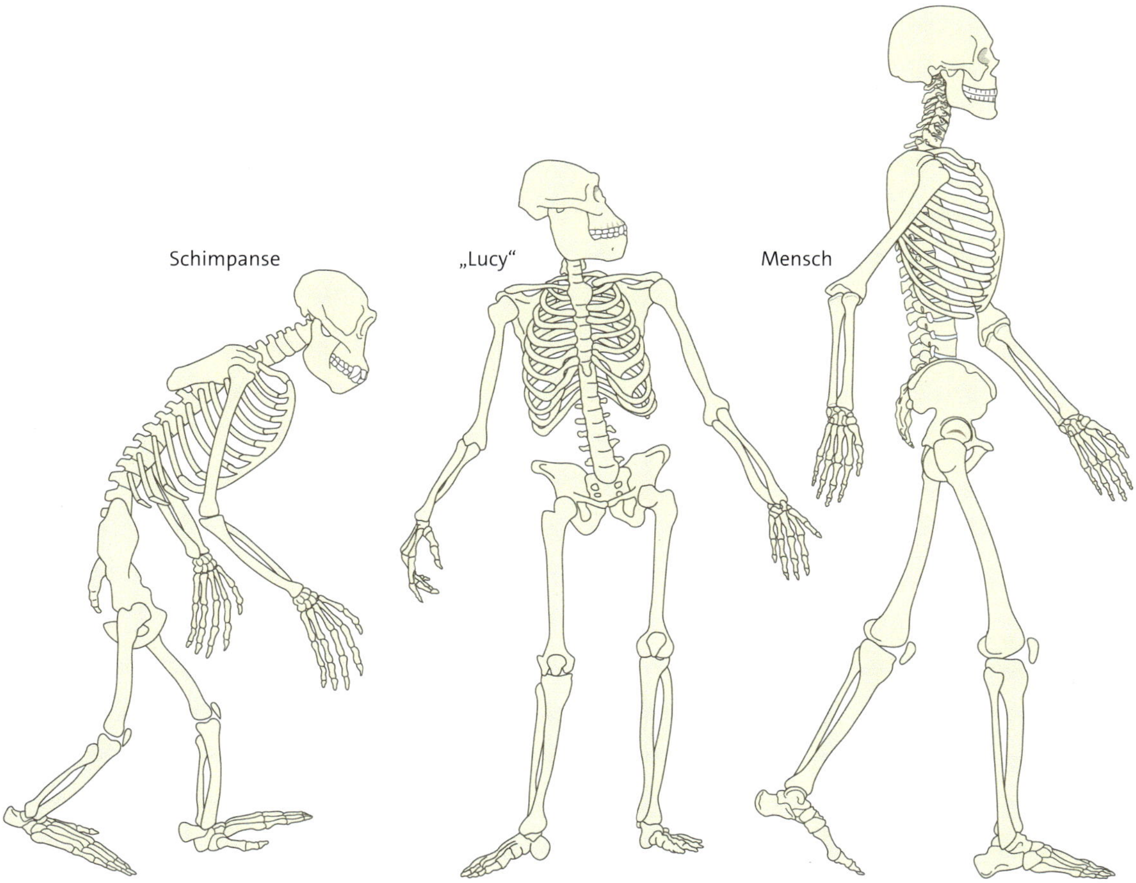

3 Skelette von Schimpanse, *Australopithecus afarensis* und Jetztmensch im Vergleich

Ordnung in der Gattung Homo?

In den Steckbriefen sind vier Vertreter aus dem Stammbaum des Menschen aufgeführt. Finde mit einem Vergleich der typischen Merkmale heraus, ob sich die verschiedenen Formen in eine Entwicklungsreihe einordnen lassen.

Homo neanderthalensis
„Mensch aus dem Neandertal"

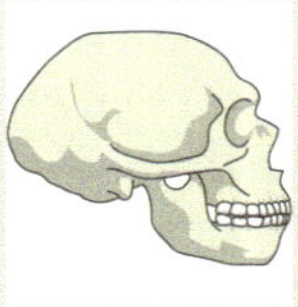

Zeitraum: vor 200 000 bis 30 000 Jahren
Vorkommen: Europa, naher Osten
Gehirngröße: 1500–1700 cm^3
Körpergröße und -masse: ca. 160 cm, 60–80 kg
Kultur: fein gearbeitete Steinwerkzeuge, Feuer, Behausungen, Kleidung, Kunst, Bestattung der Toten

Homo erectus
„Aufrechter Mensch"

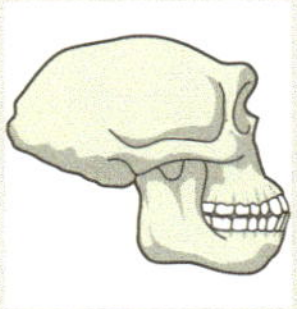

Zeitraum: vor 2 Millionen bis 150 000 Jahren
Vorkommen: Afrika, Asien, Europa (z. B. Mensch von Mauer)
Gehirngröße: 600–1200 cm^3
Körpergröße und -masse: 145–180 cm, 30–60 kg
Kultur: einfache Steinwerkzeuge, Feuer, Jagd in Gruppen, Wohnplätze

Homo habilis
„Geschickter Mensch"

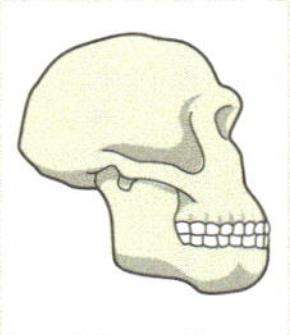

Zeitraum: vor 200 000 bis 30 000 Jahren
Vorkommen: Ostafrika
Gehirngröße: 500–650 cm^3
Körpergröße und -masse: 120–140 cm, 35–40 kg
Kultur: einfache Steinwerkzeuge

Homo sapiens
„Wissender Mensch"

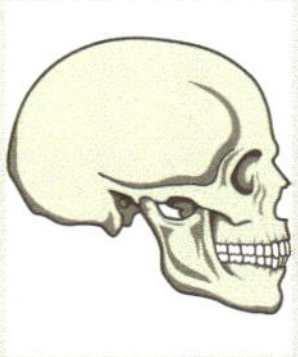

Zeitraum: vor 150 000 Jahren bis heute
Vorkommen: weltweit
Gehirngröße: 1200–1450 cm^3
Körpergröße und -masse: 160–180 cm, 50–80 kg
Kultur: komplexe Werkzeuge, Feuer, Siedlungen, Religion, Kunst, Wissenschaft

1 **A** Ordne die Vertreter der Gattung *Homo* nach zeitlichem Vorkommen und weiteren Merkmalen aus den Steckbriefen.
B Erläutere die Schwierigkeiten, die sich beim Ordnen ergeben.
C Diskutiere, ob man von einer Entwicklungsreihe sprechen kann.

2 Stelle in einem Wirkungsgefüge den Zusammenhang zwischen aufrechtem Gang, Gehirnentwicklung und kultureller Entwicklung dar.

3 Ordne die abgebildeten Gegenstände aus ► Bild 1 begründet den verschiedenen Homoarten zu.

1 Harpunenspitzen und Werkzeuge

Entwicklungsgeschichte des Menschen

Neue Erkenntnisse Unser Wissen über die Verwandtschaftsbeziehungen des Menschen verändert sich ständig. Neue Fossilienfunde sowie bessere Methoden zur Untersuchung und Datierung bekannter Funde führen zu neuen Erkenntnissen. Dies macht die Erstellung eines Stammbaums schwierig. Daher beschränkt man sich oft darauf, das zeitliche und räumliche Auftreten der Funde darzustellen ▶ Bild 2.

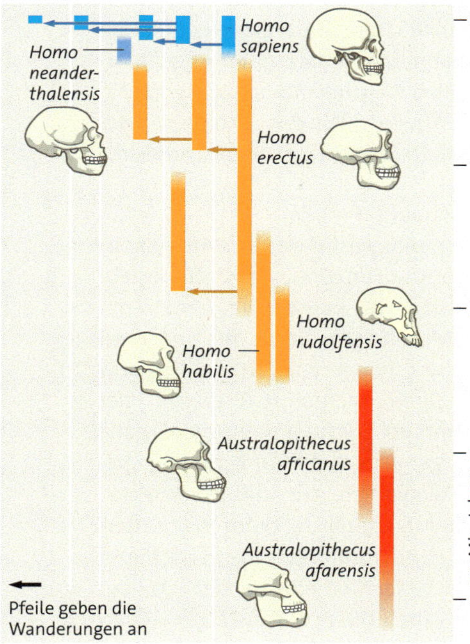

2 Weitliches und geografisches Auftreten von Urahnen des Jetztmenschen

Australopithecus und Homo Die Arten der Gattung *Australopithecus* wurden an unterschiedlichen Orten in Afrika gefunden und unterscheiden sich z. B. im Körperbau. Die Unterschiede lassen sich mit den verschiedenen Lebensräumen und der dort vorkommenden Nahrung erklären. Die Datierung der Funde zeigt, dass mehrere Arten parallel aufgetreten sind. Eine vergleichbare Situation zeigt sich bei der Gattung *Homo*. Man kann nach heutigen Erkenntnissen nicht von einer linearen Entwicklung sprechen, bei der sich die jüngeren Arten direkt aus einer älteren Art entwickelt haben.

3 Rekonstruktion eines Neandertalers

Urahnen Die Art *Homo erectus* kann als Urahn des Jetztmenschen betrachtet werden. Eine Hypothese geht davon aus, dass *Homo erectus* aus Afrika nach Asien und Europa ausgewandert ist. Von ihm stammt z. B. der Neandertaler ab ▶ Bild 3. Parallel dazu entwickelte sich in Afrika der *Homo sapiens* und besiedelte in einer weiteren Wanderungswelle alle Kontinente. Man fasst diese Vorstellung als Out-of-Africa-Hypothese zusammen. Eine andere Vorstellung, die Multiregionale Hypothese, geht von einer einzigen Wanderungswelle und der parallelen Entwicklung des *Homo sapiens* in Afrika, Europa und Asien aus.
Funde belegen, dass *Homo neanderthalensis* und *Homo sapiens* einige Tausend Jahre in Europa nebeneinander lebten und sich vermischten. Es gibt verschiedene begründete Ideen zum Aussterben des *Homo neanderthalensis*. Eine Hypothese vermutet Klimaveränderungen, an die der Neandertaler nicht gut angepasst war.

1. Beschreibe die Verbreitung der Urahnen des Menschen im Laufe der Stammesgeschichte ▶ Bild 2.
2. Begründe, weshalb man nach heutigen Erkenntnissen nicht von einem linearen Stammbaum ausgehen kann.
3. Entwickle eine Hypothese dazu, wie sich eine Klimaerwärmung negativ auf das Überleben des Neandertalers auswirken konnte.

Zusammenfassung

Evolution

In der Erdgeschichte findet man zahlreiche Arten, die es heute nicht mehr gibt. Ebenso gibt es heute viele Arten, die es vor einigen Millionen Jahren noch nicht gegeben hat. Fossilienfunde gelten als Belege für diese Entwicklung. CHARLES DARWIN hat Arten verglichen und die Evolutionstheorie begründet. Sie besagt, dass sich Arten aus bereits existierenden Arten entwickeln. Diese Entwicklung von Arten bezeichnet mal als Evolution.

1 Quastenflosser

Alle Wirbeltiere haben einen gemeinsamen Vorfahren. Er lebte vor etwa 560 Millionen Jahren und gehörte zu den Urfischen. Auch die Entwicklungsgeschichte des Menschen und seine verwandtschaftliche Stellung innerhalb der Menschenaffen kann man aufgrund der fossilen Funde darstellen.
Diese geschichtlichen und verwandtschaftlichen Zusammenhänge beschreibt das biologische Prinzip *Evolution*.

2 Zwei Varianten des Birkenspanners

Variabilität und Angepasstheit

In jeder Population herrscht Variabilität. Es gibt Unterschiede zwischen den einzelnen Individuen. Von den Birkenspannern, einer Insektenart, gibt es z. B. eine helle und eine dunkle Variante ► Bild 2. Bei starken Veränderungen der Umwelt, z. B. durch einen Klimawandel, zeigen einige Individuen einen bessere Angepasstheit an die neuen Bedingungen und können sich so häufiger fortpflanzen und ihre Erbinformationen an ihre Nachkommen weitergeben. Diese natürliche Auslese bezeichnet man als Selektion. Die Variabilität der Tiere einer Population führte also zu unterschiedlich guter Angepasstheit an verschiedene Umweltbedingungen.
Diese Beziehung wird durch das biologische Prinzip *Variabilität und Angepasstheit* beschrieben.

Struktur und Funktion

Strukturen von Lebewesen und ihre Angepasstheit an bestimmte Funktionen sind das Ergebnis der Evolution. Der Bau der Vorderextremitäten bei Wirbeltieren zeigt die gleichen Grundstrukturen, hängt aber in der Struktur mit der jeweiligen Funktion, z. B. Laufen oder Fliegen, zusammen. Solche homologen Organe beruhen auf gemeinsamer Abstammung. Betrachtet man die Vorderextremitäten von Maulwurf und Maulwurfsgrille, erkennt man unterschiedliche Grundstrukturen, da es sich um Insekten- bzw. Wirbeltierbeine handelt. Da aber ähnliche Umwelteinflüsse auf die Tiere einwirken und die Beine als Grabbeine die gleiche Funktion haben, zeigen sie Ähnlichkeiten, die als analog bezeichnet werden.
Homologe und analoge Organe verdeutlichen das biologische Prinzip *Struktur und Funktion*.

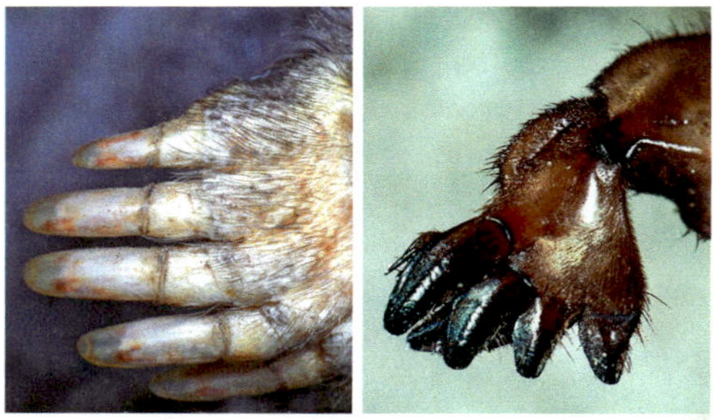

3 Maulwurf und Maulwurfsgrille

Teste dich!

1 Auf ▶ Bild 4 siehst du eine Versteinerung.
A Nenne die Strukturen, die auf dem Bild zu erkennen sind.
B Beschreibe, wie die Versteinerung entstanden sein könnte.

4 Versteinerung eines Fischs

2 Hasen sind in verschiedenen Lebensräumen zu Hause. Im Hochgebirge wie den Alpen findet man z. B. den weiß gefärbten Schneehasen. Der braun gefärbte Feldhase ist in Wäldern und auf Feldern heimisch.
A Erkläre das biologische Prinzip Variabilität und Angepasstheit am Beispiel von Schneehase und Feldhase. Berücksichtige dabei die unterschiedlichen Verbreitungsgebiete.
B Der Schneehase hat im Sommer ein graubraunes Fell. Begründe, warum dies ein Selektionsvorteil ist.

3 Der heute lebende Maulwurf besitzt Grabschaufeln (▶ Bild 3) und keine Pfoten wie seine Vorfahren. Beschreibe die Entwicklung der Grabschaufeln des Maulwurfs mit der Evolutionstheorie von DARWIN.

4 Der Echte Lavendel produziert Lavendelöl, das Bienen stark anzieht. Die Fähigkeit zur Herstellung von Lavendelöl besaßen die Vorfahren des Lavendels noch nicht. Beschreibe ihre Entwicklung mit der Evolutionstheorie von DARWIN.

5 Stammbäume stellen die Verwandtschaftsbeziehungen der verschiedenen systematischen Gruppen dar.
A Nenne die fünf Wirbeltierklassen.
B Skizziere einen einfachen Stammbaum der Wirbeltiere.

6 Im folgenden Stammbaum (▶ Bild 5) sind die verwandtschaftlichen Beziehungen verschiedener Tiergruppen genauer dargestellt.
A Nenne die Tiergruppe, die am nächsten mit den Vögeln verwandt ist.
B Begründe deine Entscheidung.
C Beurteile, ob Vögel näher mit Echsen oder mit Säugetieren verwandt sind.

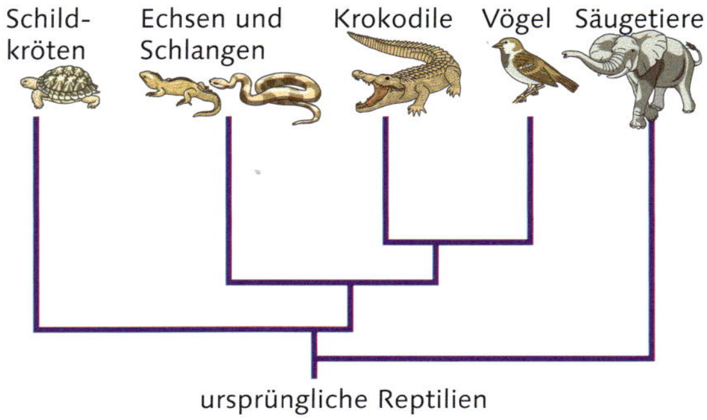

5 Stammbaum ausgewählter Tiergruppen

7 **A** Vergleiche die beiden Flügel in ▶ Bild 6.
B Erkläre an ihnen den Zusammenhang zwischen Struktur und Funktion.
C Begründe, ob es sich um homologe oder analoge Strukturen handelt.

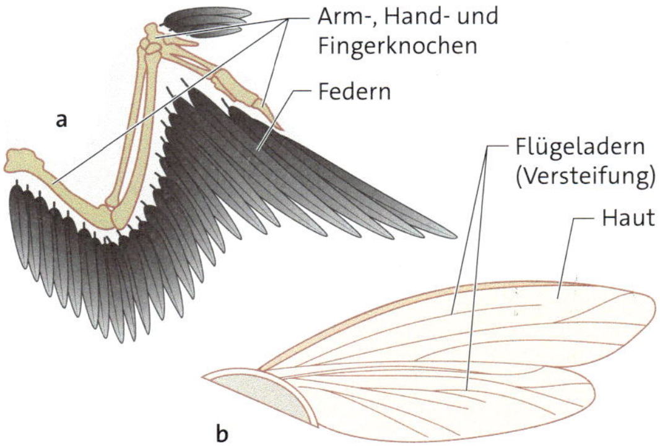

6 Vogelflügel und Insektenflügel

8 Ein wichtiger Schritt auf dem Weg zum Jetztmenschen ist die Entstehung des aufrechten Gangs.
A Nenne Körpermerkmale des Menschen, die für den aufrechten Gang wichtig sind.
B Erkläre Vorteile des aufrechten Gangs.

▶ Die Lösungen zu den Aufgaben findest du im Anhang.

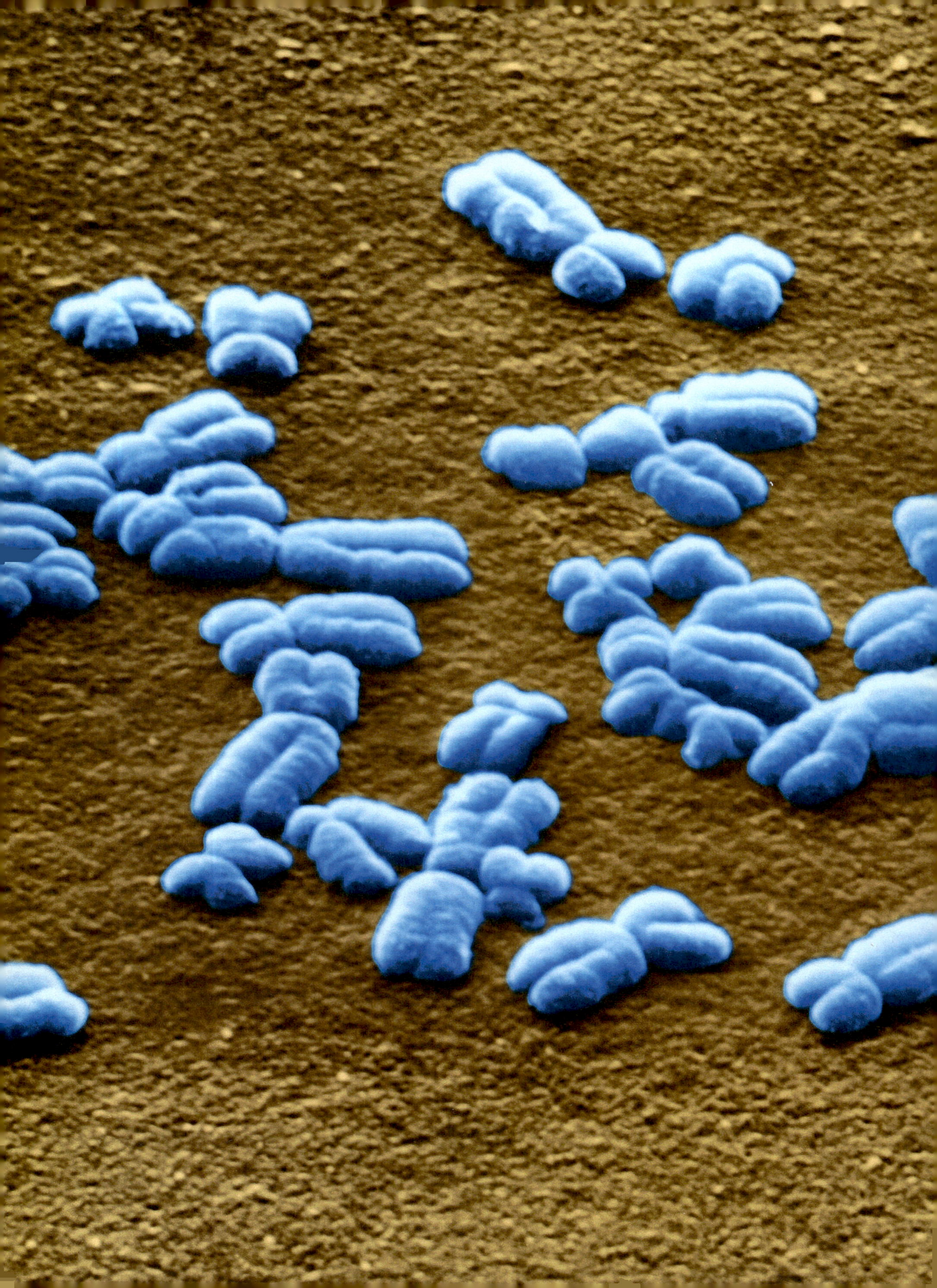

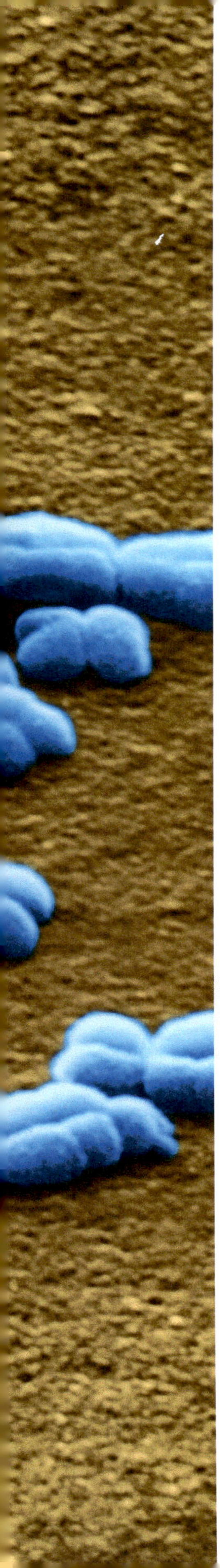

Genetik

Niemand wundert sich über die Ähnlichkeit zwischen Kindern und ihren Eltern. Dennoch setzte sich erst seit dem 18. Jahrhundert die Idee durch, dass Anlagen für Merkmale über Generationen hinweg weitergegeben werden: Man spricht von Vererbung. Andererseits unterscheiden sich die Nachkommen in anderen Merkmalen von ihren Eltern. Sowohl die Ähnlichkeiten als auch die Variabilität können auf Erbanlagen zurückgeführt werden. Die Genetik beschäftigt sich mit den Gesetzmäßigkeiten bei der Weitergabe von Erbanlagen.

Zellkern – Ort der genetischen Information

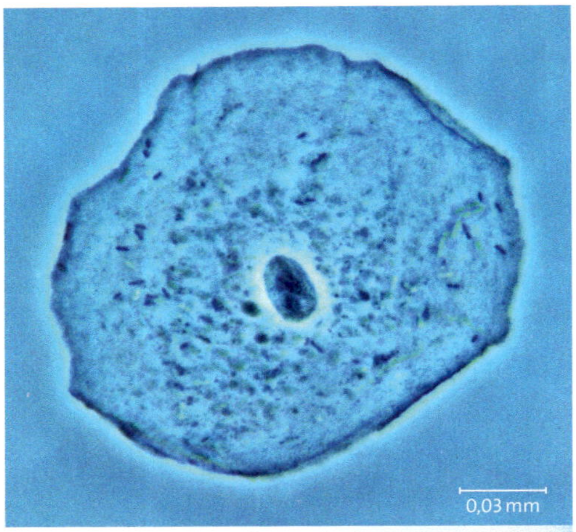

1 Lichtmikroskopische Aufnahme einer Mundschleimhautzelle

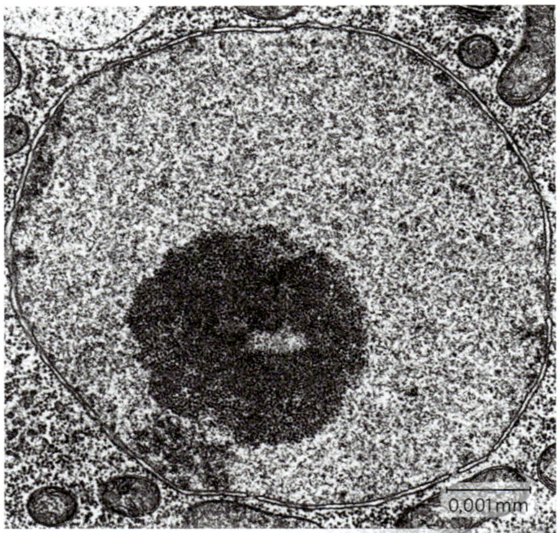

2 Zellkern im Elektronenmikroskop

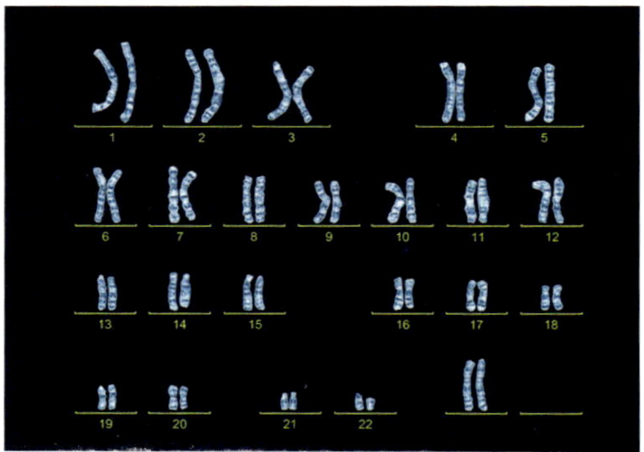

3 Karyogramm eines Menschen

Zellen im Lichtmikroskop Zellen von Pflanzen und Tieren enthalten einen Zellkern. Alle Lebewesen, deren Zellen einen Zellkern besitzen, werden *Eukaryoten* genannt. Mit einem Lichtmikroskop lassen sich Strukturen untersuchen, deren Größe ungefähr ein tausendstel Millimeter beträgt. Der kugelförmige *Zellkern* lässt sich damit gut erkennen ▶ Bild 1.

Zellkern im Elektronenmikroskop Um den Feinbau des Zellkerns zu untersuchen, reicht die Vergrößerung des Lichtmikroskops nicht mehr aus. Dafür wird ein Elektronenmikroskop verwendet, mit dem sich Strukturen von der Größe eines Nanometers (1 nm = ein millionstel Millimeter) betrachten lassen. Im Elektronenmikroskop erkennt man, dass der Zellkern von einer Kernmembran umgeben ist ▶ Bild 2. Kernporen bilden in dieser Membran Löcher, die den Stoffaustausch zwischen Zellkern und Zellplasma ermöglichen. Im Innern des Zellkerns liegen, umgeben vom Kernplasma, ein oder mehrere Kernkörperchen. Die Erbinformation befindet sich in den *Chromatinfäden*, die im Zellkern überwiegend ungeordnet vorliegen.

Chromosomen Die Chromatinfäden verdichten sich während der Zellverdopplung (Zellteilung) zu unterschiedlich großen *Chromosomen*. Mit bestimmten Färbeverfahren können die Chromosomen angefärbt und sichtbar gemacht werden. Jedes Chromosom zeigt nach dem Anfärben ein charakteristisches Bandenmuster, worüber es sich identifizieren lässt. Fotografiert man die Chromosomen einer Zelle und ordnet sie nach ihrer Größe, erhält man ein *Karyogramm* ▶ Bild 3. Hier erkennt man, dass immer zwei Chromosomen in Form und Größe exakt übereinstimmen. Man nennt sie *homologe* Chromosomen. Die Anzahl der Chromosomen, der *Chromosomensatz*, beträgt in jeder Körperzelle eines Menschen 46 Chromosomen. Diese liegen in 23 homologen Paaren vor. Man bezeichnet diesen Chromosomensatz daher als *diploid*, abgekürzt schreibt man 2n.

Karyogramme Im Karyogramm unterscheidet man die *Autosomen* von den geschlechtsbestimmenden Chromosomen, den *Gonosomen*.

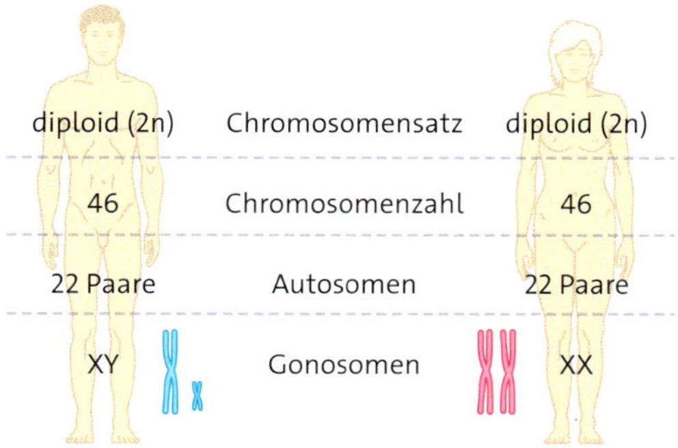

4 Chromosomen von Mann und Frau

Im Karyogramm einer Frau befinden sich 23 homologe Paare: 22 Autosomenpaare und die homologen Gonosomen XX. Das Karyogramm eines Mannes zeigt 22 homologe Autosomenpaare sowie ein ungleiches Paar Gonosomen, die mit X und Y bezeichnet werden ▶ Bild 4. Jede Tier- und Pflanzenart hat eine bestimmte Anzahl von Chromosomen im Zellkern. Während z. B. der Esel 62 Chromosomen aufweist, sind es bei der Küchenzwiebel 16.

1 Ordne folgende Begriffe aus dem Text in eine Concept-Map: Zellkern, Kernporen, Kernmembran, Chromatinfäden, Chromosom, Karyogramm, Autosomen, Gonosomen, homolog, Zelle, 46, X- und Y-Chromosom, Lichtmikroskop, Chromosomensatz, Rasterelektronenmikroskop, 22 Paare, diploid, Chromosomenpaare.

2 Begründe, ob das Karyogramm in ▶ Bild 3 zu einer Frau oder einem Mann gehört.

Material Methode Praxis

Funktion des Zellkerns

5 Verschiedene *Acetabularia*-Arten

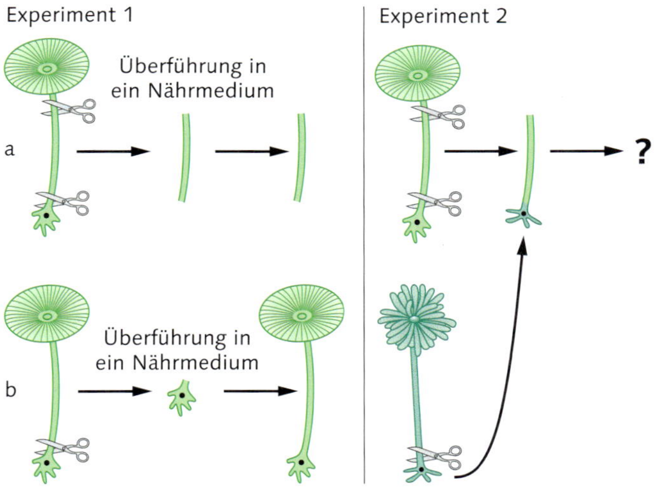

6 Experimente mit *Acetabularia*-Arten

Die Schirmalge *Acetabularia* ist eine Grünalge, die in den tropischen und subtropischen Meeren vorkommt. Das Besondere an ihr ist, dass sie aus nur einer Zelle besteht, die sich in drei Bereiche gliedert: einen Schirm, einen Stiel und ein wurzelartiges Gebilde. Sie kann bis zu 10 cm groß werden und erreicht damit für ein einzelliges Lebewesen eine außerordentliche Größe. Die 15 bekannten *Acetabularia*-Arten unterscheiden sich vor allem in der Form ihres Schirms. Die Grünalge zeichnet sich weiterhin durch eine hohe Regenerationsfähigkeit aus. Das heißt, die Zelle ist in der Lage, abgetrennte Zellbestandteile zu erneuern. Diese Eigenschaft nutzte man in den 1930er Jahren aus, um die Funktion des Zellkerns zu erforschen. Dazu wurden mit zwei verschiedenen *Acetabularia*-Arten verschiedene Experimente durchgeführt.

3 **A** Beschreibe die Durchführung des Experiments 1 ▶ Bild 6.
B Erkläre die Versuchsergebnisse in Experiment 1.

4 Stelle eine Hypothese bezüglich des Ergebnisses zu Experiment 2 auf ▶ Bild 6.

Chromosomen – Träger der Erbinformation

Aufbau von Chromosomen Die 46 Chromosomen jedes Zellkerns des menschlichen Körpers sind einheitlich aufgebaut. Jedes Chromosom besteht aus zwei identischen *Chromatiden*, die in der Mitte über das *Centromer* zusammengehalten werden ▶Bild 1. Sie werden daher als Zwei-Chromatid-Chromosomen bezeichnet. Jedes Chromatid besteht aus einem spiralig aufgewundenen *Chromatinfaden*, der von Proteinen und einem langen, kettenförmigen Molekül aus Nucleinsäuren, der DNA, gebildet wird. Die Abkürzung DNA steht für den englischen Namen *Deoxyribonucleic acid*. In der DNA liegt die Erbinformation eines Lebewesens verschlüsselt vor. Definierte Abschnitte der DNA werden *Gene* genannt. Sie beinhalten die Erbinformation für ein Merkmal, z. B. für die Blutgruppe.

Zelldifferenzierung Während der Embryonalentwicklung eines Lebewesens gehen aus einer befruchteten Eizelle durch unzählige Zellverdopplungen alle Zellen hervor. Die Zellen spezi-

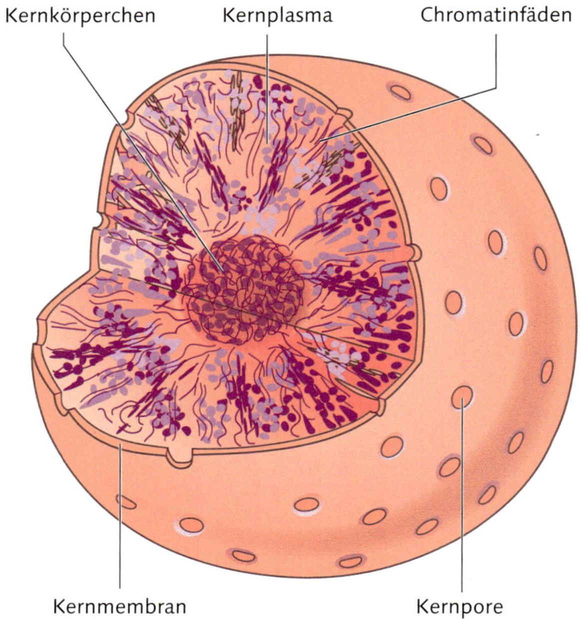

2 Feinbau des Zellkerns

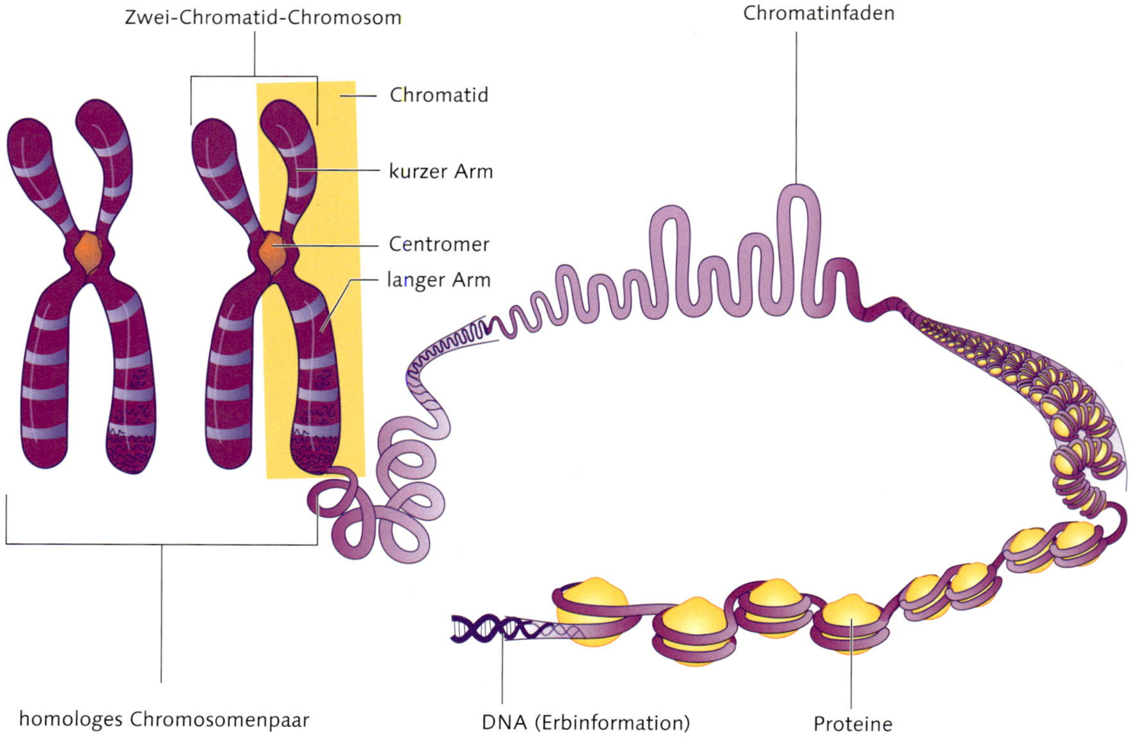

1 Aufbau eines Chromosoms

alisieren sich. Dabei nehmen sie häufig eine unterschiedliche Struktur an und können daher unterschiedliche Funktionen erfüllen ▶ Bild 3. Demzufolge ist eine Darmschleimhautzelle anders aufgebaut als eine Nervenzelle. Spezialisierte Zellen lagern sich in Geweben und Organen zusammen. Den Spezialisierungsprozess einer Zelle nennt man *Zelldifferenzierung*. Dabei verlieren die Zellen häufig ihre Fähigkeit zur Zellverdopplung. Diese Funktion übernehmen die undifferenzierten, teilungsfähigen *Stammzellen*.

1. Ordne folgende Strukturen von groß nach klein: Chromatid, Chromosom, Gewebe, Gen, Zellkern, Lebewesen, Zelle, Organ.

2. Beschreibe, was man unter Zelldifferenzierung versteht ▶ Bild 3.

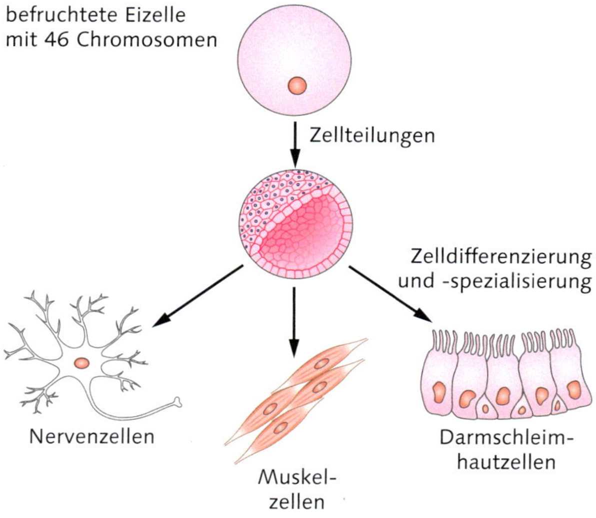

3 Zelldifferenzierung

Bedeutung des Zellkerns

2012 erhielt der Brite John Gurdon gemeinsam mit einem weiteren Wissenschaftler den Medizin-Nobelpreis für seine grundlegenden Erkenntnisse im Bereich der Zellforschung. In den 1960er Jahren experimentierte er mit dem Krallenfrosch *Xenopus laevis*. Wie bei anderen Tierarten treten auch hier nicht pigmentierte Individuen, sogenannte Albino-Frösche, auf. Diese Tiere haben von Beginn ihres Lebens an eine weißliche Haut. Gurdon ging der Frage nach, ob die Erbinformation eines Zellkerns einer Körperzelle vollständig ist und sich daraus wieder ein komplettes Individuum entwickeln kann. Er arbeitete mit Darmzellen, weil diese besonders häufig erneuert werden.

3. **A** Beschreibe die Durchführung des Experiments von Gurdon ▶ Bild 4.
   B Erkläre das Ergebnis seines Experiments.

4. Recherchiere, was man unter dem Begriff Klonen versteht. Erläutere, warum das Experiment von Gurdon als das erste Klonierungsexperiment gefeiert wurde.

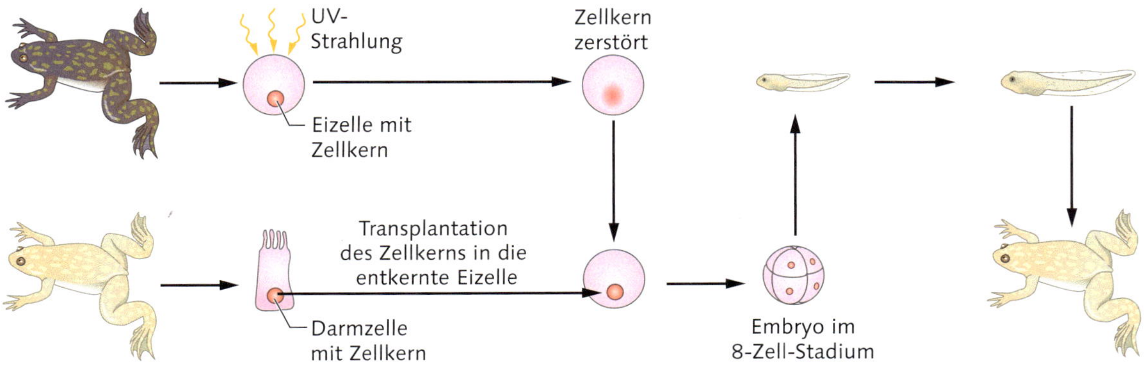

4 Experiment mit *Xenopus laevis*

Mitose

Zellverdopplung Eine befruchtete Eizelle hat wie jede Körperzelle 46 Chromosomen. Wenn ein Lebewesen wächst, vervielfältigen sich die Zellen, indem sie sich teilen. Bei dieser Zellteilung oder besser Zellverdopplung entstehen identische Zellen, die jeweils den vollständigen Chromosomensatz enthalten. Jeder Zellverdopplung geht eine Zellkernteilung, eine *Mitose*, voraus. Im Lichtmikroskop lässt sich diese Zellkernteilung beobachten ▶ Bild 2.

Zellzyklus Die Prozesse, die zwischen zwei Zellverdopplungen ablaufen, können in einem *Zellzyklus* (▶ Bild 3) dargestellt werden. Er kann bei einigen Zellen 24 Stunden dauern. Hierbei nimmt die Mitose einen kurzen Abschnitt ein. 90 % der Zeit benötigt die Zelle, um zu wachsen, Stoffwechselprozesse durchzuführen und die Chromatiden zu verdoppeln. Diese Zeitspanne nennt man *Interphase* ▶ Bild 3.

Mitose Die Vorbereitung auf die Zellverdopplung findet im Anschluss an die Interphase in der ersten Phase der Mitose, der *Prophase*, statt ▶ Bild 1. Die Kernmembran und die Kernkörperchen lösen sich auf und die ungeordneten Chromatinfäden spiralisieren zu Zwei-Chromatid-Chromosomen.

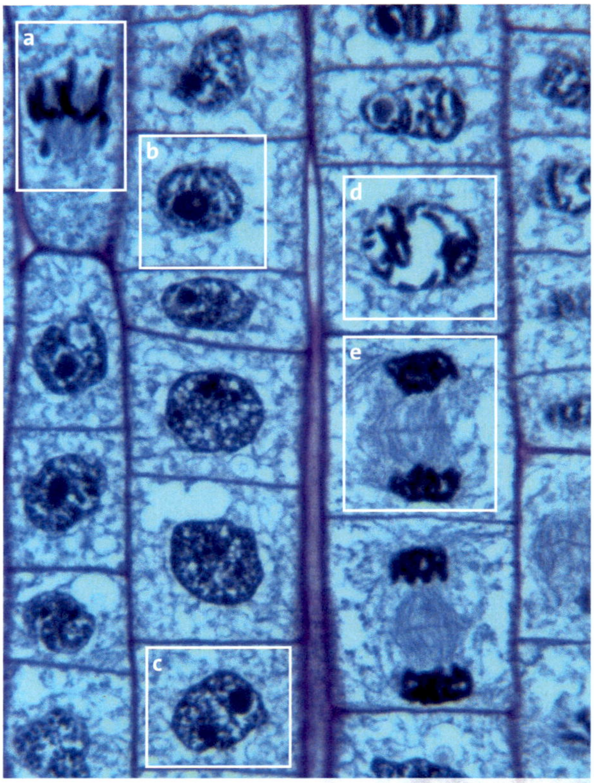

2 Verschiedene Mitosestadien von Wurzelspitzenzellen im Lichtmikroskop

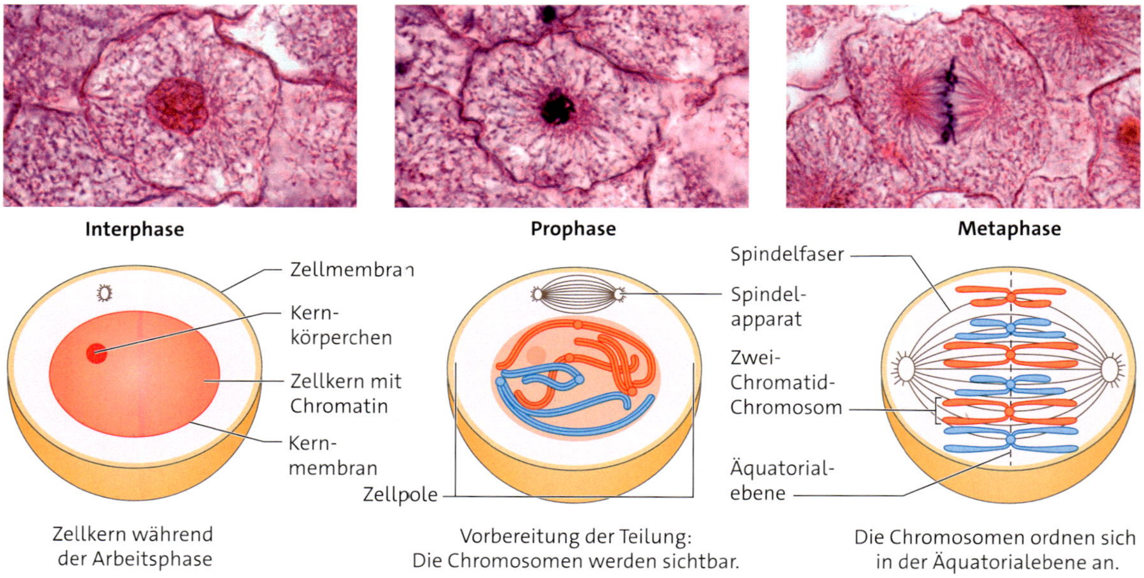

1 Mitosephasen im Lichtmikroskop und als vereinfachte Schemata (2n = 6)

Des Weiteren wird der Spindelapparat gebildet. Die folgende *Metaphase* ist mit ca. 20 min das längste Stadium der Mitose. Hier ordnen sich die Chromosomen in der Mitte der Zelle, der *Äquatorialebene*, an. Jedes Centromer ist über Spindelfasern mit beiden Zellpolen verbunden.

In der sich anschließenden *Anaphase* verkürzen sich die Spindelfasern. Dabei werden die beiden Chromatiden eines Zwei-Chromatid-Chromosoms getrennt und zu den gegenüberliegenden Zellpolen gezogen. An jedem Zellpol liegen nun 23 Ein-Chromatid-Chromsomen vor.

Die Zellkernteilung und die Zellverdopplung werden in der *Telophase* abgeschlossen. Um die Ein-Chromatid-Chromosomen entsteht eine neue Kernhülle, und ein neues Kernkörperchen wird gebildet. Der Spindelapparat wird abgebaut. Danach teilt sich die Zelle. Dabei werden die übrigen Bestandteile der Zelle zufällig verteilt.

Da die Chromatiden eines jeden Zwei-Chromatid-Chromsoms identisch sind, sind mit der Bildung der neuen Zellmembran zwei erbgleiche Zellen entstanden. Die Ein-Chromatid-Chromosomen entspiralisieren sich wieder. Die Mitose ist jetzt abgeschlossen.

Vor der nächsten Zellverdopplung wird jedes Ein-Chromatid-Chromosom wieder zu einem Zwei-Chromatid-Chromosom ergänzt, indem eine identische Kopie jedes Ein-Chromatid-Chromosoms hergestellt wird. Dieser Vorgang ereignet sich ebenfalls in der *Interphase*. Ein Zellzyklus wird damit abgeschlossen.

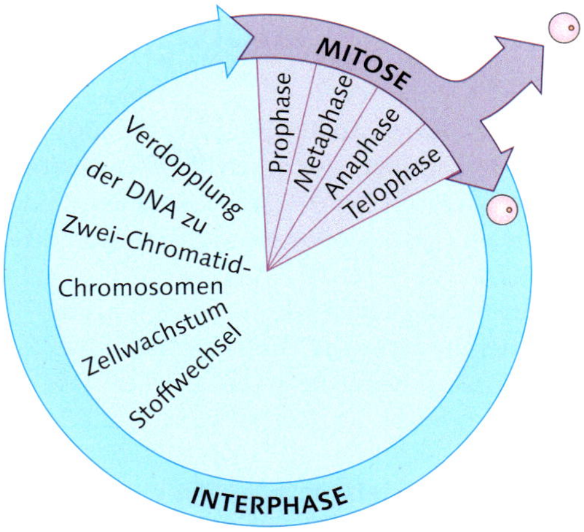

3 Zellzyklus

1. Vergleiche die Begriffe Zellverdopplung und Mitose.
2. Benenne die verschiedenen Mitosestadien a–e in ▶ Bild 2.
3. Erkläre die biologische Bedeutung der Mitose.
4. Begründe, warum sich vor jeder Zellverdopplung die Chromatiden verdoppeln.
5. Manche Unkrautvernichtungsmittel verhindern die Ausbildung der Spindelfasern. Stelle eine Hypothese zur Wirkung dieser Mittel auf Pflanzen auf.

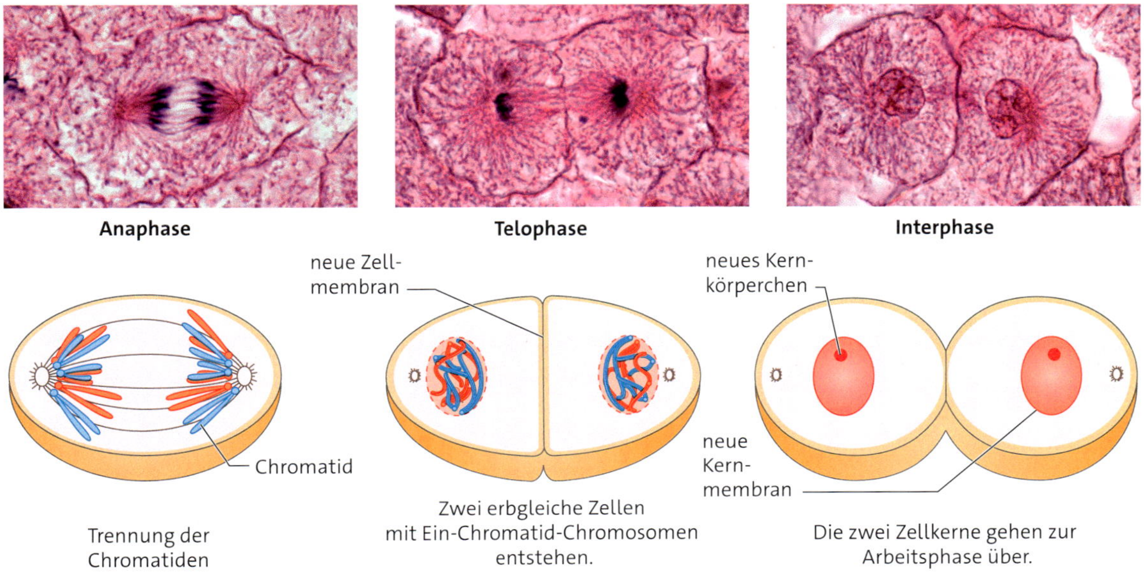

Modelle in der Biologie

Modelle sind vereinfachte Abbildungen der Wirklichkeit. Dabei ist es nicht das Ziel, eine Kopie der Wirklichkeit, also des Originals, zu erstellen, sondern mithilfe des Modells einen Ausschnitt des Originals zu repräsentieren. Es gibt verschiedene Modellarten, wobei jedes Modell einen ganz bestimmten Zweck erfüllt.

Mit einem *Anschauungsmodell* kann der Betrachter den Aufbau einer mikroskopisch kleinen oder schwer zugänglichen Struktur besser verstehen, indem diese beispielsweise vergrößert oder dreidimensional dargestellt wird.
Bei *Funktionsmodellen* steht dagegen die Visualisierung der Funktion einer biologischen Struktur im Vordergrund. Dabei wird das Original oft stark vereinfacht oder reduziert, sodass der Betrachter gefordert ist, das Original im Modell wiederzuerkennen und umgekehrt die Erkenntnisse aus dem Modell auf das Original zu übertragen. Das Aussehen von Anschauungs- und Funktionsmodellen wird im Wesentlichen von der Person, dem Modellierer, bestimmt, die das Modell erstellt hat. Des Weiteren bestimmt der Zweck, den das Modell erfüllen soll, den Modellcharakter. So können unterschiedliche Zwecke verschiedene Modelle zum selben Original ergeben.
Neben den gegenständlichen Modellen tragen aber auch *Denkmodelle* zur Erkenntnisgewinnung bei. So ermöglichen Computerprogramme Vorhersagen über dynamische Prozesse. Ein Beispiel dafür ist die Bevölkerungsentwicklung unter Berücksichtigung von Faktoren wie Sterberate, Geburtenrate, Lebenserwartung und Zuzug. Unabhängig davon, um welche Modellart es sich handelt, stellen Modelle immer ein Werkzeug zur Gewinnung oder Verdeutlichung naturwissenschaftlicher Erkenntnisse dar.
Bild 1 zeigt dir verschiedene Modelle. Beim Analysieren eines Modells gehst du wie folgt vor:

Schritt 1 Beschreibe das Modell. Überlege dir, welche Materialien welche Bestandteile in dem Modell darstellen.

Schritt 2 Erläutere, um welche Modellart es sich handelt und was es zeigen soll. Versuche dabei die Absicht des Modellierers zu erfassen.

Schritt 3 Vergleiche das Modell mit dem Original, indem du die Gemeinsamkeiten und Unterschiede herausstellst.

Schritt 4 Beurteile das Modell. Zeige dabei die Vorzüge und Grenzen des Modells auf.

1 **A** Benenne den jeweiligen Modelltyp bei ▶ Bild 1 a–d.
B Analysiere die Modelle.

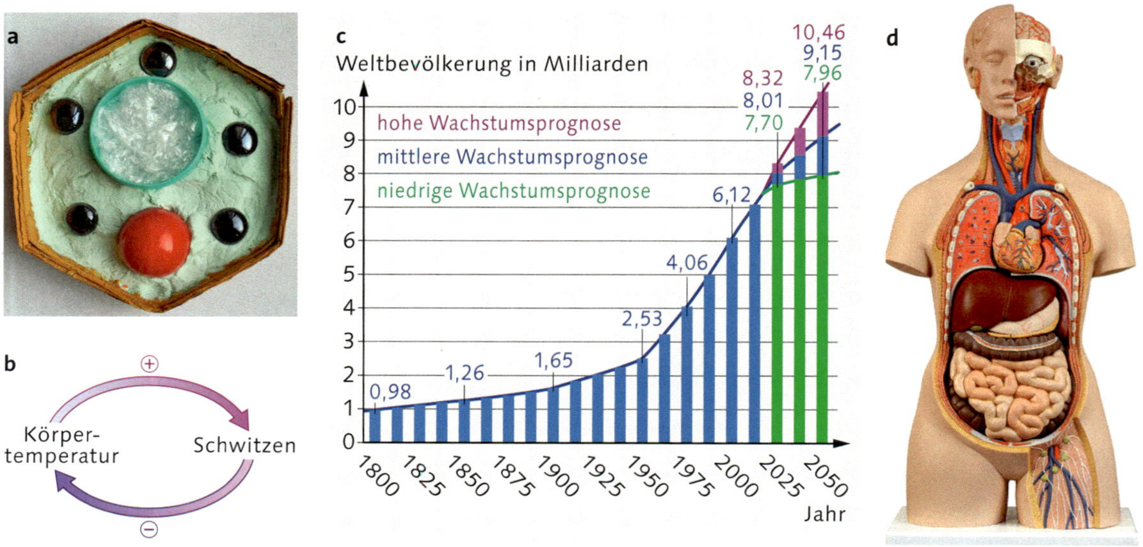

1 Verschiedene Modelle

Chromosomenmodelle herstellen

Für die bessere Visualisierung von Chromosomensätzen und ein gutes Verständnis von Zellprozessen wie der Mitose sind Modelle unverzichtbar. Fertige selbst ein Chromosomenmodell an.

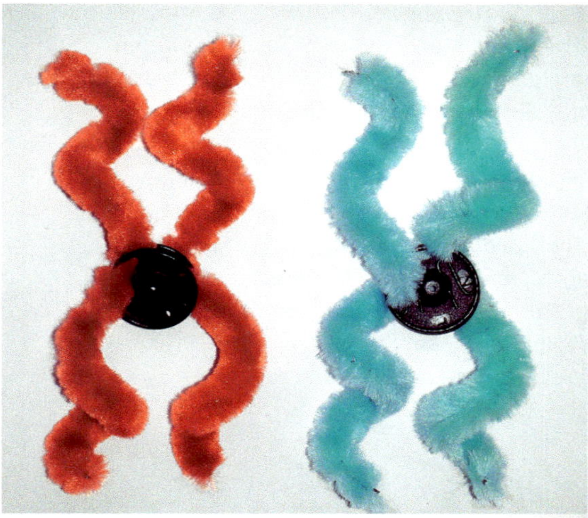

2 Chromosomenmodelle aus Pfeifenreinigern

Du brauchst folgende Materialien: 4 Pfeifenreiniger (je zwei mit derselben Farbe), 2 Druckknöpfe und einen Bleistift.
Ziehe für den Bau eines Zwei-Chromatid-Chromosoms jeweils einen Pfeifenreiniger durch zwei Löcher des einen Druckknopfteils und einen zweiten Pfeifenreiniger derselben Farbe durch die zwei Löcher des anderen Druckknopfteils. Achte darauf, dass die Enden oberhalb und unterhalb der Druckknöpfe bei beiden Knöpfen gleich lang sind. Wickle alle Pfeifenreiniger über einen Bleistift, den du anschließend wieder entfernst. Verbinde zwei Pfeifenreiniger über den Druckknopf. Verfahre genauso, um ein zweites Zwei-Chromatid-Chromosom anzufertigen. So erhältst du ein homologes Chromosomenpaar ▶ Bild 2.

1 **A** Analysiere dein Chromosomenmodell.
B Stelle mithilfe der Materialien dar: Ein-Chromatid-Chromosom, Zwei-Chromatid-Chromosom, homologes Chromosomenpaar, Chromatinfaden.
C Stelle die Phasen der Mitose dar und ergänze dabei dein Modell um die weiteren relevanten Zellstrukturen.

2 Erkläre, welche Mitosestadien in ▶ Bild 3 a–c dargestellt sind.

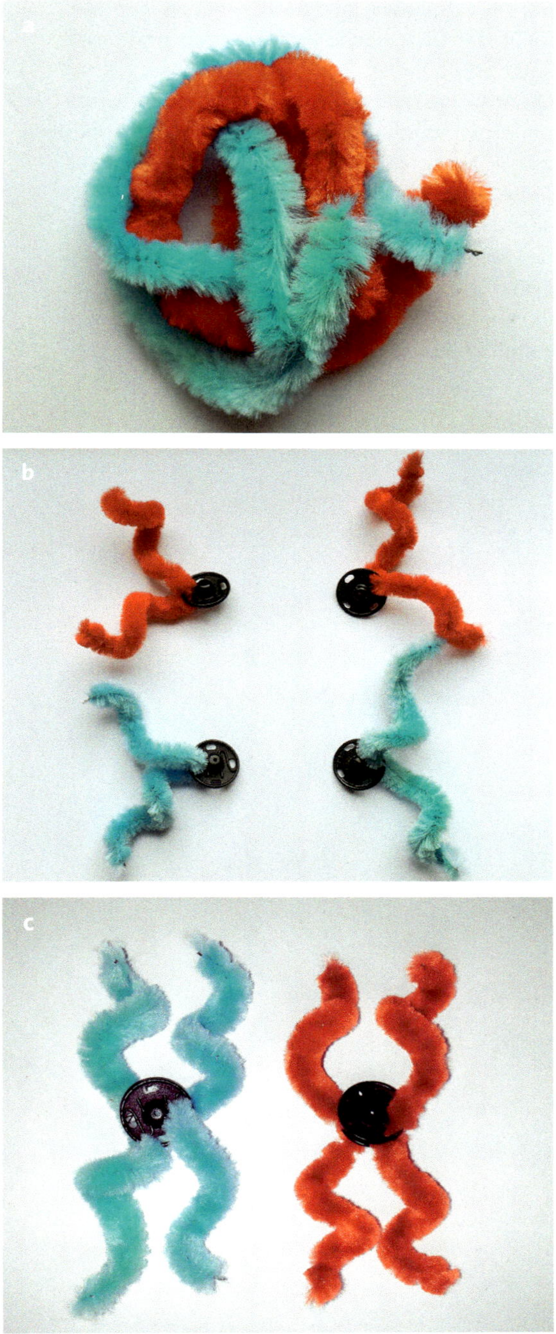

3 Verschiedene Mitosestadien im Modell

Struktur und Verdopplung der DNA

Struktur der DNA Die Erbinformationen eines Organismus liegen auf den Chromosomen. Jedes Chromatid eines Chromosoms besteht aus einem langen Chromatinfaden. Dieser ist wiederum aus einem langen, kettenförmigen Molekül, der DNA, sowie Proteinen zusammengesetzt ▶ Bild 1.
Die DNA besteht aus zwei umeinander gewundenen Strängen. Man nennt diese Struktur aus zwei DNA-Strängen *DNA-Doppelhelix* (von lat. *helix:* Schnecke). Die Grundbausteine der DNA sind die Nucleotide. Vier verschiedene Nucleotide wechseln sich in einem Strang in unregelmäßiger Reihenfolge ab. Die Nucleotide der beiden Partnerstränge sind über Wasserstoffbrücken miteinander verknüpft. Dabei verbindet sich immer das Adenin-Nucleotid mit dem Thymin-Nucleotid und das Guanin-Nucleotid mit dem Cytosin-Nucleotid.
Damit sind die beiden Stränge zwar nicht identisch, aber *komplementär*. Das bedeutet, sie ergänzen sich. Man kann somit aus der Nucleotidabfolge des einen Strangs auf die Nucleotidabfolge des anderen Strangs schließen.

Codierung In der DNA liegen die Gene verschlüsselt vor. *Gene* sind Baupläne für Proteine, z. B. für Baustoffe wie Keratin in den Haaren, für Enzyme, die Haarfarbstoffe bilden, oder für Hormone wie Insulin. Proteine beeinflussen direkt die Ausprägung von Merkmalen eines Organismus und steuern den Stoffwechsel.

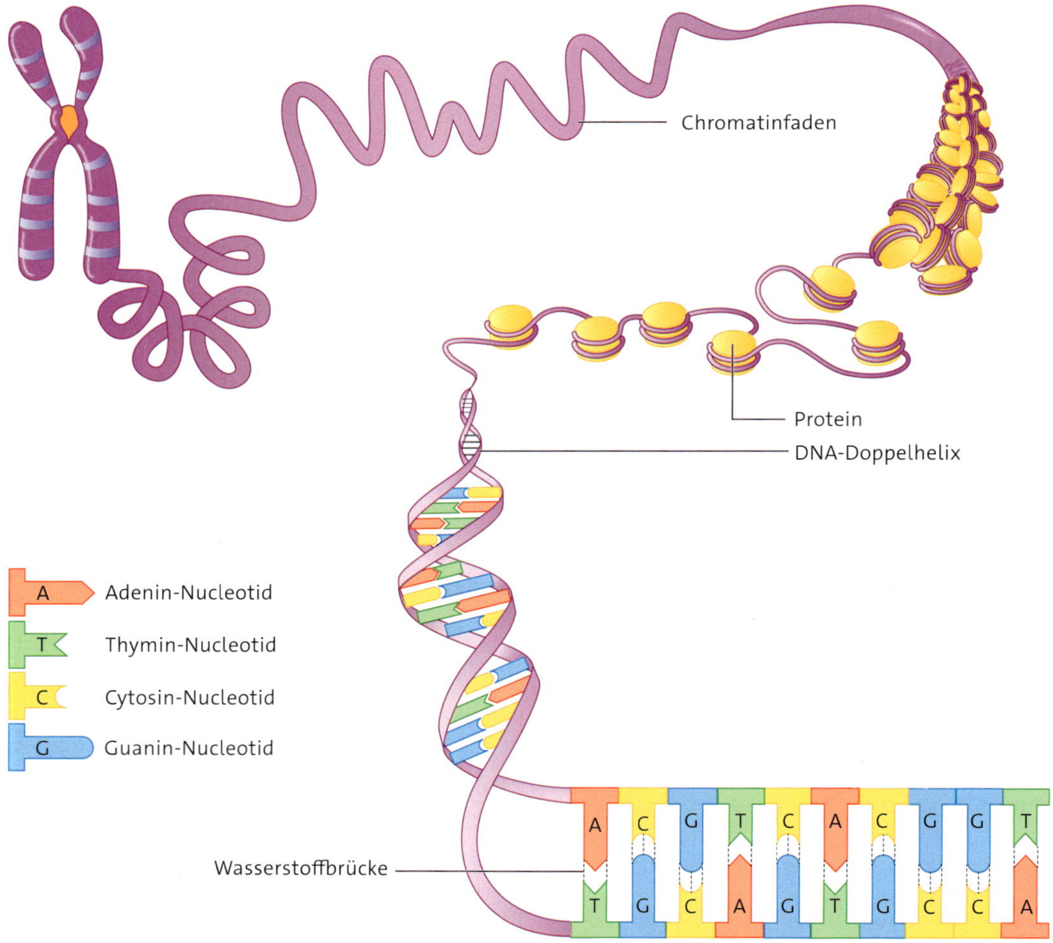

1 Struktur der DNA

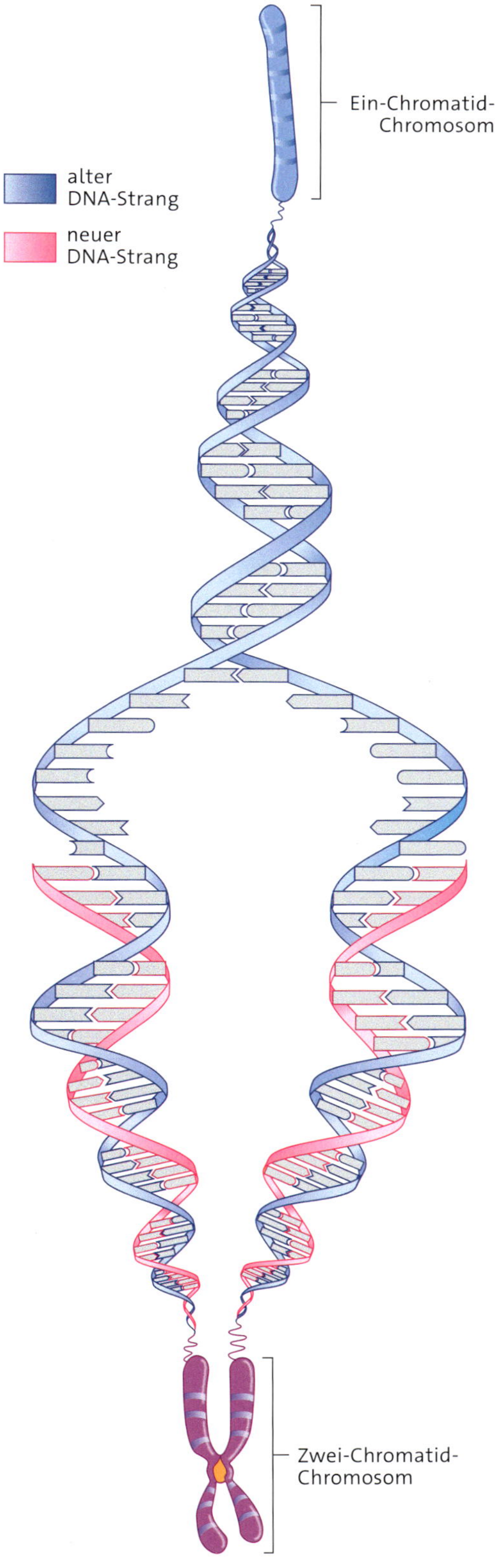

2 Verdopplung der DNA

Bei der „Übersetzung“ der DNA in Proteine codieren jeweils drei Nucleotide für einen Proteinbaustein, also eine Aminosäure. Jedes Gen besitzt eine spezifische Nucleotidabfolge, die wiederum für eine bestimmte Aminosäureabfolge codiert, also für ein bestimmtes Protein.

Verdopplung der DNA Die Tatsache, dass die DNA-Stränge einer DNA-Doppelhelix komplementär sind, ist für die Zellteilung von großer Bedeutung. Vor jeder Zellteilung muss die Erbinformation der Zelle identisch verdoppelt werden. Aus Ein-Chromatid-Chromosomen werden Zwei-Chromatid-Chromosomen gebildet. Dies geschieht in der Interphase des Zellzyklus, also zwischen zwei Zellteilungen.
Bei dem Vorgang der identischen Verdopplung trennen sich die beiden komplementären DNA-Stränge. Man kann diesen Vorgang mit dem Öffnen eines Reißverschlusses vergleichen ▶ Bild 2. Im Zellkern befinden sich viele freie Nucleotide. Diese lagern sich sofort entsprechend dem Prinzip der komplementären Verbindung an die nun frei liegenden Nucleotide der beiden Einzelstränge an. Hierdurch entstehen zwei neue Doppelstränge, die identisch mit dem Ausgangsdoppelstrang sind. Beide Chromatiden eines Chromosoms enthalten die identische genetische Information.
Durch die Trennung der identischen Chromatiden der Zwei-Chromatid-Chromosomen in der Mitose erhalten die Tochterzellen bei der Zellteilung die identische Erbinformation.

1. **A** Beschreibe den Aufbau eines Zwei-Chromatid-Chromosoms.
   B Beschreibe den Aufbau der DNA.
2. **A** Ein DNA-Strang hat die Nucleotidabfolge GATCATGCACTT. Nenne die Nucleotidabfolge des komplementären Strangs.
   B Erkläre dein Vorgehen.
3. Nenne die Phasen des Zellzyklus mit Ein- bzw. Zwei-Chromatid-Chromosomen.
4. Nenne die Anzahl der Chromosomen in einer menschlichen Körperzelle während der Anaphase der Mitose.
5. Beschreibe, wie die Erbinformation in der DNA verschlüsselt ist.

Asexuelle und sexuelle Fortpflanzung

Fortpflanzungsformen der Ohrenqualle Die Vermehrung von Zellen ist nicht nur für Wachstum und Regeneration wichtig, sie spielt auch für die Fortpflanzung eine bedeutende Rolle. Hierbei gibt es verschiedene Formen. Bei manchen Arten wie der Ohrenqualle treten sogar zwei Fortpflanzungsformen auf.

Das Lebensstadium der Qualle, das durch einen Schirm und viele Tentakel gekennzeichnet ist, nennt man Meduse ▶ Bild 1a. Von oben sieht man im Schirm vier ringförmige Strukturen, die an Ohren erinnern und zum Namen der Art geführt haben. Es handelt sich um die Geschlechtsorgane, in denen weibliche Tiere Eizellen und männliche Tiere Spermien bilden. Nach der Befruchtung wächst eine Larve heran, die sich am Boden festsetzt und zum zweiten Lebensstadium, dem Polypen, entwickelt ▶ Bild 1b. Auch der Polyp ist in der Lage, sich fortzupflanzen. Dies geschieht jedoch nicht mithilfe von Geschlechtszellen, sondern durch die Abschnürung einzelner Körperabschnitte, die sich dann wiederum zu Medusen entwickeln ▶ Bild 2.

Asexuelle und sexuelle Fortpflanzung Bei der Erzeugung von Nachkommen ohne Ausbildung von Geschlechtszellen, wie sie bei den Polypen zu beobachten ist, handelt es sich um ungeschlechtliche oder *asexuelle Fortpflanzung*. Sie bietet den Vorteil, dass ohne zeit- und energieaufwendige Partnersuche eine hohe Zahl an Nachkommen erzeugt werden kann. Außerdem sind die Nachkommen genetisch identisch, also alle gleich gut an die bestehende Umwelt angepasst.

Entstehen wie bei den Medusen Nachkommen durch das Verschmelzen von Geschlechtszellen zweier Geschlechtspartner, nennt man das geschlechtliche oder *sexuelle Fortpflanzung*. Auch diese Fortpflanzungsform hat einen Vorteil: Bei der Bildung der Geschlechtszellen und der Befruchtung werden die Erbinformationen neu kombiniert und führen zu Nachkommen mit verschiedenen Merkmalsausprägungen. Diese *Variabilität* ist von Vorteil, wenn die Umwelt sich ändert. Denn dann existieren mit größerer Wahrscheinlichkeit auch Individuen mit Eigenschaften, die unter den neuen Bedingungen vorteilhaft sind: Die Art kann eher fortbestehen. Dabei spielen Umweltveränderungen wie Klimawandel und der Befall durch Parasiten eine Rolle. Man kann davon ausgehen, dass die Umweltbedingungen für fast jede Art ständig im Wandel sind. Deshalb herrscht im Tier- und Pflanzenreich die sexuelle Fortpflanzung vor.

1. Nenne Vor- und Nachteile asexueller Fortpflanzung.
2. Beschreibe den Vorteil der Neukombination der Erbinformation durch sexuelle Fortpflanzung für die Nachkommen.
3. Die mit der Ohrenqualle nah verwandten Süßwasserpolypen pflanzen sich fast ausschließlich asexuell fort, können aber unter ungünstigen Umweltbedingungen zu sexueller Fortpflanzung übergehen. Erläutere den Vorteil dieses Strategiewechsels.

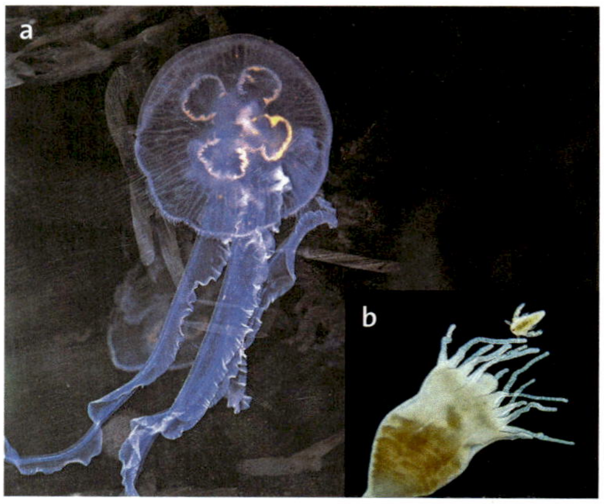

1 Ohrenqualle: a Meduse, b Polyp

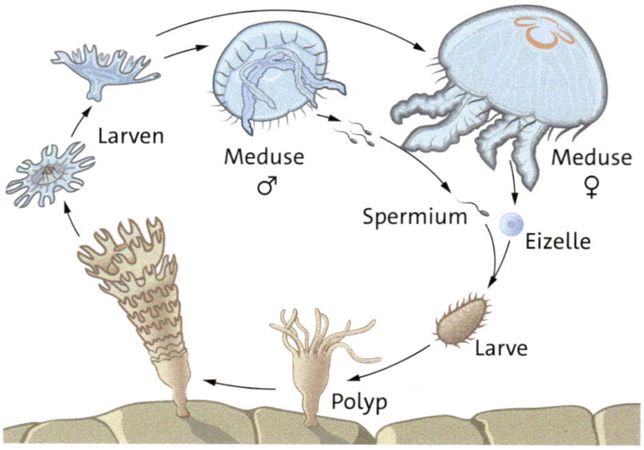

2 Entwicklungszyklus der Ohrenqualle

Geschlechtszellen

Große Eizellen, kleine Spermien

Eizellen und Spermien heute lebender Tiere unterscheiden sich in Größe und Anzahl deutlich voneinander, obwohl es ursprünglich nur einen Typ Geschlechtszellen gab. Daraus haben sich im Laufe der Evolution Eizellen und Spermien entwickelt. Das Schema in ▶ Bild 3 zeigt Vor- und Nachteile dieser Entwicklung.

ursprüngliche, gleichartige Geschlechtszellen

↓ ↓

Entstehung von Zellen mit größerem Volumen: Eizellen …

↓ ↓

Vorteil: mehr gespeicherte Nährstoffe im Zellplasma …

↓ ↓

Reduktion der Anzahl notwendig …

↓ ↓

Nachteil: geringere Befruchtungswahrscheinlichkeit …

↓ ↓

Befruchtung: Kombination der Vorteile beider Zelltypen

3 Entwicklung verschiedenartiger Geschlechtszellen: Vor- und Nachteile

1 **A** Beschreibe die in ▶ Bild 3 dargestellten Zusammenhänge.
B Übernimm das Schema in dein Heft und vervollständige die rechte Seite.
C Spermien sind aktiv beweglich, Eizellen nicht. Formuliere eine Hypothese, die erklärt, warum das vorteilhaft ist.

Bedeutung der Eizelle

Bei der sexuellen Fortpflanzung verschmelzen im Allgemeinen eine Eizelle und ein Spermium. Die Nachkommen mancher Tierarten können sich auch aus einer Eizelle entwickeln, die nicht von einem Spermium befruchtet wurde. Nachwuchs nur aus Spermien gibt es hingegen nicht.

2 **A** Skizziere Eizelle und Spermium des Menschen (▶ Bild 4) im richtigen Größenverhältnis zueinander.
B Beschreibe neben der Größendifferenz weitere strukturelle Unterschiede zwischen den beiden Zelltypen.
C Erläutere, weshalb ein Spermium im Gegensatz zu einer Eizelle nicht ausreicht, um sich zu einem Lebewesen zu entwickeln.

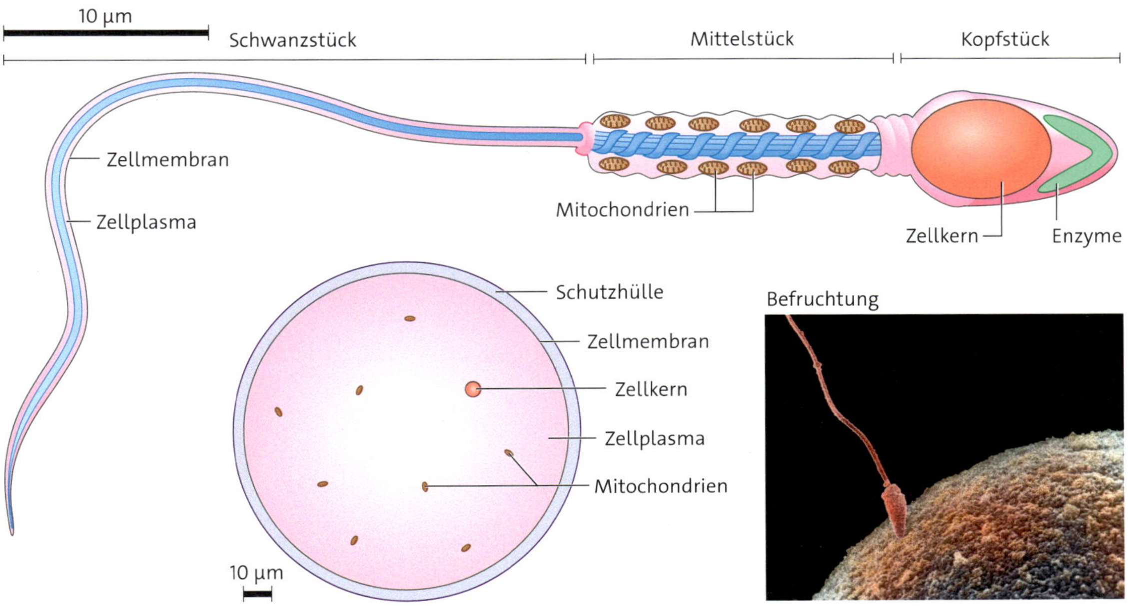

4 Spermium und Eizelle des Menschen

Meiose

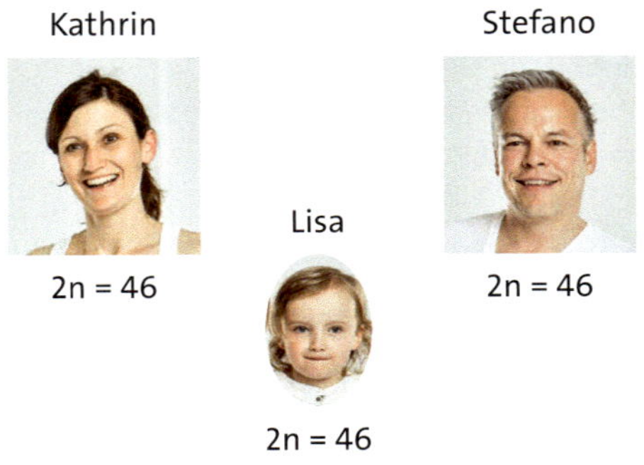

1 Familie Blume

Halbierungen des Chromosomensatzes Kathrin und Stefano Blume haben eine Tochter, Lisa ▶ Bild 1. Lisas Chromosomensatz entstand während der Befruchtung, bei der der Zellkern von Kathrins Eizelle mit dem Zellkern von Stefanos Spermienzelle verschmolzen ist. Dennoch hat Lisa in ihren Körperzellen dieselbe Anzahl von Chromosomen wie Kathrin und Stefano.

Bei der Bildung von Eizellen und Spermien, den *Geschlechtszellen*, wird der Chromosomensatz der Vorläuferzellen in zwei hintereinander ablaufenden *Reifeteilungen* halbiert. Diesen Prozess nennt man *Meiose*. Dabei wird der diploide Chromosomensatz der Vorläuferzelle von 23 homologen Chromosomenpaaren (2n = 46) auf den *haploiden* Chromosomensatz, bestehend aus 23 Chromosomen (n = 23), reduziert. Das n steht für die Anzahl der Chromosomen im haploiden Satz. Für einen diploiden Chromosomensatz schreibt man abgekürzt 2n.

Erste Reifeteilung der Meiose Der Verlauf der Meiose lässt sich in bestimmte Phasen einteilen. Die erste Reifeteilung beginnt mit der *Prophase I*. Hier verdichten sich die Chromatinfäden zu Zwei-Chromatid-Chromosomen. Die homologen Chromosomen lagern sich paarweise aneinander und der Spindelapparat bildet sich aus ▶ Bild 2.

In der *Metaphase I* ordnen sich die homologen Chromosomenpaare ober- und unterhalb der Äquatorialebene an. Die Spindelfasern werden sichtbar. In der sich anschließenden *Anaphase I* werden die homologen Chromosomenpaare getrennt. Dabei wird jedes Zwei-Chromatid-Chromosom eines jeden Chromosomenpaars durch die Spindelfasern zu einem Zellpol gezogen. In der *Telophase I* schnürt sich die Zelle ein und teilt sich. Damit ist die erste Reifeteilung abgeschlossen. Es liegen zwei haploide Zellen mit n = 23 Zwei-Chromatid-Chromosomen vor.

Zweite Reifeteilung der Meiose Sie beginnt mit der *Metaphase II*, in der sich die Zwei-Chromatid-Chromosomen in der Äquatorialebene anordnen ▶ Bild 3. Die Spindelfasern heften sich an die Centromere und ziehen in der *Anaphase II* die Chromatiden zu den entgegengesetzten Zellpolen. Die zweite Reifeteilung ist mit der Bildung von vier Zellen in der *Telophase II* beendet. Aus der einen Vorläuferzelle mit diploidem Chromosomensatz (2n = 46) sind in der Meiose durch zwei hintereinander ablaufende Reifeteilungen vier haploide Geschlechtszellen ent-

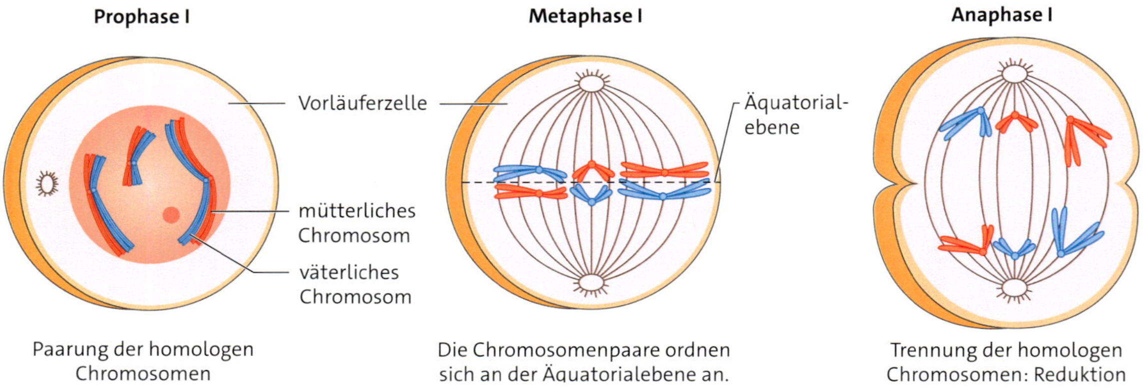

2 Modell der ersten Reifeteilung der Meiose am Beispiel einer Zelle mit dem Chromosomensatz 2n = 6. Die erste Reifeteilung ist bei weiblichen und männlichen Geschlechtszellen identisch.

standen. Die Geschlechtszellen weisen einen auf n = 23 Ein-Chromatid-Chromosomen reduzierten Chromosomensatz auf.
Bei der Meiose des Mannes können in den Hoden innerhalb weniger Tage mehrere Millionen Spermienzellen entstehen. Die Meiose bei der Frau findet in den Eierstöcken statt. Die Meiose läuft bei der Frau grundsätzlich wie beim Mann ab, jedoch entsteht jeden Monat normalerweise nur eine plasmareiche Eizelle. Durch ungleiche Zellteilungen entstehen zudem drei kleine haploide *Polkörperchen*. Sie werden anschließend vom Körper abgebaut ▶ Bild 4.

Rekombination Während der Meiose I erfolgt die Neuverteilung der 23 homologen Chromosomenpaare auf die Geschlechtszellen vollkommen zufällig. In den Ei- und Spermienzellen sind somit die väterlichen und mütterlichen Erbinformationen neu kombiniert. Durch diese Neuverteilung, die *Rekombination*, kommt es zu neuen Genkombinationen und damit neuen Merkmalsausprägungen bei den Nachkommen. Da in der Prophase der ersten Reifeteilung die homologen Zwei-Chromatid-Chromosomen sehr dicht aneinanderliegen, kann es zu Überkreuzungen von Chromatiden homologer Chromosomen kommen ▶ Bild 5. Bei diesem *Crossing-over* können ganze Chromosomenbereiche zwischen den beiden Chromosomen ausgetauscht werden. Durch das Crossing-over, das bei der Keimzellenbildung des Menschen etwa zwei- bis dreimal pro Chromosomenpaar vorkommt, verändert sich die Erbinformation. Die ursprünglich mütterlichen Chromosomen enthalten jetzt auch väterliche Erbinformationen und umgekehrt. Die Rekombination und das Crossing-over führen dazu, dass sich die Nachkommen derselben Eltern unterscheiden.

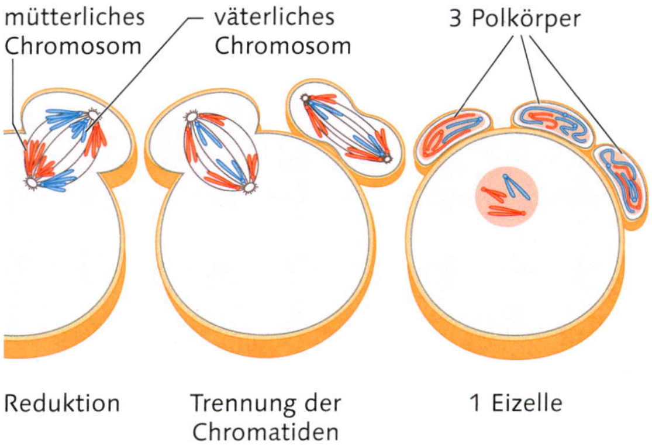

4 Meiose bei der Frau (Anaphase I bis Telophase II)

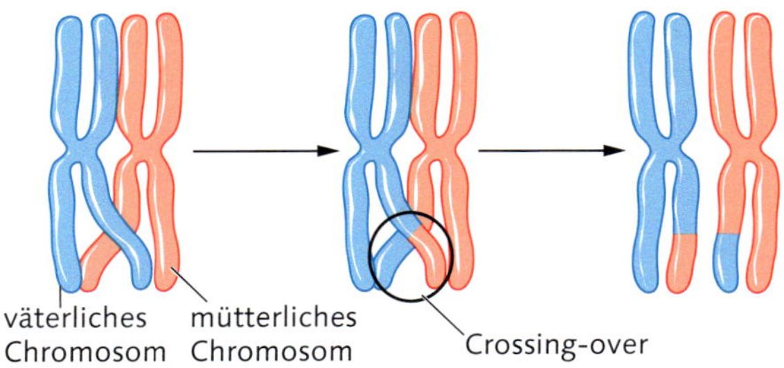

5 Paarung homologer Chromosomen

1 **A** Lege die Meiose mithilfe deines gebastelten Chromosomenmodells für ein homologes Chromosomenpaar. Fotografiere die einzelnen Phasen.
B Erläutere, welche Vorgänge während der Meiose entscheidend für die Rekombination der Erbinformationen sind.
C Erkläre die biologische Funktion der Meiose.

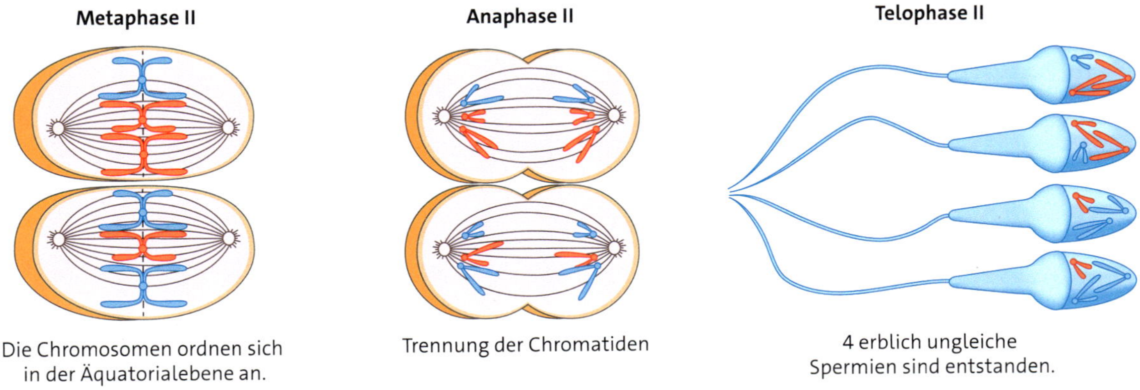

3 Ablauf der zweiten Reifeteilung der Meiose beim Mann

Fehler in der Meiose

Down-Syndrom Menschen, die das Down-Syndrom aufweisen, sind häufig klein und haben kurzfingrige Hände. Der Kopf ist eher rundlich ▶ Bild 2. Neben den äußerlich sichtbaren Merkmalen können innere Organe wie Herz und Darm Fehlbildungen aufweisen. Das Infektionsrisiko ist aufgrund eines schwachen Immunsystems relativ hoch. Menschen mit Down-Syndrom sind offen, herzlich und kontaktfreudig, haben jedoch neben den körperlichen auch geistige Einschränkungen. Im Gegensatz zu früher ist ihre Lebenserwartung heute aufgrund verbesserter medizinischer Versorgung wesentlich höher. Früher lebten viele Menschen mit Down-Syndrom isoliert in Heimen für behinderte Menschen. Da sie keine Schule besuchten und eine Förderung weitgehend ausblieb, wurde die geistige Behinderung nicht aufgefangen. Intensive Fördermaßnahmen bereits im Kindesalter und das integrierte Leben in der Gesellschaft tragen heute dazu bei, dass die Menschen je nach Grad der Behinderung ein recht selbstbestimmtes Leben führen und einem Beruf nachgehen können.

Trisomie 21 – eine Genommutation Die genetische Ursache des Down-Syndroms wurde 1959 aufgeklärt. Eine Analyse der Karyogramme von Menschen mit Down-Syndrom zeigt, dass das Autosom 21 dreimal vorhanden ist, weshalb man von einer *Trisomie 21* spricht ▶ Bild 1. Allgemein bezeichnet der Begriff der *Mutation* eine Veränderung der Erbinformation. Eine Veränderung des Chromosomensatzes, wie er bei der Trisomie 21 vorkommt, nennt man auch *Genommutation*, weil die Anzahl der Chromosomen von der sonst typischen Anzahl abweicht. Statistisch befindet sich unter 700 Neugeborenen ein Kind mit Down-Syndrom. Da das Karyogramm der Eltern keine Abweichungen aufweist, muss die Trisomie bei der Bildung der Ei- oder Spermienzellen entstanden sein. Auffällig ist, dass das Risiko, ein Kind mit Down-Syndrom zu gebären, mit dem Alter der Frau ansteigt ▶ Bild 3. Im Gegensatz zu den Spermienzellen des Mannes, die fortlaufend neu produziert werden, sind bei der Frau von ihrer eigenen Geburt an alle Eivorläuferzellen bereits vorhanden. Die Vermutung liegt nahe, dass in älteren Eivorläuferzellen die Meiose nicht korrekt abläuft.

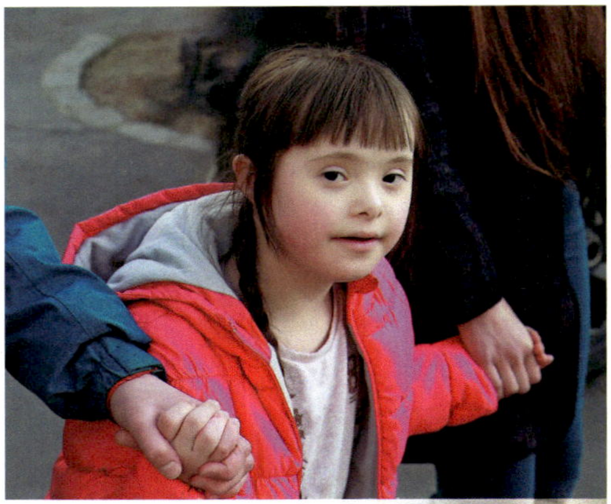

2 Mädchen mit Down-Syndrom

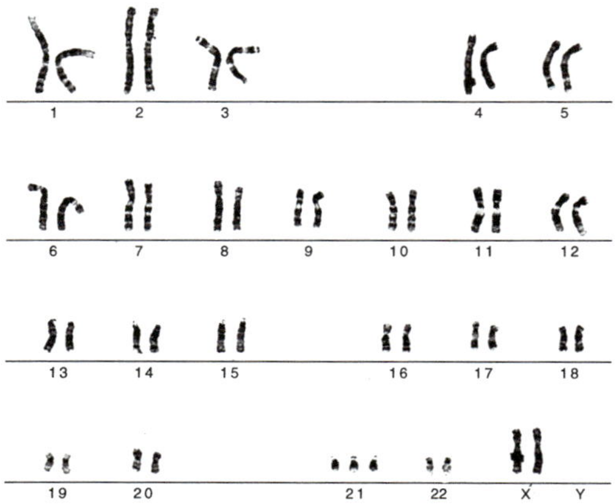

1 Karyogramm eines Mädchens mit Down-Syndrom

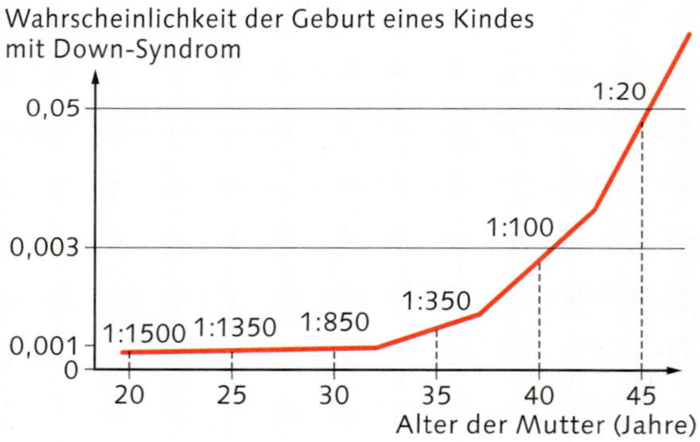

3 Anteil der Neugeborenen mit Down-Syndrom pro Altersgruppe der Frau

Entstehung der Trisomie 21 Bei der Bildung der Ei- und Spermienzellen kann es zu Fehlern bei der Verteilung der Chromosomen kommen: Entweder wird in der ersten Reifeteilung der Meiose das homologe Chromosomenpaar 21 nicht getrennt. Oder in der zweiten Reifeteilung werden die beiden Chromatiden des Chromosoms 21 nicht getrennt. In beiden Fällen liegt dann das Chromosom 21 in der Geschlechtszelle zweifach vor. Nach der Verschmelzung dieser Geschlechtszelle mit einer unveränderten Geschlechtszelle entsteht damit eine befruchtete Eizelle, die das Chromosom 21 dreimal enthält. In dieser Zygote und in allen Körperzellen, die bei den mitotischen Teilungen aus ihr hervorgehen, ist das Chromosom 21 dreifach enthalten.

1 Erkläre, was man unter einer Genommutation versteht.

2 Werte das Diagramm in ▶ Bild 3 aus.

3 Prüfe, ob es auch bei einer mitotischen Teilung in einem frühen Stadium der Embryonalentwicklung zur Entstehung einer Trisomie 21 kommen kann.

Meiosefehler

Trisomie

Fehler innerhalb der Meiose können dazu führen, dass Paare ein Kind mit Down-Syndrom bekommen. Die Bilderserie in ▶ Bild 4 zeigt in ungeordneten Phasen die Entstehung einer Trisomie 21 innerhalb der Eizellbildung.

4 Beschreibe die in ▶ Bild 4 dargestellten Phasen in der richtigen Reihenfolge.

5 Stelle mithilfe deines Chromosomenmodells in einer zweiten Bilderserie dar, dass sich der Fehler auch in der zweiten Reifeteilung der Meiose ereignen kann.

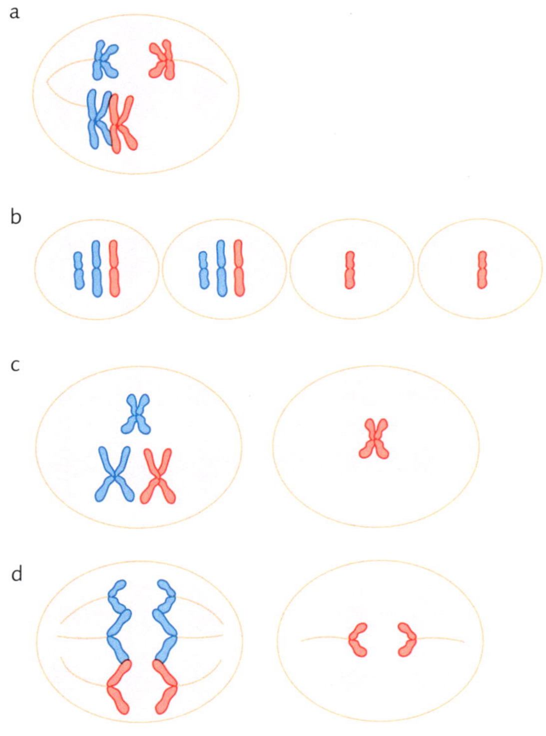

4 Entstehung von Trisomie 21 (ungeordnete Phasen)

Monosomie

Neben dem Down-Syndrom sind noch weitere Genommutationen bekannt. Eine davon ist das Turner-Syndrom. Menschen mit diesem Syndrom weisen eine Monosomie der Gonosomen auf, da sie als Geschlechtschromosom nur ein X-Chromosom besitzen. Meist findet der Fehler bei der väterlichen Spermienbildung statt. Es entsteht dann ein Spermium mit fehlendem Geschlechtschromosom, das die Eizelle befruchtet. Von 2500 Mädchengeburten weist ein Kind das Turner-Syndrom auf, die einzige Monosomie, bei der die Betroffenen lebensfähig sind. Die Symptome des Turner-Syndroms sind sehr vielfältig und unterschiedlich stark ausgeprägt. Die Betroffenen sind im Kindes- und Jugendalter oft kleinwüchsig und ihre körperliche Entwicklung ist verzögert. Diese Symptome lassen sich medizinisch jedoch gut behandeln.

6 Erläutere mithilfe deines Chromosomenmodells die Entstehung einer Monosomie. Fotografiere die einzelnen Phasen und formuliere zu jedem Bild eine passende Bildunterschrift.

Die Rolle der Gonosomen

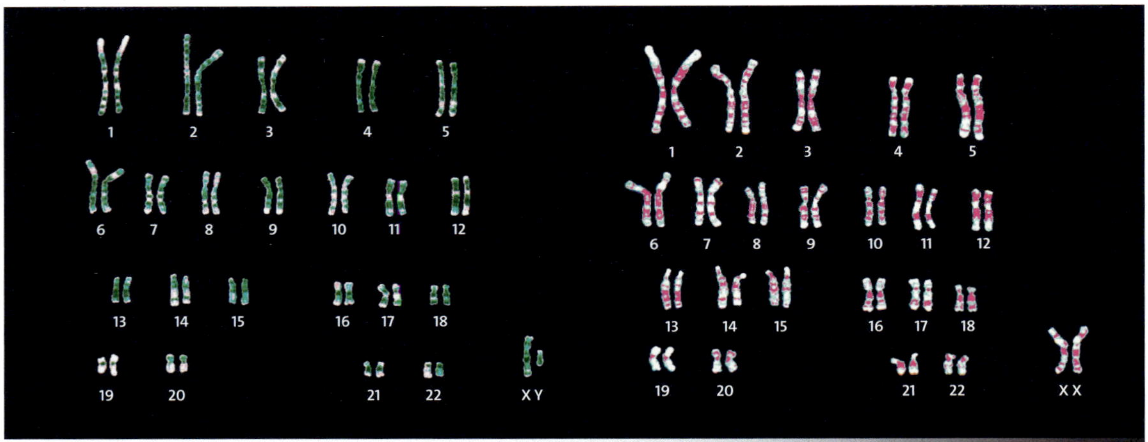

1 Die Karyogramme von Mann und Frau unterscheiden sich in ihren Gonosomen.

Gonosomen bestimmen das Geschlecht Der größte auf den ersten Blick auffallende Unterschied zwischen Menschen ist der zwischen Mann und Frau. Für ihn sind zwei Chromosomen verantwortlich, die das Geschlecht bestimmen, die *Gonosomen*.

Jeder Mensch besitzt neben seinen 22 · 2 Autosomen ein X-Chromosom. Entscheidend für das Geschlecht ist das zweite Chromosom des 23. Paars, das entweder ein weiteres X- oder ein Y-Chromosom sein kann ▶ Bild 1.

Verteilung der Gonosomen auf die Geschlechtszellen Während der Meiose werden die Geschlechtszellen gebildet. Dabei wird der diploide Chromosomensatz auf einen haploiden Satz reduziert, sodass jedes Chromosom nur noch einfach vorliegt. Da die Frau zwei X-Chromosomen besitzt, enthalten ihre Eizellen neben den 22 Autosomen immer ein X-Chromosom ▶ Bild 2. Bei der Meiose des Mannes werden die Gonosomen X und Y getrennt. Entsprechend werden Spermien mit X- oder Spermien mit Y-Chromosom gebildet.

Das Spermium ist entscheidend Kommt es nach dem Geschlechtsverkehr zur Befruchtung, kann sich eine Zygote mit dem Chromosomensatz 22 · 2 + XX für ein Mädchen oder 22 · 2 + XY für einen Jungen bilden. Entscheidend für das Geschlecht des Kindes sind folglich allein die Spermien des Vaters ▶ Bild 2.

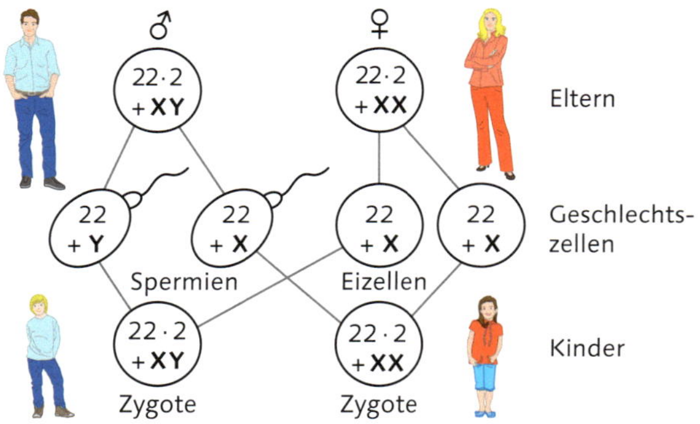

2 Geschlechtsbestimmung beim Menschen durch das X-Y-System

1 Könige benötigten im Mittelalter häufig männliche Stammhalter, die den Thron erben sollten. Königinnen wurden sogar verstoßen, wenn sie ihrem König keinen Sohn gebaren. Diskutiere den Umstand anhand von ▶ Bild 2.

2 Erläutere die Vererbung des Geschlechts von Hühnern anhand von ▶ Bild 3.

3 Geschlechtsbestimmung bei Hühnern

Gonosomenkombinationen

Bei der Verteilung der Gonosomen auf die Geschlechtszellen können in der Meiose Fehler auftreten. Es kann die Eizellenreifung wie auch die Spermienbildung betroffen sein. Beispiele sind das Turner- und das Klinefelter-Syndrom.

Geschlechtszellen ♀ / ♂	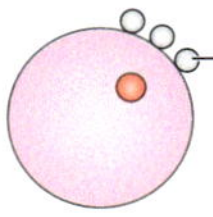	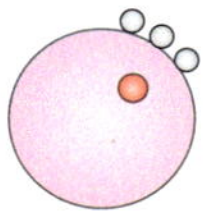	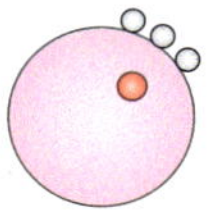
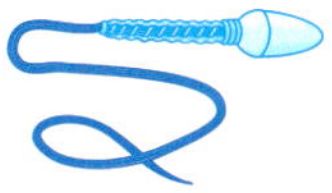	XX weiblich	X Turner	XXX Poly-X
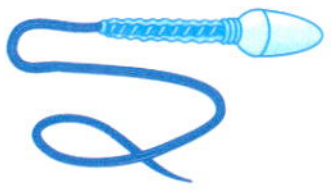	XY männlich	Y nicht lebensfähig	XXY Klinefelter
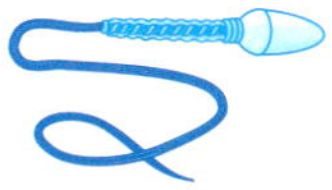	X Turner	– nicht lebensfähig	XX weiblich
	XXY Klinefelter	XY männlich	XXXY Klinefelter

4 Verschiedene Gonosomenkombinationen

Die Tabelle zeigt weibliche Geschlechtszellen in Kombination mit männlichen ▶ Bild 1. Grün hinterlegt sind die regelgerechten Geschlechtszellenkombinationen, rot hinterlegt einige der möglichen Fehler.

1 **A** Die Tabelle zeigt die Gonosomenkombinationen nach der Befruchtung. Übertrage die Tabelle in dein Heft und ergänze die fehlenden Gonosomen der Geschlechtszellen.
B Erläutere das Zustandekommen dieser Geschlechtszellen.

2 Erläutere Probleme, die bei der Meiose einer Person mit der XXY-Kombination auftreten können.

3 Ordne die Karyogramme (▶ Bilder 5–7) begründet den passenden Feldern der Tabelle zu.

4 Es gibt auch Menschen mit der Chromosomenkombination XYY. Formuliere eine Hypothese, wie es zu dieser Kombination kommen kann.

5 Karyogrammausschnitt Person A

6 Karyogrammausschnitt Person B

7 Karyogrammausschnitt Person C

Mutationen verändern die Erbinformation

Ursachen und Folgen Ort und Zeitpunkt der Veränderung der Erbinformation sind stets zufällig. Durch Faktoren wie UV- und Röntgenstrahlung oder chemische Substanzen wird ihre Wahrscheinlichkeit erhöht.

Mutationen sind oft nachteilig und manchmal tödlich für das betroffene Lebewesen. Durch Mutationen entstehen aber auch neue Merkmalsausprägungen, die vorteilhaft für das Lebewesen sein können. Beispielsweise werden Birkenspanner mit durch Mutation dunklen Flügeln auf rußgeschwärzter Birkenrinde von Fressfeinden nicht gesehen und überleben (vgl. Kapitel ▶ Evolution). Aufgrund der veränderten Umweltbedingungen war die Mutation hier von Vorteil.

Genommutation Eine Mutation, die den gesamten Chromosomenbestand, das Genom, betrifft, nennt man *Genommutation*. Ein Beispiel hierfür ist die Trisomie 21. Hierbei ist die Anzahl der Chromosomen einer Zelle verändert.

Chromosomenmutation Wird ein Chromosom in seiner Struktur verändert, spricht man von einer *Chromosomenmutation*. Diese entsteht meist beim Crossing-over in der Meiose. Dabei können Chromosomenteile verloren gehen, verdoppelt, in falscher Richtung eingebaut oder auf andere, nicht homologe Chromosomen übertragen werden ▶ Bild 1.
Das Katzenschreisyndrom geht auf eine Chromosomenmutation zurück ▶ Bild 2. Eines von 50 000 Neugeborenen ist davon betroffen. Die Säuglinge geben hohe, katzenähnliche Schreie von sich, die auf eine Fehlbildung des Kehlkopfs zurückzuführen sind. Sie haben Schwierigkeiten beim Saugen und Schlucken. Die körperliche, sprachliche und geistige Entwicklung ist verzögert.

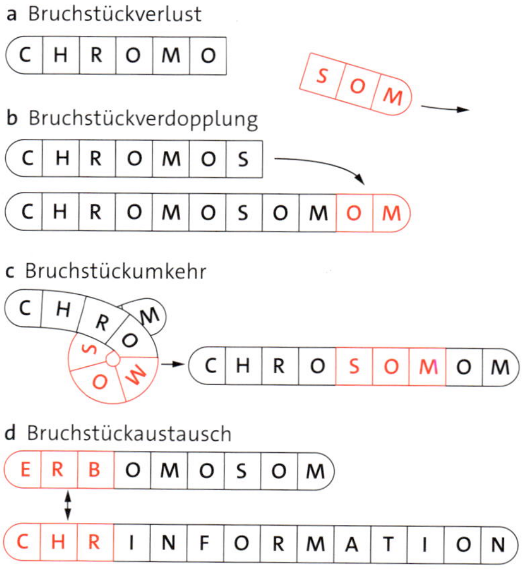

1 Chromosomenmutation

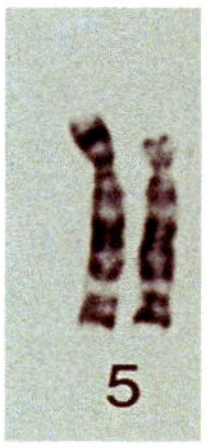

2 Chromosom 5 beim Katzenschreisyndrom

Genmutation Die Nucleotidabfolge eines Gens enthält den Bauplan für die Herstellung eines bestimmten Proteins. Wird die Nucleotidabfolge verändert, verändert sich der Aufbau des Proteins, das dadurch seine Funktionsfähigkeit verlieren kann. Nucleotide können ganz fehlen, durch andere ersetzt werden oder neu hinzukommen. Solche Mutationen nennt man *Genmutationen*.

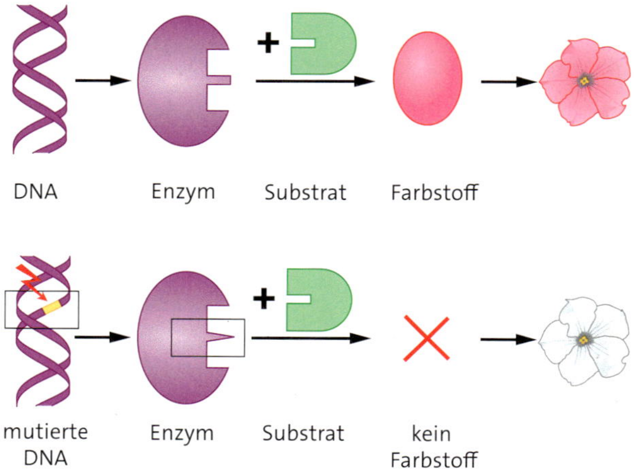

3 Veränderung eines Merkmals durch Genmutation

1. Vergleiche Genom- und Chromosomenmutation.
2. Erkläre, welche Form der Chromosomenmutation beim Katzenschreisyndrom vorliegt ▶ Bilder 1 und 2.
3. Erkläre das Zustandekommen von unterschiedlichen Blütenfarben anhand von ▶ Bild 3.

Mukoviszidose

Mukoviszidose ist eine genetisch bedingte Erkrankung. In Daniels Bericht erfährst du, wie sich die Erkrankung auf den Alltag eines Jugendlichen auswirkt.

Ich heiße Daniel und habe Mukoviszidose. Mein Tagesablauf unterscheidet sich von dem meiner Freunde: Sie können zum Beispiel morgens länger schlafen, ich muss spätestens um 5:30 Uhr raus, schleimlösende Medikamente nehmen und mit Kochsalz inhalieren. Das dauert 30 Minuten. Danach mache ich 20 Minuten nervige Krankengymnastik mit Atemtraining und Übungen zur besseren Verdauung. Dann ist Dusche und Frühstück angesagt. Außerdem brauche ich Medikamente zur Verdauung.
Um 7:45 Uhr startet die Schule, mein Schulweg dauert 35 Minuten. Zum Pausenbrot muss ich wieder Medikamente einnehmen, ebenso zum Mittagessen, damit ich keine Bauchschmerzen bekomme. Die anderen gehen nach den Hausaufgaben kicken, aber dazu reicht mir die Luft nicht. Außerdem muss ich pünktlich um 14:30 Uhr schon wieder inhalieren, Bronchialreinigung mit Abhusten und Krankengymnastik machen. Das ist ätzend, denn das dauert wieder eine Stunde mit dem Reinigen und Desinfizieren des Inhalators. Dann habe ich zwar nach den Hausaufgaben frei, aber der Mittag ist gelaufen. Ich würde auch gerne mit meinen Freunden kicken oder Skateboard fahren. Manchmal gehe ich später noch hin und schaue zu. Aber ich bin auch oft müde und manchmal schlafe ich stattdessen.
Zum Abendessen um 18:30 Uhr nehme ich wieder Medikamente, danach inhaliere ich, mache Krankengymnastik und Atemtraining, wasche und desinfiziere die Inhaletten. Das dauert mindestens eine halbe Stunde. Es ist sehr anstrengend, immer so diszipliniert sein zu müssen. Manchmal habe ich Lust auf Entspannungsübungen oder ich chatte mit Freunden. Um 21:30 Uhr bin ich so müde, dass ich ins Bett gehe.

4 Erfahrungsbericht eines Jugendlichen mit Mukoviszidose

Bei Menschen mit *Mukoviszidose (Cystische Fibrose, CF)* ist ein Gen verändert, das auf dem langen Arm des Chromosoms 7 liegt. Es trägt die Information für ein Protein in der Zellmembran, das gewährleistet, dass Körpersekrete dünnflüssig werden. Ist das Gen mutiert, wird der von den Drüsengeweben gebildete Schleim dick und zäh. Vor allem Lunge, Bauchspeicheldrüse, Leber, Darm und Geschlechtsorgane sind davon betroffen und in ihrer Funktion beeinträchtigt. Der festsitzende Schleim bildet zudem einen Nährboden für Krankheitserreger, es kommt zu chronischen Infektionen. Es sind fast 2000 Genmutationen bekannt, die Mukoviszidose in unterschiedlicher Schwere verursachen können.

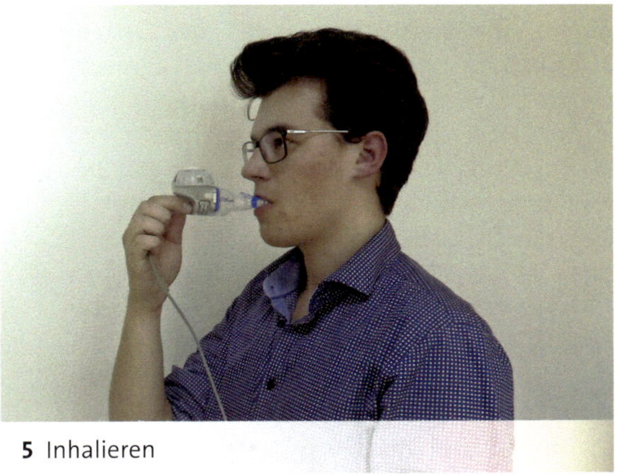

5 Inhalieren

1 Nenne Symptome der Mukoviszidose, die sich aus Text und Erfahrungsbericht ablesen lassen ▶ Bild 4.

2 **A** Ermittle Daniels täglichen Zeitaufwand für die Erkrankung.
B Beschreibe Auswirkungen der täglichen Therapiemaßnahmen für Daniels Alltag.

3 **A** Formuliere eine Hypothese, die erklärt, weshalb Daniel inhalieren und viel trinken soll.
B Erkläre, weshalb Daniel häufiger als andere Jugendliche Antibiotika nehmen muss.

4 Erstelle einen Flyer für Mitschülerinnen und Mitschüler, der darüber informiert, wie ein an Mukoviszidose erkrankter Mitschüler unterstützt werden kann.

GREGOR MENDEL – genialer „Vater" der Genetik

1 GREGOR MENDEL (1822–1884)

2 Gartenerbse: blühende Pflanze und Schote

Genetik Die Weitergabe von Merkmalen und deren Ausprägung studieren die Menschen bereits sehr lange. Das Verständnis dieser Vererbung ist wichtige Grundlage der Züchtung von Nutztieren und Nutzpflanzen. Häufig wird GREGOR MENDEL, ein Augustinermönch und Naturforscher aus Brünn im heutigen Tschechien, als „Vater der Genetik" bezeichnet ▶ Bild 1.

Kreuzungsobjekt Gartenerbse Ab 1856 führte MENDEL im Klostergarten Kreuzungsexperimente mit verschiedenen Sorten der Gartenerbse durch. Eine günstige Eigenschaft der recht anspruchslosen Gartenerbse ist, dass sie in kurzer Zeit sehr viele Nachkommen hat.
MENDEL ging sehr systematisch vor und betrachtete, anders als andere Forscher seiner Zeit, nur ein oder wenige markante Merkmale über mehrere Generationen hinweg, z. B. die Farbe und Form der Samen, die Blütenfarbe sowie die Form und Farbe der Schoten ▶ Bild 2. Die Merkmalsausprägung, z. B. Samenfarbe Grün oder Gelb, bezeichnet man als *Phänotyp*. Manchmal wird auch das gesamte Erscheinungsbild eines Lebewesens Phänotyp genannt. Die Häufigkeit der Phänotypen wertete MENDEL statistisch aus.
Zudem kreuzte MENDEL mit Bedacht ganz gezielt verschiedene Gartenerbsen miteinander.

Gezielte Kreuzungen Für seine Kreuzungsexperimente wählte MENDEL Erbsenpflanzen aus, die über mehrere Generationen hinweg das zu beobachtende Merkmal konstant ausgeprägt gezeigt hatten. Solche Individuen bezeichnet man als *reinerbig* bezüglich des Merkmals.
MENDEL überführte z. B. den Pollen einer Erbsensorte mit gelben Samen mit einem Pinsel gezielt auf die Narben einer anderen Erbsensorte mit grünen Samen ▶ Bild 3. Diesen künstlich bestäubten Blüten hatte er zuvor die Staubblätter entfernt, um eine Selbstbestäubung zu verhindern. Die so behandelten Pflanzen bilden die Eltern- bzw. *Parentalgeneration (P)*.
Die sich bildenden Erbsensamen zählen bereits zur nächsten Erbsengeneration, der Tochter- oder *Filialgeneration (F)*. Diese Samen waren ausschließlich gelb gefärbt. Diese einheitliche Ausprägung eines Merkmals bezeichnet man als *uniform*.
Die 1. Filialgeneration (F_1) war ebenfalls uniform gelbsamig, wenn MENDEL die Geschlechter der Parentalgeneration tauschte.

Auswertung der Kreuzungen MENDEL bezeichnete die Merkmalsausprägung der P-Generation, die im Phänotyp der F_1-Generation zu sehen ist, als *dominant*. Die im Phänotyp der F_1-Generation nicht vertretene Merkmalsausprägung benannte er als *rezessiv*.
Dem Phänotyp liegen Erbinformationen oder *Erbanlagen* zugrunde. Man spricht auch vom *Genotyp*. Die Erbanlagen werden über die Geschlechtszellen in die nächste Generation weitergegeben. MENDEL ging davon aus, dass der Phänotyp eines Merkmals durch das Zusammenwirken von zwei Erbanlagen zustande kommt, je eine von Vater und Mutter. Erbgänge, bei

denen eine Merkmalsausprägung dominant und die andere rezessiv ist, bezeichnete er als *dominant-rezessiv*.
Aus seinen Beobachtungen folgerte MENDEL die Uniformitätsregel:

Uniformitätsregel
Kreuzt man Individuen einer Art, die sich in einem Merkmal unterscheiden, für das sie reinerbig sind, dann sind alle Nachkommen in der F_1-Generation in Bezug auf das betrachtete Merkmal uniform.

1 Nenne Vorteile des von MENDEL gewählten Studienobjekts Gartenerbse.

2 **A** Beschreibe das Vorgehen MENDELS bei seinen Kreuzungsexperimenten.
B Erkläre, weshalb MENDEL die Pflanzen künstlich bestäubt und Selbstbestäubung verhindert hat.

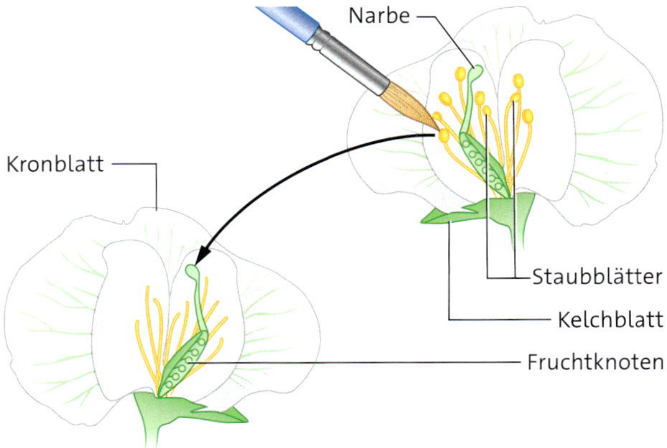

3 Künstliche Bestäubung

3 Erkläre die Begriffe Phänotyp, Genotyp, Parental- und Filialgeneration sowie dominant, rezessiv und uniform in eigenen Worten.

Material Methode Praxis

In MENDELS Forschungsgarten

GREGOR MENDEL führte verschiedene Kreuzungen mit Gartenerbsen durch, so auch die Weiterkreuzung der F_1. Mache es wie er und finde selbst Vererbungsregeln heraus.

4 F_2-Generation einer Kreuzung von Erbsenpflanzen

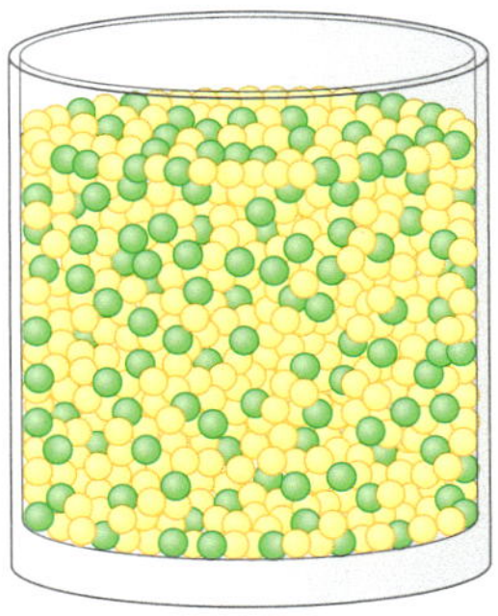

5 F_2-Generation einer Kreuzung von Erbsenpflanzen

4 Bei Erbsen werden die Merkmalsausprägungen Samenfarbe Gelb und Blütenfarbe Violett dominant vererbt. Die ▶ Bilder 4 und 5 zeigen Ergebnisse von Kreuzungen von Gartenerbsen.
A Beschreibe, wie MENDEL bei diesen beiden Kreuzungen vorgegangen sein könnte.
B Werte das Ergebnis der beiden Kreuzungen statistisch aus.
C Formuliere eine Hypothese zum Phänotyp der Parentalgeneration beider Kreuzungen.
D Formuliere aufgrund der Auswertung der beiden Kreuzungen eine mögliche Vererbungsregel für die Kreuzung der F_1-Generation bei einem dominant-rezessiven Erbgang.

Was Mendel noch nicht wusste

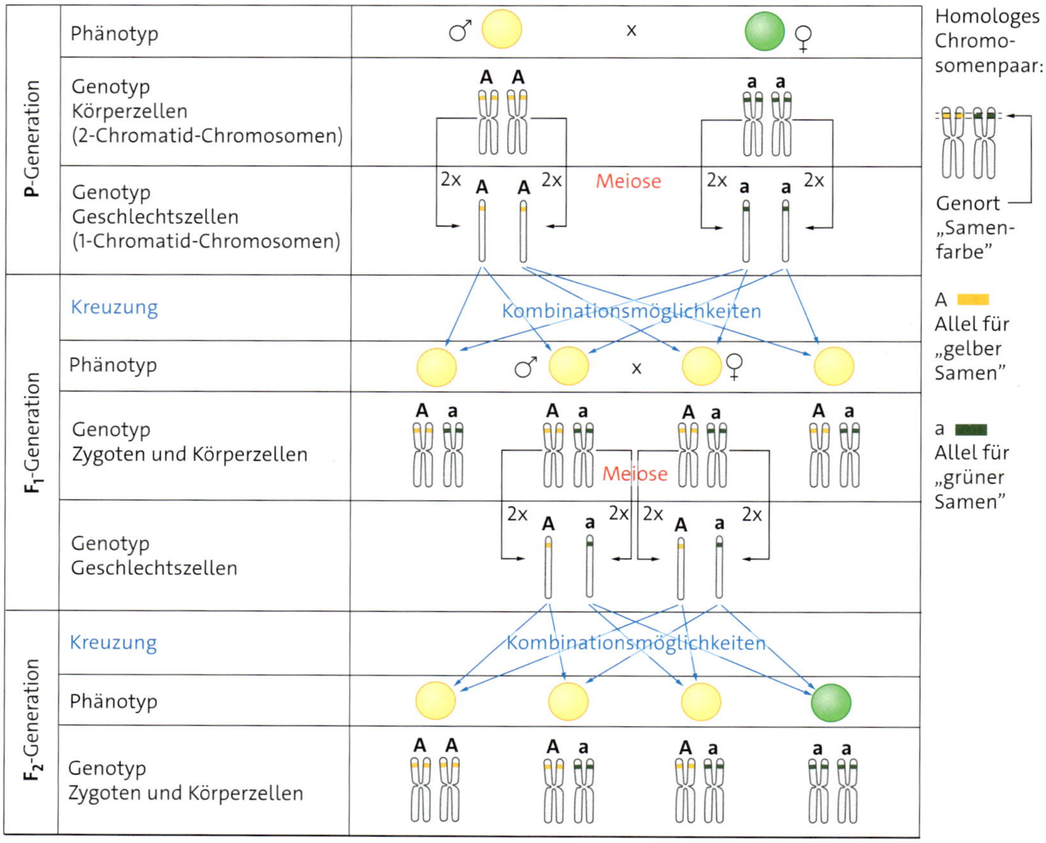

1 Kreuzungsschema zum Merkmal Samenfarbe bei Gartenerbsen

F_2-Generation Als Mendel die gelbsamigen Erbsen der F_1-Generationen miteinander kreuzte, tauchten Merkmalsausprägungen der P-Generation in der F_2-Generation erneut auf: Ungefähr ein Viertel der Samen war grün. Diese in der P-Generation vorhandene Merkmalsausprägung war nicht verloren gegangen, sondern in der F_1-Generation lediglich verdeckt gewesen. Mendel folgerte aus diesen Beobachtungen eine zweite Regel:

Spaltungsregel
Kreuzt man die Individuen der F_1-Generation, so spalten sich die Nachkommen in der F_2-Generation bezüglich ihrer Merkmalsausprägungen in einem bestimmten Zahlenverhältnis auf: Bei einem dominant-rezessiven Erbgang beträgt das Verhältnis 3 : 1.

Mendel aus heutiger Sicht Heute weiß man, dass Mendels Erbanlagen den Genen auf den Chromosomen im Zellkern entsprechen. Gene für die jeweiligen Merkmale befinden sich immer auf den gleichen Chromosomen und dort an der gleichen Stelle, dem *Genort* ▶ Bild 1. Für das Merkmal Samenfarbe gibt es im Genotyp der Erbsen zwei mögliche Varianten oder *Allele*: Das eine Allel bewirkt im Phänotyp grüne und das andere gelbe Samen.

Bei der Befruchtung werden die väterlichen und mütterlichen Erbanlagen in der Zygote vereint. Sind die Anlagen eines Merkmals auf den homologen Chromosomen identisch, spricht man von einem reinerbigen oder *homozygoten* Genotyp. Sind sie unterschiedlich, nennt man dies mischerbig oder *heterozygot*. Bei heterozygoten Individuen „überdeckt" der Phänotyp des dominanten Allels den des rezessiven Allels.

Das heutige Wissen über die Bildung der Geschlechtszellen durch die Meiose und die Befruchtung von Eizellen bestätigen die genialen Folgerungen GREGOR MENDELS.

Kreuzungsschema In einem Kreuzungsschema kann man Kombinationsmöglichkeiten der elterlichen Allele ermitteln ▶ Bild 1. Es ermöglicht eine zuverlässige Vorhersage über mögliche Geno- und Phänotypen sowie die Wahrscheinlichkeit ihres Auftretens. Jedem Merkmal wird ein Buchstabe zugeordnet. Großbuchstaben kennzeichnen dominante, Kleinbuchstaben rezessive Allele. Man notiert im heterozygoten Fall zunächst das dominante Allel. Für das Merkmal Samenfarbe von Erbsen existieren zwei unterschiedliche Allele: „A" steht im Genotyp für das dominante Allel, das im Phänotyp „gelbe Samen" bewirkt. Das genotypische „a" entspricht dem rezessiven Allel und der phänotypischen Merkmalsausprägung „grüne Samen". Beide Pflanzen der Parentalgeneration der Beispielkreuzung sind homozygot für das Merkmal Samenfarbe. Alle Körperzellen der Elternpflanzen besitzen somit nur eine Allelvariante. Die F_1-Generation hingegen besitzt in den Körperzellen beide Allelvarianten.

Geschlechtszellen Alle Geschlechtszellen sind haploid und erhalten durch das Zufallsprinzip in der Meiose für jedes Gen jeweils nur ein Allel je Merkmal. In der homozygoten Parentalgeneration sind jeweils alle Pollen- bzw. Eizellen im Genotyp für das betrachtete Merkmal identisch. Für die Geschlechtszellen der heterozygoten F_1-Generation ergeben sich zwei unterschiedliche Genotypen.

Befruchtung und Folgegeneration Im Schema werden alle möglichen Geschlechtszellen- und damit Allelkombinationen für die diploiden Zygoten und Körperzellen der nächsten Generation einer Kreuzung angegeben. Daraus können die Phänotypen und deren Häufigkeit abgeleitet werden. Welche Geschlechtszellen bei der Befruchtung zur Zygote verschmelzen, ist zufällig. Für die F_1-Generation des Kreuzungsbeispiels ergibt sich nur eine Allelkombination (Aa) und damit ein uniformer Phänotyp. Für die F_2-Generation ergeben sich drei unterschiedliche Allelkombinationen, wobei zwei davon phänotypisch identisch sind ▶ Bild 2.

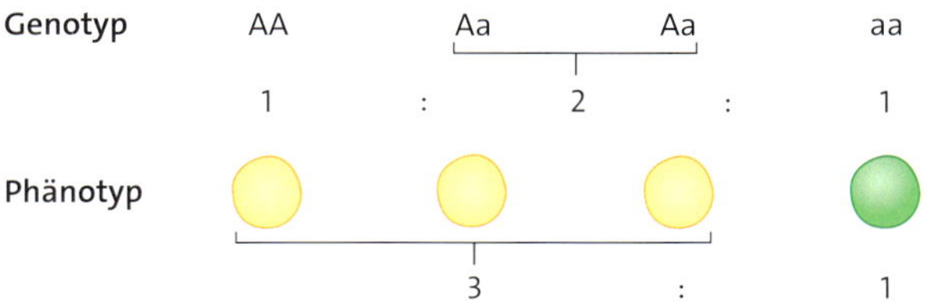

2 F_2-Generation

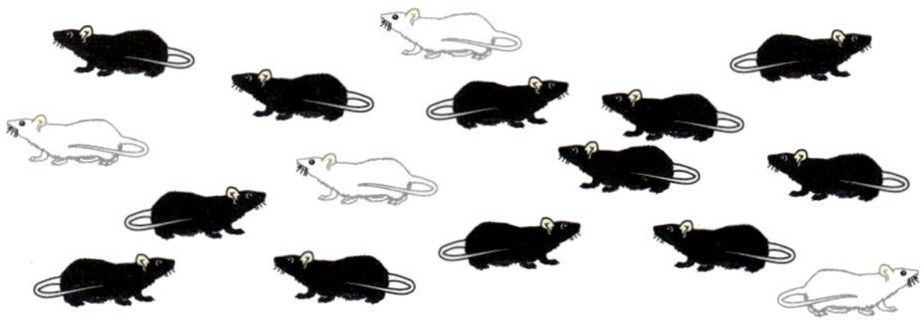

3 F_2-Generation einer Kreuzung von Mäusen

4 Parentalgeneration einer Kreuzung von Gartenerbsen

1 Erkläre die Spaltungsregel in eigenen Worten.

2 Erläutere mithilfe von ▶ Bild 1 die Kreuzung von Gartenerbsen mit reinerbig gelben bzw. grünen Samen bis zur F_2-Generation.

3 Erläutere die Bildung von Geschlechtszellen und den Schritt der Kreuzung ▶ Bild 1.

4 **A** Definiere die Fachbegriffe Gen, Genort, Allel, homozygot, heterozygot, diploid und haploid.
B Erkläre, weshalb Geschlechtszellen für jedes Gen nur ein Allel besitzen, Körperzellen hingegen auch zwei verschiedene Allele haben können.

5 Ermittle mithilfe eines Kreuzungsschemas die Geno- und Phänotypen der F_2-Generation für das Merkmal Fellfarbe bei Mäusen ▶ Bild 3. Gehe von einer homozygoten P-Generation aus.

6 Ein Gärtner kreuzt zwei Erbsensorten. Die eine bildet glatte, die andere kantige Samen aus ▶ Bild 4.
A Formuliere Hypothesen zum Phäno- und Genotyp der F_1-Generation.
B Er erntet 517 glatte und 498 kantige Samen. Vergleiche die Ernte mit deinen Hypothesen aus A.
C Überprüfe mithilfe von Kreuzungsschemata bis zur F_1-Generation die Hypothesen aus A.

Dihybride Erbgänge

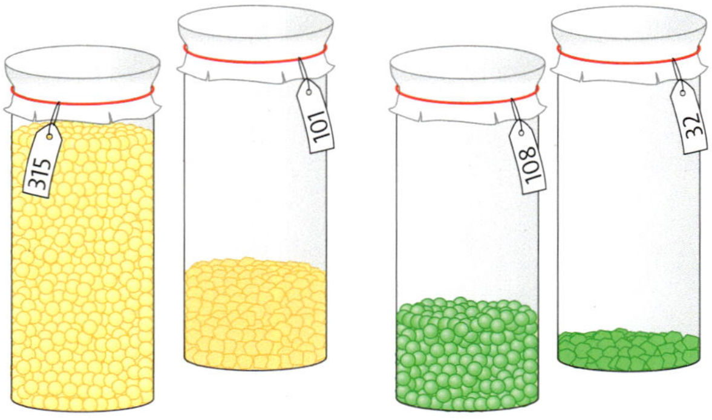

1 F_2-Generation einer dihybriden Kreuzung von Erbsen

Ein oder zwei Merkmale Bei seinen ersten Kreuzungsexperimenten betrachtete MENDEL stets nur ein Merkmal. Solche Erbgänge bezeichnet man als *monohybride Erbgänge*. Im Rahmen seiner Forschungen führte MENDEL auch Kreuzungen mit Erbsenpflanzen durch, die für zwei Merkmale reinerbig waren, z. B. Samenfarbe und Samenform ▶ Bild 1. Erbgänge, bei denen zwei Merkmale betrachtet werden, nennt man *dihybrid*.

Dihybrider Erbgang bei Erbsenpflanzen MENDEL verwendete dafür Erbsenpflanzen, die über Generationen hinweg nur grüne, kantige Samen hervorgebracht hatten. Er übertrug deren Pollen auf die Narben von Erbsenpflanzen, die stets gelbe, runde Samen hatten. Die Samen, die aus dieser Kreuzung hervorgingen (F_1), waren uniform gelb und rund.
Er kreuzte diese Pflanzen untereinander und erhielt in der F_2-Generation von 15 Pflanzen 556 Samen ▶ Bild 1. Davon waren 315 Samen rund und gelb, 101 Samen kantig und gelb, 108 Samen rund und grün sowie 32 kantig und grün.

Neue Phänotypen Neben den Phänotypen der P-Generation traten in der F_2-Generation auch neue Kombinationen von Merkmalsausprägungen auf: gelbe, kantige Samen und grüne, runde Samen. MENDEL folgerte daraus, dass die beiden betrachteten Merkmale unabhängig voneinander vererbt werden.
In zahlreichen weiteren dihybriden Kreuzungsexperimenten, bei denen die Allele für beide Merkmale dominant-rezessiv vererbt werden, bestätigte sich zudem die Häufigkeitsverteilung der Phänotypen der F_2-Generation: 9 : 3 : 3 : 1.
MENDEL formulierte aufgrund seiner Beobachtungen eine weitere Regel:

> **Unabhängigkeitsregel**
> Kreuzt man Individuen einer Art, die sich in mehr als einem Merkmal unterscheiden, für das sie reinerbig sind, so können in der F_2-Generation neue Kombinationen von Merkmalsausprägungen auftreten. Die Weitergabe der Erbanlagen erfolgt zufällig und unabhängig voneinander.

Variabilität Das Zustandekommen der neuen Kombinationen der Merkmalsausprägungen erklärt man heute wie folgt: Die F_1-Generation trägt sowohl die dominanten als auch die rezessiven Allele der Gene für die Merkmale Samenfarbe (Aa) und -form (Bb): Der Genotyp ist AaBb. Nur die dominanten Allele werden phänotypisch ausgeprägt ▶ Bild 2.
Die Gene für die beobachteten Merkmale liegen auf unterschiedlichen Chromosomen und können daher unabhängig voneinander vererbt werden. Jede haploide Geschlechtszelle erhält durch die Meiose für jedes Gen ein Allel. So kann die F_1-Generation vier genotypisch verschiedene Geschlechtszellen ausbilden: AB, Ab, aB oder ab.
Bei der Befruchtung zur F_2-Generation obliegt es dem Zufall, welche Geschlechtszellen miteinander verschmelzen. Für den Genotyp der F_2-Generation ergeben sich 16 verschiedene Kombinationsmöglichkeiten. Daraus resultieren vier verschiedene Phänotypen, wobei zwei davon neue Kombinationen sind. Für eine bessere Übersichtlichkeit wird die F_2-Generation in einem Kreuzungsquadrat dargestellt ▶ Bild 2.

1 **A** Beschreibe den Phänotyp der F_1-Generation bei MENDELS Kreuzung von Gartenerbsen.
B Werte die F_2-Generation bezüglich ihrer Phänotypen statistisch aus ▶ Bild 1.
C Formuliere mithilfe von ▶ Bild 1 eine Hypothese zur Erklärung.
D Überprüfe deine Hypothese mithilfe des Textes und ▶ Bild 2.

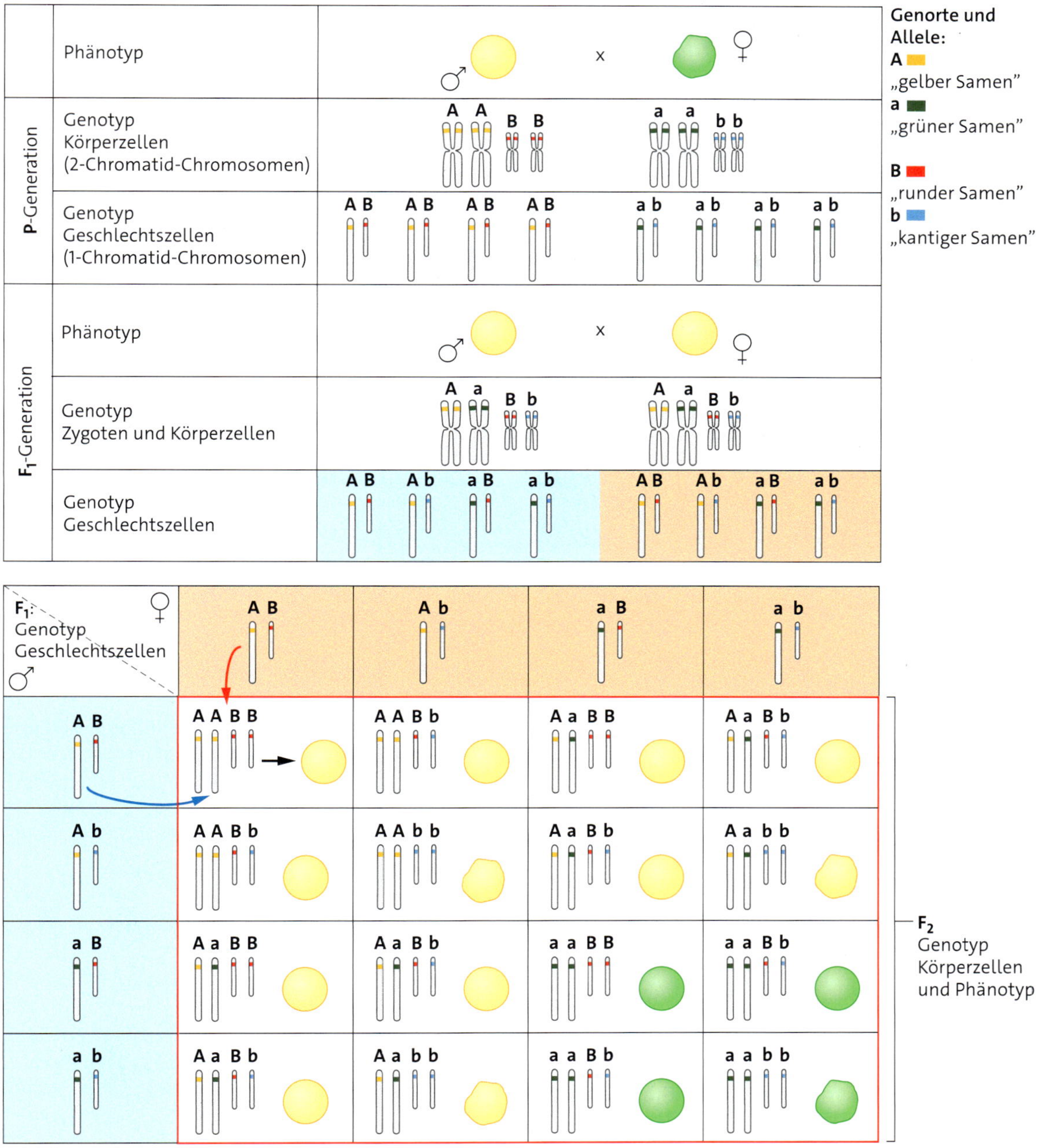

2 Dihybride Kreuzung von Gartenerbsen mit Kreuzungsschema für die F_2-Generation

2 **A** Erkläre die Begriffe monohybrid und dihybrid in eigenen Worten.
B Ordne die Begriffe diploid und haploid im Kreuzungsschema sinnvoll zu ▶ Bild 2.
C Benenne die Stellen im Kreuzungsschema, wo die Meiose zu verorten ist.

3 Benenne im Kreuzungsschema (▶ Bild 2) alle homo- und heterozygoten Individuen der F_2-Generation.

4 **A** Erkläre die Unabhängigkeitsregel mithilfe des Beispiels in ▶ Bild 2.
B Bewerte, ob die Uniformitätsregel und die Spaltungsregel auch bei dihybriden Erbgängen erfüllt sind.

5 Erläutere das Zustandekommen von Variabilität am Beispiel Gartenerbse.

Züchter sind Vererbungsspezialisten

Erfolgreiche Züchter müssen die Vererbungsregeln anwenden können. Mithilfe von Kreuzungsschemata kannst du wie ein Züchter beobachtbare Kreuzungsergebnisse vorhersagen oder auch den Zuchterfolg erklären.

1 Bienengarnelenrassen „Black Taiwan Bee" und „Red Bee"

1 Die Zucht von Bienengarnelen ist eine exotische Liebhaberei und hat ihren Ursprung in Asien. Die Süßwassergarnelen werden ca. 2 cm groß und besitzen zahlreiche Zuchtmerkmale wie Farbe des Panzers, Augenfarbe oder Färbung der Bauchseite.
Ermittle mithilfe eines Kreuzungsschemas, wie groß die Wahrscheinlichkeit ist, durch die Kreuzung von homozygoten „Black Taiwan Bees" mit homozygoten „Red Bees" (▶ Bild 1) einfarbig rote „Red Taiwan Bees" zu erhalten. Nutze für die Allele folgende Buchstaben: schwarz (B), rot (b), Farbmuster des Panzers: gebändert (A) oder einfarbig = Taiwan (a).

2 Gregor Mendel beschrieb, dass bei einem Kreuzungsansatz mit gelb- und grünsamigen Gartenerbsen die eine Hälfte der geernteten Samen wie erwartet gelb war. Die andere Hälfte war jedoch grün. Ermittle mithilfe eines Kreuzungsschemas sowohl den Genotyp der Eltern- als auch der Tochterpflanzen.

3 Elfenspiegel sind beliebte Zierpflanzen, die es in zahlreichen Variationen gibt. Kreuzt man eine Pflanze mit blauen Blüten und heller Blütenmitte mit einer rot blühenden mit dunkler Blütenmitte, so erhält man Pflanzen mit violetten Blüten und dunkler Blütenmitte.

A Benenne den Erbgang.

B Erläutere die zu erwartenden Phänotypen und deren Häufigkeit in der F_2-Generation mithilfe eines Kreuzungsschemas.

4 Die Fruchtfliege *Drosophila melanogaster*, die man im Sommer häufig an reifen Früchten beobachten kann, sind beliebte „Haustiere" der Genetiker. Sie sind anspruchslos in der Kultur, haben eine kurze Generationenfolge (9–14 Tage) und besitzen zahlreiche, leicht zu unterscheidende Merkmale in verschiedenen Ausprägungen, z. B. Körperfarbe, Augenfarbe, Flügelform. Bei einem Experiment werden reinerbige schwarze (a) *Drosophila* mit Stummelflügeln (f) mit reinerbigen, hellgefärbten (A) Individuen mit normal geformten Flügeln (F) gekreuzt ▶ Bild 2.

A Formuliere eine Hypothese zum Phänotyp der F_1- und den Phänotypen der F_2-Generation und deren Häufigkeit.

B Kreuzt man die F_1 weiter, schlüpfen aus den Eiern 304 hellgefärbte Individuen mit normalen Flügeln und 98 schwarze Individuen mit Stummelflügeln. Vergleiche das Kreuzungsergebnis der F_2 mit deiner Vermutung zu den Phänotypen und deren Häufigkeit.

C Formuliere eine Hypothese zur Erklärung des tatsächlichen Kreuzungsergebnisses.

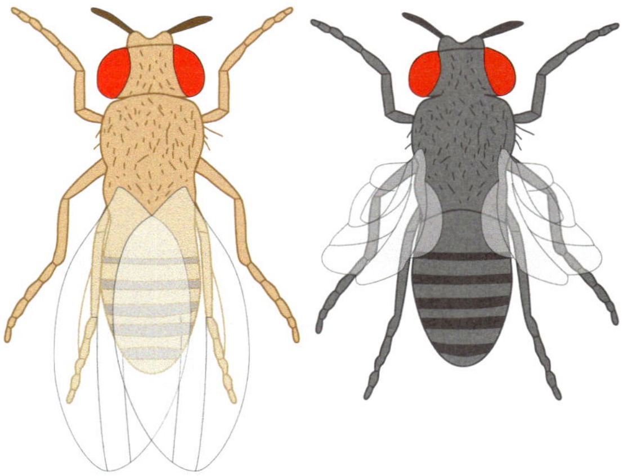

2 Fruchtfliegen *(Drosophila melanogaster)*

Intermediäre Erbgänge

3 Drei mögliche Blütenfarben bei Löwenmäulchen

Nicht immer dominant-rezessiv Nicht bei allen Erbgängen ist ein Allel dominant über das andere. Liegt ein heterozygoter Genotyp vor, so ergibt sich im Phänotyp ein Erscheinungsbild, das zwischen den reinerbigen Extremen liegt ▶ Bild 3. Solche Erbgänge nennt man intermediär. Bereits GREGOR MENDEL hat dieses Phänomen an Löwenmäulchen und anderen Pflanzen in seinem Forschungsgarten beobachtet. Wissenschaftlich beschrieben wurde es jedoch viele Jahre später vom deutschen Botaniker CARL CORRENS.

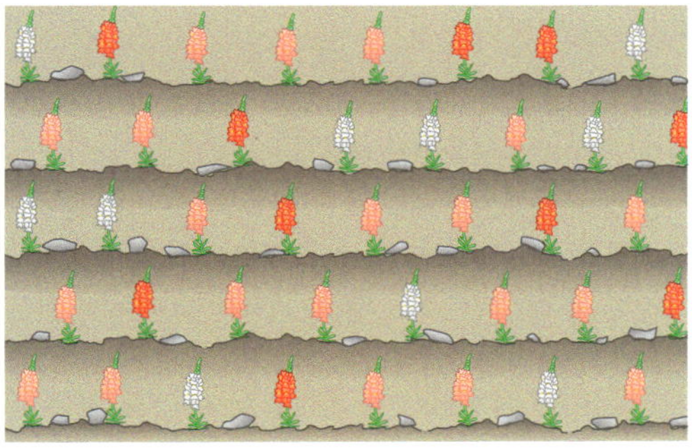

4 F_2-Generation einer Kreuzung von Löwenmäulchen

1 ▶ Bild 4 zeigt die F_2-Generation einer Kreuzung rot und weiß blühender Löwenmäulchen, die reinerbig sind.
A Formuliere eine Hypothese zum Phänotyp der F_1-Generation.
B Werte die F_2-Generation statistisch aus.
C Stelle die Kreuzung in einem Kreuzungsschema dar. Verwende dabei für das Allel „rote Blütenfarbe" das Symbol A^1 und für das Allel „weiße Blütenfarbe" das Symbol A^2.

2 **A** Vergleiche das Verhältnis der Anzahl und Häufigkeit von Geno- und Phänotypen in der F_2-Generation bei dominant-rezessiven und intermediären Erbgängen.
B Erläutere, ob Uniformitätsregel und Spaltungsregel auch für intermediäre Erbgänge gelten.

3 Blaue Andalusier sind eine begehrte Hühnerrasse ▶ Bild 5. Das Merkmal Gefiederfarbe wird monohybrid intermediär vererbt. Ein Hobbyzüchter kreuzt ein F_1-Pärchen. In der F_2-Generation treten Weiße, Schwarze und Blaue Andalusier im Verhältnis 1 : 1 : 2 auf.
A Erläutere das Kreuzungsergebnis mit einem Kreuzungsschema.
B Auf einer Kleintierausstellung möchte der Hobbyzüchter mit Blauen Andalusiern glänzen.
Erläutere, mit welchen Tieren der F_2 er weiterzüchten sollte, damit er in der F_3 ausschließlich die Wunschrasse erhält.

5 Blauer Andalusierhahn

Erforschung der Vererbung beim Menschen

1 Eineiige Zwillinge

Voraussetzungen Kreuzungsexperimente, wie sie MENDEL an Pflanzen durchführte, sind beim Menschen aus ethischen Gründen ausgeschlossen. Hinzu kommt die sehr lange Generationsdauer. Merkmale über mehrere Generationen hinweg zu betrachten ist beim Menschen also nicht ohne Weiteres möglich. Zudem hat der Mensch nur relativ wenige Nachkommen.
MENDEL beschränkte sich bei seinen Untersuchungen auf einfache und gut zu beobachtende Merkmale. Die Merkmale, die beim Menschen auf den ersten Blick einfach zu betrachten wären, sind hinsichtlich ihrer genetischen Grundlage jedoch komplex.

Polygenie Zahlreiche Merkmale beim Menschen lassen sich nicht einfach in wenige klar zu unterscheidende Merkmalsausprägungen einteilen, z.B. bei der Augen- und Haarfarbe. Sie werden häufig nicht nur durch ein einzelnes Gen beeinflusst, sondern von mehreren Genen. Man bezeichnet dies als polygene Vererbung, kurz *Polygenie*. Der Phänotyp ist somit ein Ergebnis der Ausprägung eines Merkmals durch viele Gene. Die Haar- und Augenfarbe beispielsweise werden von mehreren Genen mit verschiedenen Allelen beeinflusst.

Modifikationen Auch Umweltfaktoren beeinflussen den Phänotyp. Bei unterschiedlichen Merkmalsausprägungen trotz gleicher Erbinformation spricht man von Modifikationen. Beispielsweise wird die Körpergröße des Menschen zu 20 % durch Umweltfaktoren wie die Ernährung bestimmt. Die Hautfarbe wird maßgeblich durch UV-Licht und die Körpermasse durch Ernährung und Bewegung mitbestimmt. Andere Merkmale, z.B. die Blutgruppe, werden nicht durch Umweltfaktoren beeinflusst.

Methoden der Humangenetik An eineiigen Zwillingen, die genetisch identisch sind, können Humangenetiker erforschen, wie groß der Einfluss der Gene bzw. der Umwelt auf die Ausprägung eines Merkmals sind. Statistiken über die Häufigkeit eines Merkmals in einer Population lassen auf die Häufigkeit eines Allels und die Anzahl der heterozygoten Träger schließen. Dies ist bei genetisch bedingten Krankheiten von besonderem Interesse.
Neben der Auswertung von Karyogrammen hat die Analyse von Stammbäumen eine besondere Bedeutung: Betrachtet man verschiedene Ausprägungen eines Merkmals über mehrere Generationen in einer Familie, kann man Aussagen über die Vererbung des betreffenden Allels machen. So lässt sich z.B. feststellen, ob es dominant oder rezessiv, autosomal oder gonosomal vererbt wird.

1 **A** Erkläre, weshalb der Mensch kein einfaches Studienobjekt der Genetiker ist.
B Nenne die Methoden der Humangenetik.

2 Erkläre den Unterschied zwischen genetischer Variabilität durch Polygenie und der Variabilität durch Modifikation.

2 Variabilität beim Menschen

Familienstammbäume

Humangenetiker erstellen Familienstammbäume, um das Auftreten eines Merkmals über mehrere Generationen zu untersuchen und so auf die Vererbung zu schließen.

Darstellung von Stammbäumen

In einem Stammbaum werden die Mitglieder der Familie aufgeführt. Für die einheitliche Darstellung von Stammbäumen haben Biologen Folgendes festgelegt: Männer werden mit einem Quadrat und Frauen mit einem Kreis abgebildet. Paare, aus deren Verbindungen Kinder hervorgegangen sind, werden mit einer Linie verbunden und deren Kinder zweigen von dieser Verbindung ab.

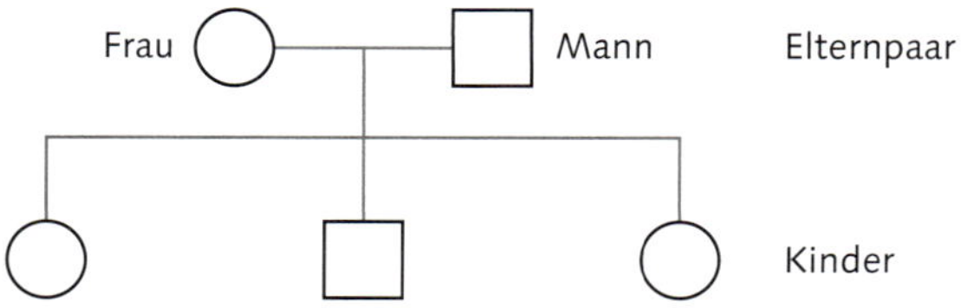

Jede Generation wird dabei auf einer Ebene im Stammbaum angeordnet. Ganz oben steht die älteste und ganz unten die jüngste Generation. Merkmalsträger werden mit einem „gefüllten" Symbol dargestellt ▶ Bild 3.

1 Beschreibe den in ▶ Bild 3 dargestellten Stammbaum.

2 Zeichne den Stammbaum der Zeichentrickfamilie Simpson über drei Generationen.

Arbeiten mit Stammbäumen

Menschen unterscheiden sich in einer Vielzahl von Merkmalen. Viele dieser Merkmale, wie Blutgruppe, Form des Haaransatzes oder Geschlecht, sind genetisch bestimmt. Bei einer Untersuchung des Stammbaums wird das Auftreten eines Merkmals über mehrere Generationen verfolgt.

Betrachtet man den Haaransatz an der Stirn eines Menschen, so stellt man fest, dass dieser gerade oder spitz sein kann. Das Merkmal „Form des Haaransatzes" kommt also in zwei Ausprägungen vor.

Für das Merkmal Form des Haaransatzes haben Forscher folgende Hypothesen bezüglich der Vererbung aufgestellt:

1. Die Ausprägung des Haaransatzes ist abhängig vom Geschlecht der Person.
2. Die Ausprägung spitzer Haaransatz tritt in jeder Generation auf.
3. Kinder haben denselben Haaransatz wie ihre Mutter.
4. Die Vererbung erfolgt zufällig.

3 Prüfe die Hypothesen anhand des Stammbaums in ▶ Bild 3.

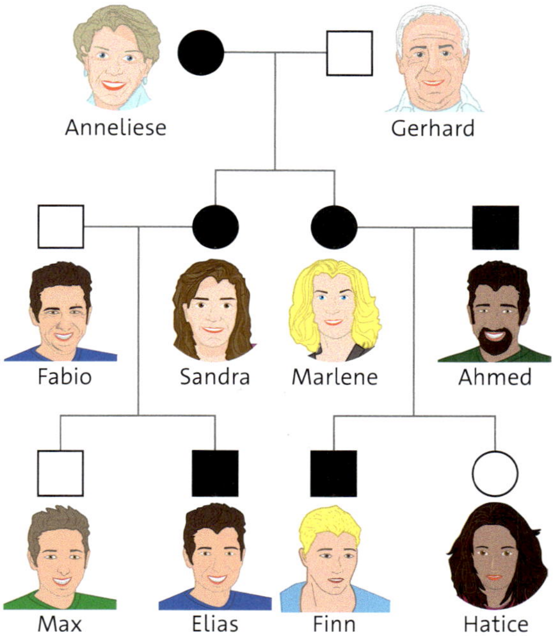

3 Stammbaum der Familie Schmidt. Merkmal: Form des Haaransatzes

4 **A** Das Merkmal in ▶ Bild 3 folgt den Regeln eines dominant-rezessiven Erbgangs. Übertrage den Stammbaum in vereinfachter Form (ohne Köpfe) in dein Heft und erfasse für alle Personen den Genotyp. Notiere ihn am Symbol. Die Großeltern sind homozygot.

B Erläutere die Entstehung des Phänotyps von Elias ▶ Bild 3.

5 Ergänze den Stammbaum der Familie Schmidt hinsichtlich der Eltern von Fabio und Anneliese. Gib die möglichen Phäno- und Genotypen der von dir ergänzten Personen an ▶ Bild 3.

Stammbäume analysieren

Zuvor hast du das Erstellen von Stammbäumen gelernt. Da die Vererbung vieler Allele, z. B. für die Form des Haaransatzes, nach Gesetzmäßigkeiten erfolgt, können Merkmale über Generationen nachverfolgt werden. Dabei kann man den Vererbungstyp für bestimmte Merkmale oder häufig auch den Genotyp von Personen ermitteln. Durch die Stammbaumanalyse kann beispielsweise das Risiko für das Auftreten genetisch bedingter Erkrankungen abgeschätzt werden. Bei einer Stammbaumanalyse gehst du wie folgt vor:

Bei der Stammbaumanalyse unterscheidet man zwischen Überträgern, die ein verändertes Allel besitzen, aber den Phänotyp nicht ausbilden, und Merkmalsträgern, die die Merkmalsausprägung im Phänotyp tatsächlich zeigen.

Schritt 1 Autosomal oder gonosomal?

Sind Männer und Frauen gleich häufig Merkmalsträger, liegen die zu betrachtenden Allele mit hoher Wahrscheinlichkeit auf einem der 22 Autosomenpaare. Es liegt dann ein autosomaler Erbgang vor. Ist dies der Fall, dann gehe zu ▶ Schritt 2a–b.

Sind Männer und Frauen unterschiedlich häufig Merkmalsträger, so liegt das zu betrachtende Allel wahrscheinlich auf den Gonosomen, denn diese tragen nicht nur Gene für Geschlechtsmerkmale. Ist dies der Fall, dann gehe zu ▶ Schritt 3a–c.

Schritt 2a Autosomal-dominanter Erbgang

Prüfe, ob zwei Merkmalsträger mindestens ein Kind ohne verändertes Merkmal gezeugt haben. Das ist bei einem autosomal-dominanten Erbgang möglich, wenn beide Partner heterozygot sind. Das für das Merkmal verantwortliche Allel ist dominant. Auch Heterozygote sind Merkmalsträger. Meistens sind Merkmalsträger in diesen Stammbäumen häufiger vertreten ▶ Bild 1.

Schritt 2b Autosomal-rezessiver Erbgang

Kontrolliere, ob Eltern ohne verändertes Merkmal mindestens ein merkmalstragendes Kind gezeugt haben. Dann liegt ein autosomal-rezessiver Erbgang vor. Merkmalsträger müssen homozygot bezüglich der rezessiven Allele sein. Beide Eltern von Merkmalsträgern sind somit zumindest immer Überträger. Sie besitzen also jeweils mindestens ein verändertes Allel ▶ Bild 2. Liegt neben dem rezessiven Allel ein dominantes vor, das zum normalen Phänotyp führt, tritt die Veränderung phänotypisch nicht auf. Merkmalsträger treten also nicht unbedingt in jeder Generation auf.

Schritt 3a X-gonosomal-dominanter Erbgang

Prüfe, ob Frauen häufiger als Männer Merkmalsträger sind. Außerdem sind weibliche Nachfahren eines männlichen Merkmalsträgers immer Merkmalsträgerinnen ▶ Bild 3. Merkmalsträger stammen immer von Merkmalsträgerinnen ab. In diesen Fällen handelt es sich um einen X-gonosomal-dominanten Erbgang. Da Frauen das X-Chromosom des Vaters und eines der zwei X-Chromosomen der Mutter erben, haben sie eine doppelt so hohe Wahrscheinlichkeit, ein verändertes Allel zu erben. Männer hingegen erben ihr X-Chromosom nur von der Mutter, sie können in keinem Fall ein verändertes X-Chromosom vom Vater besitzen.

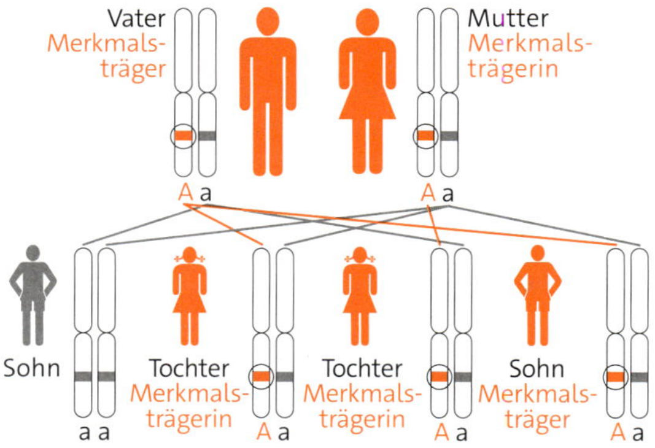

1 Eigenschaften autosomal-dominanter Erbgänge

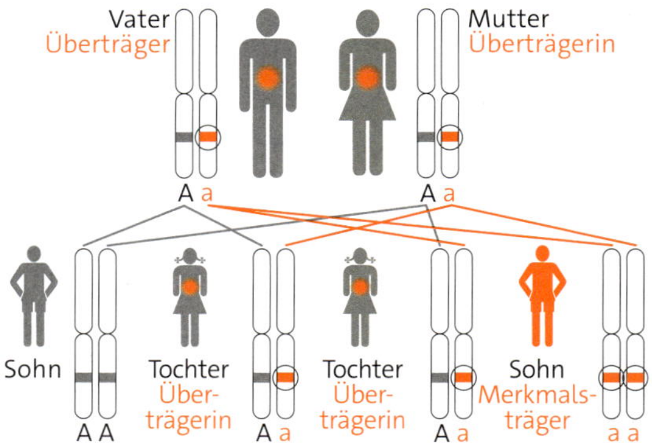

2 Eigenschaften autosomal-rezessiver Erbgänge

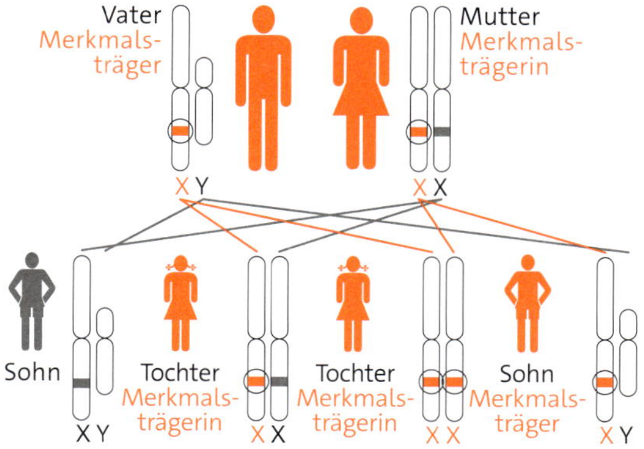

3 Eigenschaften X-gonosomal-dominanter Erbgänge

Schritt 3b X-gonosomal-rezessiver Erbgang

Du erkennst den Erbgang daran, dass die Veränderung des Phänotyps vermehrt bei Männern auftritt ▶ Bild 4. Ebenso können betroffene Väter Söhne zeugen, die keine Merkmalsträger sind. Eine Frau kann nur Merkmalsträgerin sein, wenn ihr Vater ebenfalls Merkmalsträger und ihre Mutter zumindest Überträgerin ist. Dies liegt daran, dass das Allel auf dem X-Chromosom liegt. Der Mann bildet dieses Merkmal in jedem Fall aus, weil ihm ein zweites X-Chromosom fehlt. Du kannst den Genotyp eines Mannes also am Phänotyp ablesen. Da Männer ihr X-Chromosom immer von ihrer Mutter erhalten, geben sie das veränderte Allel nie an ihre Söhne, aber immer an ihre Töchter weiter. Merkmalsträgerinnen müssen bei X-gonosomal-rezessiven Erbgängen homozygot sein.

Schritt 3c Y-gonosomaler Erbgang

Prüfe, ob von der genetisch bedingten Veränderung des Phänotyps nur Männer betroffen sind. Das betreffende Allel lässt sich in direkter Linie im Stammbaum nachverfolgen. In dem Fall handelt es sich um einen sehr seltenen Y-gonosomalen Erbgang.

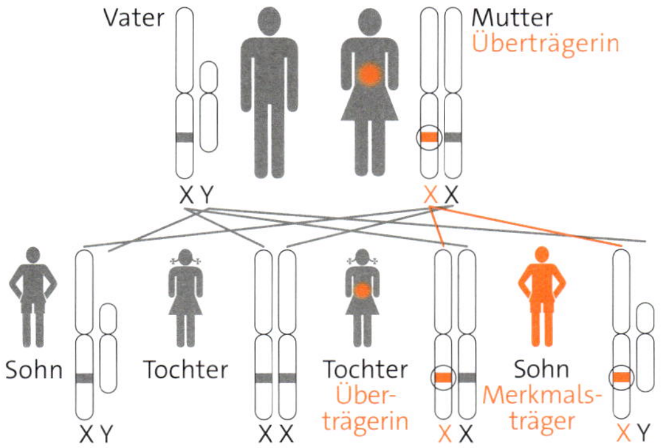

4 Eigenschaften X-gonosomal-rezessiver Erbgänge

Grenzen von Stammbaumanalysen

Meist lassen sich nur Ausschnitte von Stammbäumen untersuchen, daher kann man nicht immer eindeutig auf die Form der Vererbung schließen. Viele Merkmale werden zudem nicht nur von einem Gen bedingt.

1 Erkläre den Unterschied zwischen Merkmalsträger und Überträger.

2 Fasse die Kennzeichen, an denen man die Erbgänge erkennt, in Form einer Tabelle zusammen.

3 Skizziere einen Stammbaum für einen Y-gonosomalen Erbgang.

4 Erläutere, ob Kinder befürchten müssen, die genetisch bedingte Erkrankung des Vaters zu bekommen, wenn dieser Merkmalsträger einer X-gonosomal-rezessiv vererbten Krankheit ist.

5 Beurteile anhand der Familienstammbäume, welcher Erbgang der jeweiligen Erkrankung zugrunde liegt ▶ Bilder 5 und 6.

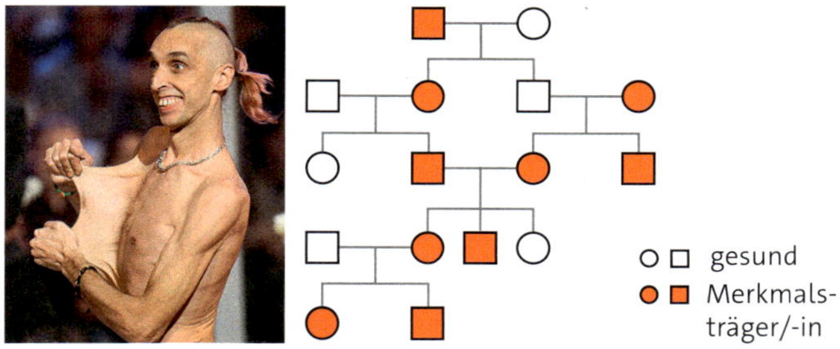

5 Garry Turner aus Großbritannien trat am 01.09.2007 in der TV-Show „Guinness World Records" in Köln auf. Turner leidet am Ehlers-Danlos-Syndrom und kann seine Haut auf eine Länge von 15,8 cm dehnen. Das Syndrom – im Volksmund auch als Gummihautsyndrom bezeichnet – geht auf eine genetisch bedingte Störung im Bindegewebe zurück.

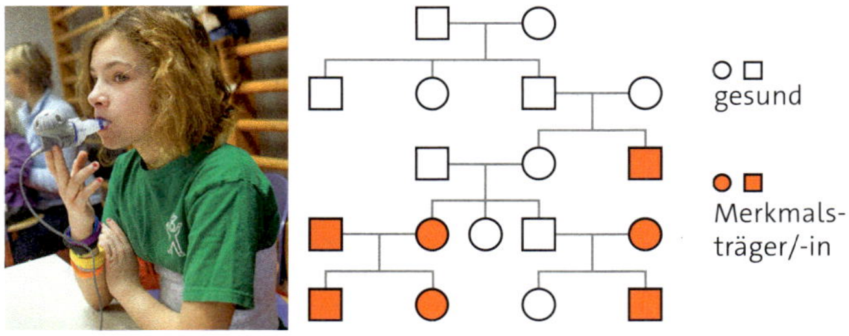

6 Bei der Mukoviszidose handelt es sich um eine genetisch bedingte Erkrankung, bei der betroffene Personen eine gestörte Schleimproduktion aufweisen, die das Atmen erschwert. Menschen mit Mukoviszidose sind auf aufwendige Therapien und schließlich häufig auf eine Spenderlunge angewiesen.

METHODE

Genotypen im Stammbaum bestimmen

Mithilfe eines Stammbaums und der Kenntnis von Vererbungsregeln lassen sich Rückschlüsse auf die Genotypen von miteinander verwandten Personen ziehen. Dieses Verfahren ermöglicht Paaren, deren Familien von genetisch bedingten Krankheiten betroffen sind, abzuschätzen, ob sie entsprechende Allele an ihre Kinder weitergeben könnten. Erarbeite die Methode am Beispiel der Blutgruppen des Menschen.

Bei der Vererbung der Blutgruppen lässt sich jedem Phänotyp nur eine begrenzte Zahl an Genotypen zuordnen. Somit ist gleichzeitig auch die Art der möglichen Geschlechtszellen eingeschränkt ▶ Bild 1.

Phänotypen	A		B		AB	0
mögliche Genotypen	AA	A0	BB	B0	AB	00
mögliche Geschlechtszellen	A, A	A, 0	B, B	B, 0	A, B	0, 0

♀ \ ♂	A	B	0
A	AA	AB	A0
B	AB	BB	B0
0	A0	B0	00

1 Phänotypen, Genotypen und Geschlechtszellen

Gehe bei einer Stammbaumanalyse Schritt für Schritt vor wie in ▶ Bild 2 beschrieben. Die Reihenfolge des Vorgehens ist dabei je nach Beispiel unterschiedlich.

1. Beurteile, ob die Kinder Nr. 4 (AA) und Nr. 5 (A0) der Mutter im Stammbaum von ▶ Bild 2 ebenfalls denselben Vater wie Kind 1–3 haben können.
2. Übertrage den Stammbaum in dein Heft und ermittle für jede Person Phänotyp und Genotyp.

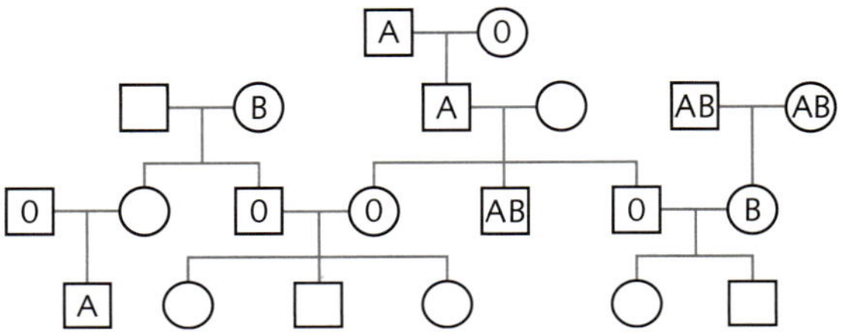

3. Erläutere den Umstand, dass eine Großmutter mit dem Phänotyp Blutgruppe 0 vonseiten ihres Sohns mit der Blutgruppe A eine Enkeltochter bekommen kann, die ebenfalls die Blutgruppe 0 besitzt.

Schritt 1 **Genotyp entspricht dem Phänotyp (Kind 1, Kind 2)**

AB 0
AB 00

Für manche Phänotypen gibt es nur einen zugehörigen Genotyp. Dieser muss nur zugeordnet werden.

Schritt 2 **Genotyp der Mutter**

A
A0

Da die Mutter selbst die Blutgruppe A besitzt, muss sie ein Allel für die Blutgruppe A haben. Ihr zweites Allel muss Blutgruppe 0 sein, da sie ihrem zweiten Kind in jedem Fall das Allel der Blutgruppe 0 vererbt haben muss.

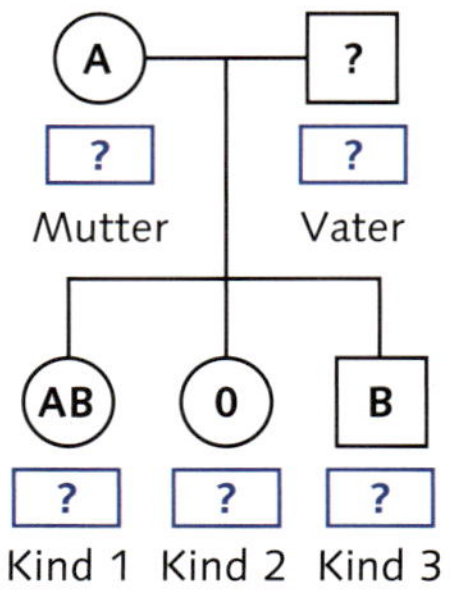

Schritt 3 **Genotyp des Vaters**

B
B0

Der Vater muss den Kindern 1 und 3 das Allel B vererbt haben, da die Mutter dieses Allel nicht besitzt. Da Kind 2 zwei Allele vom Typ 0 erhalten hat, muss das zweite Allel des Vaters ebenfalls 0 sein. Der Vater hat also Blutgruppe B mit dem Genotyp B0.

Schritt 4 **Genotyp Kind 3**

B
B0

Da Allel A zu Allel B kodominant ist, muss die Mutter ihr Allel 0 an dieses Kind vererbt haben. Vom Vater des Kindes muss das Allel B stammen.

2 Beispielhaftes Vorgehen bei einer Stammbaumanalyse

Blutgruppen und Vererbung

Blutspenden Bis ins 20. Jahrhundert waren Bluttransfusionen zwischen Menschen mit dem Risiko einer Verklumpungsreaktion zwischen Spender- und Empfängerblut verbunden, die mitunter zum Tod des Empfängers führten. Im Jahr 1901 stellte KARL LANDSTEINER fest, dass Menschen bestimmte Blutgruppen besitzen, die für diese Reaktion verantwortlich sind.

Phänotypen des AB0-Systems Die Benennung der Blutgruppen erfolgt im AB0-System nach den auf den roten Blutzellen vorhandenen Antigenen. Man unterscheidet zwischen dem Antigen A und dem Antigen B.
Besitzt ein Mensch auf seinen roten Blutzellen Antigene A, spricht man von der Blutgruppe A. Tragen die roten Blutzellen Antigene B, hat er die Blutgruppe B. Besitzt er beide Antigene, dann hat er die Blutgruppe AB, besitzt er hingegen keine Antigene auf den roten Blutzellen, hat er die Blutgruppe 0. Zudem findet man im menschlichen Blut Y-förmige Antikörper. Unterschieden wird ebenfalls zwischen zwei Formen: Anti-A- und Anti-B-Antikörpern ▶ Bild 4.

Blut kann verklumpen Im Blutserum eines Menschen findet man immer diejenigen Antikörper, die nicht zu den Antigenen der eigenen roten Blutzellen passen. Ein Mensch der Blutgruppe A hat also die Anti-B-Antikörper, ein Mensch mit Blutgruppe AB besitzt keine solchen Antikörper.
Erhält ein Patient Fremdblut der falschen Blutgruppe, kann es zu einer Reaktion zwischen Antigenen und Antikörpern kommen. Es bilden sich Antigen-Antikörper-Komplexe, die eine Verklumpung des Bluts auslösen. Das Blut kann dann nicht mehr ungehindert fließen. Solch ein Transfusionsfehler kann tödlich enden.

Blutgruppen-Allele werden vererbt Die Blutgruppen-Allele werden durch die Eltern vererbt. Der Genort für das Merkmal Blutgruppe liegt auf Chromosom 9 ▶ Bild 3. Für das Blutgruppen-Gen gibt es 3 unterschiedliche Allele: A, B und 0. Da der Mensch einen diploiden Chromosomensatz mit jeweils zwei homologen Chromosomen hat, besitzt er für jedes Gen immer zwei Allele, die die Blutgruppe bestimmen.

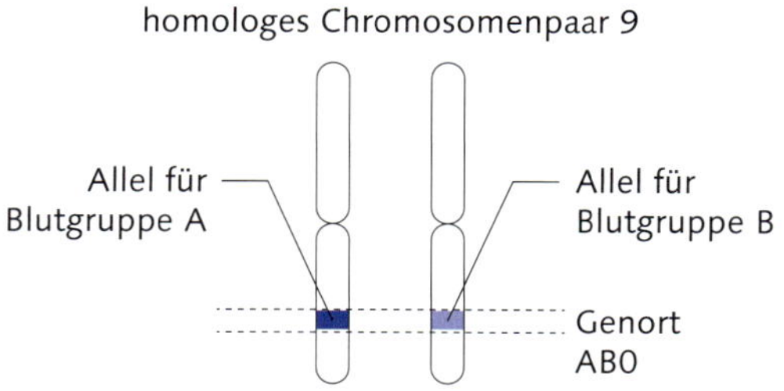

3 Das Gen für das Merkmal Blutgruppe liegt auf Chromosom 9.

Kodominanz Hat eine Person auf einem Chromosom das Allel für die Blutgruppe A und auf dem homologen Chromosom das Allel für die Blutgruppe B, besitzt sie die Blutgruppe AB. Hinsichtlich des Phänotyps werden beide Merkmale verwirklicht. Keines der beiden Allele tritt gegenüber dem anderen zurück, sie verhalten sich also beide dominant und führen zur Merkmalsausprägung. Man spricht von *Kodominanz*. Das Allel für die Blutgruppe 0 verhält sich gegenüber den Allelen A und B rezessiv. Folglich sind Menschen mit der Blutgruppe 0 immer homozygot ▶ Bild 2.

Blutgruppe	Genotypen	rote Blutzellen (Antigene)	Blutserum (Antikörper)
A	AA A0		
B	BB B0	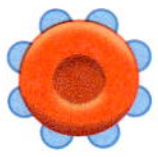	
AB	AB		keine
0	00		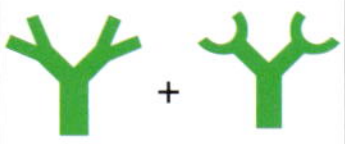

4 Phänotypen und Genotypen der Blutgruppen

1 Erkläre die Phänotypen in ▶ Bild 4 anhand der aufgeführten Genotypen.

2 In der Medizin ist die Spende von roten Blutzellen üblich. Stelle in Form einer Tabelle dar, welche roten Blutzellen an Menschen mit den unterschiedlichen Blutgruppen gespendet werden können.

Ethisches Bewerten

Ein Dilemma ist eine Entscheidungssituation, für die es keine eindeutig richtige Lösung gibt. Vielmehr lässt die Situation mehrere Handlungsmöglichkeiten zu. Jede Handlungsmöglichkeit ist mit Nachteilen verbunden.

Ein Paar, das eine Familie gründen möchte, kann in ein Dilemma geraten: Kommen in der Familie eines Partners oder beider Partner genetisch bedingte Krankheiten vor, muss die Entscheidung für oder gegen Kinder besonders gut überdacht werden. Dabei spielen die Werte des Paars eine wichtige Rolle.

Werte sind Vorstellungen und Ideale, die als allgemein wünschens- oder erstrebenswert anerkannt sind. Solche Werte sind Recht auf Leben, Menschenwürde, Gleichberechtigung, Bildung, Wohlstand, Gerechtigkeit, Gesundheit, Freiheit, Recht auf Selbstbestimmung ...

Daraus ergeben sich verschiedene Standpunkte:

- Jedes Kind verdient die Chance zu leben.
- Jedes Kind soll möglichst gesund zur Welt kommen.
- Auch mit einer genetisch bedingten Krankheit kann man ein erfülltes Leben führen.
- Das Leben mit einem kranken Kind stellt eine Belastung für die Eltern dar.
- Vielfalt in der Gesellschaft ist wichtig.
- Das Leben mit einem kranken Kind birgt höhere Kosten für die Eltern.

Diesen Argumenten liegt neben der Wertebene auch eine Sachebene, eine beschreibende Aussage, zugrunde ▶ Bild 1.

Menschen kommen in Entscheidungssituationen zu unterschiedlichen Bewertungen, weil sie den ihren Argumenten zugrunde liegenden Werten unterschiedliche Bedeutung beimessen.

Eine ethische Bewertung wird in mehreren Schritten durchgeführt:

Schritt 1 Definieren des Dilemmas
Hier wird die Entscheidungssituation beschrieben.

Schritt 2 Aufzählen möglicher Handlungsoptionen
Hier zählst du alle Handlungsmöglichkeiten auf, die du in der Entscheidungssituation siehst. Dabei solltest du auch naturwissenschaftliche Fakten berücksichtigen.

Schritt 3 Aufzählen der Werte
Hier überlegst du dir, welche Werte die Handlungsmöglichkeiten berühren.

Schritt 4 Gewichtung der Werte
Überlege, welche der genannten Werte für dich besonders wichtig sind.

Schritt 5 Eine begründete Entscheidung treffen
Hier begründest du argumentativ, welche Handlungsmöglichkeit ergriffen werden soll. Deine Argumentation sollte sowohl die Sach- als auch die Wertebene berücksichtigen.

Schritt 6 Folgenabschätzung
Hier zählst du die Folgen auf, die dein Handeln und das Handeln anderer kurz- und langfristig haben.

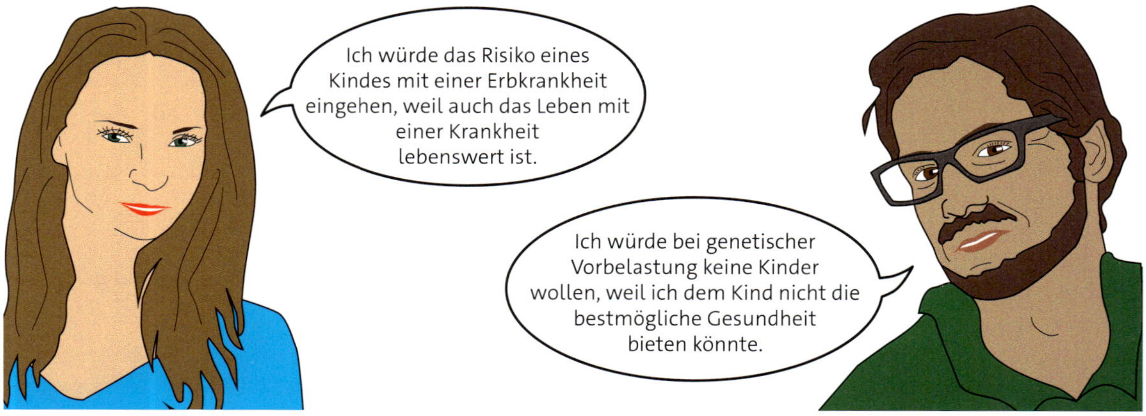

1 Argumente haben eine Sachebene und eine Wertebene.

Genetische Beratung

Marius und Indra sind vor zwei Jahren Eltern einer Tochter geworden. Sie hatten geplant, die kleine Sophie mit einem Bruder oder einer Schwester aufwachsen zu lassen. Doch kurz vor Sophies 2. Geburtstag stellt sich überraschend heraus, dass sie an der genetisch bedingten Krankheit Mukoviszidose (▶ S. 199) leidet. Das Leben der kleinen Familie ändert sich auf einmal drastisch. Jetzt sind sich die Eltern nicht mehr sicher, ob sie weiteren Nachwuchs planen sollen. Als Entscheidungshilfe in ihrem Dilemma suchen sie eine genetische Beratungsstelle auf ▶ Bild 2.

2 Paar bei der genetischen Beratung

Anlass und Ziele Eine genetische Beratung kann in verschiedenen Fällen in Anspruch genommen werden. Genetisch bedingte Erkrankungen bei einem Paar, dessen Kindern oder weiteren Verwandten können der Anlass sein. Auch Paare, die miteinander verwandt sind, nutzen die Beratungsmöglichkeit.
Die Beratung gibt keine Lösungen vor, sondern soll die Familie unterstützen und ihr eine Entscheidungshilfe bieten. Dafür wird z. B. das Risiko, ein krankes Kind zu bekommen, ermittelt. Die Familie soll die medizinischen Fakten der Krankheit kennen, um eine wohlüberlegte Entscheidung treffen zu können.

Ablauf und Methoden Je nach Situation und Fragen der Ratsuchenden kann eine genetische Beratung verschiedene Untersuchungen einschließen. Bei der Erstellung eines Stammbaums wird eingetragen, welche Familienmitglieder an einer Krankheit leiden. So kann man für die Nicht-Erkrankten die Wahrscheinlichkeit ermitteln, mit der sie das Allel tragen, das die Krankheit auslöst. Das ermöglicht auch Vorhersagen über zukünftige Kinder eines Paars.
Beruht die Krankheit, die in der Familie vorkommt, auf einer bekannten Genmutation, kann die DNA der Eltern auch direkt auf die Allele, welche die Krankheit auslösen, untersucht werden. Chromosomenmutationen lassen sich mithilfe eines Karyogramms sichtbar machen.
Den Untersuchungen folgt eine genaue Erklärung der Ergebnisse und ihrer Bedeutung. Auch eventuelle Behandlungsmöglichkeiten für die Krankheit werden dabei vorgestellt. So können die Betroffenen anschließend auf Basis ihrer eigenen Werte und Argumente die für sie richtige Entscheidung treffen.

1 **A** Begründe mit dem Stammbaum (▶ Bild 3), dass Mukoviszidose einem rezessiven Erbgang folgt.
B Bestimme, wie hoch für Marius und Indra die Wahrscheinlichkeit für ein zweites an Mukoviszidose erkranktes Kind ist.

2 **A** Führe für die Fragestellung von Marius und Indra eine Bewertung mithilfe der Methode „Ethisches Bewerten" durch.
B Vergleiche deine Argumente mit den Argumenten deiner Klassenkameraden.
C Begründe, warum man zu verschiedenen Bewertungen kommen kann.

3 In Island gibt es eine App, mit der die Isländer ihren Verwandtschaftsgrad zu anderen Bewohnern des Landes ermitteln können. Bei zu naher Verwandtschaft empfiehlt die App, keine sexuelle Beziehung zum anderen einzugehen. Erläutere die genetischen Hintergründe dieser Empfehlung.

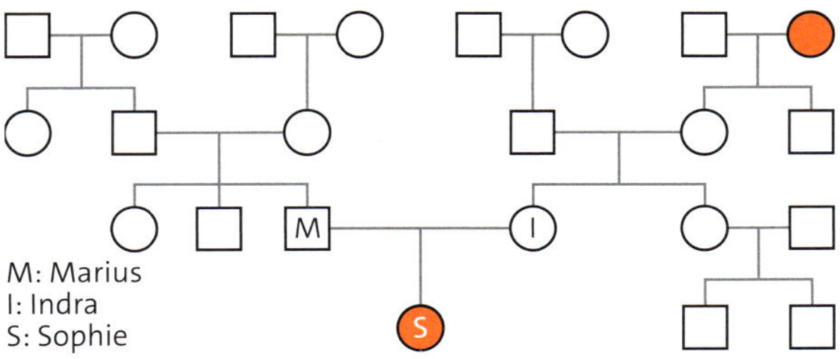

3 Im Rahmen der Beratung erstellter Stammbaum

Gentechnik bei der Insulin-Produktion

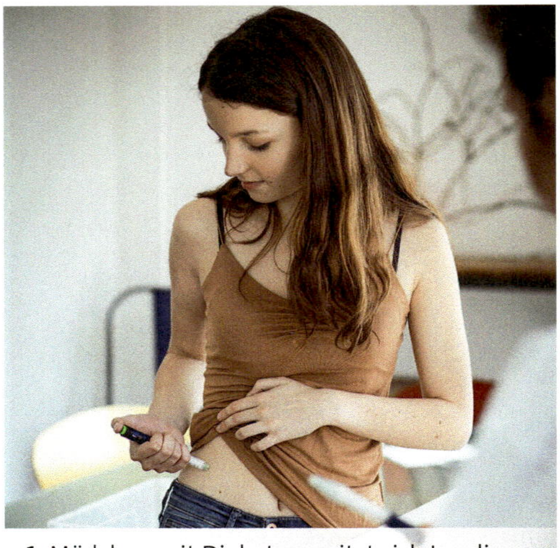

1 Mädchen mit Diabetes spritzt sich Insulin.

„Volkskrankheit" Diabetes mellitus Es gibt sehr viele Diabetiker und laut Prognosen wird die Zahl der Diabetiker weltweit in den nächsten Jahren weiter markant zunehmen und damit auch die Zahl der Personen, die eine Insulin-Therapie benötigen. Grundlegende Informationen zur Bedeutung und Regulation des Blutzuckerspiegels sowie zur Diabetes-Erkrankung sind im Kapitel ▶ Informationssysteme dargestellt.

Insulin-Gewinnung Der Insulin-Bedarf zur Diabetes-Therapie wird von Jahr zu Jahr größer. Früher musste das Hormon Insulin aus den Bauchspeicheldrüsen von geschlachteten Rindern und Schweinen gewonnen werden. Um den Jahresbedarf an Insulin eines Diabetikers so zu decken, wären ca. 40 Schweine-Bauchspeicheldrüsen notwendig. Schweine- bzw. Rinder-Insulin ist etwas anders aufgebaut als Human-Insulin und muss daher teuer und aufwendig chemisch aufbereitet werden, um die Verträglichkeit und Wirksamkeit beim Menschen zu verbessern. Dennoch entwickeln viele Patienten Antikörper gegen das fremde Protein oder reagieren allergisch. Das Insulin tierlichen Ursprungs kann dann nur noch eingeschränkt oder nicht mehr eingesetzt werden.

Seit den 1980er Jahren stellt man Human-Insulin zu Therapiezwecken mithilfe gentechnisch veränderter Bakterien in großen Mengen her. Dies ist einfacher und preiswerter als die zuvor durchgeführten Verfahren. Das so gewonnene Human-Insulin hat dieselbe Struktur wie das körpereigene Insulin und ist gut verträglich.

Gentechnik Die *Gentechnik* ist ein Teilgebiet der Biologie. Sie befasst sich mit der Erforschung von Genen und deren gezielter Veränderung bzw. Übertragung auf andere Organismen. Mit gentechnischen Verfahren kann man Erbmaterial über Artgrenzen hinweg neu kombinieren. Organismen, deren Erbinformation gentechnisch verändert wurde, nennt man *transgen*. 1973 wurde der erste transgene Organismus, ein Bakterium, hergestellt.

Gentechnische Human-Insulin-Produktion Das Grundprinzip der gentechnischen Produktion von Human-Insulin zeigt ▶ Bild 2. Aus dem Genom einer menschlichen Zelle wird das Insulin-Gen mit speziellen Enzymen herausgeschnitten. Dieses Human-Insulin-Gen wird in einen kleinen DNA-Ring eingebaut, den viele Bakterien zusätzlich zu ihrem großen, ringförmigen Bakterienchromosom besitzen können.

Die DNA-Ringe mit Human-Insulin-Gen werden in Bakterienzellen übertragen. Da dies nicht immer zuverlässig klappt, werden zunächst die Bakterien ausgewählt, die den DNA-Ring enthalten.

Die transgenen Bakterien werden unter optimalen Bedingungen kultiviert. Der DNA-Ring mit dem Human-Insulin-Gen wird wie das Bakterienchromosom vor jeder Zellteilung verdoppelt und an die Tochterzellen weitergegeben. Die transgenen Bakterien produzieren dank des gentechnisch eingebauten menschlichen Gens Human-Insulin. Das von den Bakterien produzierte Insulin kann gewonnen und als Medikament verabreicht werden.

Gentechnik in der Medizin Gentechnische Verfahren werden neben der Herstellung von Medikamenten wie Insulin auch bei der Diagnose von bestimmten Krankheiten eingesetzt. Zudem versucht man, ganze Organe oder Teile davon aus gentechnisch veränderten Zellen zu züchten, sodass Patienten nicht mehr von Organspenden abhängig sind.

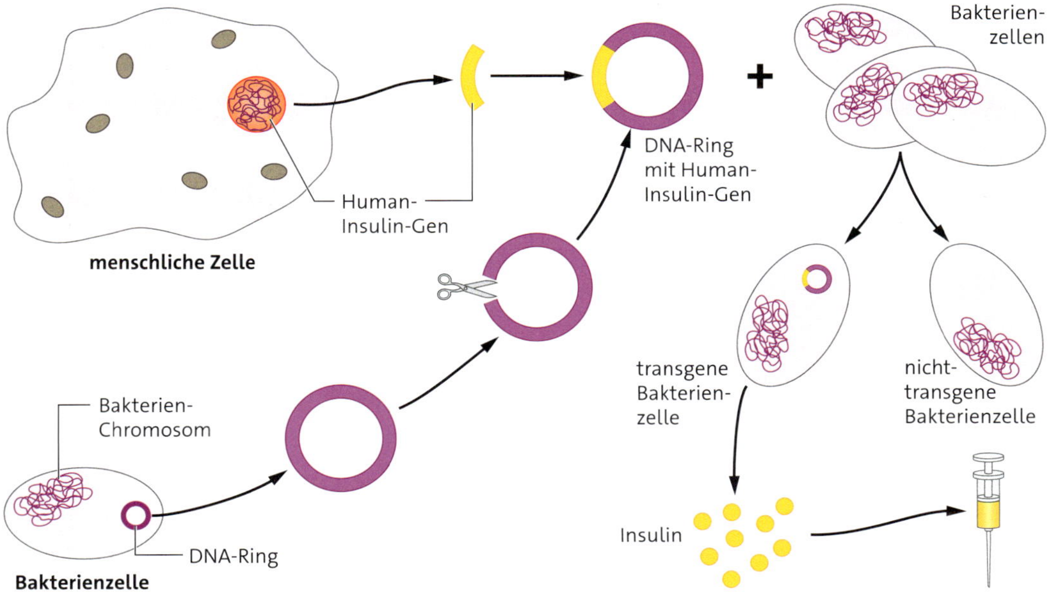

2 Gentechnische Herstellung von Human-Insulin

Im Feld der Gentherapie wird erforscht, ob genetisch bedingte Krankheiten durch Einschleusen von Genen in die Zellen der Patienten geheilt werden können. Diese Einsatzmöglichkeit ist aufgrund der starken Nebenwirkungen oder aus ethischen Gründen umstritten.

Anwendungsbereiche der Gentechnik Auch in der Landwirtschaft kann Gentechnik eingesetzt werden. Die Anbaufläche mit transgenen Nutzpflanzen hat in den letzten Jahren weltweit zugenommen. So sind transgene Raps-, Mais-, Baumwoll- oder Sojasorten tolerant gegenüber bestimmten Pflanzenschutzmitteln oder giftig für Schadinsekten.

Transgene Tiere werden derzeit meist als Versuchstiere in der Forschung eingesetzt. Auch klassische Züchtungsziele wie größerer Fleisch- oder Milchertrag, bessere Fleischqualität und erhöhte Krankheitsresistenz versucht man durch Gentechnik zu erreichen. In Kanada wurde 2017 der erste gentechnisch veränderte Lachs als Lebensmittel vermarktet. Diese Lachse mit zwei gentechnisch übertragenen Genen erreichen in kürzerer Zeit ihre Schlachtreife und werden zudem deutlich größer als normale Tiere ▶ Bild 3.

Gentechnik kann auch in der Industrie vielfältig eingesetzt werden: Mit transgenen Kleinstlebewesen können aus Biomasse Biogas, Bioethanol und andere Ersatzstoffe gewonnen werden. Auch Vitamine, Aminosäuren, Enzyme für Waschmittel oder Antibiotika lassen sich mit transgenen Organismen herstellen.

3 Transgener und normaler Lachs

1 **A** Erstelle eine Mindmap zum Thema Bedeutung und Regulation des Blutzuckerspiegels.
B Gestalte ein Informationsplakat zum Thema Volkskrankheit Diabetes mellitus.

2 Begründe den Einsatz gentechnischer Verfahren in der Insulin-Herstellung.

3 Beschreibe das Prinzip der gentechnischen Herstellung von Human-Insulin ▶ Bild 2.

4 Nenne weitere Anwendungsbeispiele der Gentechnik.

Umstrittene Gentechnik

Der Einsatz von Gentechnik in verschiedenen Anwendungsbereichen wird sehr kontrovers diskutiert. Weltweit nimmt die Anbaufläche mit transgenen Pflanzen stetig zu. In Deutschland sind solche Pflanzen lediglich auf Versuchsfeldern zugelassen. Bewerte selbst am Beispiel Mais.

1 Maispflanze mit Maiszünsler

Vielfältige Nutzpflanze Mais

Das Getreide Mais stammt ursprünglich aus Mexiko und nimmt an der Weltgetreideernte mit über 1 Million Tonnen (2016) den ersten Platz noch vor Weizen und Reis ein. Über 60 % der Maisernte wird an Nutztiere verfüttert, nur 15 % sind Nahrung für den Menschen. Mais ist zudem ein nachwachsender Rohstoff zur Herstellung von Bioethanol und Biogas. Maisstärke wird als Rohstoff in der Textil-, Pharma-, Kunststoff- und Verpackungsindustrie verwendet.

Ernteeinbußen durch Schädlinge

Weltweit werden ca. 4 % der Maisernte allein durch den Maiszünsler vernichtet, einen nachtaktiven Falter. Maispflanzen sind die Hauptnahrungsquelle der Raupen ▶ Bild 1. Befallene Pflanzen werden häufig zusätzlich durch Pilze geschädigt. Wegen des Klimawandels prognostizieren Experten eine Zunahme der Ernteeinbußen. Um den Maiszünsler zu bekämpfen, werden die Pflanzen mehrmals mit chemischen Insektengiften oder mit dem Gift des Bodenbakteriums *Bacillus thuringiensis* besprüht. Diese wirken jedoch unspezifisch und schädigen eine Vielzahl von Insekten und Bodenlebewesen.

Transgener Mais

Bacillus thuringiensis enthält das Gen für Bt-Gift. Es kann gentechnisch in Mais eingeschleust werden. Dieser Bt-Mais ist so vor Fraßschädlingen wie dem Maiszünsler weitgehend geschützt, da diese das von der transgenen Pflanze hergestellte Gift beim Fressen aufnehmen. Das Versprühen des Gifts entfällt. Mit zusätzlichen Genen kann Mais zudem unempfindlicher gegen Pflanzenschutzmittel wie Glyphosat gemacht werden. Mit diesen bekämpfen die Landwirte nicht erwünschte Pflanzen auf dem Kulturland.

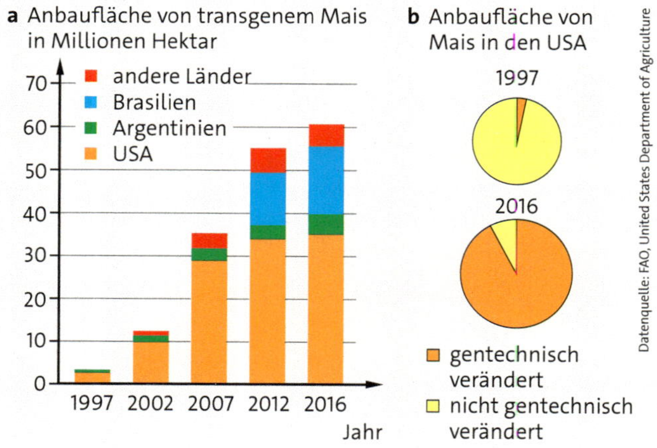

2 Anbaufläche von transgenem Mais

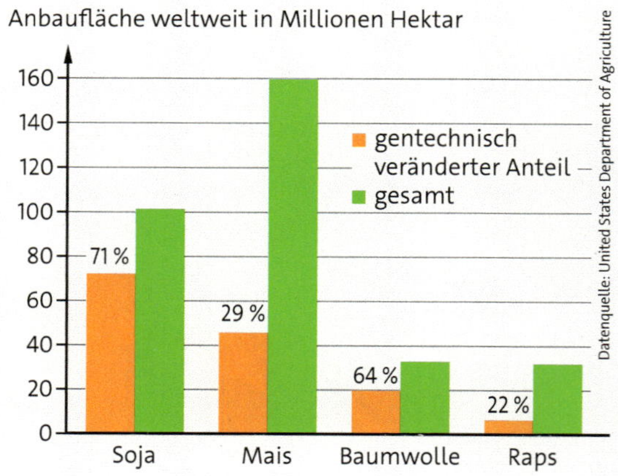

3 Anbauflächen verschiedener Nutzpflanzen 2010/11

1. Die Gentechnik stellt der Landwirtschaft hochwertige Lösungen zur Verfügung.

2. Gentechnik hilft im Kampf gegen Hunger und Mangelernährung.

3. Gentechnik verringert den Gifteinsatz auf den Feldern.

4. Transgene Organismen sind patentgeschützt.

5. Transgene Organismen sind bestens erforscht und sicher.

6. Gentechnisch hergestellte Organismen erweitern die Artenvielfalt.

a. Transgene Pflanzen verstärken den Trend der Beschränkung auf immer weniger Kultursorten. Zudem werden sie nahezu ausschließlich in Monokulturen angebaut. Dies ist mit einem intensiven Einsatz von Düngern und giftigen Pflanzenschutzmitteln verbunden, die sich in Boden und Grundwasser anreichern und die Biodiversität auf den Feldern weiter verringern.

b. Gentechnik in der Landwirtschaft führt zu Folgekosten für Sicherheitsforschung und Anbauüberwachung. Die klare Trennung von gentechnikfreien landwirtschaftlichen Produkten ist für Landwirte und Lebensmittelproduzenten sehr aufwendig. So muss z. B. verhindert werden, dass Pollen transgener Pflanzen andere Pflanzen bestäubt. Vor einem besonderen Problem stehen die Imker.

c. Transgene Nutzpflanzen dienen überwiegend als Futter-, Energie- und industrielle Rohstoffpflanzen. Immer mehr landwirtschaftliche Nutzfläche wird der Nahrungsmittelproduktion entzogen. Der Verlust an landwirtschaftlicher Nutzfläche durch Erosion und Bebauung nimmt enorm zu. Die Bodenfruchtbarkeit auf intensiv genutzten Agrarflächen ist stark rückläufig. Andererseits wird ein Drittel aller Lebensmittel verschwendet.

d. Klassisch gezüchtete Pflanzen und Tiere können vom Besitzer eigenständig weitergezüchtet werden. Mit Patenten geschützte Organismen dürfen hingegen nur nach Zustimmung des Patentinhabers weiterentwickelt werden. Landwirte müssen jedes Jahr Patentgebühren für die Nutzung entrichten. So ist transgenes Saatgut in der Regel deutlich teurer als das klassische.

e. Unabhängige Langzeitstudien über die Auswirkungen von Gentechnik auf die Gesundheit von Menschen, Tieren und Pflanzen fehlen. Es gibt jedoch Hinweise auf Probleme: Fütterungsstudien mit Bt-Mais zeigten eine Veränderung der Blutzusammensetzung der Tiere. Glyphosat wird seit 2015 als „wahrscheinlich krebserregend" eingestuft.

f. Ein Großteil der transgenen Nutzpflanzen wurde gegen Pflanzenschutzmittel, z. B. Glyphosat, unempfindlich gemacht. Meist werden transgenes Saatgut und Pflanzenschutzmittel im Paket von einem Unternehmen vertrieben, was zu einer Abhängigkeit der Landwirte führt. Zahlreiche Unkräuter haben Resistenzen gegen die giftigen Mittel entwickelt, was häufig zu einem deutlich intensiveren, gesundheitsschädlichen Gifteinsatz führt.

4 Aussagen und Argumente zur Gentechnik

1 **A** Erläutere die Bedeutung der Nutzpflanze Mais.
B Stelle die Maiszünslerproblematik dar.

2 **A** Erläutere die Vorteile von transgenem Mais.
B Werte die Diagramme aus ▶ Bilder 2 und 3.

3 Auch in Deutschland wird immer wieder die Zulassung von transgenem Mais eingefordert.
A Ordne den Aussagen 1–6 die Gegenargumenten a–f zu ▶ Bild 4.
B Bewerte diese Forderung im Sinne der Nachhaltigkeit. Gehe vor, wie auf der Methodenseite „Ethisches Bewerten" (S. 214) beschrieben.
C Verfasse einen Artikel für die Schülerzeitung.

4 Erstelle ein Informationsplakat zu einer weiteren transgenen Nutzpflanze, z. B. Soja, Raps oder Baumwolle.

5 Der Großteil der transgenen Pflanzen wird in den USA, Brasilien, Argentinien, Südafrika und Indien angebaut. Erläutere, ob dieser Sachverhalt für uns in Deutschland relevant ist.

Zusammenfassung

Information und Kommunikation

Die Funktion des Zellkerns besteht in der Steuerung von Stoffwechselvorgängen. Er enthält genetische Informationen in Form eines diploiden Chromosomensatzes. Chromosomen bestehen aus DNA-Strängen. Bestimmte DNA-Abschnitte, die Gene, enthalten die Erbinformationen für ein Merkmal. Genabschnitte an identischen Orten homologer Chromosomen bezeichnet man als Allele. Sie können sich hinsichtlich ihrer Erbinformation für das Merkmal unterscheiden. So kann ein Lebewesen mit diploidem Chromosomensatz Erbinformationen besitzen, die zwei unterschiedliche Ausprägungen eines Merkmals zur Folge haben können ▶ Bild 1.

Diese Zusammenhänge zur genetischen Information lassen sich im biologischen Prinzip *Information und Kommunikation* einordnen.

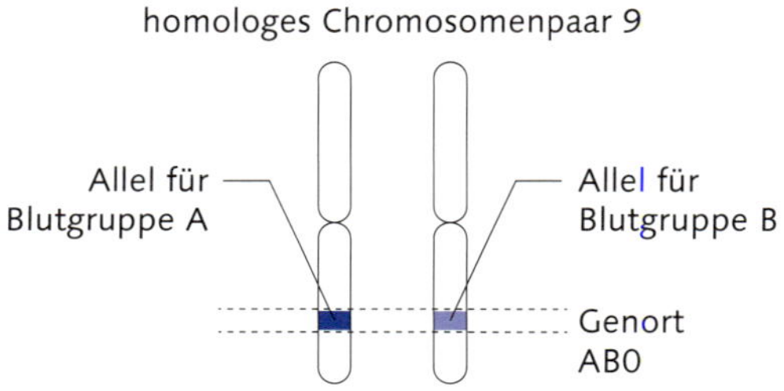

1 Gene homologer Chromosomenpaare mit unterschiedlichen Allelen

Reproduktion und Entwicklung

Die Körperzellen des Menschen besitzen den diploiden Chromosomensatz von $2 \cdot 22$ Autosomen und zwei Gonosomen in Form von zwei X- oder einem X- und einem Y-Chromosom. Sie legen das biologische Geschlecht des Menschen fest. Für die sexuelle Fortpflanzung wird der diploide Chromosomensatz bei der Bildung der Geschlechtszellen durch die Meiose auf den haploiden Chromosomensatz halbiert.

Verschmelzen die Zellkerne von Eizelle und Spermium miteinander, entsteht wieder ein diploider Chromosomensatz. Damit bleibt der Chromosomensatz in jeder Generation konstant. Ein Kind besitzt Erbinformationen von Mutter und Vater. Innerhalb seines Körpers werden Zellen durch Zellteilung neu gebildet. In diesem Verlauf findet auch die Kernteilung, die Mitose, statt. Die Chromosomen werden verdoppelt und auf die Tochterzellen verteilt. Somit enthalten die Zellen nach der Zellteilung die gleichen genetischen Informationen.

Die asexuelle Fortpflanzung führt zu genetisch identischen Lebewesen. Bei der sexuellen Fortpflanzung werden die Erbinformationen neu kombiniert. Dies führt zu genetisch verschiedenen Nachkommen.

Diese Sachverhalte beschreibt das biologische Prinzip *Reproduktion und Entwicklung*.

Variabilität und Angepasstheit

Der Phänotyp eines Lebewesens wird maßgeblich durch den Genotyp bestimmt. Gene enthalten Bauanleitungen für Genprodukte. Das sind häufig Enzyme. Sie wirken sich durch ihre Rolle im Stoffwechsel auf den Phänotyp aus ▶ Bild 2.

Während der Meiose werden die homologen Chromosomen zufällig auf die Geschlechtszellen verteilt. Diese Rekombination führt zu unterschiedlichen Geschlechtszellen jedes Elternteils. Durch sexuelle Fortpflanzung erreichen Lebewesen eine hohe Variabilität. Nachkommen unterscheiden sich also in ihrem Geno- und ihrem Phänotyp von ihren Eltern. Die MENDEL'schen Regeln ermöglichen statistische Voraussagen über mögliche Geno- und Phänotypen der Nachkommen.

Aufgrund der Variabilität gibt es Individuen, die in besonderem Maß an ihre Umwelt angepasst sind. Aber auch die Umwelt selbst hat einen Einfluss auf das Erscheinungsbild eines Lebewesens. Sie erhöht die Variabilität.

Das biologische Prinzip *Variabilität und Angepasstheit* beschreibt diese Zusammenhänge.

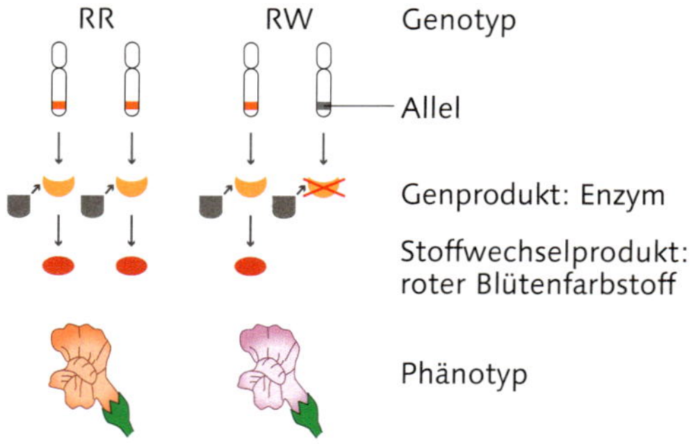

2 Zusammenhänge zwischen Genotyp und Phänotyp

Teste dich!

1 Erkläre die Begriffe Zellkern, Chromosom, DNA, Gen, Allel, Nucleotid und Mutation zusammenhängend.

2 Unter Mitose versteht man eine Form der Teilung des Zellkerns.
- **A** Erkläre die Bedeutung der Mitose für die Zellteilung.
- **B** Beschreibe die Phasen der Mitose.

3 Die Meiose ermöglicht die sexuelle Fortpflanzung.
- **A** Erkläre die Bedeutung der Meiose für die sexuelle Fortpflanzung.
- **B** Beschreibe die Phasen der Meiose.

4 Erläutere, wie viele Kombinationsmöglichkeiten sich für die Geschlechtszellen ergeben, wenn die Vorläuferzelle 2n = 6 Chromosomen enthält.

5 Erläutere, warum es sehr wohl entscheidend für den Phänotyp eines Kindes ist, welches von zwei homologen Chromosomen es von der Mutter erbt.

6 Begründe Vor- und Nachteile der sexuellen Fortpflanzung.

7 Definiere die Begriffe dominant, rezessiv, kodominant und intermediär.

8 Die Rot-Grün-Sehschwäche geht auf ein Fehlen oder eine Fehlfunktion von bestimmten Lichtsinneszellen in der Netzhaut zurück, sodass die Farben Rot und Grün nur schwer voneinander unterschieden werden können. Diagnostiziert werden kann diese Sehschwäche mit Farbtafeln wie in ► Bild 3 (links).
- **A** Beurteile anhand des Familienstammbaums, welcher Erbgang der Rot-Grün-Sehschwäche zugrunde liegt ► Bild 3 (rechts).
- **B** Beziehe Stellung zu folgender Aussage: „Die Rot-Grün-Sehschwäche überspringt die zweite Generation in dem vorliegenden Stammbaum."

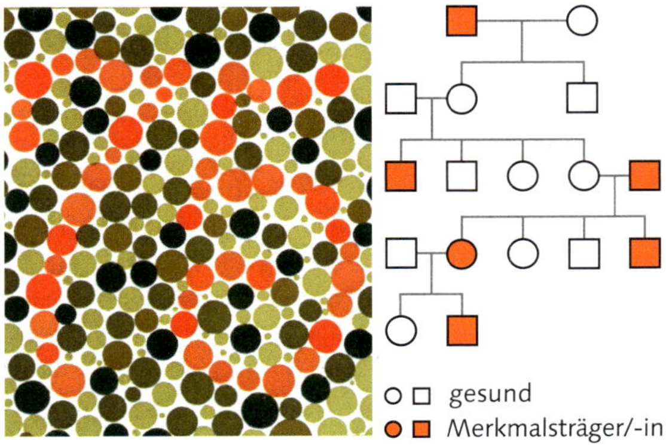

3 In diesem Familienstammbaum sind Merkmalsträger der Rot-Grün-Sehschwäche rot hervorgehoben. Personen ohne Rot-Grün-Sehschwäche lesen auf dem Bild die Zahl 75.

9 Ein Hobby-Gärtner möchte eine Radieschen-Neuzüchtung vorstellen: kugelige Radieschen mit weißer Wurzelfarbe. Er besorgt sich reinerbige Samen: Sorte 1: kugelig, rot und Sorte 2: länglich, weiß. Er erhält entgegen seiner Erwartung ausschließlich längliche, rote Radieschen. Erläutere mithilfe eines Kreuzungsschemas, ob der Hobby-Gärtner noch eine Chance hat, mit seiner gewünschten Neuzüchtung zu glänzen.

10 Fruchtfliegen (► Bild 4) zeugen in jeder Generation viele Nachkommen. Sie eigenen sich gut für Zuchtexperimente. Ein Kreuzungsversuch mit für die betrachteten Merkmale homozygoten Tieren wurde durchgeführt.

4 Fruchtfliege

- **A** Beschreibe den Kreuzungsversuch ► Bild 5.
- **B** Erkläre, welcher Erbgang bei der Vererbung von Flügelform und Borsten vorliegt.
- **C** Die Fruchtfliegen der F_1-Generation werden miteinander gekreuzt. Erläutere anhand eines Kreuzungsschemas, unter Bezug auf die entsprechende MENDEL'sche Regel, deine Erwartung hinsichtlich des Phänotyps der Tiere der F_2-Generation.

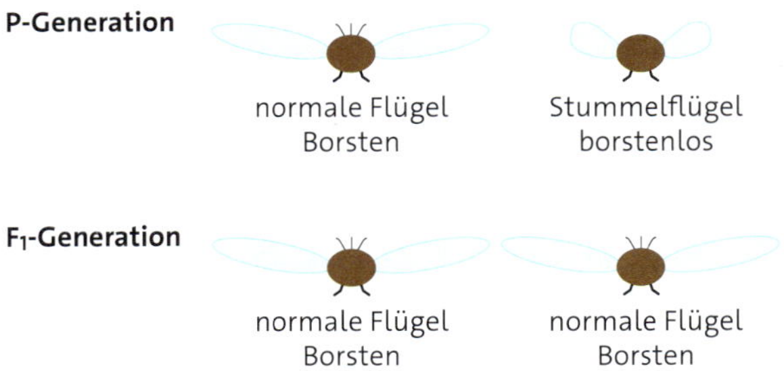

5 Ergebnisse eines Kreuzungsversuchs mit Fruchtfliegen

► Die Lösungen zu den Aufgaben findest du im Anhang.

Anhang

Lösungen zu „Teste dich!“

Informationssysteme

1 Bei einem adäquaten Reiz handelt es sich um die zu einem Sinnesorgan passende Information aus der Umwelt. Eine Sinneszelle stellt einen Signalwandler dar, der adäquate Reize aufnimmt und in elektrische Signale umwandelt. Ein Sinnesorgan ist ein Organ, das Sinneszellen enthält.

2 A

	Bestandteil	Funktion
1	Hornhaut	begrenzt den Augapfel nach vorne; ermöglicht, dass Licht auf die Netzhaut fällt
2	Linse	Akkommodation
3	Iris	Adaptation
4	Ziliarmuskel	Akkommodation
5	Netzhaut	Aufnahme und Umwandlung der Lichtreize in elektrische Signale durch Lichtsinneszellen
6	Lederhaut	Schutz des Augapfels
7	Aderhaut	Versorgung des Auges mit Sauerstoff und Nährstoffen
8	Sehnerv	Weiterleitung der elektrischen Signale an das Gehirn
9	Glaskörper	ermöglicht, dass Licht auf die Netzhaut fällt

B Im Bild fehlen die Linsenbänder. Durch sie ist die Linse mit dem Ziliarmuskel verbunden. Ist der Ziliarmuskel entspannt, werden die Linsenbänder gestrafft und ziehen die Linse flach. Das Auge ist fernakkommodiert, weit entfernte Gegenstände können scharf gesehen werden. Spannt sich der Ziliarmuskel an, lockern sich die Linsenbänder und die Linse nimmt eine kugelige Form an. Das Auge ist nahakkommodiert, nahe Gegenstände können scharf gesehen werden. Ohne den Zug der Linsenbänder wäre die Linse dauerhaft kugelig, das Auge also immer nahakkommodiert. Ferne Gegenstände könnten nicht scharf gesehen werden.

C Da die Brechkraft von Brillengläsern nicht variabel ist, könnten sie nur das scharfe Sehen in eine bestimmte Entfernung ermöglichen. Die Fehlsichtigkeit könnte also nicht vollständig korrigiert werden.

3 Ist die Iris farblos, gelangt durch sie ständig viel Licht ins Auge, unabhängig von der Weite der Pupille. In einer hellen Umgebung sind Personen mit Albinismus also ständig geblendet, da ihre Lichtsinneszellen ständig Signale ans Gehirn schicken.

4 Hormone werden in spezifischen Drüsenzellen gebildet und bei Bedarf ins Blut abgegeben. Der Blutkreislauf verteilt die Hormone im gesamten Körper. Zellen besitzen eine spezifische Auswahl unterschiedlicher Hormonrezeptoren. Bindet ein Hormon nach dem Schlüssel-Schloss-Prinzip an seinen passenden Rezeptor der Zielzelle, löst dies wiederum eine spezifische Reaktion der Zelle aus.

5 A Bei Person A liegt der Blutzuckerspiegel kurz vor der Glucoseaufnahme bei ca. 90 mg/100 ml und steigt dann innerhalb ca. einer Stunde auf ungefähr 130 mg/100 ml an. Innerhalb der nächsten Stunde fällt er wieder auf das Ausgangsniveau. 2–5 Stunden nach der Glucoseaufnahme liegt der Blutzuckerspiegel sogar unter dem Ausgangswert bei ca. 85 mg/100 ml. Bei Person B liegt der Blutzuckerspiegel kurz vor der Glucoseaufnahme bei knapp 140 mg/100 ml und steigt dann innerhalb von 1,5 Stunden sehr stark auf über 200 mg/100 ml an. Er fällt danach vergleichsweise langsam und liegt noch 5 Stunden nach Testbeginn über 150 mg/100 ml. Insgesamt liegt der Blutzuckerspiegel von Person B stets über dem der Person A.

B Person A: gesund; Person B: Diabetiker. Begründung: Nach der Kohlenhydrataufnahme steigt der Blutzuckerspiegel bei beiden Personen an. Beim Gesunden wirkt daraufhin das Hormon Insulin. Dies führt zur raschen Senkung des Blutzuckerspiegels und verhindert besonders große Werte, da viele Zielzellen im Körper, vor allem Muskel- und Leberzellen, vermehrt Glucose aus dem Blut aufnehmen (und speichern). Bei Diabetikern fehlt diese Regulation oder ist stark vermindert. Der Blutzuckerspiegel bleibt über längere Zeit sehr stark erhöht.

C Person A (gesund): *Insulin:* Nach 1 Stunde ist die Insulinkonzentration im Blut hoch, da der Blutzuckerspiegel über 110 mg/100 ml liegt und viele Zielzellen angeregt werden sollen, Glucose aufzunehmen. Nach 4 Stunden ist die Insulinkonzentration im Blut gering, da der Blutzuckerspiegel mit 85 mg/100 ml relativ niedrig ist. *Glucagon:* Nach 1 Stunde ist die Glucagonkonzentration im Blut niedrig, da ausreichend Glucose im Blut vorhanden ist. Nach 4 Stunden ist der Glucagongehalt im Blut höher, da der Blutzuckerspiegel nur noch knapp über der unteren Sollgrenze von 80 mg/100 ml liegt.

Person B (insulinpflichtiger Diabetiker): *Insulin:* Nach 1 und 4 Stunden ist die Insulinkonzentration im Blut sehr gering bis 0, da die Bauchspeicheldrüse nur noch sehr wenig oder gar kein Insulin mehr produziert. *Glucagon:* Nach 1 und 4 Stunden ist die Glucagonkonzentration im Blut niedrig, da ausreichend Glucose im Blut vorhanden ist.

6 **A** Der Schall, der vom Auto ausgeht, gelangt zu den Sinneszellen in Jonas' Ohren. Da Schall der adäquate Reiz für das Gehör ist, wandeln die Hörsinneszellen ihn in elektrische Signale um, die über Nervenzellen zum Rückenmark und ins Gehirn geleitet werden. Dort wird das Geräusch wahrgenommen und eine Reaktion eingeleitet: Über das Rückenmark und weitere Nervenzellen werden Signale an die Beinmuskeln als Erfolgsorgane gesendet, die daraufhin aktiv werden. So springt Jonas auf den Gehweg.

B Suchtmittel verändern die Reaktion auf Reize. Im beschriebenen Fall könnte das dazu führen, dass die Reaktion auf das nahende Auto nur mit Verzögerung stattfindet oder der rettende Sprung nicht mit derselben Kraft ausgeführt werden kann. Es könnte passieren, dass Jonas es nicht rechtzeitig auf den Gehweg schafft.

C In dieser Situation liegt Eustress vor. Stress ist in diesem Fall positiv: Er hilft, die Gefahrensituation abzuwenden.

D Stresshormone wie Adrenalin unterstützen den Körper, Gefahrensituationen besser bestehen zu können. Der Puls wird schneller, die Atmung tiefer und schneller. Glucose wird aus der Leber und anderen Depots ins Blut abgegeben. Blutgefäße zu Herz, Lunge, Gehirn und Skelettmuskeln werden geweitet. So ist der lebensrettende Sprung aus der Gefahrensituation möglich.

Immunsystem

1 **A** Krankheitserreger können durch Einatmen über Nase und Mund (Tröpfcheninfektion), über die Schleimhäute, durch Nahrungsaufnahme über den Verdauungstrakt (Schmierinfektion), durch Austausch von Körperflüssigkeiten oder direkt durch das Blut (z.B. durch Zeckenbiss) in den Körper gelangen. Ebenso können Krankheitserreger durch offene Wunden in den Körper gelangen.

B Viren: Masern, Röteln, Pocken, Aids, Kinderlähmung, Grippe, Herpes, Hepatitis, FSME; Bakterien: Tuberkulose, Milzbrand, Typhus, Borreliose, Scharlach, Tetanus (Wundstarrkrampf), Keuchhusten

C Leicht saure Haut; Bakterien auf der Haut; Speichel wirkt antibakteriell; Magensäure tötet Bakterien ab; Augenlid und Tränenflüssigkeit mit einem Enzym, das Bakterien zerstört; Härchen und klebriger Schleim in der Nase, Flimmerhärchen in den Atemwegen

2 Auf der einen Seite ist es sinnvoll, die Hände häufig zu waschen, um die Übertragung von Erregern zu vermindern. Auf der anderen Seite wird der natürliche Schutz der Haut durch häufiges Waschen zerstört. Sinnvoll ist es, „pH-neutrale" Seifen zu verwenden.

3

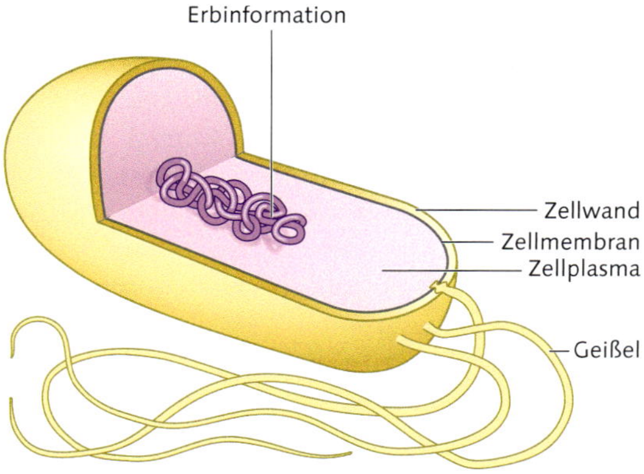

4 Die unspezifische Abwehr grenzt den Befall durch Krankheitserreger ein und reagiert mit Fresszellen auf alle möglichen Erreger schnell. Die spezifische Abwehr reagiert auf spezielle Erreger und bildet Gedächtniszellen, die bei weiteren Infektionen wirken können.

5 **A** a Fresszellen; b Helferzellen; c B-Zellen; d Antikörper; e Virus

B Fresszellen: nehmen Erreger und befallene Körperzellen auf, präsentieren Antigene des Erregers und aktivieren die spezifische Abwehr; Helferzellen: binden an präsentierte Antigene auf den Fresszellen und werden so aktiviert, aktivieren ihrerseits B-Zellen und Killerzellen; B-Zellen: produzieren Antikörper in großen Mengen; Antikörper: machen Erreger unschädlich, indem sie an diese binden und sie verklumpen; Virus: Krankheitserreger kann in Körperzellen eindringen und diese als Wirtszellen zu seiner Vermehrung nutzen

C

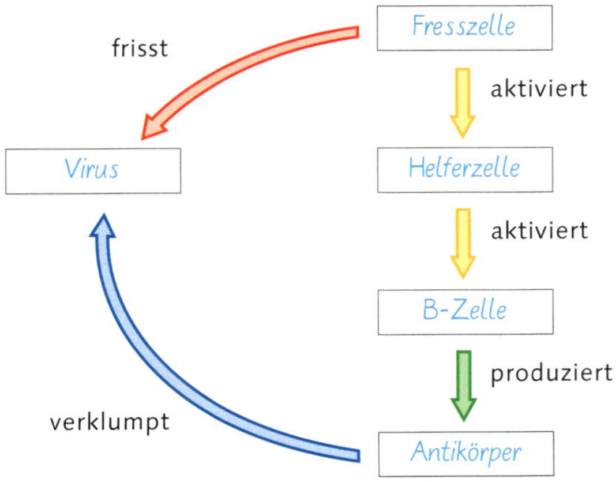

D Antigene, Killerzellen, Gedächtniszellen
Antigene sind Teile des Erregers, die für die Erkennung eine wichtige Rolle spielen. Fresszellen, die einen Erreger aufgenommen haben, präsentieren dessen Antigene an der Oberfläche. Dadurch werden spezifische Helferzellen aktiviert. Killerzellen werden durch die Helferzellen aktiviert und zerstören infizierte Körperzellen. Einige spezifische Helferzellen, B-Zellen und Killerzellen bleiben als Gedächtniszellen im Körper und lösen bei einer erneuten Infektion mit dem gleichen Erreger eine schnelle Abwehrreaktion aus.

6 Das Schlüssel-Schloss-Prinzip beschreibt, dass zwei biologische Strukturen (z. B. Virus und Wirtszelle, Antikörper und Antigen) räumlich zueinander passen müssen, um eine Funktion ausführen zu können. Dies entspricht einem Schlüssel, der in ein Schloss passen muss, um eine Tür zu öffnen. Beispiel 1: Die Immunantwort kann sich gegen einen bestimmten Erreger richten. Die B-Zellen bilden Antikörper, die zu den Antikörpern der Erreger passen. So können sie nach dem Schlüssel-Schloss-Prinzip an sie binden, sie verklumpen und unschädlich machen. Beispiel 2: Bei der Virenvermehrung erkennen Oberflächenproteine auf der Virushülle spezifische Oberflächenstrukturen auf einer Wirtszelle. Nur eine passende Struktur führt dazu, dass das Virus die Zelle befallen kann.

7 **A**

	Aktiv	**Passiv**
Impfstoff	abgeschwächte Erreger	von Tieren produzierte Antikörper
Zeitpunkt des Impfens	vor Ausbruch der Krankheit als Vorbeugung	bei vorliegender Krankheit
Wirkung	erst nach Bildung der Gedächtniszellen	sofort
Dauer der Wirkung	mehrere Jahre	nur wenige Tage oder Wochen
Probleme	eventuell Krankheitsausbruch durch abgeschwächte Erreger	allergische Reaktionen

B Blaue Kurve: Sofort nach der Impfung sind große Mengen von Antikörpern vorhanden, sie bleiben einige Tage im Körper und werden dann relativ schnell abgebaut → passive Immunisierung. Rote Kurve: Es dauert einige Tage, bis Antikörper im Blut zu finden sind, da zunächst die spezifische Immunabwehr ablaufen muss → aktive Immunisierung.

8 **A** Aufgrund des geringeren Auftretens mancher Infektionskrankheiten und manchmal aus Furcht vor Nebenwirkungen durch Impfstoffe entscheiden manche Personen (bei sich) oder Eltern (bei ihren Kindern), keine Schutzimpfungen durchführen zu lassen.

B Kommen geimpfte Personen mit dem Krankheitserreger in Kontakt, wird dieser direkt bekämpft und kann sich nicht vermehren. Diese Personen geben die Krankheitserreger nicht weiter. Geimpfte Personen schützen indirekt auch nicht geimpfte Personen, da die Wahrscheinlichkeit für nicht geimpfte kleiner ist, mit Krankheitsüberträgern in Kontakt zu kommen. Sind weniger Personen vor einer Infektionskrankheit durch eine aktive Immunisierung geschützt, werden mehr Personen erkranken und die Krankheitserreger weitergeben.

9 **A** Die rote Kurve in Bild 6 zeigt die Anzahl der Antikörper gegen das Antigen 1. Man sieht, dass die Immunantwort bei der Zweitinfektion schneller abläuft als bei der Erstinfektion und dass wesentlich mehr Antikörper produziert werden. Hat ein Mensch eine Krankheit einmal durchgestanden, gibt es in seinem Körper Gedächtniszellen, die bei einem erneuten Kontakt mit dem gleichen Erreger schnell reagieren und die Produktion von Antikörpern anregen. Zudem werden deutlich mehr Antikörper produziert als bei der Erstinfektion. Die Erreger erfahren eine so starke Immunantwort, dass die Erkrankung nicht ausbricht. Deswegen bekommt man bestimmte Krankheiten nur einmal im Leben. [Ärzte raten oft von einer zu frühen Medikamentengabe ab, da dies das Immunsystem an der Bildung von Gedächtniszellen hindert und die Erkrankung somit wiederholt auftreten kann.]

B Die Immunantwort dauert bei der Erstinfektion länger als bei der Zweitinfektion, weil es noch keine Gedächtniszellen gibt. Der Erreger muss erst Zellen befallen und von Fresszellen aufgenommen werden, damit dessen Antigene auf den Oberflächen von Fresszellen und infizierten Körperzellen präsentiert werden können. Erst dann können sich Helferzellen daran binden und aktiviert werden, um anschließend T-Killerzellen und B-Zellen zu aktivieren. Die B-Zellen wandeln sich in Plasmazellen um, die passende Antikörper bilden. Diese Vorgänge brauchen Zeit. Erst danach bilden sich Gedächtniszellen, die bei einer Zweitinfektion sofort die passende Immunantwort auslösen.

C Zum einen können sich die Antigene verändern, weswegen der Körper nicht auf die Gedächtniszellen zurückgreifen kann und so reagiert wie bei einer Erstinfektion. [Dies stellt die grüne Kurve in Bild 6 dar.] Zum anderen können Medikamentengaben die Bildung von Gedächtniszellen verhindern, da die Medikamente den Erreger vernichten. Bei einer Zweitinfektion mit dem gleichen Erreger ist die Immunantwort des Körpers dann wie bei einer Erstinfektion.

Ökologie

1 **A** Das Diagramm zeigt die Fotosynthese-Intensität in Abhängigkeit von der Temperatur für drei verschiedene Pflanzenarten. Für alle drei Arten gilt, dass sie nur innerhalb eines bestimmten Temperaturbereichs Fotosynthese betreiben können. Innerhalb dieses Temperaturbereichs steigt die Fotosyntheseintensität bis zu einem Maximum an, um dann wieder auf 0 abzufallen. Die Temperaturbereiche, in denen die Pflanzen Fotosynthese betreiben können, sind für die drei Pflanzenarten unterschiedlich. Daraus lässt sich schließen, dass die drei Pflanzenarten an unterschiedlich warme Lebensräume angepasst sind.

B Art C könnte in äquatornahen und damit heißen Lebensräumen verbreitet sein, Art B in den gemäßigten Klimazonen und bei Art A könnte es sich um eine in den arktischen Regionen verbreitete Pflanze handeln.

C

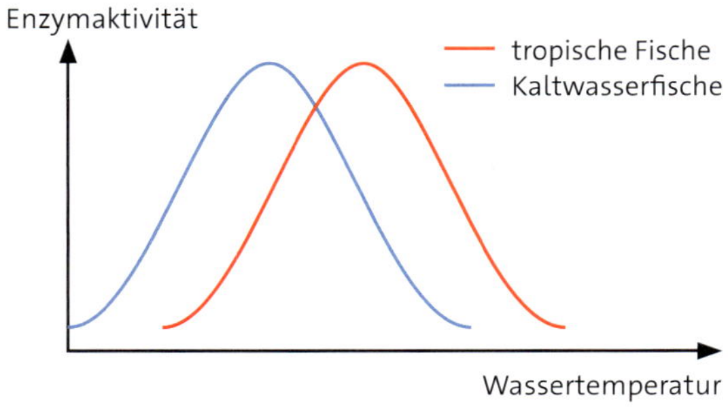

D Säugetiere sind gleichwarm, können also ihre Körpertemperatur auf einen in engen Grenzen gleichbleibenden Wert regulieren. Dieser stellt das Temperaturoptimum für die Enzymaktivität dar.

(Alle Säugetiere haben eine Körpertemperatur zwischen etwa 37 und 39 Grad Celsius.)

2 A

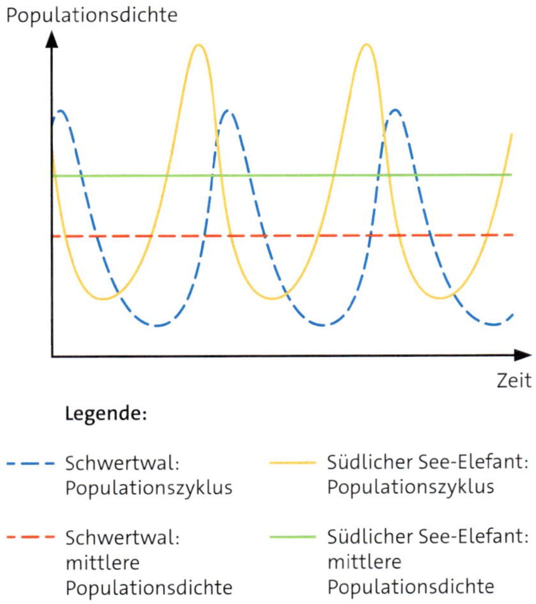

B Die Beutetiere sind in der Regel kleiner als die Räuber. Ein Räuber benötigt also zum Überleben mehrere Beutetiere. Deshalb müssen deutlich mehr Beutetiere vorhanden sein, damit sich eine kleinere Population von Räubern durch sie erhalten kann.

C Wenn die Population der Beutetiere besonders groß ist, ist die Wahrscheinlichkeit, Beute zu schlagen, für die Räuber erhöht. Daraus folgt ein guter Ernährungszustand vieler Individuen der Räuber. Wenn die Räuber gut ernährt sind, leben sie länger, pflanzen sich erfolgreicher fort und mehr Jungtiere überleben. So nimmt mit einer zeitlichen Verzögerung auch die Populationsgröße der Räuber zu.

Eine hohe Populationsgröße der Räuber führt nun zu einem größeren Bedarf an Beutetieren. Sobald die Todesrate der Beutetiere größer ist als deren Geburtenrate, sinkt ihre Populationsgröße. Die Wahrscheinlichkeit, dass die Räuber Beutetiere schlagen, sinkt in der Folge. Dadurch verschlechtert sich die Ernährungslage der Räuber. Die resultierende geringere Geburtenrate und kürzere Überlebenszeit führt nun, zeitlich verzögert, auch zur Abnahme ihrer Populationsgröße.

D Je weniger Arten in ein Nahrungsnetz eingebunden sind, desto weniger Möglichkeiten hat ein Räuber, auf alternative Beute auszuweichen, wenn weniger Individuen der bevorzugten Beute im Lebensraum zu finden sind. Ein Abnehmen der Populationsgröße der Beutetiere wirkt sich also direkt auf die Populationsgröße der Räuber aus.

3 A Totholz in jeder Form bietet Lebensräume für Tiere, Pflanzen und Pilze. Die Arten, die direkt vom Totholz abhängen, können z. B. Nahrungsgrundlage oder Symbiosepartner anderer Arten sein, die damit den Lebensraum ebenfalls besiedeln können.

Die Arten, die das Totholz als Lebensraum besiedeln, verändern diesen im Laufe der Zeit, z. B. durch Zersetzung. Dies entspricht einer Veränderung der Umweltbedingungen in diesem Lebensraum, sodass nun wieder andere Arten dort existieren können.

Totholz erhöht also sowohl direkt als auch indirekt und über längere Zeiträume die Biodiversität in einem Waldgebiet (und stabilisiert so das Ökosystem).

B Ökologische Folgen: Erhöhung der Biodiversität mit Stabilisierung des Ökosystems; wirtschaftliche Folgen: Totholz entfällt für die menschliche Nutzung des Holzes → weniger Gewinn; Wald ist schlechter bewirtschaftbar, wenn Totholz stehen oder liegen bleibt → höhere Kosten; Diskussion: individuelle Lösung

4 A Abiotische Faktoren, z. B.: Licht, Klima, Boden-pH-Wert, Bodenbeschaffenheit, Wasserverfügbarkeit

Biotische Faktoren, z. B.: Fressfeinde/Beutetiere, Vorhandensein von Geschlechtspartnern, Symbiosepartner, Parasiten, Konkurrenten

B Der Sperber erbeutet einerseits Tiere, deren Anwesenheit für den Landwirt nachteilig ist (z. B. Kaninchen). Andererseits schlägt er auch Tiere, die ihrerseits Schädlinge (z. B. Blattlaus, Schnecke) fressen und so vorteilhaft für den Landwirt sind, z. B. Singvögel wie die Blaumeise.

Ob der Sperber für einen Landwirt hilfreich ist, hängt demnach von der konkreten Situation ab. So ist entscheidend, welche möglichen Beutetiere des Sperbers in der Umgebung vorkommen, was der Landwirt anbaut, welche Anbaumethoden er benutzt usw.

C

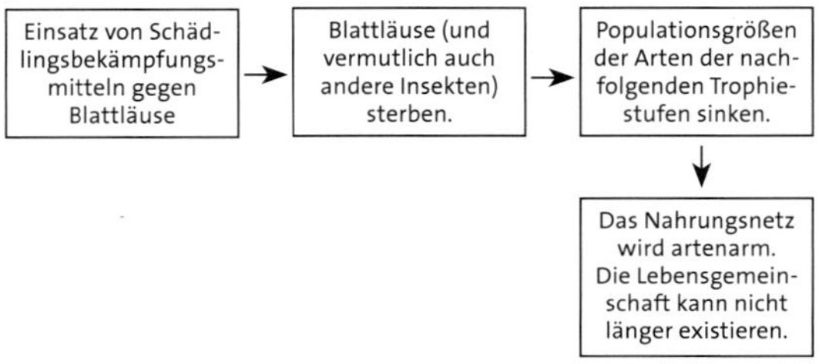

D Eine Möglichkeit ist die Schaffung oder Umgestaltung von Lebensraum, der optimal für die Bedürfnisse einer Art ist, die sich von Blattläusen ernährt (z. B. Blaumeise). Wenn sich die Populationsgröße der Blaumeisen dann erhöht, werden sie mehr Blattläuse fressen. Daraufhin sinkt die Anzahl der Blattläuse. Nachhaltig wird diese Lösung, wenn der Lebensraum vielfältig strukturiert ist, sodass neben Blattläusen auch andere Nahrung für die Blaumeisen vorhanden ist. Dann sinkt deren Populationsgröße nicht, wenn es weniger Blattläuse gibt.

E Die Schädlinge, die an dem mit Mevinphos behandelten Gemüse fraßen, nahmen den Wirkstoff auf. Möglicherweise lagerten sie ihn in ihrem Gewebe ein. Fressfeinde der Schädlinge nahmen den Wirkstoff mit ihrer Nahrung auf, und zwar in höherer Dosis, da sie viele der vergifteten Schädlinge fraßen. Entsprechend noch stärker belastet wurden die Arten auf den höheren Trophiestufen. Greifvögel als Endkonsumenten waren der höchsten Dosis ausgesetzt, die für sie tödlich war. Dieser Effekt der Anreicherung wird als Biomagnifikation bezeichnet.

5 **A** Individuelle Lösung, z. B.: Wildblumenmischungen sind speziell an heimische Standorte angepasst und bieten den heimischen Insekten optimale Nahrungs- und Fortpflanzungsbedingungen. Da verschiedene Pflanzenarten kombiniert werden, erhöht sich der Bestand an unterschiedlichen heimischen Insekten. Insektenhotels bieten geschützte Räume zur Fortpflanzung und/oder Überwinterung in Städten oder Siedlungen, die dort natürlicherweise nur noch selten vorkommen. So überleben mehr Insekten und ihre Bestände erhöhen sich.

B Individuelle Lösung

Evolution

1 **A** Bild 4 zeigt eine Versteinerung eines Fisches. Man erkennt die knöchernen Strukturen des Tieres wie das Kopfskelett, die Wirbelsäule und die Rippenbögen sowie die Flossenstrahlen.

B Wahrscheinlich ist der Fisch nach seinem Tod auf den Grund eines Sees oder eines Meeres gesunken und wurde von Sand oder Schlamm überdeckt. Die Weichteile wurden zersetzt, aus dem Rest des Körpers wurde das Wasser herausgepresst, da sich die Sedimentschichten immer weiter verdichtet haben. Schließlich sind die Sedimentschichten erhärtet und in die Überreste des Fisches wurden Mineralstoffe eingelagert.

2 **A** Schneehase und Feldhase sind eng miteinander verwandt. Beide sind durch ihre Fellfarbe an ihren Lebensraum angepasst. Der braune Feldhase ist in Wäldern und vor allem auf braunen Feldern gut getarnt. Im schneebedeckten Hochgebirge ist der Schneehase mit seinem weißen Fell gut getarnt. Die Variabilität der Fellfärbung der beiden Hasen führt also zur jeweiligen Angepasstheit an verschiedene Umweltbedingungen und wird durch das Basiskonzept Variabilität und Angepasstheit beschrieben.

B Im Sommer, wenn der Schnee schmilzt, ist der Schneehase mit seinem weißen Fell auf den braunen Felsen nicht mehr getarnt und somit leichter von Fressfeinden zu erkennen. Ein Wechsel zu einem graubraunen Fell sorgt dafür, dass der Hase im Sommer besser an die veränderten Umweltbedingungen angepasst und somit auch besser getarnt ist. Schneehasen mit graubraunem Sommerfell überleben dadurch mit höherer Wahrscheinlichkeit, es stellt also einen Selektionsvorteil dar.

3 Die Evolutionstheorie von DARWIN besagt, dass Individuen in ihren Merkmalen variieren. Die jeweils am besten an (veränderte) Umweltbedingungen angepassten Individuen pflanzen sich erfolgreicher fort, wobei ihre Nachkommen ähnlich günstige Merkmale aufweisen. Eine mögliche Theorie der Entwicklung der Grabschaufeln geht von Vorfahren mit kleinen Pfoten aus, ähnlich denen vieler heute lebender Säugetiere. Durch die unterirdische Lebensweise hat der Vorfahre des Maulwurfs eine ökologische Nische besetzt, wo er sich nahezu ohne natürliche Feinde fortpflanzen konnte. Er hatte mehr Nachkommen, als für den Erhalt der

Art notwendig waren. Das Nahrungsangebot für die Tiere war beschränkt. Tiere, die zufällig schaufelähnliche Pfoten ausbildeten, konnten besser graben. Sie waren erfolgreicher bei der Nahrungssuche, hatten bessere Überlebenschancen und pflanzten sich somit häufiger fort als die Tiere mit normalen Pfoten. Auch ihre Nachkommen besaßen größere Pfoten, der Anteil von Tieren mit größeren Pfoten in der Population stieg also. Über viele Generationen hinweg entwickelten sich somit aus den ursprünglichen Pfoten die Grabschaufeln der heute lebenden Maulwürfe.

4 Die Vorfahren des Lavendels hatten mehr Nachkommen als für den Arterhalt notwendig. Sie wiesen eine gewisse Variationsbreite auf, es gab auch Individuen mit Duftstoffen. Die Anzahl an Bestäubern im Lebensraum der Pflanzen war beschränkt, und diejenigen mit den Duftstoffen konnten erfolgreicher Insekten zur Bestäubung anlocken. Sie hatten dadurch mehr Nachkommen, die ebenfalls in der Lage waren, Duftstoffe herzustellen. So erhöhte sich der Anteil der duftenden Pflanzen in der Population. Im Laufe vieler Generationen entwickelte sich daraus der Echte Lavendel mit seinem Lavendelöl.

5 **A** Fische, Amphibien, Reptilien, Vögel, Säugetiere

B

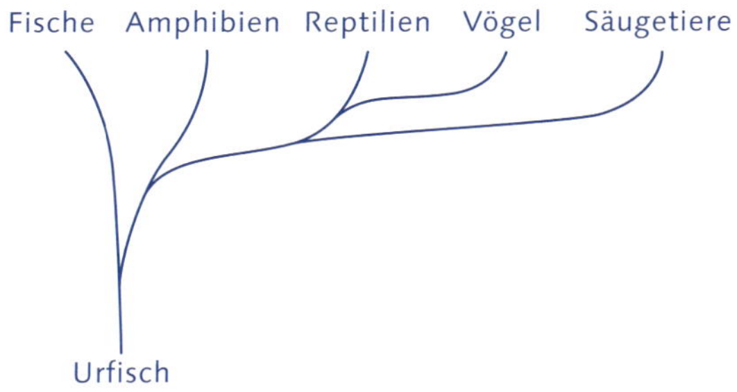

6 **A** Am nächsten mit den Vögeln verwandt sind – laut Stammbaum in Bild 5 – die Krokodile.

B Man stellt sich an jeder Verzweigung im Stammbaum einen gemeinsamen Vorfahren vor. Den letzten gemeinsamen Vorfahren haben die Vögel mit den Krokodilen gemeinsam, sodass hier von einer nahen Verwandtschaft ausgegangen werden kann.

C Im Stammbaum ist erkennbar, dass Vögel und Echsen einen letzten gemeinsamen Vorfahren haben, der zeitlich weniger weit zurückliegt als der letzte gemeinsame Vorfahre von Vögeln und Säugetieren. Daher sind Vögel näher mit Echsen verwandt als mit Säugetieren.

7 **A** Beim Vogel erkennt man die Grundstruktur aus Arm-, Hand- und Fingerknochen. Die Anzahl an Handknochen ist stark reduziert und sie sind teilweise miteinander verwachsen. Der dichte Besatz mit Federn bildet eine Tragfläche. Der Insektenflügel besteht aus einer dünnen, häutigen Struktur, die von stabilisierenden Adern durchzogen ist.

B Bei beiden Tiergruppen dienen die Flügel zum Fliegen, dazu wird eine stabile Tragfläche benötigt. So ist das Armskelett bei Vögeln stabil und hat gleichzeitig ein geringes Gewicht, was beim Fliegen vorteilhaft ist. Beim Vogel sorgt die Struktur aus stabilisierenden Knochen und Federn für Stabilität und bildet eine luftundurchlässige Tragfläche. Beim Insektenflügel bildet die Haut die leichte Tragfläche und die Flügeladern sorgen für Stabilität.

C Da die beiden Strukturen die gleiche Funktion haben, aber keinen gleichen Grundbauplan aufweisen, handelt es sich um analoge Strukturen.

8 **A** Grundvoraussetzung für einen aufrechten Gang ist die Verlagerung des Körperschwerpunkts. Dafür dienen: die Verlagerung des Hinterhauptslochs, die doppel-S-förmige Wirbelsäule, die Umformung des Beckens und der Ansatz des Oberschenkelknochens, die Verlängerung der Beine sowie die Umformung des Greiffußes in einen Standfuß.

B Vorteile des aufrechten Gangs sind vielfältig: bessere Weitsicht → dadurch besseres Erkennen von Feinden und Beute; geringere Körperfläche, die der direkten Sonnenstrahlung ausgesetzt ist; einfacherer Transport von Nahrung zum Schlaf- bzw. Wohnplatz → dadurch kann ein größerer Umkreis zur Nahrungssuche genutzt werden; Nutzung der Hände zur Herstellung und Benutzung von Werkzeugen → dadurch Selektion von leistungsfähigeren Gehirnen, die zur Werkzeugherstellung notwendig sind; Gehen auf zwei Beinen ökonomischer → daher geringerer Energiebedarf.

Genetik

1 Der Zellkern ist im Lichtmikroskop sichtbar. Er enthält die Erbinformationen für den gesamten Organismus. Diese liegen in Form von Chromosomen vor. Sie sind nur mit bestimmten Farbstoffen und in bestimmten Phasen der Zellteilung unter dem Mikroskop zu erkennen. Jeder Organismus hat einen typischen Chromosomensatz mit jeweils unterschiedlichen Erbinformationen. In der Regel sind die Chromosomen nicht zu erkennen, weil sie in unverdichteter Form als Chromatinfäden vorliegen. Diese bestehen wiederum aus Proteinen und DNA. Die Bausteine der DNA sind vier verschiedene Nucleotide. In der DNA liegt die Erbinformation in der Sequenz der Nucleotide verschlüsselt vor. Definierte Abschnitte der DNA werden als Gene bezeichnet. Diese Gene tragen Erbinformationen für Merkmale. Als Allele bezeichnet man Genabschnitte an identischen Orten homologer Chromosomen. Sie sind ausschlaggebend dafür, dass sich Organismen voneinander unterscheiden, denn Allele können unterschiedliche Erbinformationen tragen und somit zu unterschiedlichen Ausprägungen eines Merkmals führen. Mutationen sind allgemein Veränderungen der Erbinformation. Diese können die Gesamtzahl der Chromosomen einer Zelle betreffen (Genommutationen), z. B. Trisomie 21. Ist die Struktur eines Chromosoms verändert, spricht man von einer Chromosomenmutation, z. B. Katzenschreisyndrom. Ist die Nucleotidabfolge eines Gens verändert, liegt eine Genmutation vor, z. B. Mukoviszidose.

2 A Die Mitose ist notwendig, um die Erbgleichheit von Körperzellen sicherzustellen. Dazu werden die verdoppelten Erbinformationen so auf die zwei Tochterzellen verteilt, dass diese zueinander und im Vergleich zu ihren Vorläuferzellen identisch sind.

B

Interphase	– Verdopplung der Ein-Chromatid-Chromosomen zu Zwei-Chromatid-Chromosomen – Zellwachstum – Stoffwechsel
Prophase	– Auflösung der Kernhülle – Chromatinfäden spiralisieren zu Zwei-Chromatid-Chromosomen – Der Spindelapparat bildet sich aus.
Metaphase	– Anordnung der Chromosomen in der Äquatorialebene – Spindelfasern werden gebildet und heften sich an die Centromere der Zwei-Chromatid-Chromosomen.
Anaphase	– Verkürzung der Spindelfasern – Trennung der Zwei-Chromatid-Chromosomen – Anordnung der Ein-Chromatid-Chromosomen an den Zellpolen
Telophase	– Bildung einer Kernhülle um die Ein-Chromatid-Chromosomen – Neu entstehende Zellmembran trennt die Zellen. – Ergebnis: Es sind zwei diploide Körperzellen mit identischen Erbinformationen entstanden.
Interphase	– Verdopplung der Ein-Chromatid-Chromosomen zu Zwei-Chromatid-Chromosomen – Zellwachstum – Stoffwechsel

3 A Während der Meiose wird der Chromosomensatz reduziert. Am Ende der Meiose stehen Geschlechtszellen mit haploidem Chromosomensatz bereit. Damit erhalten Nachkommen ihre Erbinformationen bei der Verschmelzung von Eizelle und Spermium jeweils zur Hälfte von beiden Eltern. Somit wird sichergestellt, dass bei der Fortpflanzung auch in den Nachkommen der für die Art typische Chromosomensatz erhalten bleibt. Zudem findet während der Meiose eine Rekombination statt, durch die sich verschiedene Nachkommen der gleichen Eltern voneinander unterscheiden. Die Meiose ermöglicht also das Zeugen von Nachkommen zweier Elternteile.

B

Meiose I	Prophase I	– Chromatinfäden verdichten sich zu Zwei-Chromatid-Chromosomen. – Homologe Zwei-Chromatid-Chromosomen lagern sich paarweise aneinander. – Der Spindelapparat bildet sich aus.
	Metaphase I	– Anordnung der homologen Chromosomenpaare in der Äquatorialebene – Spindelfasern werden sichtbar.
	Anaphase I	– Verkürzung der Spindelfasern – Trennung der homologen Chromosomenpaare – zufällige Anordnung von jeweils einem der homologen Zwei-Chromatid-Chromosomen an den zwei Zellpolen
	Telophase I	– Einschnürung und Teilung der Zelle
Meiose II	Metaphase II	– Anordnung der Zwei-Chromatid-Chromosomen in der Äquatorialebene – Anheftung der Spindelfasern an die Centromere der Zwei-Chromatid-Chromosomen
	Anaphase II	– Trennung der Zwei-Chromatid-Chromosomen – Ein-Chromatid-Chromosomen werden durch Verkürzung der Spindelfasern zu den entgegengesetzten Zellpolen gezogen.
	Telophase II	– Einschnürung der Zellen – Ergebnis: Es sind vier haploide Geschlechtszellen mit unterschiedlichen Erbinformationen entstanden.

4 Die Anzahl der Möglichkeiten berechnet sich nach der Formel 2^n. Die Basis 2 ergibt sich dabei aus dem diploiden Chromosomensatz, weil von jedem Chromosom eines von zwei Chromatiden auf die Geschlechtszelle übertragen wird. Die Zahl n ergibt sich hingegen aus der Anzahl an homologen Chromosomen. Bei dem vorliegenden Beispiel gibt es einen diploiden Chromosomensatz mit $2n = 6$ Chromosomen. Damit ist $n = 3$ und die Formel lautet 2^3. Somit gibt es $2 \cdot 2 \cdot 2 = 8$ Kombinationsmöglichkeiten.

5 Die zwei homologen Chromosomen der Mutter stammen ursprünglich von ihrer eigenen Mutter und ihrem Vater. Damit wird klar, dass sich die homologen Chromosomen unterscheiden müssen. Die jeweils homologen Chromosomen sind nur dahingehend gleich, dass sie die gleichen Gene besitzen. Da sich die Erbinformationen der Allele homologer Chromosomen voneinander unterscheiden können, kann es zu unterschiedlichen Merkmalsausprägungen kommen. Es ist also sehr wohl entscheidend, welches der zwei homologen Chromosomen das Kind von seiner Mutter erbt.

6 Durch wechselnde Umweltbedingungen verändern sich auch die Anforderungen an die Lebewesen. Die Variabilität der Nachkommen, die durch sexuelle Fortpflanzung entsteht, ermöglicht Angepasstheit. Jede Geschlechtszelle erhält jeweils zufällig eines von zwei homologen Chromosomen des Elternteils. Damit entstehen Geschlechtszellen, die sich in ihren Erbinformationen unterscheiden. Beim Verschmelzen mit den Geschlechtszellen des Sexualpartners entstehen somit neue Kombinationsmöglichkeiten der Chromosomen und Nachkommen mit veränderten Phänotypen. Manche Nachkommen haben damit möglicherweise Eigenschaften, die bei den herrschenden Bedingungen vorteilhaft sind. Sie stellen in besonderer Weise das Überleben der Art sicher. Andererseits können natürlich auch Nachkommen mit besonders nachteiligen Eigenschaften entstehen.

7 (Liegen bei einem Lebewesen zwei Allele für eine Merkmalsausprägung vor, kann der Beitrag des Allels zum Phänotyp je nach Allel bzw. Allelkombination unterschiedlich sein. Die genannten Begriffe beschreiben den Einfluss der Allele auf den Phänotyp eines Lebewesens.) Dominante Allele führen gegenüber anderen Allelen zu ihrer entsprechenden Merkmalsausprägung. Sie prägen den Phänotyp. Rezessive Allele werden in ihrer Merkmalsausprägung von den dominanten Allelen unterdrückt. Sie prägen den Phänotyp nur bei homozygoten Genotypen. Kodominant wird eine Vererbung genannt, wenn beide Allele bei der Merkmalsausprägung gleichermaßen zusammenwirken. Eine intermediäre Vererbung tritt auf, wenn Allele im heterozygoten Genotyp zu einem anderen Phänotyp führen als im homozygoten Zustand.

8 **A** Schritt 1 (autosomaler oder gonosomaler Erbgang): Es handelt sich um einen gonosomalen Erbgang, da beide Geschlechter in deutlich unterschiedlicher Häufigkeit betroffen sind. Schritt 3a (X-gonosomal-dominanter Erbgang): nicht zutreffend, denn Frauen sind nicht häufiger betroffen als Männer. Schritt 3b (X-gonosomal-rezessiver Erbgang): zutreffend, denn Männer sind deutlich häufiger betroffen als Frauen. Schritt 3c (Y-gonosomaler Erbgang): nicht zutreffend, denn es sind auch Frauen betroffen.

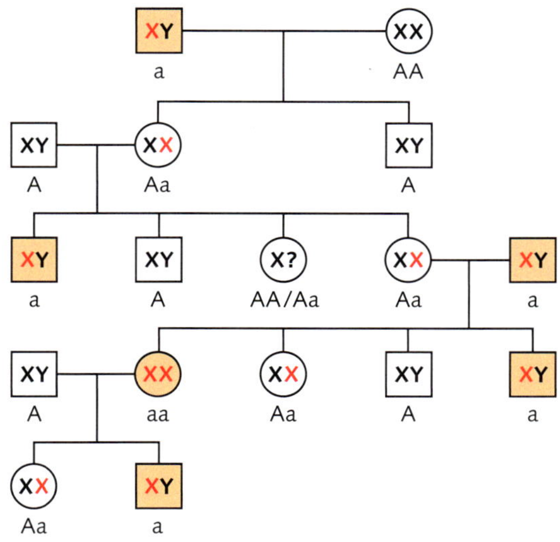

B Die Aussage bezieht sich auf das Phänomen, dass in zweiter Generation kein Merkmalsträger vorhanden ist. Dies lässt sich damit erklären, dass es sich um einen rezessiven Erbgang handelt. Tatsächlich liegt das Allel, das die Rot-Grün-Sehschwäche auslöst, auch in zweiter Generation bei der Tochter vor. Diese besitzt allerdings ein zweites, nicht betroffenes Allel. Somit ist sie eine Überträgerin. Erst bei ihrem Sohn, der das entsprechende Allel von seiner Mutter erhalten hat, tritt die Sehschwäche wieder phänotypisch auf. Die Aussage ist also missverständlich, da sie suggeriert, dass die Erbinformationen, die die Sehschwäche auslösen, in der zweiten Generation gar nicht vorhanden seien.

9 Merkmal Wurzelfarbe: rot (dominant) R, weiß (rezessiv) r; Merkmal Wurzelform: länglich (dominant) L, kugelig (rezessiv) l

P-Generation	Phänotyp	rot, kugelig X weiß, länglich
	Genotyp Körperzellen	RR ll X rrLL
	Genotyp Geschlechtszellen	Rl X rL
F_1-Generation	Phänotyp	rot, länglich (uniform)
	Genotyp Körperzellen	Rr Ll
	Genotyp Geschlechtszellen	RL Rl rL rl

F_2	RL	Rl	rL	rl
RL	RRLL rot, länglich	RRLl rot, länglich	RrLL rot, länglich	RrLl rot, länglich
Rl	RRLl rot, länglich	RRll rot, kugelig	RrLl rot, länglich	Rrll rot, kugelig
rL	RrLL rot, länglich	RrLl rot, länglich	rrLL weiß, länglich	rrLl weiß, länglich
rl	RrLl rot, länglich	Rrll rot, kugelig	rrLl weiß, länglich	rrll weiß, kugelig

Der Züchter hat eine Chance, weiße, kugelige Radieschen zu erhalten. Er muss die F_1-Generation weiterkreuzen. 1/16 der F_2-Generation wird die gewünschten Eigenschaften besitzen.

Diese Radieschen sind reinerbig. Wenn er sie weiterzüchtet, erhält er ausschließlich die gewünschten Eigenschaften.

10A Es werden Kreuzungsversuche mit bezüglich der betrachteten Merkmale homozygoten Tieren durchgeführt. Im vorliegenden Versuch werden zwei Fruchtfliegen miteinander gekreuzt. Diese beiden Fliegen der P-Generation unterscheiden sich in den zwei Merkmalen Flügelform und Borsten. Während eine Fliege normale Flügel und Borsten besitzt, hat die andere Fliege Stummelflügel und ist borstenlos. In der F_1-Generation sind alle Nachkommen uniform. Alle Fliegen weisen normale Flügel und Borsten auf.

B Da alle Fliegen den gleichen Phänotyp eines der Elternteile besitzen und die P-Generation für die betrachteten Merkmale homozygot gewesen ist, muss es sich um einen dominant-rezessiven Erbgang handeln. Hier ist die Uniformitätsregel (1. Mendel'sche Regel) zutreffend. Da die heterozygoten Individuen der F_1-Generation beide Allelformen besitzen, aber im Phänotyp normale Flügel und Borsten ausgeprägt haben, müssen die Allele für normale Flügelform und für die Ausbildung von Borsten dominant sein. Die Allele für Stummelflügel und Borstenlosigkeit sind hingegen rezessiv.

C

F – normale Flügel	B – Borsten
f – Stummelflügel	b – borstenlos

F_1-Generation

Phänotyp	Normale Flügel / Borsten		Normale Flügel / Borsten	
Genotyp Körperzellen	FfBb		FfBb	
Genotyp Geschlechtszellen	FB	Fb	FB	Fb
	fB	fb	fB	fb

F_2-Generation

	FB	Fb	fB	fb
FB	FFBB Normale Flügel / Borsten	FFBb Normale Flügel / Borsten	FfBB Normale Flügel / Borsten	FfBb Normale Flügel / Borsten
Fb	FFBb Normale Flügel / Borsten	FFbb Normale Flügel / borstenlos	FfBb Normale Flügel / Borsten	Ffbb Normale Flügel / borstenlos
fB	FfBB Normale Flügel / Borsten	FfBb Normale Flügel / Borsten	ffBB Stummelflügel / Borsten	ffBb Stummelflügel / Borsten
fb	FfBb Normale Flügel / Borsten	Ffbb Normale Flügel / borstenlos	ffBb Stummelflügel / Borsten	ffbb Stummelflügel / borstenlos

Laut Spaltungsregel (2. Mendel'sche Regel) treten beim Kreuzen von heterozygoten Nachkommen die ursprünglichen Phänotypen der P-Generation in der F_2-Generation wieder auf, weil nun wieder homozygote Genotypen möglich sind. Des Weiteren kommt es nach der Unabhängigkeitsregel (3. Mendel'sche Regel) zur Neukombination von Merkmalsausprägungen, weil Allele unabhängig voneinander vererbt werden können. Es entstehen also Individuen mit zuvor nicht vorhandenen Merkmalskombinationen. Diese sollten in einem Verhältnis von 9 (Borsten und normale Flügel) zu 3 (Borsten und Stummelflügel) zu 3 (keine Borsten und normale Flügel) zu 1 (keine Borsten und Stummelflügel) auftreten.

Einstufung von Gefahrstoffen nach der GHS-Verordnung

Mit dem neuen GHS *(Globally Harmonised System of Classification and Labelling of Chemicals)* werden die Kriterien für die Einstufung der Gefahrstoffe neu festgelegt und mit international einheitlichen Piktogrammen versehen. Neu ist auch die Verwendung der Signalwörter **Gefahr** und **Achtung** für das Ausmaß der Gefahr: „Gefahr“ bei hoher Gefährdung oder „Achtung“ bei geringerer Gefährdung. Das GHS gilt seit 2009; für die bisherige Verordnung galten Übergangsfristen.

Gefahren-piktogramm und Piktogrammcode	Mit dem Gefahrenpiktogramm gekennzeichnete Stoffe und Gemische	Signalwort	Kennzeichnung nach bisheriger Gefahrstoffverordnung	
			Gefahrensymbol	Gefahrenhinweise
 GHS01	explosive und sehr gefährliche selbstzersetzliche Stoffe und Gemische sowie sehr gefährliche organische Peroxide	Gefahr oder Achtung		R2, R3
 GHS02	entzündbare, selbsterhitzungsfähige und gefährliche selbstzersetzliche Stoffe und Gemische, pyrophore Stoffe sowie Stoffe und Gemische, die bei Berührung mit Wasser entzündbare Gase entwickeln	Gefahr oder Achtung	 oder  oder –	R12, R11 oder R10; R17; R15
 GHS02	gefährliche organische Peroxide	Gefahr oder Achtung		R7
 GHS03	Stoffe und Gemische mit oxidierender Wirkung	Gefahr oder Achtung		R8, R9
 GHS04	Gase unter Druck	Achtung	–	
 GHS05	Stoffe und Gemische, die korrosiv auf Metalle wirken	Achtung	–	
 GHS05	Stoffe und Gemische, die schwere Verätzungen der Haut und/oder schwere Augenschäden verursachen	Gefahr	 oder 	R34, R35; R41
 GHS06	lebensgefährliche und giftige Stoffe und Gemische	Gefahr	 oder 	R26, R27, R28 oder R23, R24, R25
 GHS07	gesundheitsschädliche Stoffe und Gemische	Achtung		R20, R21, R22
 GHS07	Stoffe und Gemische, die Haut- und/oder Augenreizungen verursachen und/oder allergische Hautreaktionen, Reizungen der Atemwege und/oder Schläfrigkeit und Benommenheit verursachen können	Achtung		R36, R37, R38; R43; R67
 GHS08	Stoffe und Gemische, die bei Verschlucken und Eindringen in die Atemwege tödlich sein können und/oder eine Gefahr für die Gesundheit darstellen. Diese Stoffe und Gemische schädigen bestimmte Organe und/oder können Krebs erzeugen, die Fruchtbarkeit beeinträchtigen, das Kind im Mutterleib schädigen und/oder genetische Defekte und/oder beim Einatmen Allergien, asthmaartige Symptome oder Atembeschwerden verursachen.	Gefahr oder Achtung	  oder 	R45, R49, R40; R60, R62; R61, R63; R46; R39/…; R68/…; R48/…; R42; R33; R65
 GHS09	Stoffe und Gemische, die sehr giftig oder giftig für Wasserorganismen sind	Achtung oder –		R50, R50/53 R51/53

Glossar

Abiotische Umweltfaktoren: Faktoren der unbelebten Umwelt (► Biotop), die maßgeblichen Einfluss auf das Vorkommen bestimmter Pflanzen und Tiere nehmen (z. B. Licht, Temperatur, Sauerstoff)

Adaptation: Anpassung des Auges an unterschiedliche Helligkeitswerte; ermöglicht durch die Irismuskulatur, die die Änderung der Pupillengröße bewirkt

adäquater Reiz: (► Reiz); Reizart, auf die bestimmte ► Sinneszellen optimal ansprechen

Adrenalin: ► Hormon der Nebenniere, das bei ► Stress ausgeschüttet wird und die Leistungsfähigkeit des Körpers kurzfristig erhöht

Aids: von ► HI-Viren übertragene Immunschwächekrankheit (engl. *Acquired Immunodeficiency Syndrome*), bei der im Endstadium die Immunabwehr zusammenbricht und der Patient an eigentlich harmlosen ► Infektionskrankheiten stirbt

Akkommodation: Vorgang, bei dem sich die Linse des Auges verformt und somit das Sehen in der Nähe oder Ferne ermöglicht

aktive Immunisierung: Schutzimpfung; ► Impfung mit abgetöteten oder abgeschwächten Krankheitserregern; führt zum Aufbau eines ► Immungedächtnisses; wird vorbeugend durchgeführt

Allele: die verschiedenen Ausführungen eines ► Gens im ► diploiden ► Chromosomensatz

Allergie: krankhaft übersteigerte Reaktion des ► Immunsystems auf eigentlich harmlose Stoffe

Aminosäure: Grundbaustein der Proteine (Eiweiße). In einem Protein sind viele Aminosäuren kettenförmig aneinandergereiht. Die Eigenschaften eines Proteins ergeben sich aus der unterschiedlichen Anordnung der verschiedenen Aminosäuren.

Allesfresser: Omnivoren; Tiere, die sich von Pflanzen und von anderen Tieren ernähren

Antibiotikum (Plural: Antibiotika): Arzneimittel, das ► Bakterien hemmt oder abtötet

anthropogen: vom Menschen verursacht

Antigen: körperfremder Stoff, z. B. Teil eines Erregers, der vom ► Immunsystem erkannt wird und die spezifische Abwehr aktiviert

Antikörper: nach einer ► Infektion gebildete Proteine, die spezifisch an ► Antigene binden

Art: Gesamtheit von Individuen mit charakteristischen gemeinsamen Merkmalen, die sich potenziell untereinander fortpflanzen können

asexuelle Fortpflanzung: ungeschlechtliche Fortpflanzung; Erzeugung von Nachkommen ohne Ausbildung von Geschlechtszellen

Autosomen: alle ► Chromosomen, die keine Geschlechtschromosomen sind. Der Mensch hat 44 Autosomen (22 Paare).

autotroph: selbsternährend; Ernährungsweise, bei der energiereiche Substanzen (Nährstoffe) selbst hergestellt werden können, z. B. durch die ► Fotosynthese. Pflanzen sind autotroph.

Bakterien (Singular: Bakterium)**:** einzellige Organismen ohne ► Zellkern. Nach der Form der ► Zellen unterscheidet man Kokken, Stäbchen usw.

Befruchtung: Verschmelzung einer weiblichen und männlichen Geschlechtszelle

Biodiversität: Vielfalt von Ökosystemen, Artenvielfalt sowie genetische Vielfalt innerhalb einer ► Art

Biomagnifikation: Anreichung von Substanzen in einer Nahrungskette

biotische Umweltfaktoren: Faktoren der belebten Umwelt (► Biozönose); umfassen alle Wechselwirkungen zwischen den Lebewesen in einem ► Ökosystem (z. B. Nahrung, Feinde, Konkurrenten)

Biotop: Lebensraum; er ist durch ► abiotische Umweltfaktoren gekennzeichnet

Biozönose: Lebensgemeinschaft; alle Lebewesen und deren Wechselwirkungen (► biotische Umweltfaktoren) eines Ökosystems

bisexuell: sexuelle Orientierung sowohl zu Partnern weiblichen als auch männlichen Geschlechts

Blutplättchen: Thrombocyten; fester Blutbestandteil. Sie haben eine wichtige Funktion bei der Blutgerinnung und besitzen keinen ► Zellkern.

Blutzellen: Bestandteile des Blutes. Man unterscheidet ► rote und ► weiße Blutzellen sowie ► Blutplättchen.

Blutzuckerspiegel: Konzentration von Glucose im Blut; liegt bei gesunden Menschen bei etwa 80 bis 100 mg/100 ml

B-Zellen: ► weiße Blutzellen; Abwehrzellen des ► Immunsystems, die ► Antikörper produzieren

Centromer: Einschnürungsstelle am ► Chromosom, an der die ► Chromatiden zusammenhängen. Die Fasern des Spindelapparats bei ► Mitose und ► Meiose setzen hier an.

Chloroplast: Zellbestandteil (Zellorganell) pflanzlicher ► Zellen, in dem die ► Fotosynthese abläuft; enthält Chlorophyll

Chromatid: Teil der ► Chromosomen von Zellen mit Zellkern. Besteht aus ► Chromatin, d. h. ► DNA-Doppelstrang und Proteinen. Je nach Phase im ► Zellzyklus besteht ein Chromosom aus einem oder zwei identischen Chromatiden.

Chromatin: Form der Erbinformation im ▸ Zellkern jeder Zelle; lange und dünne Fäden aus ▸ DNA und Proteinen; bilden die ▸ Chromatiden

Chromosom: Träger der Erbinformation im ▸ Zellkern. Je nach Phase im Zellzyklus besteht ein Chromosom aus einem oder zwei identischen Chromatiden, die am ▸ Centromer zusammenhängen.

Chromosomenmutation: Veränderung der Struktur eines Chromosoms

Chromosomensatz: Anzahl aller ▸ Chromosomen pro ▸ Zellkern. Man unterscheidet den ▸ haploiden und ▸ diploiden Chromosomensatz.

Crossing-over: Überkreuzung und Austausch von Abschnitten von ▸ Chromatiden homologer ▸ Chromosomen in der ersten Reifeteilung der ▸ Meiose

Cuticula: wasserabweisende Wachsschicht, meist auf der oberen ▸ Epidermis von Laubblättern; Verdunstungsschutz

Destruenten: Zersetzer; Lebewesen, z. B. kleine Wirbellose, Bakterien und Pilze, die sich von toten Tieren oder Pflanzen ernähren. Dabei zerkleinern sie tote organische Substanz oder bauen diese vollständig in die energiearmen Stoffe Wasser, ▸ Kohlenstoffdioxid und ▸ Mineralstoffe ab.

Diabetes mellitus: Zuckerkrankheit; Stoffwechselkrankheit, die zu einem dauerhaft zu hohen ▸ Blutzuckerspiegel führt

Differenzierung: Zelldifferenzierung; Vorgang, bei dem sich ▸ Zellen unterschiedlich entwickeln. Differenzierte Zellen zeigen meist eine bestimmte Spezialisierung.

dihybrider Erbgang: Erbgang, bei dem zwei Merkmale betrachtet werden

diploid: doppelter ▸ Chromosomensatz (2n), bei dem die ▸ Chromosomen in homologen Paaren vorliegen

Disstress: als schädigend empfundener ▸ Stress

DNA (engl. *deoxyribonucleic acid*)**:** Desoxyribonukleinsäure; fadenförmiges Molekül aus ▸ Nucleotid-Bausteinen, in dem die Erbinformation eines Lebewesens verschlüsselt vorliegt

dominant: ▸ Allel, das sich gegenüber anderen Allelen eines ▸ Gens phänotypisch durchsetzt

Eisprung: Vorgang, bei dem die reife Eizelle den ▸ Follikel verlässt und in den Eileiter gelangt, wo sie befruchtet werden kann

Empfängnisverhütung: von Mann und Frau angewendete Methoden, mit denen eine Schwangerschaft verhindert werden soll

Energiefluss: stoffgebundene Weitergabe von Energie in einer Nahrungskette von einer Trophiestufe zur nächsten

Enzyme: Biokatalysatoren; Hilfsstoffe, die chemische Reaktionen im Körper beschleunigen, z. B. Verdauungsenzyme

Epidermis: Abschlussgewebe aus lückenlos aneinanderliegenden ▸ Zellen; beim Laubblatt aus einer Schicht dickwandiger Zellen, schützt das Blattinnere

Eustress: kurzzeitiger positiver ▸ Stress; der die Widerstandskraft und Leistungsfähigkeit eines Lebewesens erhöhen kann

Evolution: Entwicklung der Lebewesen auf der Erde; alle existierenden ▸ Arten haben sich aus früher lebenden Arten entwickelt. ▸ Variabilität und ▸ Selektion sind die wichtigsten Ursachen für Evolution.

Fleischfresser: Carnivoren; Tiere, die sich von anderen Tieren ernähren

Follikel: Eibläschen, in dem eine Eizelle heranreift; Einheit aus Eizelle und der sie umgebenden Schicht

Forst: Wirtschaftswald; vom Menschen genutzter Wald

fossile Brennstoffe: Brennstoffe, die vor Jahrmillionen aus Abbauprodukten von toten Kleinstlebewesen und abgestorbenen Pflanzen entstanden sind, z. B. Kohle, Erdöl und Erdgas

Fossilien: Lebensspuren aus früheren erdgeschichtlichen Zeiten. Dazu zählen Reste von Lebewesen, Abdrücke und Ausscheidungen.

Fotosynthese: Stoffwechselvorgang, bei dem Pflanzen unter Nutzung von Lichtenergie aus den energiearmen Ausgangsstoffen ▸ Kohlenstoffdioxid und Wasser energiereichen Traubenzucker (Glucose) herstellen und ▸ Sauerstoff abgeben

Fresszellen: ▸ weiße Blutzellen, Bindeglieder zwischen ▸ spezifischer und ▸ unspezifischer Abwehr; machen in den Körper eingedrungene Fremdkörper unschädlich und aktivieren Abwehrzellen

Gedächtniszellen: bei der Erstinfektion oder ▸ aktiven Immunisierung gebildete, langlebige ▸ weiße Blutzellen des ▸ Immunsystems; lösen bei einer erneuten ▸ Infektion mit dem gleichen Erreger eine rasche und wirkungsvolle Immunantwort aus

Gegenspieler: Stoffe oder Strukturen mit gegensätzlicher Wirkung. ▸ Insulin und ▸ Glucagon sind z. B. Gegenspieler bei der Regulation des ▸ Blutzuckerspiegels.

Gen: Abschnitt der ▸ DNA, der die Erbinformation für ein Merkmal trägt

Genmutation: ▸ Mutation, bei der die Nucleotidabfolge eines Gens verändert ist

Genom: Gesamtheit der Erbinformationen bzw. ▶ Chromosomen einer Zelle; ▶ diploider Chromosomensatz

Genommutation: Veränderung der Chromosomenzahl gegenüber dem normalen ▶ Chromosomensatz

Genotyp: Gesamtheit aller Gene eines Organismus oder bestimmte Allelpaare an Genorten homologer Chromosomen

Gentechnik: Teilgebiet der Biologie, das sich mit der Erforschung von Genen, deren gezielter Veränderung und Übertragung auf andere Organismen befasst

Glucagon: ▶ Hormon der Bauchspeicheldrüse, bewirkt Glucoseabgabe ins Blut und Erhöhung des ▶ Blutzuckerspiegels; ▶ Gegenspieler von ▶ Insulin

Glykogen: Kohlenhydrat; Vielfachzucker, der aus Glucose aufgebaut ist; wird als Speicherstoff in Leber- und Muskelzellen gelagert

gonosomal: Erbgänge von Merkmalen, deren ▶ Gene auf den Geschlechtschromosomen lokalisiert sind

Gonosomen: Geschlechtschromosomen; Chromosomen, deren Erbinformationen das Geschlecht eines Lebewesens bestimmen

Haploid: einfacher ▶ Chromosomensatz (n), bei dem jedes ▶ Chromosom nur einmal vorhanden ist

Heilserum: antikörperhaltiges Blutserum; dient zur ▶ passiven Immunisierung; wird gewonnen, indem ein Säugetier mit einem ▶ Antigen geimpft wird, sodass sein ▶ Immunsystem spezifische ▶ Antikörper herstellt

Helferzellen: ▶ weiße Blutzellen; Teil der ▶ spezifischen Abwehr; aktivieren ▶ Killerzellen und ▶ B-Zellen

heterotroph: Ernährungsweise, bei der ein Lebewesen energiereiche Stoffe aufnehmen muss, die von ▶ autotrophen Lebewesen, z. B. Pflanzen, produziert wurden. Tiere und Menschen sind heterotroph.

heterozygot: mischerbig; Zellen oder Organismen, die verschiedene ▶ Allele eines ▶ Gens tragen

HIV: ▶ Virus; menschliches Immunschwächevirus; löst die Immunschwächekrankheit ▶ Aids aus (engl. *Human Immunodeficiency Virus*)

homozygot: ▶ gleich- oder reinerbig; Zellen oder Organismen mit identischen ▶ Allelen eines ▶ Gens

Hormone: Botenstoffe, die innerhalb des Körpers Informationen übermitteln

Hypothese: vorläufige, durch Beobachtung oder Überlegung begründete Vermutung zur Erklärung bestimmter Erscheinungen. Die Richtigkeit einer Hypothese muss experimentell überprüft werden.

Immungedächtnis: Fähigkeit des ▶ Immunsystems durch Ausbildung von langlebigen ▶ Gedächtniszellen auf eine Zweitinfektion mit einem Erreger so schnell und heftig zu reagieren, dass die Krankheit nicht ausbricht (▶ Immunität)

Immunität: Fähigkeit zur erfolgreichen ▶ spezifischen Abwehr von Krankheitserregern bzw. deren ▶ Antigenen (bei wiederholtem Kontakt) durch antigenspezifische ▶ Gedächtniszellen

Immunsystem: alle an der körpereigenen Abwehr beteiligten Organe und ▶ Zellen

Impfung: künstlich hergestellte ▶ Immunität gegenüber einem Krankheitserreger durch ▶ aktive Immunisierung oder durch Zufuhr von fremden ▶ Antikörpern (▶ passive Immunisierung)

Infektion: Übertragung auf und Eindringen von Krankheitserregern in einen Organismus

Infektionskrankheiten: Krankheiten, die durch Krankheitserreger ausgelöst werden; meist ansteckend

Inkubationszeit: Zeitraum zwischen der ▶ Infektion und den ersten Anzeichen der ▶ Infektionskrankheit

Insulin: ▶ Hormon, das in der Bauchspeicheldrüse gebildet wird und die Senkung des ▶ Blutzuckerspiegels bewirkt; ▶ Gegenspieler von ▶ Glucagon

intermediär: Erbgang, bei dem bezüglich des betrachteten Allels heterozygote Individuen im Phänotyp zwischen den reinerbigen Extremen liegen

invasive Arten: ▶ Neobiota, die einheimische Tier- oder Pflanzenarten verdrängen

Karyogramm: bildliche Darstellung des ▶ Chromosomensatzes einer Zelle

Killerzellen: ▶ weiße Blutzellen; Teil der ▶ spezifischen Abwehr; erkennen infizierte Körperzellen und lösen deren Zerstörung aus

kodominant: Vererbung, bei der beide ▶ Allele vollständig zur Ausprägung kommen

Kohlenstoffdioxid: farb- und geruchloses Gas; Luftbestandteil; gasförmiger Ausgangsstoff der ▶ Fotosynthese. Kohlenstoffdioxid wird bei der Atmung von Lebewesen abgegeben. Es entsteht auch bei der Verbrennung von ▶ fossilen Brennstoffen, reichert sich in der Atmosphäre an und verstärkt den natürlichen ▶ Treibhauseffekt; Nachweis mit Kalkwasserprobe.

Kompartimente: voneinander abgegrenzte Reaktionsräume, in denen unterschiedliche Stoffwechselvorgänge ablaufen können

Konkurrenz: besteht zwischen Lebewesen, wenn sie dieselbe begrenzte ▶ Ressource nutzen (z. B. Nahrung). Es gibt innerartliche (zwischen Individuen einer Art) und zwischenartliche Konkurrenz (zwischen Individuen verschiedener Arten).

Konsumenten: alle Lebewesen, die energiereiche Nährstoffe mit der Nahrung aufnehmen müssen

Lebensgemeinschaft: Gesamtheit aller Lebewesen, die in einem gemeinsamen Lebensraum (► Biotop, ► Ökosystem) leben. Zwischen den einzelnen Arten bestehen zahlreiche Wechselwirkungen. ► Biozönose

Lymphsystem: Teil des ► Immunsystems; umfasst die Lymphgefäße mit der Lymphflüssigkeit (Lymphe) und die lymphatischen Organe wie Knochenmark, Milz, Thymus, Mandeln und Lymphknoten

Meiose: Reifeteilung; Zellkernteilung, die bei der Bildung von Geschlechtszellen den Chromosomensatz der Vorläuferzellen vom ► diploiden auf den ► haploiden Satz reduziert

Menstruationszyklus: monatlicher Rhythmus, bei dem die Frau auf eine Schwangerschaft vorbereitet wird; verbunden mit der Eizellreifung in den Eierstöcken und einem Auf- und Abbau der Gebärmutterschleimhaut

Mineralstoffe: Stoffe, die der Körper nur in kleinsten Mengen benötigt, z. B. Eisen, Calcium, Magnesium. Pflanzen benötigen Mineralstoffe für das Wachstum.

Mitochondrien: Bestandteile (Zellorganellen) tierlicher und pflanzlicher ► Zellen. In ihnen findet die ► Zellatmung statt, durch die Energie bereitgestellt wird. Daher werden sie auch als „Kraftwerke der Zelle" bezeichnet.

Mitose: Zellkernteilung, bei der aus einer Körperzelle zwei erbgleiche Tochterzellen entstehen

Modifikation: Merkmalsveränderung, die durch Umwelteinflüsse hervorgerufen wird

monohybrider Erbgang: Erbgang, bei dem ein Merkmal betrachtet wird

Mutation: zufällig auftretende Veränderung der Erbinformation; neben der ► Rekombination eine wichtige Ursache für die ► Variabilität von Lebewesen

Nachhaltigkeit: Handlungsprinzip, nach dem nicht mehr verbraucht werden darf, als wieder nachwachsen oder sich regenerieren kann, damit auch für künftige Generationen genügend ► Ressourcen, z. B. Nahrungsquellen, vorhanden sind; bezieht ökologische, wirtschaftliche und soziale Aspekte mit ein

Nahrungskette: Nahrungsbeziehung aus mehreren Gliedern in einem ► Ökosystem. Eine Nahrungskette umfasst Lebewesen, die sich voneinander ernähren (z. B. Schlehe → Waldmaus → Rotfuchs). In der Regel sind mehrere Nahrungsketten zu einem ► Nahrungsnetz verknüpft.

Nahrungsnetz: Netz aus verschiedenen, untereinander verknüpften ► Nahrungsketten

Neobiota: Tier- oder Pflanzenarten, die ursprünglich nicht heimisch in einem Gebiet sind, sondern nach dem Jahr 1492 eingeführt wurden oder eingewandert sind

Nervenzelle: kleinste zelluläre Einheit des ► Nervensystems. Nervenzellen leiten elektrische Signale von den ► Sinneszellen bzw. den ► Sinnesorganen zum Gehirn sowie vom Gehirn zu den Erfolgsorganen.

Netzhaut: innere Schicht des Auges. In ihr liegen die Lichtsinneszellen (► Sinneszellen zur Aufnahme von Lichtreizen).

Noradrenalin: ► Hormon der Nebenniere, das bei kurzzeitigem ► Stress ausgeschüttet wird und die Leistungsfähigkeit des Körpers kurzfristig erhöht

Nucleotid: Grundbaustein der ► DNA

Ökologie: Wissenschaft von den Wechselbeziehungen zwischen Organismen untereinander und zu ihrer Umwelt

ökologischer Fußabdruck: Verbrauch von ► Ressourcen durch ein Individuum oder Land umgerechnet in Fläche; beschreibt das Ausmaß des Ressourcenverbrauchs

Ökosystem: abgrenzbare Einheit aus Lebensräumen (► Biotop) und ihrer ► Lebensgemeinschaft (► Biozönose) aus Pflanzen und Tieren

Optimum: der für einen Organismus günstigste Zustand eines ► Umweltfaktors (z. B. Temperaturoptimum), hier laufen die Lebensvorgänge optimal ab

Östrogene: ► Sexualhormone, die in den Eierstöcken der Frau (und in kleinen Mengen in den Hoden des Mannes) gebildet werden und die vollständige Ausbildung der Geschlechtsmerkmale bewirken; spielen auch eine wichtige Rolle bei der Regulation des ► Menstruationszyklus

Parasitismus: Beziehung zwischen zwei ► Arten, bei der eine Art die andere schädigt

passive Immunisierung: ► Impfung bei einer akuten Erkrankung mit spezifischem ► Heilserum, ohne dass ein dauerhafter Impfschutz besteht

Pearl-Index: Maß für die Sicherheit eines Verhütungsmittels; gibt an, wie viele von 100 Frauen trotz Verhütung in einem Jahr schwanger werden

Pflanzenfresser: Herbivoren; Tiere, die sich von Pflanzen oder Pflanzenteilen ernähren

Phänotyp: Summe aller Merkmale eines Organismus oder sichtbare Ausprägung eines Merkmals; äußeres Erscheinungsbild, das durch den ► Genotyp und Umwelteinflüsse geprägt wird

Phytoplankton: mikroskopisch kleine pflanzliche Lebewesen, die im Wasser schweben und ► Fotosynthese betreiben (z. B. Algen)

polygene Vererbung: durch viele unterschiedliche Gene beeinflusste Merkmalsausprägung (z. B. Körpergröße, Hautfarbe)

Population: Gesamtheit der Individuen einer ► Art, die zur gleichen Zeit in einem begrenzten Lebensraum leben

Präferenzbereich: bevorzugter Bereich eines ► Umweltfaktors (z. B. Temperaturbereich); Bereich um das ► Optimum

Produzenten: ► autotrophe Lebewesen, die aus energiearmen Ausgangsstoffen energiereiche Stoffe herstellen. ► Fotosynthese betreibende Pflanzen sind die wichtigsten Produzenten.

Pubertät: geschlechtliche Reifung des Menschen; durch ► Sexualhormone gesteuert

Reiz: Information aus der Umwelt oder aus dem Körperinnern. ► Adäquate Reize können von ► Sinnesorganen registriert werden.

Rekombination: Neukombination der ► Gene bei der Bildung der Geschlechtszellen in der ► Meiose; wichtigste Ursache für die ► Variabilität von Nachkommen

Resistenz: angeborene Widerstandsfähigkeit von Organismen gegenüber Erregern oder schädigenden Einflüssen; Ergebnis der ► unspezifischen Abwehr

Ressource: begrenzter Faktor im ► Ökosystem (z. B. Nahrung, Reviere, Nistplätze, Verstecke, Paarungspartner)

Rezeptor: Bindungsstelle von ► Zellen, die aufgrund ihrer Struktur spezifisch für einen bestimmten Stoff ist, z. B. ein ► Hormon

rezessiv: ► Allel, das gegenüber dem anderen Allel zurücktritt und im ► heterozygoten Organismus nicht zur Merkmalsausprägung führt

rote Blutzellen: Erythrocyten; enthalten Hämoglobin und transportieren Atemgase, vor allem ► Sauerstoff. Sie besitzen keinen ► Zellkern.

Safer Sex: sexuelle Verhaltensweise, bei der das Risiko einer ► Infektion durch einen Krankheitserreger ausgeschlossen oder minimiert wird, z. B. durch Verwendung von Kondomen

Sauerstoff: farbloses und geruchloses Gas, Luftbestandteil; Ausgangsstoff der Atmung und ► Zellatmung; entsteht bei der ► Fotosynthese als Abfallprodukt. Als Nachweis für Sauerstoff dient die Glimmspanprobe.

Schlüssel-Schloss-Prinzip: biologisches Prinzip, das die Passgenauigkeit zwischen zwei Strukturen beschreibt, deren Passung eine bestimmte Funktion ermöglicht (z. B. Enzym-Substrat-Bindung)

sekundäre Geschlechtsmerkmale: bilden sich während der ► Pubertät heraus (z. B. weibliche Brust, männliche Körperbehaarung)

Selektion: natürliche Auslese; unterschiedlich erfolgreiche Fortpflanzung von Individuen aufgrund unterschiedlich guter Angepasstheit an Umweltbedingungen

Sexualhormone: Geschlechtshormone; ► Hormone, die die Ausbildung der männlichen und weiblichen Geschlechtsmerkmale sowie die ► Pubertät auslösen und steuern

sexuelle Fortpflanzung: Erzeugung von Nachkommen durch Verschmelzung von Geschlechtszellen zweier Geschlechtspartner

Sinnesorgane: aus ► Sinneszellen und Hilfsgeweben bestehende Organe; nehmen ► adäquate Reize aus der Umwelt auf und wandeln sie in elektrische Signale um

Sinneszellen: ► Zellen, die ► adäquate Reize in elektrische Signale umwandeln

spezifische Abwehr: im Lauf des Lebens erworbenes, körpereigenes Abwehrsystem. Krankheitserreger, die dem ► Immunsystem noch unbekannt sind, führen zur Bildung von ► Antikörpern und zur Ausbildung des ► Immungedächtnisses bzw. zur ► Immunität.

STD: *Sexually Transmitted Diseases,* auch STI *(Sexually Transmitted Infections)*; beim Geschlechtsverkehr übertragbare ► Infektionskrankheiten

Stress (engl. *stress:* Druck, Anspannung)**:** die durch äußere ► Reize (Stressoren) verursachten körperlichen und seelischen Reaktionen des Körpers, die ihn befähigen, besondere Belastungen zu bewältigen. Stress kann auch negative Folgen haben.

Substrat: Stoff, der von einem ► Enzym gespalten wird. Substrate haben eine Struktur, die genau zu der des jeweiligen Enzyms passt; man spricht vom ► Schlüssel-Schloss-Prinzip.

Sucht: körperliche und/oder psychische Abhängigkeit von einem Stoff oder einer Verhaltensweise

Symbiose: Beziehung zwischen zwei ► Arten, die beiden Beteiligten nützt

Symptom: Anzeichen, mit dem eine Erkrankung in Erscheinung tritt

Testosteron: ► Sexualhormon, das in den Hoden des Mannes (und in geringen Mengen in den Eierstöcken der Frau) gebildet wird und die vollständige Ausbildung der Geschlechtsmerkmale bewirkt. Es spielt auch eine wichtige Rolle bei der Spermienreifung.

Toleranzbereich: Bereich eines ► Umweltfaktors, in dem ein Organismus überleben kann; er wird durch das Minimum und Maximum begrenzt.

Totholz: abgestorbene Bäume oder Äste sowie die Baumstümpfe gefällter Bäume; Lebensraum für zahlreiche Arten

transgen: Organismus, dessen Erbinformation mit Methoden der ► Gentechnik verändert wurde

Treibhauseffekt: Einfluss von bestimmten Gasen der Erdatmosphäre, z. B. ► Kohlenstoffdioxid, Methan, auf den Wärmehaushalt der Erde. Die Temperatur der Erdoberfläche nimmt dadurch zu. Man unterscheidet den natürlichen und den ► anthropogenen Treibhauseffekt.

Trisomie: dreifaches Vorkommen eines ► Chromosoms im ► Chromosomensatz (► Genommutation)

Trophiestufe: Stellung im ► Nahrungsnetz, die ein Lebewesen einnimmt, z. B. ► Konsument 1. Ordnung

Unspezifische Abwehr: angeborenes, körpereigenes Abwehrsystem. Erreger werden sofort von ► Fresszellen beseitigt; verleiht ► Resistenz

Variabilität: Unterschiedlichkeit der Individuen einer ► Art innerhalb einer ► Population; begründet durch unterschiedliche ► Allele oder ► Modifikation

Vererbung: Weitergabe von Erbinformationen von der Elterngeneration zu den Nachkommen

Viren (Singular: Virus)**:** bestehen aus einer die Erbinformation umgebenden Hülle; ohne eigenen Stoffwechsel; Vermehrung mithilfe von ► Wirtszellen; keine Lebewesen

Wahrnehmung: aus dem Zusammenwirken von ► Sinnesorganen und Gehirn konstruiertes inneres Abbild der Umwelt

weiße Blutzellen: Leukocyten; ► Zellen unterschiedlicher Gestalt; besitzen einen ► Zellkern. Sie dienen der Krankheitsabwehr.

Wirt: Lebewesen, auf oder in dem ein Parasit lebt und das von ihm geschädigt wird; ► Parasitismus

Wirtszelle: lebende ► Zelle, die von einem ► Virus, ► Bakterium oder Parasiten befallen werden kann und in der dieser Erreger oder Parasit sich vermehrt

Zellatmung: Stoffwechselreaktion, bei der energiereiche Stoffe mithilfe von ► Sauerstoff in die energiearmen Produkte ► Kohlenstoffdioxid und Wasser abgebaut werden. Dabei wird Energie bereitgestellt, die für die verschiedenen Lebensvorgänge genutzt wird. Die Zellatmung findet in den ► Mitochondrien statt.

Zelle: Grundeinheit aller Lebewesen; kann mit dem Lichtmikroskop sichtbar gemacht werden. Sie besteht aus verschiedenen Zellorganellen. In ihrem Aufbau unterscheiden sich Pflanzen-, Tier-, Pilz- und Bakterienzellen voneinander.

Zellkern: Zellorganell; Träger der Erbinformation in ► Zellen; Ort der Steuerung der Zellvorgänge

Zellzyklus: ständig erfolgender Wechsel von Phasen mit Zellkernteilung und ohne Zellkernteilung (Interphasen) bei vielzelligen Organismen

Zielzelle: ► Zelle mit Rezeptoren z. B. für ein ► Hormon

Zygote: ► Zelle, die durch Verschmelzung von Eizelle und Spermienzelle entsteht. Aus ihr kann sich ein neues Lebewesen entwickeln.

Register

Der Stern * verweist auf eine Abbildung, f. nach der Seitenzahl bedeutet „folgende Seite" und ff. „folgende Seiten"

Bildnachweis

Fotos

Titelfoto: Juniors/Minden Pictures;
action press/blickwinkel/McPHOTO: S. 154/1d, S. 170/2, blickwinkel/McPHOTO/R. Mueller: S. 154/1c und 1e, die bildstelle/GLZ/Rex Features: S. 190/1a, imagebroker.com: S. 154/1a, Manfred Grebler/face to face: S. 40/1;
akg-images: S. 153/Mi., E.DAYNES/S.PLAILLY/SCIENCE PHOTO LIBRARY: S. 12 (Evolution, unten), Science Photo Library: S. 156/1a, S. 200/1, Science Source: S. 80/1;
Bildagentur Schapowalow/Reinhard Schmid: S. 97/o.;
blickwinkel: S. 66/2, blickwinkel/Holger Duty: S. 12 (Angepasstheiten, unten), McPHOTO/M. Godowitsch: S. 200/2b, McPHOTO/R. Mueller: S. 97/M., Roland Günter: S. 66/1;
Bridgeman Images: S. 86/2, Bridgeman Images/Bildarchiv Steffens: S. 174/c, De Agostini Picture Library/A. Dagli Orti: S. 153/u., Granger: S. 174/a, Universal History Archive: S. 172/2;
Bundeszentrale für gesundheitliche Aufklärung (BZgA): S. 89/2;
Cornelsen/Thomas Armbruster: S. 108/1; Cornelsen/Birgit Giffhorn: S. 186/1a, S. 187/2, S. 187/3a, S. 187/3b, S. 187/3c; Cornelsen/Sabine Hanke: S. 135/3, S. 143/4, S. 199/5; Cornelsen/Monika Scherer: S. 110/2; Cornelsen/Markus Schönke: S. 22/1 und 2, S. 31/4a und 4b; Cornelsen/Monika Waible: S. 137/5 a–d;
Cornelsen Experimenta: S. 23/6 r.;
Coulorbox/DAN OLSEN/Ingen: S. 104/1d, Jens Gade: S. 100/2, Mexrix: S. 179/M., www.colourbox.de: S. 12 (Stoff und Energieumwandlung, unten);
ddp images/Dasha Petrenko/360° CREATIVE: S. 29/4 a und b, ddp images/ProHealthMedia GbR/Christoph Strom/360° CREATIVE: S. 43/4, ddp images/Timur Emek: S. 79/3;
doc-stock/VisualsUnlimited: S. 68/1b, S. 90/1b, S. 194/1;
dpa Picture-Alliance/Arco Images: S. 117/3, blickwinkel: S. 164/2b, S. 176/3b, D.Harms/WILDLIFE: S. 13 (Reproduktion und Entwicklung, unten), Felix Heyder: S. 211/5, Jasminca Behr/Jasminca Behrmann: S. 102/1, Minden Pictures/Minden Picture: S. 162/1a, S. 163/5, NHPA/photoshot: S. 12 (Stoff- und Energieumwandlung, oben), Okapia/Fred Bruemmer: S. 7, S. 152, Uwe Anspach: S. 56/1;
Duck Duck Go Inc.: S. 71/3;
F1online/AEG/Melba: S. 184/2, AGE/Environmental Images: S. 142/1, Age/Ton Koene: S. 43/3, Caia Image/Anthony Lee: S. 15/M., S. 21/3, Cultura Creative/Matelly: S. 192/1, David & Micha Sheldon: S. 117/4, Maskot: S. 15/u., Michael Breuer Age: S. 166/2a und 2b, VisualsUnlimited: S. 13 (Information und Kommunikation, rechts), Westend61/Gemma Ferrando: S. 103/5;
Fotolia/4Max: S. 15/o., Africa Studio: S. 51/e, S. 91/5, Aleksandr Ugorenkov: S. 106/2a, Andy Ilmberger: S. 174/b, cirodelia: S. 196/3a, Dan Race: S. 65/u., Darren Pullman: S. 106/2d, denys_kuvaiev: S. 194/2, didesign: S. 215/2, gstockstudio: S. 57/4, Holger: S. 104/1b, Jacob Lund: S. 4, S. 14, kwasny221: S. 13 (Kompartimentierung, unten), Kzenon: S. 54/3, M. Schuppich: S. 116/2, MEDIARENZ: S. 206/1a, Monkey Business: S. 179/o., Moon Art: S. 104/1c, Photographee.eu: S. 43/5, Picture Partners: S. 104/1a, R + R: S. 106/2c, ricardoferrando: S. 12 (Struktur und Funktion, Mitte), rosifan19: S. 51/a, sabine hürdler: S. 52/2, Serg Zastavkin: S. 12 (Steuerung und Regelung, oben links), S. 12 (Steuerung und Regelung, oben rechts), Sinuswelle: S. 138/2, Sven Knie: S. 207/3b, urubank: S. 93/4a, Vitaly Korovin: S. 106/2b;
GlowImages/prisma/Neeser Rolf: S. 65/M., GlowImages/prisma/Sergio Piumatti: S. 221/3a;
Google Inc.: S. 71/3;
Hollatz, J.: S. 28/1 l. o. und l. u.;
imago stock&people: S. 177/4, imago stock&people/blickwinkel: S. 60/r., S. 154/1b, S. 156/1b, imago stock&people/Nature Picture Library: S. 162/1b, imago stock&people/Science Photo Library: S. 12 (Struktur und Funktion, rechts), S. 75/3, S. 94/2, imago stock&people/ZUMA Press: S. 145/3, imago/blickwinkel: S. 114/1 und 2;
interfoto e.k./ARDEA/Jean-Michel Labat: S. 207/5, FLPA/D P Wilson: S. 123/2, FLPA/Nigel Cattlin: S. 218/1, PHOTOAISA: S. 158/1;
Juniors@wildlife/Bogon, K.: S. 164/2a, S. 176/3a;
laif/Polaris/Paul Darrow: S. 217/3;
LOOK/age fotostock: S. 145/4, LOOK/Günther Bayerl: S. 143/3, LOOK/Konrad Wothe: S. 169/3b;
mauritius images/alamy stock photo/Art Collection 2: S. 81/2, alamy stock photo/Bill Coster: S. 160/1a und 1b, S. 176/2, alamy stock photo/Colin Pickett: S. 112/1, alamy stock photo/Helen Sessions: S. 207/3a, alamy stock photo/Ian Miles-Flashpoint Pictures: S. 51/c, alamy stock photo/Russell Hoban: S. 12 (Evolution, oben), alamy stock photo/Zoonar GmbH: S. 36/2, Alamy/Images of Africa Photobank: S. 172/1, Alamy/Scott Camazine: S. 66/3, Biophoto Associates/Science Source/All mauritius images: S. 8 o., S. 178/, BSIP/AMELIE BENOIST: S. 211/6, BSIP/B. BOISSONNET: S. 51/d, imageBroker/bilwissedition: S. 153/o., Phototake: S. 86/1, Phototake/Carolina Biological Supply Company: S. 180/1, Phototake/Philippe Dacla: S. 167/4, S. 176/1, S. 180/3, Rubberball: S. 8 u., S. 208/1, Science Source: S. 25/4, S. 88/1, S. 180/2, Science Source/Leonard Lessin: S. 196/1b, S. 196/1a, Science Source/Rubén Duro/BioMEDIA ASSOCIATES LLC: S. 190/1b, Watney Collection/Phototake: S. 13 (Variabilität, oben);

Microsoft Corporation: S. 71/3;
Neanderthal Museum: S. 175/3;
OKAPIA KG/Herve Conge/ISM: S. 13 (Kompartimentierung, oben), Biophoto Associates/Science Source: S. 30/2, imagebroker/Andreas Jäkel: S. 137/3, imagebroker/Ottfried Schreiter: S. 51/b, OKAPIA/NAS/M. Abbey: S. 184/l., S. 184/r., S. 184/M., S. 185/l., S. 185/r., S. 185/M., Pat & Tom Leeson: S. 115/6, Don W. Facett: S. 191/4 r.;
Photoshot/Photos Horticultural: S. 207/3c;
Jan-Peter Reichert/Deutsches Meeresmuseum Stralsund: S. 157/4;
Science Photo Library: S. 68/1a, Science Photo Library/Biophoto Associates: S. 18/1, DENNIS KUNKEL MICROSCOPY: S. 5, S. 64/1, L. WILLATT, EAST ANGLIAN REGIONAL GENETICS SERVICE: S. 198/2, PETER SCOONES: S. 168/1b, Poritz, Noah: S. 156/1c, Schneider, Karsten: S. 121/4, VISUALS UNLIMITED, INC./THOMAS WIEWANDT: S. 168/1a, Zipp, Jim: S. 103/4;
shutterstock: S. 52/1, S. 124/o., A.von Dueren: S. 13 (Reproduktion und Entwicklung, oben), AleSalM: S. 12 (Angepasstheit, oben), Alexander Raths: S. 65/o., Serhii Shcherbyna: S. 206/1b, Bildagentur Zoonar GmbH: S. 97/u., Costin Cojocaru: S. 74/1, D. Kucharski, K. Kucharska: S. 121/5, FloridaStock: S. 144/1, Gunnar Pippel: S. 19/4, Henrik Larsson: S. 113/3, Ivanova Natalia: S. 23/6a, Jamie Hall: S. 13 (Information und Kommunikation, links), LeventeGyori: S. 12 (Struktur und Funktion, links), LilKar: S. 12 (Steuerung und Regelung, unten), Luka Hercigonja: S. 119/3, Manfred Ruckszio: S. 13 (Variabilität, unten), Mirko Rosenau: S. 134/1, PixHound: S. 179/u., RACOBOVT: S. 186/1d, Rawpixel.com: S. 208/2, Roblan: S. 221/4, Satirus: S. 69/3, TalyaPhoto: S. 120/1, S. 148/2, thatmacroguy: S. 101/3, TOM KAROLA: S. 6, S. 96, TTphoto: S. 107/4, yosuyosun: S. 123/3, Zuzanae: S. 197/5, 6 und 7;
Stiftung Neanderthal Museum: S. 156/1d;
SUMA-EV – Verein für freien Wissenszugang (e. V.): S. 71/3;
Surfboard Holding B.V./StartPage: S. 71/3;
WILDLIFE/Bogon, K.: S. 169/3c;
yourphototoday/A1PIX/PM: S. 50/1, BSIP/KOKEL: S. 63/4, GARO/PHANIE: S. 216/1, Heinz Schmidbauer: S. 155/2 li., Simone Wunderlich/PM/YPT: S. 136/1

Illustrationen

Cornelsen/Christine Faltermayr, Starnberg: S. 168/2, S. 169/4;
Cornelsen/diGraph/Robert Fontner-Forget: S. 22/3, S. 27/3, S. 27/2 und 4, S. 29/3, S. 35/6, S. 35/4 und 5 , S. 36/1, S. 37/3 und 5, S. 42/2, S. 44/2, S. 44/1, S. 54/1, S. 54/2, S. 55/5, S. 57/5, S. 63/5, S. 67/5, S. 70/1, S. 73/2, S. 77/3, S. 84/1, S. 87/3, S. 89/3, S. 90/2, S. 91/4, S. 92/2, S. 93/4b, S. 95/4–6, S. 115/5, S. 186/1b und 1c, S. 194/3, S. 212/2;
Cornelsen/Gregor Mecklenburg: S. 42/1, S. 55/u., S. 61/3;
Cornelsen/Jörg Mair: S. 21/4, S. 25/2, S. 31/3, S. 32/1, S. 33/2, S. 34/2, S. 34/3, S. 34/1, S. 105/3 und 4, S. 164/1, S. 165/4, S. 166/1, S. 167/3 und 5, S. 171/3, S. 173/3, S. 174/o.li., S. 174/Mi.li., S. 174/o.re., S. 174/Mi.re., S. 175/2, S. 177/5, S. 181/4, S. 193/5, S. 195/4 a–d;
Cornelsen/www.biologiegrafik.de: S. 68/2, S. 70/2, S. 182/1 und 2, S. 200/2a;
Cornelsen/Karin Mall: S. 16/1, S. 17/2 und 3, S. 18/2, S. 19/3, S. 20/1, S. 20/2, S. 23/4, S. 24/1, S. 25/3, S. 26/1, S. 28/2, S. 28/1, S. 30/1, S. 38/3, S. 38/2, S. 38/1, S. 40/3, S. 41/4, S 45/4, S. 45/3, S. 46/1, S. 47/2, S. 48/1, S. 49/2, S. 53/3, S. 53/4, S. 56/2, S. 62/2, S. 62/1, S. 63/3, S. 72/1, S. 74/2, S. 75/4, S. 76/1, S. 77/2, S. 78/2, S. 78/1, S. 79/6, S. 79/5, S. 79/4, S. 81/3, S. 83/4, S. 83/2, S. 84/2, S. 85/6, S. 85/5, S. 85/4, S. 85/3, S. 90/1a, S. 91/3, S. 93/3, S. 94/1, S. 95/3, S. 100/1, S. 101/4, S. 102/2, S. 104/2, S. 105/3, S. 105/4, S. 107/3, S. 116/1, S. 118/l., S. 118/M., S. 118/r., S. 120/2, S. 130/1, S. 131/2, S. 155/2, S. 181/6, S. 181/5, S. 183/3, S. 183/4, S. 184/1, S. 185/3, S. 185/u., S. 188/1, S. 189/2, S. 191/4, S. 192/2, S. 193/3, S. 193/4, S. 197/4, S. 198/1 und 3, S. 201/3, 4 und 5, S. 202/1, S. 203/2, 3 und 4, S. 204/1, S. 205/2, S. 207/4, S. 212/1, S. 213/4, S. 217/2;
Cornelsen/Markus Ruchter: S. 98/1, S. 99/2 und 3, S. 111/3, S. 127/3, S. 137/4, S. 149/4, S. 157/2, S. 157/3, S. 159/2, S. 160/2, S. 162/2, S. 165/3 und 5, S. 167/5, S. 169/3a, S. 190/2;
Cornelsen/newVision! GmbH, Bernhard A. Peter, Pattensen: S. 39/4, S. 39/5, S. 40/2, S. 58/2, S. 59/3, S. 60/1 und 2, S. 61/4, S. 82/1, S. 92/1, S. 103/3, S. 109/3, S. 112/2, S. 113/4, S. 118/1 und 2, S. 119/4 und 5, S. 122/1, S. 124/1, S. 125/2, S. 125/4, S. 126/1, S. 128/1, S. 129/2, S. 132/1, S. 132/3, S. 134/2, S. 135/4, S. 136/2, S. 138/1, S. 140/1, S. 146/1 und 2, S. 148/1, S. 149/3, S. 150/1 und 2, S. 151/3, S. 159/3, S. 161/3, S. 163/3, S. 170/1, S. 177/6, S. 196/3, S. 196/2, S. 206/2, S. 209/3, S. 210/2, S. 210/1, S. 211/3, S. 211/4, S. 211/5 r. und 6 r., S. 212/o.r., S. 213/3, S. 214/1, S. 215/3, S. 218/2, S. 218/3, S. 220/1 und 2, S. 221/3b, S. 221/5;
Cornelsen/ww-visuell Werner Wildermuth, Würzburg: S. 114/3, S. 120/3, S. 125/3, S. 126/2, S. 133/5, S. 133/6, S. 139/3 und 4, S. 144/2, S. 147/4 und 5, S. 151/4